01

02

03

01 現クエルナバカ市大聖堂（旧ラ・アスンシオンの聖母修道院）内部と壁画
02 旧サン・ミゲール修道院（現シナカンテペック郷土史美術館）入口側の壁に描かれた磔刑場面
03 02 の左側の磔姿とかすかに残るバウティスタという名

04現メキシコ市大聖堂聖フェリーペ・デ・ヘスス礼拝堂主祭壇
05祭壇中央の聖フェリーペの磔姿

06

08

07

06 アメカメカ市のラ・アスンシオンの聖母教会堂内祭壇
07 メキシコ市大聖堂の東塔に飾られた聖フェリーペ立像（左の像）
08 06 の祭壇の聖フェリーペ像

09サカテカス州グアダルーペ市旧修道院教会堂の聖歌隊室に並べられた椅子
10 09の椅子の一つに彫られた聖フェリーペ磔姿
11テポツォトランの旧イエズス会修道院（現ビレイナル美術館）に展示されている聖フェリーペ像

13

12

15

14

12サカテカス州グアダルーペ市旧修道院内廊下に展示されている聖フェリーペ磔姿が描かれた聖画
13プエブラ市のサン・アントニオ・パドゥア教会堂所蔵の聖フェリーペ磔姿が描かれた聖画
14ケレタロ市郷土美術館付属図書館所蔵の聖フェリーペ磔姿が描かれた聖画
15メキシコ市のオラトリオ・デ・サン・フェリーペ・ネリ所蔵の聖フェリーペ磔姿が描かれた聖画

16

17

16 モレリア市の聖女ロサ教会堂主祭壇前の天井
17 グアダラハラ市の聖フランシスコ・デ・アシス教会堂主祭壇の聖フェリーペ像（左下）

18メキシコ市の聖フェリーペ・デ・ヘスス国民総懺悔の教会堂主祭壇
19モレリア市大聖堂主祭壇左横の祭壇最上部に祀られている聖フェリーペ立像

20 プエブラ市の児童養護院兼私設小学校ラファエル・フェルナンデス・ビジャール内の聖フェリーペ礼拝堂（フェリーペのかつての居室）
21 ミチョアカン州ラ・パラ村の聖フェリーペ・デ・ヘスス礼拝堂祭壇と聖フェリーペ像

メキシコにおける聖フェリーペ・デ・ヘスス崇拝の変遷史

神の沈黙をこえて

川田玲子
KAWATA Reiko

明石書店

読者のみなさまへ

メキシコ国立自治大学名誉教授　久能登　朗太（Lothar Knauth）

現代は異文化交流の渦の真っ只中にある。日本とメキシコ両国の異文化交流の最も初期の事象を扱うこの著書は、その意味で先駆的エッセンスが凝縮した一冊と言える。これまで明らかにされてこなかった歴史を紐解こうとする研究者の、純粋な熱意とたゆまぬ努力の成果である。平易な文章で表現され、文系であろうと理系であろうと、誰が読んでも分かるように配慮がなされている。著者は幅広い史料を使うことにより、過去のひとつの事象を多角的視野で捉え、理論的な解釈に辿り着こうとする。

本書は、著者の修士論文をもとに、修士課程修了後は、日本とメキシコ双方の学術界での経験を生かした揺るぎのないアカデミックな努力から生まれたものである。テーマはまさにこの両国に深く関係することであり、とりわけメキシコでは、本書のテーマである聖フェリーペ・デ・ヘスス崇拝は現代の様々な出来事とも関わっている。

ある日ひとつの事件が起きた。日本にとってそれは陰暦の慶長元年十二月十九日の港町長崎で起きた事件であり、太平洋の他岸に位置するメキシコ（当時ヌエバ・エスパーニャと呼ばれていた）にとっては、西暦一五九七年二月五日の事であった。そして、この事件は日本にとってもスペイン及びスペイン植民地にとっても重要な意味を持つことになる。当時、日本では年号が文禄（一五九一－一五九五）から慶長（一五九六－一六一五）へ移ろうとしていた。政治史的側面から見ると、この時期は、豊臣秀吉の権力拡大期、継承者秀頼の統治期、大坂城陥落という権力興亡の時代である。

著者は、スペイン植民地世界におけるカトリックの重要性を認識しつつも、カトリック教会の教理については本書では扱っていない。副王領時代および独立後のメキシコで、社会的に不可欠な要因として、様々な状況のもとで生じた、聖フェリーペ・デ・ヘスス崇拝の歴史的役割の変遷と意義についての考察に焦点を当てている。

フェリーペ・デ・ヘススは、その身に偶然に起きた出来事、一五九七年の長崎での殉教に付加価値が加えられることにより、メキシコ史の各時代にシンボルとして担ぎ出されていった。一六二七年にカトリックの福者となったことを皮切りに、ヌエバ・エスパーニャの中心都市であったメキシコ市の守護聖人となり、そしてクリオージョのナショナリズム的精神の象徴となっていったのである。政治的範疇では、メキシコ市参事会とフランシスコ会の関心の的となった。

独立後、一旦は「国民の宗教の祝日」となった殉教の日（二月五日）は、保守派のシンボルであったために、自由派主導のラ・レフォルマ（改革）時代になると祝祭日の変更の対象となった。殉教を祝った二月五日は、最終的に一八五七年及び一九一七年という二つの憲法記念日を祝う日となったのである。

一八五七年憲法成立直後、フェリーペ・デ・ヘススのイメージは自由主義者の手により政治の舞台から引きずり降ろされた。しかし日本が明治の帝国主義に向かい、そしてメキシコがフランスの介入による帝政主義へ向かおうとしていたときに、殉教者として再び注目された。一八六二年に列聖され、フェリーペ・デ・ヘススは正式に、全世界に広がったカトリックの聖人のひとりとなった。この列聖は、世界史的視点からしても重要な意味を持つ。そして彼は、メキシコにおいては十九世紀末まで国家と宗教の間の論争の中で標的となり続けた。そして二十世紀になり、ようやく純粋に宗教的信仰としての対象へ辿り着くことになる。

本書は、一五九七年二月五日から現在までの長きに亘り、両国に影響を与えたひとつの歴史的事象の分析である。図像分析に力を入れた緻密な調査を通じて著者川田玲子が明らかにすることは、ひとつには日本の伝統的処罰である磔という処刑が、救済者イエス・キリストの殉教である十字架による磔刑とよく似た形であるが故に、殉教者フェリーペ・デ・ヘススがクリオージョの崇拝の対象へ導かれた点である。図像学的要素や修辞技法を駆使し、フェリーペ・デ・ヘススを救済者イエス・キリストになぞらえ、それにより宗教上の崇拝の対象とした。同時にクリオージョという一つの社会階層の崇拝の対象とすることにより、社会的意思表示の媒体という役割を与えた。それは日本の菩薩の縁起という概念の在り方と同じである。

本書は、移りゆく時代のなかで生じた事象が普遍的な広がりとなることを立証する方法論を導き出している。著者の研究姿勢は、歴史の世界でも言語の壁を乗り越え、文献術、方法論を駆使すれば、われわれの水平的思考を世界的規模へと広げることができること、また、ひとつの研究テーマを見つけ、深めることは、その成果が一般的歴史文献学をより豊かにすることを証明するものである。

二〇一六年八月　メキシコ州マリナルコにて

メキシコにおける聖フェリーペ・デ・ヘスス崇拝の変遷史——神の沈黙をこえて◎目次

凡例

一、本文中の挿入句と言い換えは（　）で示し、引用文への補足や意味の説明は［　］で括った。

一、原則として、スペイン語の原音に近い音でカタカナ表記した。また、名詞の場合は男性単数形を用いた。なおアクセント記号は、十七世紀以前の史料では一般的につけられていないため、当時の記述様式を尊重し、つけない。

一、職名や宗教用語などの特殊な名辞は、日本語訳を用い、スペイン語をアルファベット表記でルビとして付した。

一、敬称は、聖人の場合を除いて、慣例にしたがい割愛した。なお、教会堂の名称に付されている場合にはすべて「聖」と訳出した。

一、邦訳のある著書は、その題名にしたがった。

一、フェリーペ・デ・ヘススは、俗名をフェリーペ・デ・ラス・カサスという。世俗名が適すると考えたところは、フェリーペ・デ・ラス・カサスあるいはフェリーペと表記した。

一、キリストの呼び名については、スペイン語の「ヘスス」を用いた。但し、邦語文献に関連する記事においては当該文献の表記にしたがった。

一、各人物の生没年は、理解を深めるために必要があると思われる場合に（　）で記した。

主要専門用語解説

本書で用いる専門用語とその意味を以下に列挙する（五〇音順）

クリオージョ　アメリカ大陸生まれのスペイン人のことを指す。ポルトガル出身の植民者が自分たちの家で生まれた奴隷を言い表すために使い始めた言葉「クリオール（crioulo）」が語源であると言われている。

ケルビム　天使の一種。メキシコでは主に頭部と翼で描かれた天使を指す。天使の種類によって役割に違いがある。ケルビムはセラフィムにつぐ天使とされる。

高位聖職者　本書ではカトリック教会内で修道会管区長など高い地位についている人物を指す言葉として用いる。

九日間の祈り　（メキシコで）聖人聖母の祝祭日の前の九日間に特別に行う祈りを指す。

守護聖人　ある地域やグループが持つ守り神のようなもので、メキシコにおいてもスペインのカトリックの伝統に従い、各市町村、各種の職能団体がそれぞれの守護聖人を祀っている。尚、この守り神に聖母がなる場合は、守護聖母と呼ばれる。

植民地時代史学者　副王領時代の歴史を植民地時代史とも表現することから、メキシコの歴史学では、その専門研究者をコロニアリスタ（colonialista）と呼んでいる。本書では、その訳として「植民地時代史学者」を用いた。

叙階　カトリックにおいて、司祭、司教などの職位を授かることをいう。

ヌエバ・エスパーニャ　現在のメキシコが副王領として、スペインに統治されていた一五二一年から一八二一年までの間の名称である。本書では独立前のメキシコについては原則、「ヌエバ・エスパーニャ」とし、独立後については、一般的な呼称「メキシコ」を用いる。尚、「メキシコ合衆国」が正式名称であり、政治体制を踏まえて、「メキシコ共和国」とも呼ばれる。またメキシコ市に関しては、副王領時代、独立後の全期間について言及する際も、「メキシコ市」とする。

年祭　本書では、カトリックで聖人聖母の祝日として毎年祝う祭りを指す。

パトリア　本書では基本的に「祖国」という訳をあてる。但し、必要に応じて「生国」とも訳す。

パトリオティスモ　「祖国愛主義」のことで、副王領時代のクリオージョ意識を基盤とした祖国・生国に対する思いを主張する考え方。

秘跡　カトリック教会の重要な七つの儀式（洗礼、堅信、聖体、告解、終油、叙階、結婚）をいう。本来、教会の司祭が行う。そのため、修道院で集団生活を営むことが目的の修道士には秘跡を行う権限は与えられていない。

副王　大航海時代の末期にスペインが征服したアメリカ大陸を統括するために、国王に任命された統治者の役職名である。副王の統治時代を副王領時代という。スペインの植民地と捉えられる状況にあったことから、「植民地時代」とも言われる。本書では副王領時代を用いた。

副王領　副王が統治した地域をいう。

メスティーソ　先住民とスペイン人の間にできた子供を指す。メキシコでは混血種のことを「カスタ」と呼び、交わる血筋によってそれぞれ独自の名称が付けられてきた。これまでに五十以上の分類名が確認されている。

列聖　福者のうち、さらに徳と聖性が高い者が「聖人」に列せられること。

列福　カトリック教会が特にその徳と聖性を認めた信徒に対して死後に授ける称号のひとつで、「福者」に列することを指す。

ヨナ　旧約聖書『ヨナ書』の主人公である。

レタブロ　祭壇の背後に置かれる飾り棚で、聖人・聖母の像や絵が飾られるものを指す。

メキシコ調査関連都市

グアナファト
ケレタロ（チチメキージャはこの近く）
メキシコ市
アメカメカ
プエブラ
サカテカス
グアダラハラ
モレリア
コリーマ
トルーカ
アカプルコ
クエルナバカ

序章

1　本書の主題

本書が扱う人物、フェリーペ・デ・ヘスス（以下、フェリーペという）は、一五九七年二月五日に、長崎で磔刑《たっけい》（はりつけの刑）に処せられた二十六人[1]のキリシタン（カトリック教徒[2]）のひとりで、「メキシコ（市）生まれのスペ

1　二十六人の殉教者のうち、外国人は六人で、残りの二十人は日本人信者であった。その外国人のうち四人はスペイン出身のスペイン人で、一人はインド生まれのポルトガル人、最後の一人は本書で扱う人物で、ヌエバ・エスパーニャ（現在のメキシコ）出身のスペイン人である。なお、インド出身のポルトガル人は、当時スペイン領であったマニラに渡り、同地のフランシスコ会系修道院に入会したという。その後、日本へ来たので、長崎の殉教事件を語る際には、一般にスペイン人とみなされる。二十六人の殉教者の名前、年齢、職業他については、片岡弥吉『日本キリシタン殉教史』一〇八－一一一頁参照。

2　本書で「カトリック」という言葉を使用するのは、二つの理由による。まず、第一は、メキシコではキリスト教の中のカトリック（religión católica）が普及したので、キリスト教ではなく、カトリックという言葉が一般に使われることである。第二は、日本におけるキリスト教布教は、イエズス会やフランシスコ会といったカトリック修道会の手によって始められたことが挙げられる。そこで、特別な場合を除いて、「カトリック」と表記する。

イン人」である。[3]この人物の生国メキシコでは、その死後三十年を経て崇拝が始まっている。

本書の目的は、このフェリーペに関する崇拝［以下、聖フェリーペ崇拝という］の成り立ち及びその変容の歴史を考察し、その時々の意義を解き明かすことである。

フェリーペは、メキシコ出身の最初の聖人であることから、十七世紀半ば以降のカトリックの歴史を語る際、メキシコでは必ず話題となる人物である。一方、日本では無名に近く、現在でも知る人ぞ知るといった状態である。そもそも十七世紀以降、カトリックは禁教とされ、事件そのものが話題になることがなかった。十九世紀後半になり、カトリックの普及が再び始まると、事件当時管区長であったペドロ・バウティスタや、二十人の日本人殉教者、とりわけ、そのなかの三人の少年に焦点が当てられた。

このように、日本では馴染みがないことから、まずはフェリーペが処刑されるまで及びその後の崇拝の展開について概略を述べておきたい。詳細は後述するが、彼の幼少時代については不確かで、生前に関して通説になっていることは、わずかに次のような点である。一五九一年、マニラへ渡り、二年後フランシスコ会系修道院に入会したこと、一五九六年秋に叙階《じょかい》［聖職者の任職］[4]のために帰国の途につくが、暴風で遭難し土佐の浦戸港に入港せざるを得なくなったこと、そして上陸後、キリシタン迫害事件に巻き込まれ、翌一五九七年に長崎で処刑されたことである。

この聖フェリーペ崇拝がメキシコで始まったのは、処刑からしばらく時を経てのことであった。それは、その後現在に至るまでの四世紀以上に亘り続いてきた。

ここで、聖フェリーペ崇拝の発展における重要な事象を五点押さえておきたい。[5]それにあたり、必要に応じて、崇拝の普及過程がよく似たグアダルーペの聖母崇拝と簡単に対比していく。十六世紀後半に人々の話題にのぼり、次第に崇拝が広まった、現在メキシコで最も親しまれている聖母である。この両崇拝の比較によって聖フェリーペ崇拝展開の過程をより明確にすることができると考える。

ここでいう重要な事象の第一点目は、列福、即ち、一六二七年の福者の称号の授与である。[6]それがきっかけとなり、フェリーペは一六二九年一月に、メキシコ市の守護聖人に選ばれた。因みに、グアダルーペの聖母が、メキシコ市の守護聖母となったのは一七三七年で、聖フェリーペはそれより一世紀以上も早くメキシコ市の守護聖人に選ばれている。

第二点目は、メキシコ市大聖堂内に「聖フェリーペ・デ・ヘスス礼拝堂」が設置されたことである。これは一六三八年に実施された。一方、グアダルーペの聖母の姿がこの大聖堂で拝めるようになったのは聖フェリーペに遅

3　フェリーペは、まず、両親がスペイン生まれのスペイン人であることからスペイン人子弟である。そして、現在のメキシコがヌエバ・エスパーニャと呼ばれていた時代に、その地で生まれたとされることから、ヌエバ・エスパーニャ生まれとなっている。従って一般に、ヌエバ・エスパーニャ出身、あるいは、メキシコ市生まれと想定して、メキシコ市出身ともいう。しかし、十七世紀から二十世紀という長い期間の歴史を扱うため、時として「メキシコ出身」といった方が明確であることもあり、双方を用いることとする。また、ヌエバ・エスパーニャ生まれのスペイン人に対して「クリオージョ」という呼称も使われているので、クリオージョ階層出身と表現をすることもある。このクリオージョという言葉は、アメリカ大陸全土に生まれたスペイン人にも使われているが、本書では主にヌエバ・エスパーニャ、あるいは、メキシコ市生まれのスペイン人という意味で用いる。この言葉がどのように使われ始めたかについては第I部第三章一節一〇七－一一〇頁参照。

4　修道士になったばかりのフェリーペの叙階は、助祭になることを意味していたと思われる。

5　この聖母崇拝に関する歴史的重要性はこれまでにフランシスコ・デ・ラ・マサやエドゥムンド・オゴールマンといったメキシコ人歴史学者によって実証されてきた。このグアダルーペの聖母に関しては、注七及び第I部第四章一節一五八－一六三頁、第I部第五章三節二七四－二七五頁参照。

6　現在の列福及び列聖といった称号授与制度は、十六世紀から十七世紀に行われたカトリック教会の改革の中で定められたもので、それ以前は教皇の判断や各司教区の大司教の判断で聖人とすることが可能であった。一六二七年に行われたフェリーペら長崎の二十六人の殉教者の列福は、十五世紀から始まったカトリック改革が進められる中、新しい制度で行われた最初の事例に当たる。その直前に行われたイグナシオ・ロヨーラ、フランシスコ・ハビエルの列福（一六〇九）及び列聖（一六二二）は、新制度への移行期に実施されたものであっても、新しい制度に基づいてはいない。なお、この時期の状況については、メキシコ植民地時代史学者アントニオ・ルビアル・ガルシアのまとめが参考になる。Antonio Rubial García, “Los santos milagreros y malogrados de la Nueva España” en Clara García Ayluardo y Manuel Ramos Medina (Coord), *Manifestaciones religiosas en el mundo colonial americano*, pp. 55-56.

れを取ること三十三年の一六七一年である。[7]

第三点目は、独立後の事象で国民の祝日に関してである。新政府は国民の祝日[8]を決める際に、グアダルーペの聖母の日である十二月十二日を「国民の宗教の祝日」とした。その決定より遅れはしたが、聖フェリーペの日である「二月五日」も「国民の宗教の祝日」とし、少なくとも政治的には、両者はメキシコ・カトリック界の両輪的存在となった。しかし、一八五九年八月に国民の祝日が改正されると、グアダルーペの聖母の祝日である「十二月十二日」は残されるが、聖フェリーペの祝日である「二月五日」は祝祭日から外されてしまった。その一年半後の一八六一年一月になり国民の祝日の再改正が行われ、「二月五日」は再び「国民の祝日」とされた。しかしフェリーペとは関係のない、「憲法記念日」と定められたのである。[9] つまり、「二月五日」は、独立後、少なくとも十九世紀中は、カトリックの日である国民の祝日と、憲法を記念する国民の祝日という、異なる意味合いで人々に記憶されるのである。

第四点目は一八六二年のフェリーペの列聖である。[10] これは政教分離政策により政府と教会の摩擦が一層深まる中の出来事であった。副王領時代からフェリーペは、福者でありながらメキシコ人聖人《Santo mexicano》として扱われており、改めて聖人と呼ばれること自体は、取り立てて新しいことではない。しかし、正式に列聖されることは、特別な意味を持つ。その後、列聖五十年記念、百年記念が開催され、それらの行事は聖フェリーペ崇拝の節目となっていくからである。実際、いまでこそ、フェリーペはメキシコ聖人のひとりであるが、福者でありながらメキシコ人聖人《Santo mexicano》とされた副王領時代を含めると、グアダルーペの聖母の出現に居合わせたというファン・ディエゴが列聖される二〇〇二年までの実に三百七十五年間、唯一のメキシコ人聖人として崇拝されてきた。[11]

第五点目は、二十世紀に入って以降の聖フェリーペの名を冠する教会堂の建設についてである。一八九七年に最初の聖フェリーペの教会堂がメキシコ市内に建立された。それ以降、メキシコ国内各地で同様に、聖フェリーペの名を冠する教会堂が建立され始める。既に十八世紀半ばからメキシコ全土にその姿が奉納されてきたグアダルーペの聖母崇拝とは比較にならないが、とりわけ二十世紀半ば以降、数多く建てられ、それは広がる傾向にある。

以上のような事象は、聖フェリーペ崇拝が、メキシコでは歴史的に見て極めて重要なカトリック信仰のひとつであることを示唆している。その崇拝はさらに形を変えつつも、現在まで続いている。

　しかし、この崇拝に関しては、殉教物語を中心にその歴史を語るに留まっており、その意義に関して十分な研究が行われてきたとは言い難い。[12] また如上のとおり、フェリーペが日本のキリシタン時代とも関連がある人物であるこ

7　José Ignacio Echegaray (ed.), *Álbum commemorativo del 450 aniversario de las apariciones de Nuestra Señora de Guadalupe*, p. 274. 大聖堂内のグアダルーペの聖母の礼拝堂については、一九四八年、マヌエル・トゥサインが著書『メキシコ大聖堂』の中で説明している。しかし、それがいつ設置されたのかについては明らかにしていない。一方、一九六八年にサリニャーナ本を校訂したフランシスコ・デ・ラ・マサは、「一六七一年に大聖堂内にグアダルーペの聖母礼拝堂設置を記念する説教が一六七一年に行われ、印刷された」と記していることから、グアダルーペの聖母礼拝堂の設置は一六七一年というのが定説となっている。Manuel Toussaint, *La Catedral de México y el sagrario metropolitano su historia, su tesoro, su arte*, pp. 141-142; Francisco de la Maza, El guadalupanismo mexicano, p. 128. 現メキシコ大聖堂に関する最も古い文献のひとつ、一六六八年にイシドロ・サリニャーナがメキシコ市大聖堂主要部分完成を記念して書いた、『一六六八年のメキシコ市大聖堂』の聖堂内の説明部分でもグアダルーペの聖母に関する記述は一切見られない。Isidro Sariñana, *La catedral de México en 1668*, Ed. de Francisco de la Maza 参照。

8　当時のメキシコでは、二種類の国民の祝日があった。ひとつは、「国民の祝日」[día festivo nacional] であり、もうひとつは「国民の宗教の祝日」[día festivo nacional y religioso] である。

9　因みに、この頃、フェリーペにまつわる「イチジク伝説」が人々の間で広まっている。これについては、第Ⅱ部第二章二節で詳述する。

10　一八六二年六月八日に列聖を祝福する説教が行われたことを受け、一般に同年列聖されたとされている。しかし、教皇が長崎の殉教者に聖人の称号授与の勅書を出したのはそれより早い。まず、一八六一年九月十七日に二十三人のフランシスコ会の殉教者に、翌一八六二年四月七日に三人のイエズス会日本人同宿に聖人の称号を授ける文書を記している。Leo Magnino, *Pontificia Nipponica, Le relazioni tra la Santa Sede e il Gioppone attraverso i documenti pontifici*, volume 2, p. 15, pp. 9-10, pp. 28-29.

11　一八六二年の列聖から、グアダルーペの聖母出現の場に居合わせたとされるファン・ディエゴが、一九九〇年に列福、二〇〇二年に列聖されるまでの百四十年は、公的にも唯一のメキシコ聖人であった。因みに、一九九〇年にファン・ディエゴとともに、征服時代の最初期に殉教した三人のトラスカラの少年たちも列福された。但し、彼らの列聖は二〇一七年十月五日である。そのほか、二十世紀初めに起きたクリステーロの反乱関連で殉教した一人の少年も二〇〇五年に列福、二〇一六年に列聖されている。

12　その理由として、メキシコでは、カトリック崇拝史研究の関心が長年グアダルーペの聖母に向けられ、フェリーペをはじめとし

とは明白であるが、その日本においても、この人物に焦点を当てた研究書はいまだない。[13]

従って、本書は、日本にとっては、フェリーペ・デ・ヘススをテーマとした初めての著書であり、メキシコにとっては、その崇拝の全容とその意義に焦点を当てた最初の研究書となる。[14] この聖フェリーペ崇拝の歴史を主題とする本書出版の意義は、両国のみならずカトリックの歴史においても、大きい。

既述したように、本書執筆にあたり筆者が意図することは、崇拝の全容及びその意義、それらの二点を明らかにすることである。

一点目の崇拝全容の解明では、まず、彼の生前の不確かな点を明らかにする。その上で、その後の崇拝の展開を丁寧に描きだす。そのためには、死後に始まった崇拝の歴史的変遷を線の形で結んでいく必要がある。そこで、関連史料を子細に分析し、点在する事象のひとつひとつをできる限り考察し、その変遷の過程を浮かび上がらせる。副王領時代に随時記された説教録も分析する。そこでは聖フェリーペ崇拝に注目し普及に力を入れたクリオージョ、特に聖職に身をおく者たちが、社会に対するその時々の思いを、フェリーペのイメージを媒体にして語られている。その考察は、崇拝の普及過程の把握のみならず、この崇拝を生み維持してきたクリオージョの意識を析出することにも繋が

た、他の聖人・聖母崇拝にはさほど注意が払われてこなかったことが挙げられる。

13　二十世紀に入り日本でも、キリシタン研究が始まり、長崎の殉教事件も研究対象となった。その際、長崎の殉教事件の当事者は、外国人聖職者六名と日本人信者二十名とに分けて紹介するのが一般的で、聖フェリーペに焦点が当てられることはなかった。

14　本書は、メキシコにおけるカトリック崇拝研究の一冊として日本語で出版されるが、メキシコの読者を対象として、加筆修正した上でスペイン語版を出版する予定である。ここで、グアダルーペの聖母崇拝以外の崇拝を対象とした、二十世紀最後の四半世紀の主な研究をまとめておくと、まず、一九八六年にはメキシコ国立自治大学美術（史）研究センター主催の学会「メキシコの歴史、伝説、神話」（一九八六年十一月十日から十四日の五日間に開催）において、グスタボ・クリエールが「聖フェリーペ・デ・ヘスス、図像と崇拝（一六二九―一八六二）」という題のもとに報告を行った。クリエールは、副王領時代にメキシコ市で広まった崇拝のひとつとして聖フェリーペを取り上げ、その図像の変遷を分析した。この報告は、Instituto de Investigaciones Estéticas (ed.), *Historia, leyendas y mitos de México: su expresión en el arte.* México, UNAM, 1988 (Estudios de Arte y Estética 30), pp.

71–98 にスペイン語題“San Felipe de Jesús: figura y culto (1629–1862)”で掲載されている。

一九八八年、美術史国際学会「メキシコ美術とラテンアメリカ美術の関連性」が開催された。ここでは、美術史学者エリサ・バルガス・ルーゴが、「ペルー副王領とヌエバ・エスパーニャ副王領におけるリマの聖ロサの図像学」と題した報告で、一六七一年の列聖以後、聖ロサ崇拝がヌエバ・エスパーニャの人々の間にも広まっていたことを指摘した。ルーゴによれば、一六一七年に亡くなったペルーの聖女ロサは一六六八年の列福の後、わずか三年で列聖されており、これは、他の事例と比較した場合、極めて異例の速さであった。ロサが所属したドミニコ会の強い意志によるものと言われている。聖女ロサは植民地生まれのスペイン人、すなわち、クリオージョであったので、メキシコのクリオージョにとっても、自己のアイデンティティを支える上で、格好の信仰対象となったと言える。Elisa Vargaslugo (Elisa Vargas Lugo), “Iconografía de santa Rosa de Lima en los virreinatos del Perú y de la Nueva España”, en *Simpatías y diferencias. Relaciones del arte mexicano con el de América Latina. X Coloquio Internacional de Historia del Arte*. México, 1988, pp. 217 y 219.

一九九九年には、メキシコの植民地時代史学者アントニオ・ルビアル・ガルシアが著書『論ずべき聖性』で、これまであまり言及されることのなかった聖人・聖女の紹介を行っている。Antonio Rubial García, *La santidad controvertida. Hagiografía y conciencia criolla alrededor de los venerables no canonizados de Nueva España* は、日本語題名の訳を『論ずべき聖性』（筆者訳）とした。

同年、ミチョアカン大学院大学で地域研究を専門とするフランシスコ・ミランダは、一六二一年に活字印刷された聖母出現物語『ロス・レメディオスの聖母の聖なる御姿の奇蹟、由来、始まりの歴史』に序、註を付して再版し、二年後の二〇〇一年には、レメディオスの聖母とグアダルーペの聖母という二つの聖母崇拝を比較した『二つの新しい信仰』を出版した。Luis de Cisneros, *Historia de el Principio y Origen Progresos, Venidas a Mexico, y milagros de la Santa Imagen de Nuestra Señora de Los Remedios*. Edición, introducción y notas de Francisco Miranda. México, s.e., 1999 (1621). これはルイス・デ・シスネーロスが出版した作品である。Francisco Miranda Godínez, *Dos cultos fundantes: los Remedios y Guadalupe (1521–1649)*. Zamora, El Colegio de Michoacán, 2001.

他方、二〇〇六年にはセシリア・バウティスタ・ガルシアがミチョアカン州立大学研究誌『ツィンツン』に「ハコナの聖母」という論文を投稿した。そこで、ハコナの聖母の方がグアダルーペの聖母より早く戴冠されていることを指摘している。Cecilia A. Bautista García, “Dos momentos en la historia de un culto: el origen y la coronación pontificia de la virgen de Jacona (Siglos XVII–XIX)”. en *Tzintzun*, Revista de Estudios Históricos, núm. 43, pp. 11–48.

ここで紹介した研究に続き、メキシコの国内各地に広がる様々な崇拝の歴史分析が進められているようだが、本書での紹介は割愛する。

る。さらには、独立後の聖フェリーペ崇拝の展開に目を向けることにより、現代に至るまでの崇拝の継続を指摘できる。

二点目の崇拝の意義については、この崇拝とメキシコ社会の関係、すなわち、カトリックの中での役割や、各時代の人々との関わりに焦点を当てることにより明らかにしていく。本研究は、聖フェリーペ崇拝というひとつの崇拝をテーマとしたメキシコ・カトリック史の一部であり、同時に、崇拝と社会や政治の関わりの考察でもある。その意味において、十七世紀から今日までの四世紀間に亘るメキシコの社会史と捉えることもできる。

2　基本史資料

先に述べた本書のテーマであるフェリーペの生涯、その崇拝の形成や変容を論じるにあたり、以下の史資料が基本的な論拠となる。

まず、生涯を探る基本史料として最初に挙げられるのが、一六〇一年に印刷されたマルセーロ・デ・リバデネイラ（生没年不詳）の『フィリピン諸島、中国、タタール、コーチシナ、マラッカ、シャム、カンボジアと日本の歴史、そして、フィリピンの聖グレゴリオ管区の管轄に属するフランシスコ会修道士の身に起きた出来事（*Historia de las Islas del Archipielago y Reinos de la Gran China, Tartaria, Cochinchina, Malaca, Sian, Camboxae y Japon, Y de lo sucedico en ellos a los Religiosos Descalços, de la Orden del Seraphico Padre San Francisco, de la Prouincia de San Gregorio de las Philippinas, 1601*）』である。[15] これはフィリピン諸島を中心としたアジア地域でのフランシスコ会士の宣教の歴史を記述したものである。その第四巻から第六巻で一五九七年に起きた長崎の殉教事件が扱われている。[16] 特に第六巻では、殉教した二十六人のそれぞれの生い立ちや人柄が書かれており、フェリーペについてもわずかではあるが、語られている。[17] 恐らくこれが、フェリーペに関する最初の記述であろう。

さらにフェリーペの生涯については、これとは別に、副王領時代の史料が四点ある。[18] まず一点目は、フランシスコ会士バルタッサール・デ・メディーナ（一六三四―一六九八）が一六八三年に書いた歴史物語『新世界の帝国ヌエバ・エスパーニャと呼ばれる祖国メキシコの守護聖人、日本における最初の高名なる殉教者、聖フェリーペ・デ・ヘススの生涯と列福』（*Vida, Martyrio, y beatificacion del invicto proto-martyr de El Japon San Felipe de Jesus, patron de*[19] *Mexico, su patria, imperial corte de Nueva España, en el Nuevo Mundo*, 1683）である。これは聖フェリーペの殉教物語としては最初の本である。

二点目は、一八〇一年に版画家モンテス・デ・オカ（生没年不詳）が彫った二十八枚（表紙の版画を入れると二十九枚）の版画である。『日本最初の殉教者でありメキシコの守護聖人でもある、聖フェリーペ・デ・ヘススの生涯』（*Vida de San Felipe de Jesus protomartir dl [sic] Japon y patron de su patria Mexico*, 1801）という題を持つこの作品は、フェリーペの生涯とその崇拝が題材となっているだけでなく、数行ずつではあるが、版画の一枚一枚に場面説明が添えら

15　殉教事件という意味では、ルイス・フロイス『日本二十六聖人殉教記』（結城了悟訳）の方が実際早く印刷されており、それがおそらく最も初期の記録書と考えられる。しかし、フロイスはフェリーペ・デ・ヘススについては殆ど語っていないため、ここでは基本史料として含めないことにした。

16　この長崎の磔刑を殉教と捉える過程に関して、小俣ラポー日登美が、イエズス会とフランシスコ会の見解の相違を含め詳細な説明をしているので参考にされたい。小俣ラポー日登美「日本の『殉教』とグローバル・ヒストリー——日本が西欧の歴史に内在化する時」『通信』日仏東洋学会、第四二号、二〇一九年（刊行予定）。

17　Marcelo de Ribadeneira, *Historia de las Islas del Archipiélago Filipino y Reinos de la Gran China, Tartaria, Cochinchina, Malaca, Siam, Cambodge y Japón*, pp. 568-571. 文字数はわずか千四百字ほどであり、管区長バウティスタを説明した部分と比べると、三分の一にも満たない。

18　一点目の著者、バルタッサールは一六八二年、つまり、ここで扱うフェリーペの歴史物語を印刷する前年に、書籍を一冊出している。その中の一章分を聖フェリーペの説明に当てているが、ここではそれを含めないことにした。

19　原書にアクセント記号が付けられていないため、凡例通りそれに従った。以下、史料原文にアクセント記号が付されていない場合も同様である。

れている。

三点目は、一八〇二年に出版された『日本における最初の殉教者、栄光あるメキシコ人の生涯と殉教に関する要約。福者フェリーペ・デ・ヘスス』（*Breve resumen de la vida y martyrio del inclyto mexicano, y proto-mártyr del Japón. El beato Felipe de Jesús*, 1802）と題された一書である。著者名はJ・M・M[20]という頭文字だけで記されている。フェリーペの生涯についてはリバデネイラの記述に負っているが、その時代の聖フェリーペ崇拝の普及状況に関しても言及しており、フェリーペが「聖人」として相応しい扱いをされていないこと、当時はまだ、その名を冠した教会堂がなく、さらには列聖もされていないことが明記されている。

最後に四点目は、ホセ・アントニオ・ピチャルド（一七四八？－一八一二）のフェリーペの生涯に関する手稿である。これは、ピチャルドの死後一世紀以上を経た一九三四年に『最初のメキシコ人殉教者の生涯と殉教　マニラのフランシスコ会修道士聖フェリーペ・デ・ヘスス』（*Vida y Martirio del protomártir mexicano San Felipe de Jesús de las Casas religioso del hábito y orden de San Francisco de Manila*, 1934［manuscrito 1812］）という題で出版された。副王領時代末期に書かれたものではあるが、フェリーペの両親の家系の始まり、二人の結婚や渡航許可やその記録、息子の誕生など、すべてを史資料に基づき明らかにしようとした、フェリーペ研究に関する最初の歴史書と言える。[21]

ここで挙げた五人の著者（リバデネイラを含む）のうち、唯一、事件の証人であり、マニラ滞在時にフェリーペと面識があったのはリバデネイラだけである。しかし、彼は、フェリーペと個人的な話をしておらず、そのため、フェリーペの生涯については第三者からの聞き書きに過ぎないと記している。因みに、フェリーペの生涯と殉教を初の歴史物語として著したメディーナは、フェリーペの列福後の生まれで、十七世紀の最後の三十年間に活躍した人物だ。残りの三人は十八世紀後半から十九世紀初めに際立った活動をした人々である。結果として、誰一人確かな情報を得ていないことになる。

このような状況の中、フェリーペと同時代を生き、事件を目の当たりにしたリバデネイラの記述が情報源となるのは自然の流れと言えよう。実際、メディーナを含め、これらの後世の書き手たちも、フェリーペの生涯についてはリバデネイラの言葉にその多くを負っている。とはいえ、各著者がそれぞれの時代における聖フェリーペ崇拝を把握するための努力を惜しまず、新たな見解を付加していることから、本書にとっていずれも不可欠な史資料である。

一方、崇拝の形成・発展、その社会的な意味を探る上では、上述の史料以外に、例えば、副王領時代のメキシコ市参事会議事録などが役立つ。当時、教会堂の建設や祝典の開催など、宗教関係の事象に関する最終決定は市参事会が行っていた。そのため、議事録には、列福の知らせが届いた直後の祝典開催の申請及び決定などについても記されている。従って、それらに目を通せば、その反響を知ることができる。また、フェリーペに関するスペイン国王の勅命書も貴重な史料である。

その他、教会関係の史料が種々ある。副王領時代には、毎年二月五日の聖フェリーペの祝日になると、盛大な祝典が開かれた。そこで語られた説教のうちのいくつかが、説教録として活字印刷されている。これまでに筆者が入手した十七世紀の説教録は四点で、ミゲール・サンチェス、ハシント・デ・ラ・セルナ、ディエゴ・デ・リベーラ、ファン・デ・アビラというずれも著名な説教者によるものである。十八世紀は五点で、ホセ・デ・トレス・ペセジン、アロンソ・マリアーノ・デル・リオ、ドミンゴ・デ・フェルフィーノ、ホセッ・マルティーネス・デ・アダメ、ホセ・フランシスコ・バルデスらの説教録である。その他、祈りの書や詩などがある。

これらとは別に、十九世紀の独立国家時代にも、列聖式や殉教三百周年の記念式典の機会に説教録が編まれており、同様に貴重な文献と言える。関連行事は二十世紀に入っても継続し、生誕や殉教、列聖の周年行事が行われ、それぞれに文書が生み出されている。その他、聖フェリーペの聖性を示す言葉が綴られた詩もいくつかあり、これらも史料として大きな意味を持つ。

20　歴史学者エレーナ・イサベル・エストラーダ・デ・ヘルレロがこのイニシャルの人物の特定を試みた。第Ⅱ部第一章一節三一九頁参照。

21　第Ⅱ部第一章二節三二六－三二九頁参照。

さらに目を移すと、新聞も情報源として重要である。副王領時代の一七二二年に発刊が始まった『ガセータ・デ・メヒコ』[22]は、メキシコにおける最も初期の新聞で、副王領時代の聖フェリーペの祝日に毎年行われた行事とその内容を知る上で欠かせない史料となる。

この最初期の新聞に続き、独立運動のさなかに近代の新聞社が創設され始めた。独立後は一層その種類が増え、より多様な情報を伝えるようになった。毎年の祝典の様子に加え、聖人に捧げられた詩、上院・下院両院での関連事項に関する報告や議論、さらには関連する法案などが掲載された。また記事だけでなく、聖フェリーペをテーマとした劇の広告も当時の聖フェリーペ崇拝の状況を知る上で、大切な情報源である。

こうした記述史料の他に、聖フェリーペに対する信仰を分析する上で有用な史料として図像がある。これらは十七世紀なかばから作られている。全国の教会堂に納められた聖フェリーペの像や宗教画、その他版画などから、その崇拝の普及と展開を知ることが可能となる。加えて、二十世紀半ばに出回った劇画にも目を向けたい。

また、二十世紀に入ると、メキシコ各地に聖フェリーペの名を冠する教会堂も数多く見られるようになる。これらも聖フェリーペ崇拝の現在の普及状況を知るために有益である。残念ながら、特別な場合を除いては、これらの教会堂建設の経緯や図像の奉納に関する記録は皆無である。そのため、比較的新しいものに関しては、フィールド・ワークの結果得られた写真や聞き取り内容が基本資料となる。

3　本書の構成

本書は二部構成で、第Ⅰ部の五章、第Ⅱ部の三章と「おわりに」で構成されている。第Ⅰ部は副王領時代の聖フェリーペ崇拝に関して、第Ⅱ部は独立国家時代の聖フェリーペ崇拝に関してと時代別になっている。そして最後に「おわりに」で本書のまとめが用意されている。

第Ⅰ部では、副王領時代に始まり展開していく聖フェリーペ崇拝の足跡を辿り、殉教しか語ることのない聖フェリーペのイメージがいかに神聖なるものへと創り上げられていったか、その過程を確認する。フェリーペの誕生から殉教事件までと、その後の崇拝の始まり、形成、普及の過程を考察するために、それぞれ事象を基に五つの章に分けられている。各章の内容は次の通りである。

第一章では、フェリーペの生涯、即ち、フェリーペの誕生から遭難までの経緯を考察する。最初に、フェリーペに関する最も古い情報と考えられるリバデネイラの記述を抽出して箇条書きに並べる。それと比較しながら、フェリーペの生涯を扱う史料、ハシント・デ・ラ・セルナ、バルタッサール・デ・メディーナ、J・M・M、アントニオ・ピチャルドの著書の該当する記述を整理する。これによって、現段階における不明瞭な点を明らかにする。

そのほか、フェリーペの青年期の三つの出来事、フランシスコ会への入会と還俗、二度の旅立ち（アカプルコからマニラへ、マニラからアカプルコへ）の様子を簡単ではあるが、整理する。

第二章では、フェリーペ崇拝の始まりを把握するために、フェリーペの日本漂着後から殉教まで、さらにその後三十年間の反響を五つの節に分けて見ていく。

第一節では、サン・フェリーペ号の日本漂着から殉教に至るまでの状況を確認する。これは、主に先行研究を参考とする。第二節及び第三節では、ヨーロッパ及び、アメリカ大陸（ヌエバ・エスパーニャ）での殉教事件への反響がどのようなものであったのか、そこに何らかの崇拝の兆しがあったのか、それぞれ明らかにする。具体的には、聖フェリーペに対する扱いがいかなるものであったのかを探ることになる。ヨーロッパについては当時同地で刊行された出版物に焦点を当てる。ヌエバ・エスパーニャについても事件からそう遠くない時期にその地で記された文書か

22　『ガセータ・デ・メヒコ』はメキシコで発行された最初の新聞といわれる。まず、一七二二年に月刊紙として始まり、同年六月まで続いた。その後は不定期に一七三九年まで発行された。一七四二年の一年間は『メルクリオス（Mercurios）』として発行された。再び中断したものの、一七八四年から復刊し、一八〇九年まで続いた。Luis Reed Torres y María del Carmen Luiz Castañeda, *El periodismo en México 500 años de Historia*, pp. 53-80.

ら、聖フェリーペがどのように見られていたかを明らかにする。

第四節は、メキシコ市近郊のクエルナバカ司教座聖堂（大聖堂）の壁に描かれた長崎の殉教図を扱う。メキシコにおいて最初の図像のひとつと考えられる壁画の制作過程に関して、その経緯を探り、この作品と聖フェリーペ崇拝について考える。第五節として、簡単ではあるが、南米ペルーにおける長崎殉教に関連する図像を挙げていく。

第三章では、聖フェリーペ崇拝の始まりを検証していく。殉教の知らせが届いたにもかかわらず、その崇拝の兆しは見えず、実際、崇拝が始まるのは一六二七年の「列福」の知らせが届いてからである。そこで、それをきっかけとした聖フェリーペ崇拝の誕生を論じる。まず、崇拝の受け皿となる社会状況を明らかにする。ここでは、フェリーペが「メキシコ生まれのスペイン人」、すなわち、「クリオージョ」であることから、メキシコにおけるクリオージョ概念の誕生の歴史を辿る。

続いて、ヨーロッパ、日本、ヌエバ・エスパーニャ、それぞれの地域での列福誓願書をもとに、列福に至った過程を確認する。その上で、列福後の人々の具体的な反応に焦点を当てる。それにより、この人物が、聖人として崇拝される時期が、いつで、また、どういう理由で注目されていくのかを明らかにしていく。

特にフェリーペの列福の知らせに対する対応については、メキシコ市参事会議事録を基に詳述する。そのほか、最初期のそのイメージ、即ち、「三つの槍傷」という概念の形成過程を論じる。参考にするのは「一六二九年の詩」と「現存している最も古い版画」である。また、列福をきっかけに始まる崇拝の初期の動き（年祭、教会堂、聖遺物に関する）を確認する。その上でその直後の状況を考察する。

第四章では、ひとたび始まる兆しを見せた崇拝が、紆余曲折をへて確立していく状況を当時の関連する出来事と合わせて、検証していくことにする。それはまさに、クリオージョが社会に対し自己主張をし始めた時期のことである。そこでは同時に、十七世紀半ばに、クリオージョが聖フェリーペのイメージに籠めた思いを描く。

ここではその頃にクリオージョが聖フェリーペをどのようなイメージで表象し、そこにいかなる意味を付加していったのかが論点となる。本題に入る前に、聖フェリーペ崇拝に対する理解を容易にするために、当時共存した他の崇拝についても、説明しておきたい。メキシコで誕生した崇拝のうち、特に注目すべき二つの崇拝、ロス・レメディオスの聖母崇拝とグアダルーペの聖母崇拝の始まりについて紹介する。これらの二つの崇拝に関連する奇蹟と普及を踏まえた上で、メキシコ市大聖堂内聖フェリーペ・デ・ヘスス礼拝堂設置とその意義、高名な説教者ミゲール・サンチェスとハシント・デ・ラ・セルナの言葉から彼らが求めた聖フェリーペの聖性とその解釈、その意味を指摘する。

第五章では、十七世紀後半及び十八世紀の聖フェリーペ崇拝の普及状況を探っていく。まず、十七世紀半ば過ぎに建てられたカプチナ修道院教会堂が聖フェリーペに捧げられる過程を明らかにする。また、フェリーペが関係したとされる銀細工職に注目し、この時代のクリオージョが聖フェリーペ崇拝にかけた社会的期待とその姿勢も問う。そこで、一六八三年に聖フェリーペ殉教物語を書き上げたバルタッサール・デ・メディーナの崇拝にかける期待と銀細工職人を動かそうとする彼の思いを考察する。これは活字として世に出た最初の聖フェリーペの殉教物語である。その他、十八世紀に書かれた説教録などの記述を読み解き、この時代の聖フェリーペに対する新たなイメージの創作を見定める。

この章の最後では、メキシコ市で始まった聖フェリーペ崇拝が、副王領時代後半にどの程度地方へ広がっていたかを、この時期に教会堂に納められたフェリーペ像や絵画などの美術作品を見ながら確認していく。聖性を高められた聖フェリーペの姿を、クリオージョがどのような思いで見ていたかについて考えたい。

第Ⅱ部では、独立後の各時代における聖フェリーペ崇拝の変容を検証する。独立後、一般に忘れ去られたと思われがちな、このフェリーペ崇拝の存続状況をその時代の政治や社会の歴史的事象と合わせて考察し、二十世紀から二十一世紀にメキシコ・カトリックの普遍的な崇拝のひとつとなっていく様子を明らかにしていく。ここは三つの章で構成されている。各章の内容は次の通りである。

第一章では、聖フェリーペ崇拝史後半の最初にあたる、独立前後のイメージと政治の関係を論じる。まず、メキシコ独立直前、十八世紀末から十九世紀初めの数十年間における聖フェリーペのイメージのゆらぎについて述べる。独立後にメキシコ国旗に定められる「鷲とサボテンと蛇の図柄の紋章」を添えて描かれた独立前夜の聖フェリーペの姿を紹介し、その「スペイン性」あるいは「メキシコ性」を考察する。

その他、ここでは、丹念に調べた史資料に基づき聖フェリーペの生い立ちを遺稿に記した、アントニオ・ピチャルドの生涯とその聖フェリーペ研究について簡単に説明する。[23] 一八一二年に亡くなったピチャルドの遺稿が死後百年以上ものちに世にでることになった経緯を辿る。また、フェリーペの殉教の日である二月五日が「国民の祝日」となる過程や、メキシコ第一帝政期の皇帝イトゥルビデの遺骨がメキシコ市大聖堂内の聖フェリーペ・デ・ヘスス礼拝堂に納められる過程を描く。こういった事象は、その後の聖フェリーペ崇拝と政治の関わりを予期するものであり、これらを通じて、この時期における聖フェリーペ崇拝と社会との関係を探りたい。

第二章では、独立後に生じた内乱を経て、メキシコ社会が新たな局面を迎えると、それと呼応するかのように、それまでとは異なる環境に置かれることになる聖フェリーペ崇拝を考察する。ここでは、政教分離を掲げた「ラ・レフォルマ（自由主義的改革）時代」と呼ばれる十九世紀中頃の政治的改革期の中での聖フェリーペ像を論じる。それにあたり、まずレフォルマ時代に入る直前の数十年間のメキシコ社会で、クリオージョの概念の消滅に伴う聖フェリーペのイメージの変化について、新聞記事や詩を通して考える。

次いで、ラ・レフォルマ渦中において生じた三つの出来事に着目する。最初の事象は、聖フェリーペをテーマとした、俗に「イチジク伝説」と言われる民間伝承の誕生である。主に、新たに創作された伝説とその劇化に到る流れを把握する。次に、記念日「二月五日」の主旨の変化である。「二月五日」が「聖フェリーペ・デ・ヘススの国民の宗教の祝日」から、「憲法記念日」へと変わる過程を辿り、そこに含まれた意味を明らかにする。そのほか、一八六二年に列聖式が行われるまでの過程を確認する。そして最後に、この時代の聖フェリーペ像が納められた教会堂の増加を確認しながら、その崇拝の継続を見定める。その上で、こういった十九世紀の一連の出来事が聖フェリーペ崇拝にどのような影響を与えたのかを理解する。

第三章では、二十世紀の聖フェリーペ崇拝を、大きく三点に分けて考察する。まず、その名を冠した最初の教会堂建立についてである。ここではそこに至るまでの過程及びその意図を明らかにする。二点目は、二十世紀に入って生じた、崇拝の大衆化である。映画、諸々の書籍、小冊子、教会の出版許可付の聖人列伝劇画などを通じて論じる。三点目は、この時代のメキシコ各地における聖フェリーペ崇拝の普及状態についてである。加えて、地方紙にとどまらず全国紙をも巻き込んで新聞紙上を賑わせた、一九八八年のアカプルコ市の聖フェリーペ像設置事件にも触れる。これらの事象を経て辿り着く聖フェリーペ崇拝の二十世紀の変容がいかなるものか、メキシコ国内の聖フェリーペの名を冠する教会堂の紹介を通して見定めることにする。これらの事象を通じて、二十世紀における聖フェリーペ崇拝の変容の道を辿っていく。

そして、「おわりに」では、始まりから二十一世紀に至るまでの聖フェリーペ崇拝の形成・普及・変容とその意味をまとめ、メキシコ近代史において、この崇拝が有した歴史的意義を総括するとともに、日墨関係史におけるこの崇拝の位置付けを問い、その意義に光をあてたい。[24]

本書は、専門書に分類される内容と形式を備えているものの、多くの方々の目に触れ、とりわけ、学生たちがスペイン語圏の歴史に対する関心を高める一助となることを念頭に置いたものである。従って、必要に応じて概説的な記述も加えている。また、本書は、史料集という性格も併せ持っている。そのため、できる限り多くの史料、特に絵画や写真を掲載するように努めた。

なお巻末には、附録として、聖フェリーペ崇拝に関する拙稿で、二〇〇七年から二〇〇八年にかけて行った調査の研究報告書も付した。これにより、ミチョアカン地方における二十世紀の聖フェリーペ崇拝の広がりを一例として、メキシコでのその崇拝の状況を示唆することにする。

23　遺稿につけられた題名は、序章二節二六頁記載。

24　本書が目的とするのは、あくまで聖フェリーペ崇拝を論じることであって、カトリックの理念や意義の理解を念頭に置いたものではないことを付記しておく。

第I部

副王領時代の聖フェリーペ・デ・ヘスス崇拝

第一章　フェリーペ・デ・ヘススの生涯

1　フェリーペの生い立ちとイメージ――最初期の記述より

序章で触れたように、殉教という史実以外でフェリーペの生涯について分かっていることは少ない。その点を念頭において、フェリーペの生い立ちと、のちに創られたイメージを探っていきたい。

フェリーペの生涯を語る最も古い活字記録は、筆者の知る限り、一六〇一年の『フィリピン諸島、中国、タタール、コーチシナ、マラッカ、シャム、カンボジアと日本の歴史、そして、フィリピンの聖グレゴリオ管区の管轄に属するフランシスコ会修道士の身に起きた出来事』[25]である。

その著者はマルセーロ・デ・リバデネイラで、彼は一五九四年に平戸に入り、その後一五九七年まで日本に滞在していた。既に記したように、実際に殉教を目撃したひとりである。しかし、フェリーペとは、マニラのフランシスコ会系修道院で顔を合わせた程度の面識しかなかった。そのため、リバデネイラはフェリーペの生前については入会後の生活を含め、ほとんど何も知らず、死後、修道院でこの青年を指導した修道士から話を聞いただけだと打ち明けている。その際、リバデネイラは、その修道士の名を挙げていない[26]。

実際、その信憑性は明らかではないが、一六〇一年に印刷されたこの著書は、後世に書かれたフェリーペの生涯及び殉教事件までを扱うすべての書に大きく影響していくことになる。それは、後に、フェリーペについて語られる際の、いわば、原点となった。そこで、フェリーペに関するリバデネイラの記述を項目別に整理、確認しておく。[27]

出生

1　俗名をフェリーペ・デ・ラス・カサス・マルティーネスという。

2　メキシコ市で生まれた。

3　誠実で経済的にも恵まれた両親のもとに生まれた。

ヌエバ・エスパーニャ時代

1　いたずら好きで、プエブラ・デ・ロス・アンヘレス市[28]のフランシスコ会修道院で見習い修業をしたが、長

25　リバデネイラの生涯に関しては、ファン・R・デ・レヒッティマが一九四七年にマルセーロ・デ・リバデネイラの著書を再版した際に、プロローグ Ribadeneira. *op. cit.*, pp. XII-XIII で詳細に語っている。レヒッティマの記述を簡単にまとめると、「著者リバデネイラは、ガリシア出身の両親のもとに、スペインのレオン州パレンシアで生まれた。一五九三年一月にセビージャを出発し、マニラに到着したのが、一五九四年五月である。同地に二か月滞在した後、同年八月二十七日長崎の平戸へ上陸した。最初は京都に住み、管区長ペドロ・バウティスタから、ゴンサーロ・ガルシアと協力して大坂に教会堂を建てるよう命じられるなど活発に活動していた」。日本出国後については第I部第二章二節七六頁、第三章五節一五二－一五三頁参照。

26　後述するが、メディーナは、一五九四年にフェリーペが修道立願をした頃のマニラのフランシスコ会修道院の修練担当修道士として、フランシスコ・モンティージャを挙げている。Balthasar de Medina, *Vida, Martyrio, y beatificacion del invicto proto-martyr de El Japon San Felipe de Jesus, patron de Mexico, su patria, imperial corte de Nueva España, en el Nuevo Mundo*, p. 27. 本章二節四二頁参照。

27　Ribadeneira, *op. cit.*, p. 568-569.

28　この町は、メキシコ市から東に百三十キロメートルほどの所に位置する。

くは続かなかった。

マニラ時代

1　両親から金を持たされ、マニラへ送られた。

2　マニラでは放縦な生活をしていた。

3　天界の神は、フェリーペに道を踏み外させ、世を捨てさせた。神は、フェリーペがフランシスコ会修道院へ入会し、世の中の雑念から離れるよう、聖なる光で彼の心の目を開いた。

4　見習い修道士として、過去の汚名をそそぐかのように熱意をもって、職務を務めた。

5　従順かつ清貧で、命じられた苦行を喜んでこなし、さらに進んで自らに課した。

日本上陸

1　フィリピンで信仰を告白し、三年後には、叙階の許可を受けた。しかし、マニラには叙階式を執り行うことができる司祭がいなかったため、サン・フェリーペ号に乗船し、生国ヌエバ・エスパーニャへ向かって出航した。

2　叙階のためにヌエバ・エスパーニャへ戻る際、神は殉教という栄光を与えようと、フェリーペを日本へ導いた。

日本上陸後

1　乗船仲間三人とともに京へ向かった。

2　京を不在にしたバウティスタを追いかけて伏見へ向かう道中で、木賃宿の支払いができず、代償として衣服を剝ぎ取られた。

3　捕縛される理由がないため、その場に居合わせた人たちからそこを立ち去るよう勧められたにもかかわらず、軟禁場所に居続けた。

4　十字架に架けられた際の姿勢が悪く、窒息寸前であったため、最初の犠牲者となった。

この他、リバデネイラは、フェリーペが上陸後に京に向かった理由のひとつに、当時フィリピン総督代理として日本に滞在していたペドロ・バウティスタとの面会を挙げている。[29] また、フェリーペの日本上陸は、神の意志によるものとし、その特質を示唆している。

リバデネイラが描いたこのようなフェリーペのイメージに、状況に応じてその都度新しい宗教的解釈が付加され、その特徴はより聖なるものとされていくのである。

2　誕生年、幼少期、兄弟と生家

十七世紀半ば以降に、前節で紹介したリバデネイラ以外にも、フェリーペの生涯について書簡や著書を記した人々がいる。ここでは、リバデネイラの記述を念頭においた上で、主に十七世紀以降紹介されてきた記述をもとに、誕生年、幼少期、兄弟、生家の順にこれまで語り伝えられてきた内容を整理していきたい。

29　リバデネイラによれば、「司祭バウティスタが滞在していることは承知していたので、日本に漂着したからには、叙階式を頼もうと、［道中の苦難に耐えられるよう］自身を鼓舞した。フェリーペは管区長に会うことができた。管区長はマニラ［司教区］の修道院長で、フェリーペが修道士となるための儀式を執り行ったこともあり、［フェリーペは管区長に］特別な信頼を抱いていたのである。フェリーペはファン・ポブレとともに船の状況を国王に知らせる書状を持って［京都へ］出向いた」。Ribadeneira, *op. cit.* p. 569.

これらの項目を十分に把握するためには、まず、フェリーペの両親について知るべきであろう。父親はアロンソ・デ・ラス・カサス、母親はアントニア・マルティーネスといった。双方ともにスペイン人であった。当時、多くの同胞が成功を夢見てアメリカ大陸へ移住しており、この夫婦も同じような思いで大西洋を越えたのであろう。引用は後に譲るが、アロンソの書簡によれば、彼は貿易商であった。ヌエバ・エスパーニャ到着後、自身の渡航とほぼ時を同じくして始まったフィリピン貿易に携わり[30]、会計を任されたメキシコ市の「代理商人」[31]として働いていたようだ。この「代理商人」という職が日本でいう御用商人のような役目だとすると、アロンソは、この地へ渡ったスペイン人の中でもそれなりの成功を収めた人物のひとりで、恐らく社会的地位も高かったと思われる。

さて、フェリーペの誕生年については、一五七二年、一五七五年という、少なくとも二つの説があり、序章で記した史料の著者たちの見解も二分されている。一五七二年説を唱えるのは、メディーナとピチャルドである。一五七五年説はモンテス・デ・オカ、J・M・M及びアントリン・ビジャヌエバである。それぞれの説を順に紹介していくことにする。

一五七二年説を唱えるメディーナはまず、洗礼名簿にその根拠を求めた。スペイン人は敬虔なカトリック教徒であり、ヌエバ・エスパーニャでも、生まれた子供に必ず洗礼を受けさせると考えた故のことである。当時から洗礼の記録は名簿に記され、洗礼を受けた教会堂で保管されるのが常であった。また、それは、出生台帳も兼ねていた。とすれば、その台帳は誕生年を知るための最も有効な史料である[32]。

彼は、フェリーペの洗礼の場所を、当時既に存在したメキシコ市大聖堂と推測した。フェリーペが誕生したといわれる一五七〇年代前半頃、メキシコ市内には、小さくはあったが、所謂、大聖堂に該当する聖堂[33]が存在していたからである。しかし、それは現在、我々が目にするメキシコ市大聖堂（図Ⅰ-1-1）ではない。現大聖堂敷地内東北方向にあたる角に建てられていたが、最終的に取り壊された最初の司教座聖堂、いわゆる、旧大聖堂のことである。

メディーナが最初に手掛けたのが、この旧大聖堂の記録書等を引き継いだであろう、先に紹介した新メキシコ市大聖堂の資料保管室での調査であった[34]。しかし、そこではフェリーペの名を発見できなかった[35]。そこで、大聖堂の他

30　ミゲール・レガスピらが太平洋往復航路を発見したのが、一五六四年から一五六五年にかけてである。それから十年程経た頃から年一回の定期船の太平洋往復が始まり、アジア貿易が開始されたと言われている。太平洋航路発見に関しては、José Sainz y Díaz, *López de Legazpi. Alcalde Mayor de México. Conquistador de Filipinas* や Vera Valdés Lakowsky, *De las minas al mar. Historia de la plata mexicana en Asia. 1565-1834* を参照。その他、ガレオン船貿易に関しては、Vera Valdés Lakowsky, *op. cit.* あるいは Carmen Yuste López. *Emporios transpacíficos. Comerciantes mexicanos en Manila, 1710-1815* などの研究書がある。

31　「代理商人」のスペイン語表記は "Oficio de Teniente de Factor y Proveedor de esta Ciudad" である。

32　ヌエバ・エスパーニャにおけるカトリックは、当初スペイン本国のそれとは異なった状況に置かれた。一般に、洗礼を含め、秘跡は司教や司祭が執り行うものである。しかし、当初、そこでの洗礼はスペイン本国とは少し異なっていた。何故なら、スペインが征服を達成した直後のヌエバ・エスパーニャには、秘跡を授ける権能を持った聖職者は未だその地に到着していなかった。その一方で、カトリック教会にとって、とりわけ洗礼という秘跡は割愛できない重要な儀式であった。そのために取られた策が修道士の代用である。つまり、新天地に渡った修道士が、本来司教や司祭がすべき職務を彼等に代わって行ったのである。そのひとつが、カトリックの先住民に秘跡を授けることであった。暫くすると、こういった状況に変化が生じる。一五二八年にメキシコ司教としてファン・デ・スマラガが到着し、その後、一五四八年に大司教に就任すると、教会の体制も整っていった。こうして、司祭たちが徐々に到着し始め、秘跡も規約通りに行われるようになっていったのである。

33　これは、もともとは征服者エルナン・コルテスが建立し始めた教会堂であった。それがメキシコ市司教として赴任したファン・デ・スマラガによって完成され、メキシコ市大聖堂となり、その後一六二六年に解体された。現在この聖堂について語る際には「旧大聖堂」というのが一般的である。因みに、現メキシコ市大聖堂の図面が引かれたのは一五六二年で、基礎工事開始が一五七〇年、本工事着工が一五七二年と言われている。フェリーペが生まれた頃は、この新大聖堂の工事開始直後で、実際に機能し始めたのは十七世紀の最初の四半世紀過ぎであった。とすれば、フェリーペが洗礼を受けた大聖堂は、旧大聖堂のことになる。現大聖堂及びこの旧大聖堂の歴史については Toussaint, *op. cit.*; José Rogelio Álvarez, *Enciclopedia de México*, pp. 17–19; Sariñana, *op. cit.*, pp. 9–12 参照。

34　旧大聖堂を壊す際に、その資料館から新大聖堂資料館へ該当資料を移したことが想定される。

35　Medina, *op. cit.* p. 8. 一九八〇年代に筆者もメキシコ大司教歴史文書館（Archivo Histórico del Arzobispado）で現在まで保管されている一五七〇年代の洗礼名簿を調べたが、「フェリーペ・デ・ラス・カサス・マルティーネス」の名前を見つけることはできなかった。

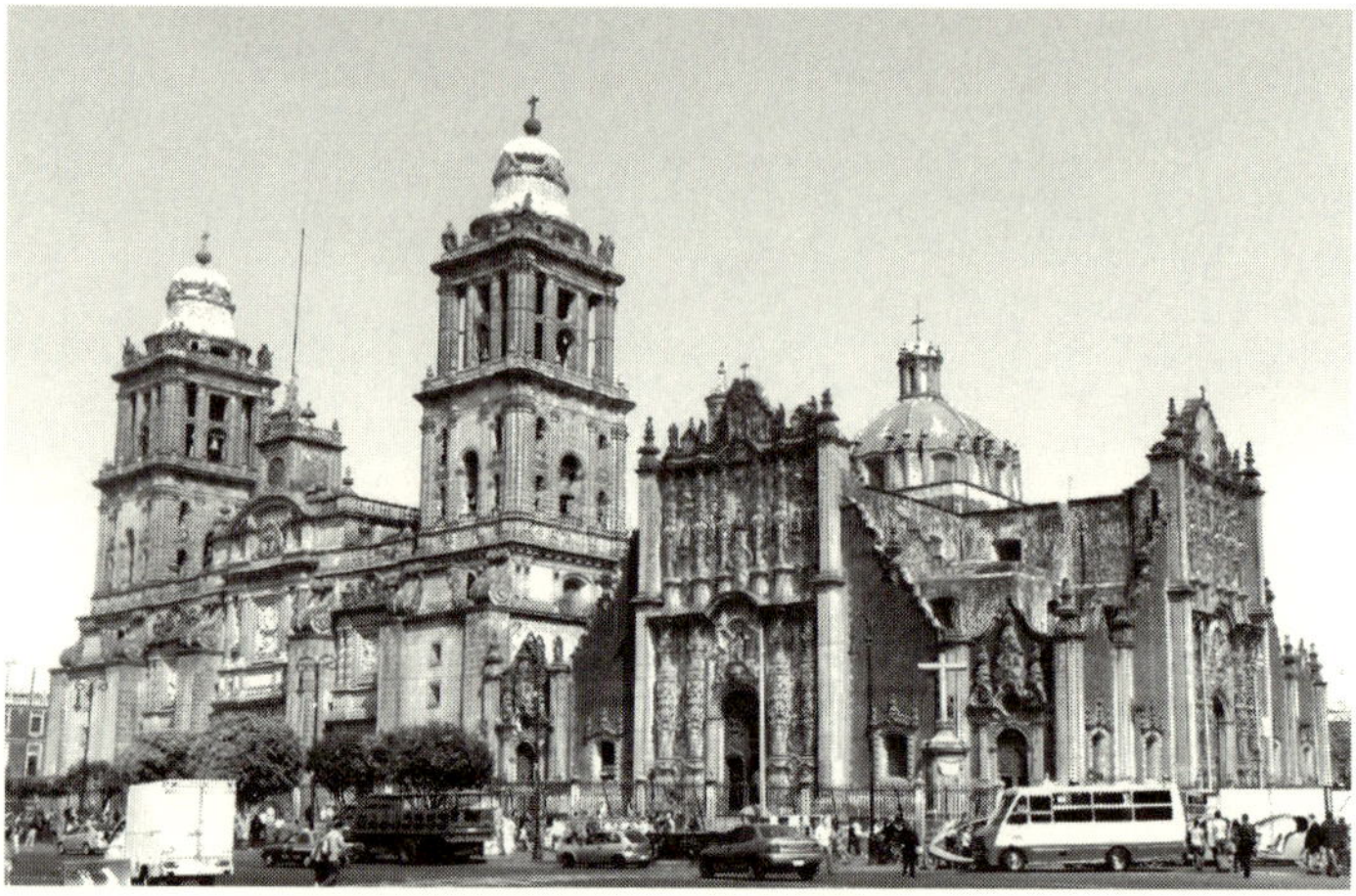

図Ⅰ-1-1　メキシコ市大聖堂外観

に二か所、聖ベラ・クルス教会堂、聖女カタリーナ教会堂も調べたと記している。これらは、当時クリオージョの洗礼が行われていた教会堂である。また彼が調査対象としたのは一五七〇年から一五八九年までの洗礼記録であった。

結局、メディーナはどこにも洗礼記録を発見できなかった。その理由として、記載漏れ、あるいは、保管場所の変更を挙げている。後者の可能性として、メキシコ市全体に甚大な被害を与えた一五八〇年の洪水[36]を指摘し、それが原因で教会堂に保管されていた記録書が別の場所に移され、その後その保管場所が不明となったと推測した。

メディーナの次の一手は、洗礼名簿以外の史料をもとにフェリーペの誕生年の立証を試みることであった。そこで、関連史料が保管されている場所の調査を実施した。幸いにも彼は、市内の聖ディエゴ修道院の資料室で、ひとつの書類を手にした[37]。それは、マニラのフランシスコ会修道院司祭であったペドロ・デ・アルカンターラの署名入りの、一五九七年七月二十九日付の文書である。このアルカンターラという人物もまた、修道士フランシスコ・モンティージャ同様、フェリーペと同時期にマニラのフランシスコ会修道院に滞在していた[38]。その文書には、フェリーペは没した時、二十五歳であったと記されていたという。メディーナはそれを逆算し、フェリーペの出生年、一五七二年を割り出したのである。

同じく一五七二年説を唱えるピチャルドは、両親の渡航日からフェリーペの誕生年を割り出そうとした。一般に渡航許可証には、夫婦に子供がいれば、当然のことながら、それが記載されていると考えたからである。

ピチャルドは、フェリーペの両親の結婚年から調査を始め、最初に一五七〇年十一月五日付の彼らの結婚証明書を入手した。[39]そのほか、この夫婦がいつヌエバ・エスパーニャへ渡ったかについて調べた。彼の調査によれば、二人は一五七一年三月二十七日付渡航許可証が発行されていた。[40]これとは別に、ピチャルドは、一五七一年六月二十二日という日付が記された彼等の渡航記録も見つけている。[41]これは渡航許可入手後三か月を経てのことになる。

次にカサス夫婦のヌエバ・エスパーニャ到着日時である。これは、容易に特定ができなかったようで、ピチャルドは、他の史料に目を向けた。アロンソの社会的活動の正式な記録、例えば、知人の子供の洗礼の日、代父になった記録である。それらの記録に記された年代が一五七三年以降であった。このことから、一五七一年六月二十二日の渡航記録は確かに存在するが、デ・ラス・カサス夫婦が実際にスペインを出国したのは、実は、翌年の一五七二年で、ヌエバ・エスパーニャに到着したのは同年晩秋であった、という想定を導き出すことになる。[42]

さらにピチャルドは、アロンソがアウディエンシア（植民地行政審問機関）に出した書簡も参考にしている。そこ

36　メディーナによれば、この地域ではスペインによる征服の後、一六二九年までに五回の大洪水が生じている。一五五三年、一五八〇年、一六〇五年、一六〇七年、一六二九年である。これからすると、一五八〇年の洪水は、征服以後メディーナの時代までにこの地で生じた五回の大洪水のうちの二度目の洪水となる。Medina, *op. cit.*, pp. 9–10.

37　*Ibid.*, p. 73. 聖ディエゴ修道院については、注一六一参照。

38　注二六参照。

39　José Antonio Pichardo, *Vida y martirio del protomártir mexicano San Felipe de Jesús de las Casas religioso del hábito y orden de San Francisco de Manila*, pp. 46–47.

40　この渡航許可証は、インディアス古文書担当員ペドロ・レアレス・コラルテが仕分けした、一五七一年から一五七三年までの三年分の記録書の中に保管されていたという。また、ピチャルドは、アロンソが結婚の翌年に渡航許可証を入手したところまでは確認したが、実際の渡航記録に関する書類は発見できなかったようである。*Ibid.*, pp. 48–57.

41　これは一七九七年四月二十一日付で整理された書類群の中に収められていたという。*Ibid.*, pp. 48–50.

42　*Ibid.*, pp. 227–233. ピチャルドは、ヌエバ・エスパーニャ到着が一五七三年始めの可能性も示唆している。因みにピチャルドは賛同していないが、フェリーペの誕生の場所に関しては海上説もあったことも紹介している。

にはアロンソの、その時点までのヌエバ・エスパーニャ滞在年数が述べられている。

> 私は十二年間ヌエバ・エスパーニャに住んでおります。この三年間、この町の［支払い等を行う］代理商人として副王様に御仕えして参りました。職務は金品の受け渡しでございます。同様に、ペルーやフィリピンの商品、あるいはグアテマラから到着するカカオ船の船荷やその他の地域からの船荷などの支払いとして、副王様がアカプルコ港太平洋貿易《Nao de China》の商品代金の支払いをなされる場合も、私は［代理商人として］間違いのないようにしてまいりました[43]。

これは受付日が一五八五年九月九日と記されている書簡である。文中の「十二年間ヌエバ・エスパーニャに住んでおります」というデ・ラス・カサスの言葉と、アウディエンシアがこの書簡を受けつけた日付から計算すると、遅くとも一五七三年にはメキシコ市に住んでいたことになる。

ここまでの調査を終えたピチャルドはひとつの結論に到達する。すなわち、渡航申請時、及び、渡航日にこの夫婦には子供はおらず、その誕生の時期は大陸到着後というものである。そしてこれを基に次のような仮説を立てた。つまり、デ・ラス・カサス夫婦はスペインからヌエバ・エスパーニャへの渡航中に妊娠に気付いた。そのため、ヌエバ・エスパーニャの大西洋側の港ベラクルス市に到着後、直ぐにはメキシコ市に移動しなかった。この夫婦がメキシコ市へ移動した時期は、ベラクルス市でフェリーペが誕生した後、暫くしてからとなる。

こうした条件に鑑み計算した結果、フェリーペの一五七二年誕生説を割り出したのであろう。到着と居住の時期に関する曖昧さは否めないが、ベラクルス市からメキシコ市への移動を一五七二年末と考えると、アロンソが一五七三年からメキシコ市に住んでいると記したことは頷ける。

一方、二つ目の、フェリーペの誕生年を一五七五年とするのはモンテス・デ・オカ、J・M・M、ビジャヌエバの三人である。このなかで、最初にそれを指摘したのはモンテス・デ・オカである[44]。十九世紀初めにフェリーペの人生を描写した版画で「これまでに発見された史料によれば」と記し、それを根拠として一五七五年説を唱えた。しかしその論拠となる史料を提示していない。また彼は「残存の資料から一五七五年五月一日に洗礼を受けたと考えられる」[45]とし、さらに「誕生日を同年五月一日」と定めている。これらに関しても、やはり立証が可能となる史料を明らかにしていない。ここで五月一日という日付を特定したのは、その日が使徒フェリーペの日であるからであろう。

一五七五年説を唱える残りの二人も根拠を提示できているとは言えない。二人目のJ・M・Mは一八〇二年にフェリーペ崇拝に関する著書『要約』で、三人目のビジャヌエバは一九一二年に列聖五十周年を記念して出版した聖フェリーペに関する著書で一五七五年説を唱えるのみである。[46]

生誕年だけではなく、幼少期に関しても情報は限られている。例えば、現在までに見つかっている具体的な記述として挙げられるものは、モンテス・デ・オカが一八〇一年作の版画に添えた説明文の中に見られる一文である。彼

43　*Ibid.*, p. 55.

44　José María Montes de Oca, *Vida de San Felipe de Jesús protomártyr del Japón y patrón de su patria*, sp. モンテス・デ・オカは、一八〇一年に出した版画集でフェリーペの一生を描いている。現在、この版画集は一八〇一年初版（版画数二十九）と保存写真版（版画数三十）、マヌエル・ケサーダ・ブランディ編の列聖百周年記念版として出された復刻版（版画数二十八、一九六二年）、これらの版画が添えられたメディーナの著書『新世界の帝国ヌエバ・エスパーニャと呼ばれる祖国メキシコの守護聖人、日本の最初の高名なる殉教者、聖フェリーペ・デ・ヘススの生涯と列福』（一六八三年初版）の重版（版画数三十）がある。一八〇一年以降に、モンテス・デ・オカの版画（保存写真版）が挿入されて再々版されたものと考えられる。これらの版はそれぞれ版画の枚数や説明文にも違いが見られることから、延べ三十枚以上の版画が彫られている可能性が高い。第Ⅱ部第一章一節三一三―三一七頁及び「史料集」四七九―四八七頁参照。

45　*Ibid.*, s.p.

46　Antolín P. Villanueva, *Vida del protomartir mexicano San Felipe de Jesús natural y patrón de México*, p. 5. ビジャヌエバはスペイン人のベネディクト会士である。正確な時期は不明であるが、ベネディクト会を創設する目的で、メキシコに送られた。その後、メキシコ革命が勃発し、外国人国外退去命令が出されると、スペインへ送還され、一九三六年、スペイン内戦中に処刑された。

は、「幸運なるフェリーペ・デ・ヘススは、サン・ペドロ・イ・サン・パブロ学校で著名なペドロ・グティエレス神父のもとで文法を学んだ」[47]と記した。他に、J・M・Mが著書の中に、「小学校時代は、イエズス会のメキシコ・サン・パブロ・イ・サン・ペドロ学校で学んだ。先生はペドロ・グティエレスという方で、［フェリーペが］列福された時はまだ健在で、列福の知らせを耳にして、私の教え子だ、教え子だと叫んでいた」[48]と記している。やはり両者とも、その事実を立証する具体的な史料は示していない。モンテス・デ・オカとJ・M・Mの両者が、このような内容を単なる思いつきで書き込んだとも思えず、「恩師が語った」という話が十九世紀初めには人々の間で語り継がれていた可能性は高い。とはいえ、少年期に関しては後世の伝承の域を出ず、同時代の史料には何ら残されていない。

ここまでのところからすると、フェリーペの誕生年を特定することは難しい。また、幼少期に関しても、総じて、「聞いたところによると」[49]という言葉を添えて綴ったリバデネイラの大まかな記述が、列福後に語られるフェリーペのイメージの出自となっていると考えざるを得ない。

次に、フェリーペの兄弟姉妹の人数を確認しておく。アロンソ夫妻の子供の人数について言及しているのが、メディーナとピチャルドである。まず、メディーナは、父親アロンソ・デ・ラス・カサスの遺言書に記載された名をもとに子供の数を十人としている。[50]一方ピチャルドは、メディーナが指摘する十人にアントニアという名の娘を加え、十一人とした。[51]これは、母親の名を持ったアントニアという長女がいたが、誕生後間もなく死亡したため、アロンソの遺言書にその名が記載されなかったのではないかと考えたことに所以する。一方、デ・ラス・カサス夫妻が、フェリーペを筆頭に、六人の男児を授かったという点については、両者とも一致している。

続いて、フェリーペの生家に関する資料を見ていくことにする。彼が生まれ育った家については、複数か所紹介されている。副王領時代の史料に基づき、少なくともメキシコ市内で四か所は指摘することができる。一か所目は、一六三六年一月二十一日付の旧メキシコ市参事会議事録に記載されている、サン・フアン・デ・レトラン通りである。[52]二か所目は、メディーナが「フェリーペの父親アロンソ・デ・ラス・カサスの遺言書に書かれていた」と指摘する「オスピタル・レアル・デ・ロス・インディオス通りから聖アウグスティヌス教会堂と修道院へ向かう通りで、一般にエル・アルコスと呼ばれている通りの一角にある、商店の隣」である。[53] 三か所目が、聖フェリーペ・ネリ小礼拝堂の司祭であったアントニオ・ビダル・デ・フィゲロアが言及する「フェリーペ・デ・ヘススの生家は、現在聖フェリーペ・ネリ小礼拝堂がある場所」[54]である。四か所目は、J・M・Mによれば、「通称サン・エリヒオといわれるトゥリビオ通りで生まれた」[55]。そこにピチャルドが提唱する、ベラクルス市でのフェリーペの誕生説を加えると、生地として少なくとも五か所が想定されることになる。

　これらの複数の住所を手にしたピチャルドは次のような言葉で括っている。

　実際問題、これまで［我々］メキシコ人は、聖フェリーペ・デ・ヘススが生まれた家がどこなのか、考えるこ

47　José María Montes de Oca, *op. cit.* sp. このフェリーペの子供時代については、メディーナは一切語っていない。

48　J. M. M., *Breve resumen de la vida y martyrio del inclyto mexicano, y proto-martyr del Japon. El beato Felipe de Jesús*, pp. 31–32. この点については、モンテス・デ・オカが、J・M・Mより先に活字にしていることが出版年で明らかである。

49　Ribadeneira, *op. cit.*, p. 568

50　バルタッサール・デ・メディーナは次の十名の名前が遺言書にあったとしている。"Felipe, Alonso, Juan, Matías, Francisco, y Diego de las Casas; María, Ursula, Catalina, y Mariana de las Casas, seis hijos, y quatro hijas" Medina, *op. cit.*, p. 3.

51　Pichardo, *op. cit.*, pp. 90-94, pp. 227–230.

52　*Acta del antiguo Cabildo de la ciudad de México*, 21 de enero de 1636（旧メキシコ市資料館所蔵）. 旧聖フランシスコ修道院西側を南北に走る道が十九世紀前半までサン・フアン・デ・レトラン通りと呼ばれていた。この通りは、現在エヘ・セントラル・ラサロ・カルデナス大通りという名称が付いている。

53　Medina, *op. cit.*, p. 7. ここにあるエル・アルコスという名称の通りはメキシコ市旧市街には既にない。旧聖アウグスティヌス教会堂は、現在、レプブリカ・デ・ウルグアイ通りとイサベル・ラ・カトリカ通りの交差点に残っている。

54　Antonio Vidal de Figueroa, *Novena en honra de el invicto, y glorioso proto-martyr del Japon San Felipe de Jesvs*. México, Herederos de Juan Joseph Guillena Carrascoso, pp. 2–5.

55　J. M. M., *op. cit.*, p. 30.

ともなく、いたずらに時だけが過ぎた。メキシコの人々ひとりひとりに聖フェリーペ・デ・ヘススの生家を尋ねてみれば、全員が異なる場所をいうことだろう。最悪なのは、だれひとり本当の家を知らないことだ。ただひとつ確かなことは、メキシコのどこかの家で生まれたということだ。[56]

さらに時が過ぎ、二十世紀初めに、新たにフェリーペの生家の特定が試みられた。これは一九一八年十二月二日付の『エル・ナシオナル』[57]紙に掲載されている。記事を書いた人物はエドゥアルド・ゴメス・アロで、結局、新しい史料は見つからず、この件に関してはまだ終止符が打たれていないという言葉で終えている。[58]その後二十世紀中頃にも、フェリーペの生家としてメキシコ市中心部の家を写真付きで紹介する新聞記事があるが、[59]信憑性は薄い。以上のように、十七世紀半ば過ぎから今日まで、生年月日、生家、幼少期に関する信憑性がある史料は発見されないままとなっている。次に見ていく青年期の様子に関しても、その詳細を把握するのは難しそうである。

3　プエブラのフランシスコ会系サンタ・バルバラ修道院への入会と「還俗」[60]

前節で見てきたように、生誕の年が明らかではないため、その年齢も正確ではないが、十代半ば過ぎ、フェリーペは、プエブラ州プエブラ市にあるフランシスコ会系サンタ・バルバラ修道院に入会した。しかし暫くすると還俗してしまう。[61]ここでは、フェリーペの入会について当時のフランシスコ修道会の活動をもとに、また、還俗の動機に関してはメディーナとピチャルドの言葉をもとに探ることにする。

フェリーペがフランシスコ会へ入った歴史的背景を探るために、まず、フランシスコ会の修道士らのヌエバ・エスパーニャにおける状況を確認したい。そこで、彼らがどのような過程を経て同地へ入っていったのかを知るところから始める。主だった修道会で、征服後早い時期にヌエバ・エスパーニャへ渡ったのは、フランシスコ会、ドミニコ

会、アウグスティヌス会（アウグスチノ修道会）、イエズス会の四会であった。[62] 最初に到着したのがフランシスコ会

56　Pichardo, *op. cit.*, p. 161. ピチャルドが、フェリーペがベラクルスで生まれた可能性も挙げていることを踏まえると、ここでいう「メキシコ」はヌエバ・エスパーニャを意味すると考えられる。

57　『エル・ナシオナル』紙は、二十世紀初めに発刊された部数の少ない新聞のひとつで、新聞の歴史を研究対象としているルイス・リードが、辛口な記事を書く新聞として紹介している。Reed Torres y Luiz Castañeda, *op.cit.*, p. 275.

58　Periódico *El Nacional*, el 2 de diciembre de 1918, p. 3 en las "Reminiscencias históricas".

59　第Ⅱ部第三章二節四二二頁及び図Ⅱ-3-6, Ⅱ-3-7, Ⅱ-3-8で紹介しているように、一九三〇年代の新聞にフェリーペの生家が掲載されたが、そこに記されている道路の名称は現在の地図上には見つからず、筆者は現段階ではその住所を特定できていない。

60　「還俗」のスペイン語原語は「secularización」で、その意味は俗世界へ戻ることである。その日本語訳として、仏教用語であるが、一度僧籍に入ったものが元の俗人に戻ること、修行が苦しくて退堕することなどを意味する「還俗」という言葉を当てた。一旦は修道会に入ったフェリーペが、その道を捨て、元の俗人に戻ったことから、その行為を表現するために用いることとした。

61　Medina, *op. cit.*, p. 20. かつてフェリーペが所属していた修道院は、現在「聖アントニオ・デ・パドゥア教会堂（Templo de San Antonio de Padua）」と呼ばれ、24 Poniente 110B, Barrio San Antonio, Puebla に位置する教会堂と、その隣に位置する児童擁護院 Casa Hogar 兼私設小学校 Rafael Hernández Villar のみとなっている。前者はエクス・コンベント・デ・サン・アントニオ・デ・パドゥアとも言われている。後者はサグラーダ・コラソン・デ・ヘスス会の修道女が管理しており、この中に聖フェリーペが住んでいた部屋があるという。二〇一四年の秋、筆者が訪れた際に院内を見せてもらうことができた。第Ⅰ部第三章図Ⅰ-3-9a, Ⅰ-3-10, 第五章図Ⅰ-5-40, Ⅰ-5-41, Ⅰ-5-42と第Ⅱ部第三章図Ⅱ-3-44, Ⅱ-3-45参照。因みに、この書き出しにある「十代半ば過ぎ」というフェリーペの年齢は、殉教した時を二十五歳と想定し、割り出したものである。仮に殉教年の一五九七年に二十五歳前後であったとすると、フィリピン渡航年の一五九一年は十九歳前後である、一旦入会してから俗世界へ戻った時期をフィリピン渡航の数年前の出来事と考えると、十代半ば過ぎと考えるのが妥当ではなかろうか。

62　Francisco Morales y Óscar Mazín, "La Iglesia en Nueva España: los modelos fundacionales" en *Hsitoria de México*, tomo II, Nueva España de 1521-1750, pp. 121-140; Óscar Mazín y Francisco Morales, "La Iglesia en la Nueva España: los años de consolidación" en *Historia de México*, tomo II, Nueva España de 1521-1750, pp. 381-400; Robert Ricard, *La Conquista Espiritual de México*, trad. por Ángel María Garibay K., México, FCE, 1986 等参照。

修道士である。[63]

フランシスコ会修道士の活躍は、カトリックの布教という宗教活動に制限されなかった。フランス人歴史学者ロベルト・リカルド（一九〇〇－一九八四）によれば、「メキシコで教会が創設され、編成されたのは一五二三年から一五七二年の間のことであった。ヌエバ・エスパーニャの精神面の征服が達成されたのはその時であった。この征服を実際に手掛けたのは誰だろうか。そこに教会を築いたのは、組織したのは誰であろうか。征服、創設、編成は、托鉢修道会［フランシスコ会］の手によるものである」[64]。

わずか三名のフランシスコ会士が、征服地におけるカトリック宣教活動の第一歩として、ヌエバ・エスパーニャへ渡ったのは、アステカ帝国の中心都市テノチティトランが陥落してから二年後の一五二三年であった。翌一五二四年、マルティン・デ・バレンシアを筆頭に十二人のフランシスコ会士が大西洋を越えた。到着後の宣教地域は、ヌエバ・エスパーニャの中心部及び北西部であった。これはフェリーペが誕生する五十年程前の出来事である。

ところで、フェリーペが入会したフランシスコ会士たちの初期の活動は具体的にはどのようなものであったのであろうか。十六世紀最後の四半世紀の同会の修道士たちは、当時の歴史を知る上で欠かせない貴重な史料となる著書を数多く残してきた[65]。ここで、傑出した同会修道士六人、トリビオ・デ・モトリニア、フアン・デ・スマラガ、アンドレス・オルモス、ベルナルディーノ・デ・サアグーン、ヘロニモ・デ・メンディエータ、フアン・デ・トルケマーダの主な活躍をヌエバ・エスパーニャへ到着した順に確認していく。

まず、トゥリビオ・デ・モトリニアは、一五二四年にヌエバ・エスパーニャへ渡った十二人のフランシスコ会士のひとりで、プエブラ市創設に尽力し、また、著書『ヌエバ・エスパーニャの先住民史』[66]を残した。題名からも分かるように、先スペイン期の先住民の生活を記した作品である。

二人目のフアン・デ・スマラガは、既に指摘したように、一五二八年にメキシコ初代司教としてヌエバ・エスパーニャへ渡った人物である。教会の基礎を築くとともに、一五四二年の『新法《Leyes Nuevas》』[67]の公布に携わり、先住民の扱い方にも関心を持った。スマラガは、最終的に一五四八年にメキシコ大司教に任命されたが、その在職期間は短く、同年他界している。

三人目のアンドレス・オルモスは、スマラガとともに大西洋を越えた。その後、一五七一年に亡くなるまでの四十四年間をヌエバ・エスパーニャで過ごしている。[68] その間、先住民をカトリック化するための教育に献身し、一五四七年に最初のナワトゥル語文法書を完成させた。[69] さらに、先住民対象の絵付テキストも作成するなど、オルモスは先住民教育に熱心であった。彼は先住民文化への理解も深め、スマラガ同様に先住民の扱いを重視した。

四人目のベルナルディーノ・デ・サアグーンは、一五二九年にスペインを出発した。ひとたびヌエバ・エスパーニャに足を踏み入れた後は、終生スペインに戻ることなく、一五九〇年に同地で没している。先住民貴族の子弟に

63　Fidel de Jesús Chauvet, *Los franciscanos en México (1523-1980)*, pp. 21-26 y p. 35. 因みに、二番手はドミニコ会士で、一五二六年に十二名がヌエバ・エスパーニャへ向かったが、航海早々に死者が続出し、大陸を踏んだ生存者は三名のみであった。二年後の一五二八年には第二弾として二十四名が送り込まれ、彼らはヌエバ・エスパーニャ中央部や南東部での布教に力を入れた。三番手のアウグスティヌス会士らは一五三三年にヌエバ・エスパーニャの地に入った。フランシスコ会やドミニコ会の修道士らより遅れて到着したアウグスティヌス会士たちはメキシコ市から西方に向かい、ミチョアカン地方を中心に布教活動を進めた。四番手となったのがイエズス会士である。彼らはスペイン国王の依頼を受けたローマ教皇の指示により、一五七二年にヌエバ・エスパーニャに入った。目的はヌエバ・エスパーニャ生まれのスペイン人子弟の教育であったが、宣教活動も行った。彼らの主な宣教対象地域は、最も布教が遅れていたヌエバ・エスパーニャ北部となった。

64　Robert Ricard, *La Conquista Espiritual de México, Ensayo sobre el apostolado y los métodos misioneros de las órdenes mendicantes en la Nueva España de 1523-1524 a 1572*, p. 36.

65　*Ibid.* 参照。この著書には、フランシスコ会士はじめ、他の修道会の、一五二三年から一五七二年の間の活動が詳細に語られている。

66　スペイン語原題は *Historia de los Indios de la Nueva España* である。これは一五五八年に印刷されている。

67　主にスペイン人による先住民の扱いについて改善を盛り込んだ新しい法である。

68　オルモスが一時的な帰国をしたかどうかは不明である。

69　スペイン語原題は *Arte para aprender la lengua mexicana* である。このタイトルにある"*la lengua mexicana*"は、メシーカ族をはじめとするメキシコ中央高原地域の先住民によって話されていたナワトゥル語のことを指す。

対するカトリック教育を目的に一五三三年に創設されたトラテロルコのサンタ・クルス学院の教師として活動した。[70]彼は自身の教え子である先住民とともに、十六世紀中頃よりナワトゥル語の資料を収集し、それを基に、一五七〇年代半ばには、『コディセ・フロレンティーノ』[71]〔以下、『ヌエバ・エスパーニャ総覧』という〕を書き上げた。そこでは、先スペイン期のアステカ族の生活や宗教儀式、十六世紀の副王領社会の様子など、様々な側面を紹介している。

　五人目が、一五三四年生まれのヘロニモ・デ・メンディエータである。一五五四年、二十歳の時に、ヌエバ・エスパーニャへ渡った。一五七〇年に一旦母国スペインへ帰国するものの、三年後の一五七三年にふたたびこの地を踏んでいる。一五七五年にはメキシコ市近郊のソチミルコやチャプルテンパンの[72]修道院長《Guardian》となり、その後メキシコで大作『インディアス教会史』[73]を書いた。それは、ヌエバ・エスパーニャにおけるカトリック教の到来および普及について詳細に書かれた著書である。

　最後に、一五五〇年代後半にスペインで生まれたファン・デ・トルケマーダである。幼くしてヌエバ・エスパーニャへ渡ったこともあり、母語であるスペイン語以外に、先住民言語であるナワトゥル語にも長けていたと言われる。その語学力を駆使し、大作『モナルキーア・インディアーナ』[74]を記した。それは一六一五年にスペインのセビージャで印刷された。この作品は、アステカ帝国時代以前の先住民文化から、彼の時代の社会状況までを扱っており、十六世紀の貴重な史料のひとつである。

　征服直後からのこれらの修道士の活動が、同時代の人々にどの程度知れ渡っていたか、正確には把握できない。しかし、メキシコの歴史学者ロベルト・リカルドが指摘するように、ヌエバ・エスパーニャでのカトリックの普及はフランシスコ会士の尽力によるところが大きい。[75]そもそも当時のフランシスコ会に当初から備わっていた、スペイン人社会における絶大な精神的影響力に、アメリカ大陸での功績が加わったのである。十六世紀の後半、彼らがその地で注目を浴びていたのは間違いなかろう。そうしたヌエバ・エスパーニャでのフランシスコ会の修道士の名声がフェリーペの入会に影響を及ぼした可能性は高いのではなかろうか。

　ところで、先に指摘したアロンソ・デ・ラス・カサスの息子六人のうち、フェリーペ以外にも二人、ファンとフランシスコとが修道士の道を選んでいる。メディーナによれば、この二人はアウグスティヌス会に入会した。ファンがいつ入会したかは不明だが、フェリーペ同様フィリピンへ渡り、一六〇七年に同地で先住民の矢を受けて殉教している。[76]一方、フランシスコは一六〇九年に入会し、没年は一六三〇年以降と言われる。[77]この二人とアウグスティヌス会の繋がりは、父親アロンソの仕事から推察できる。

アロンソの仕事はフィリピン貿易関連であった。そのフィリピンの地の宣教に最初から従事したのがアウグスティヌス修道会である。これらのことから、アロンソと同修道会とになんらかの繋がりが想定される。そこで、フィリピンとアウグスティヌス修道会の関係を把握するために、スペインのフィリピン征服の状況を辿っておきたい。

まず、最初の征服行為は、スペイン人ミゲール・レガスピを隊長とする一行が一五六四年に太平洋横断を果たした

70　このサンタ・クルス学院の創設には初代メキシコ司教スマラガや、初代副王アントニオ・デ・メンドーサが尽力したとされる。Elías Trabulse, "La educación y la Universidad", *Historia de México*, vol. 7, p. 1259.

71　原書はナワトゥル語とスペイン語の二言語で書かれており、十六世紀半ば頃に行われた調査に基づき、サアグーンが監修した作品である。その作業に関わった先住民はサアグーンの教え子たちと言われている。歴史学者カルロス・マリア・ブスタマンテが一八二九年に初めてスペイン語で出版し、スペイン語原題を *Historia General de las cosas de la Nueva España* とした。

72　現在のサンタ・アナ・チャプルテンパンで、トラスカラ州に位置する。

73　スペイン語原題は *Historia eclesiástica indiana*. この本は十六世紀終わり頃に書かれた作品と言われる。その出版は一八七〇年で、ホアキン・ガルシア・イカスバルセータの手によるものである。

74　スペイン語原題は *Monarquía Indiana. De los veinte y un libros rituales y monarquía indiana, con el origen y guerras de los indios occidentales, de sus poblazones, descubrimiento, conquista, conversión y otras cosas maravillosas de la mesma tierra.*

75　Ricard, *op. cit.*, p. 36 y p. 138.

76　この件に関してメディーナはアウグスティヌス会の名簿を参照している。Medina, *op. cit.*, pp. 4-5. ピチャルドは、著書 *Vida y Martirio...* の第十五章をフィリピンで先住民の矢を受けて殉教したファン・デ・ラス・カサスに関する記述に当てている。Pichardo, *op. cit.* pp. 234-244.

77　Medina, *op. cit.*, p. 5.

ことに始まり、翌一五六五年にセブ島を制圧したことで達成された。その遠征には、アウグスティヌス会士アンドレス・デ・ウルダネータがレガスピに随行していた。ウルダネータは、十六世紀前半に実施されたロアイサの遠征にも同行しており、航海経験豊かな修道士兼航海士であった。[78]レガスピは太平洋航路の復路の発見も主たる目的のひとつとしていた。彼は、セブ制圧後、ウルダネータにヌエバ・エスパーニャ帰還のための太平洋航路発見の指令を出した。それを受け、ウルダネータはヌエバ・エスパーニャへの帰還達成を目的に出港し、無事その任務を果たした。その結果、太平洋航路が確立され、フィリピン貿易が始まるのである。一五七五年以降は年一回の定期航路が定められ、太平洋貿易船「ナオ・デ・チナ［直訳は中国の船であるが、ガレオン船とも呼ばれた］」の運航が開始された。

こうして、アウグスティヌス会士はフィリピンにおける宣教の先駆者となった。その後の一五七八年にフランシスコ会士が宣教活動のためにフィリピンへ渡り、同様に一五八一年にはイエズス会士とドミニコ会士がメキシコから太平洋を越えている。[79]これが同地での宣教の始まりである。

こういった経緯があるフィリピン貿易に父親が従事していたことを踏まえると、フェリーペの弟たちが、兄フェリーペが入会したフランシスコ会ではなく、アウグスティヌス会に関心を持ったのも不思議ではない。とはいえ、既に述べたように、フランシスコ会は多大な影響力を持つ修道会であった。関心があったとしても、「兄フェリーペの還俗」の影響で、フランシスコ会には入りにくかったとも考えられる。

フェリーペのこの還俗に関して、メディーナとピチャルドがそれぞれに異なる見方をしている。メディーナはその理由を好意的に捉え、ピチャルドは、息子のそういった行為に関する親の立場に着目し、冷静に分析している。そこで、双方の見解を比較してみたい。

まずメディーナは、直接の原因として、精神的修行が不十分で、悪魔のささやきに負けたことを挙げている。[80]しかし同時に、それは彼が日本で、十字架にかかるための必要不可欠な条件であったとも説明する。[81]さらに、還俗後の行動に関しては、「言い伝えにあるように、フェリーペが銀細工職に従事したことは名誉なことであり、栄光を示すものと、何人かの著名な説教者たちは納得していた」[82]と付け加えた。

しかしながら、メディーナにも、銀細工職との関係が事実かどうかは分からなかったようだ。この「言い伝えにあるように」という言葉からすると、メディーナの時代には既にフェリーペと銀細工職とを結びつけた話が人々の話題になっていたことが推察される。

他方、ピチャルドはフェリーペの還俗の理由を明確には示していないが、両親の世間への気遣いが伝わってくるような感想を述べている。

まじめで敬虔なカトリック教徒である両親は、フェリーペが修道院を出て、メキシコ［市］の実家に戻ると、息子の行動に対する心ない人たちの声を気にして恥じ入っていた。あそこの息子は修業の厳しさに耐えられず、エジプトの鍋に戻った、つまり、安楽な生活、怠惰な習慣に戻ったなどと。また道徳面の鍛錬ができていなかった、目的に向かって進むことを教えなかった、息子の気まぐれな性格を知りながら、入会を軽率に考えていた、あるいは、息子のいたずらや横着ぶりから逃避したかったので入会させた、などといわれることを恐れていた。[83]

78　この時、アウグスティヌス会士はウルダネータを筆頭に五名が海を越えたが、ウルダネータと共に一名がヌエバ・エスパーニャへ戻ったため、フィリピンで宣教活動をしたのは三名ということになる。その後も、アウグスティヌス会士らは徐々にフィリピンに渡っている。鈴木静夫『物語フィリピンの歴史』中公新書、四四頁。John Leddy Phelan, *The hispanization of the Philippines, Spanish Aims and Filipino Responses 1565–1700*, University of Wisconsin Press, Madson and London, 1967.

79　その後次第に太平洋を越える修道士の数が増え、一五九四年にはその数は二六七人となっていた。鈴木静夫、前掲書、四五頁。

80　Medina, *op. cit.*, p. 21.

81　*Ibid.*, p. 22.

82　*Ibid.*, p. 17.

83　Pichardo, *op. cit.*, p. 307.

また、フェリーペが還俗後銀細工関連の職に就いたということに関しては、ピチャルドは否定をする。その根拠は、当時の一次史料がほとんどないことである。唯一存在しているのは、一七五一年に再版されたメディーナの著書に添付されたファン・ミゲール・アルカラス神父の書簡である。そこにはフェリーペが銀細工職（人）であったと記されている。

このように還俗後の職については意見が異なる。フェリーペが銀細工職（人）であったということを否定しているピチャルドにとっても、父親が、ふがいない息子を何とか更生させようとしたのは当然のことであった。フェリーペの父親アロンソは銀の流通を基盤としていたアジア貿易関係にも手を広げ、幅広く活動しており、息子に対しその機会を与えることができる立場にあった。そこで、可能性として挙げたのは、当時、銀を使っていた商人に対しても銀細工職（人）（プラテーロス）という呼び名で呼んでいたことから、実際には父親の商売を手伝っていたフェリーペもそう呼ばれるようになったという見方である。[84]

この二人の見解には明らかに相違がある。これは、彼らが生きた時代の相違を反映するものと考えられる。メディーナが生きた十七世紀は、カトリック改革が引き続き行われていた時代であり、[85]カトリックへの思いが強かった。さらにメディーナ自身がクリオージョであり、その立場を十分に理解していたことが推察される。

そもそもメディーナがフェリーペの殉教物語を書いた理由は、当時のスペイン本国人とクリオージョの摩擦を意識したところにある。従って、クリオージョ階層のシンボルとして、その聖性を高めようとしている人物を、カトリック的解釈で説明するのは自然であろう。同時にメディーナは、噂になっているフェリーペと銀細工との関係を実際の銀細工職人と結びつけようとした。この時代の銀はメキシコにとってもスペインにとっても経済上最も重要な産品のひとつであった。その銀に関係する職人たちを聖フェリーペ崇拝に巻き込むことは当然のことながら、崇拝の普及にとっても大きな力となるとも考えたのではないだろうか。後に銀細工のギルドが冊子の印刷に協力しているところを見ると、メディーナの計画はある程度の成果を見せたのであろう。

一方、ピチャルドが活躍した十八世紀最期の四半世紀は独立への機運が高まった時代であった。ヌエバ・エスパーニャらしさを直視し追求する風潮が一層強くなっていた。ピチャルドは、フェリーペをテーマとしてセビージャの一家族の初代から始まる壮大な歴史を書き上げることに関心を持った。[86] さらに、フランスの啓蒙思想の影響を受け、学術的な視点から歴史を見つめたピチャルドの分析は、史資料に基づく客観的立場に立つものであった。

とはいえ、フェリーペの還俗の理由は不透明なままであった。それが、十九世紀半ば以降になると、メディーナやピチャルドとは異なる見解が出現する。その原因として恋愛事件がささやかれるようになったのだ。これは副王領時代の史料にはなく、筆者が知る限りでは、一八五三年に出版されたフランス人エドゥアルド・リヴィエラの歴史宗教小説に記されたフェリーペの恋物語が、最初の記述である。[87] 詳細は後述するが、題名の一部に「若い女性に捧ぐ」という言葉が見られることから、著者リヴィエラが彼女たちの関心を引くために脚色をした可能性が高い。

結局のところ、フェリーペのフランシスコ会入会も還俗も確固たる理由がつかめないままである。

4　二度の旅立ち

理由はともあれ、還俗という事実により、それまでとは異なる人生を歩むことになったフェリーペは、その短い人生で二度の旅立ちをする。一度目は、一五九一年のヌエバ・エスパーニャからフィリピンへの旅、[88] 二度目は、

84　*Ibid.*, pp. 311-312.

85　十六世紀前半にヨーロッパで始まったカトリック教会側の改革は、これまで「対抗宗教改革」という名称で呼ばれていたが、この改革は、宗教改革以前に始まっており、近年では、「カトリック改革」の語が用いられる。

86　ピチャルドによれば、カサス家の始まりは十三世紀半ばである。*Ibid.*, pp. 1-6.

87　Eduardo Rivière, *Felipe de Jesús, patrón de México, Novera histórica y Religiosa, dedicada a las señoritas devotas de este Santo Proto-Mártir del Japón*, p. 226.

88　Pichardo, *op. cit.*, pp. 314-317.

一五九六年のフィリピンからヌエバ・エスパーニャへの旅である。

まず、フィリピンへの旅から見ていく。旅立ちの理由には、少なくとも三つの見方がある。ひとつ目は、リバデネイラの観点で、両親に金を与えられ、旅行者として渡ったというものである。[89] 二つ目は兵士として渡ったとするハシント・デ・ラ・セルナの見解で、フェリーペのイメージを戦士ヨナと重ねたことに由来する。[90] 三つ目は、商売を目的とするというメディーナの考えである。メディーナはこの点に関して具体的な理由は述べておらず、フェリーペの父親が当時のアジア貿易に関わっていることを念頭に置いた推測であろう。[91]

右の二つ目のセルナの見解については、メディーナが次のように否定する。曰く、「一部の説教者たちは、『フェリーペ』という名前が『好戦的』という意味を持つとするカトリック的な解釈を根拠として、マニラへは兵士として渡ったというが、これまでに語られてきたフェリーペの生涯にはなかったことだ。父親の助言で、当時一般的であった兵士登録をしてフィリピンへ渡ったかもしれない。理由は……兵士であればごまかしが利く[92]［容易に渡航できた］」。

このように、メキシコを出発する際のフェリーペの渡航目的を特定することが難しい上に、フィリピン到着直後のフェリーペの行動の把握も容易ではない。分かっていることは、一五九三年のマニラの修道会入会である。フェリーペは再びフランシスコ会の門をくぐったのだ。

ここで、渡航した当時のフィリピンの状況を把握しておきたい。フェリーペがフィリピンへ渡ったのは一五九一年で、その頃のフィリピンは、スペイン人によりマニラの町が建設されてちょうど二十年を経たところであった。その建設目的は、主に貿易拠点と、関係者の居住地の確保であった。[93] フィリピン研究者デイビッド・J・スタインバーグによれば、「フィリピン諸島は、修道士、一握りの役人集団、そして起業家以外には、誰からも関心をもたれない存在であった。（中略）フィリピンがスペインから遠く離れたところに位置していたこともあり、フィリピンはメキシコの管轄下に置かれた、スペイン帝国の植民地といった存在であった。（中略）財を築くことを夢見て多くのメキシコ系クレオール［クリオージョ］とラテンアメリカのメスティーソ［混血］がフィリピンに渡った。（中略）［彼らは］陸軍や海軍の下級士官や上級下士官、植民地官吏などの地位を占めた[94]」。

実際、クリオージョは定住者として認知されておらず、一般市民としての居住を目的とするフィリピンへの渡航を許可されていなかったといわれる。[95] そうであればフィリピンへ渡りマニラ市に滞在しようとしたフェリーペには、貿易に従事するか兵士になるか、あるいは聖職者となるしか道はなかったことになる。

当初の目的はどうであれ、結局フェリーペは、修道会への再入会を選択し、それにより、聖職者として滞在が可能となった。入会後は、同市のサンタ・マリア修道院[96]で生活を始めている。ここでは決意も固く熱心に日課を務め、

89　Ribadeneira, *op. cit.*, p. 568.

90　Iacinto de la Serna, *Sermón predicado en la Santa Iglesia cathedral de Mexico: En la fiesta, que su Ilustrissimo Cavildo hizo à el insigne Mexicano Protomartir ilustre del Iapon S. FELIPE DE IESVS, en su dia; estando presente el Exmo. Señor Conde de Alva de Aliste, Virrey desta Nueva España; Señores de la Real Audiencia; y el muy Noble, y Leal Cavildo de la Ciudad*, hoja 7-7 reverso.

91　Medina, *op. cit.*, pp. 17-18. この点に関しては、「商売を名目として」という一言ではあるが、ミゲール・サンチェスが、メディーナより以前に口にしている。Miguel Sanchez, *Sermon de S. Felipe de Iesvs*, hoja 6-reverso.

92　Medina, *op. cit.*, pp. 24-25.

93　ファン・ヒルによれば、この時期のマニラのスペイン人人口は限られており、ペドロ・デ・アクーニャ総督時代（一六〇二―一六〇六）、千三百人に満たなかった。ファン・ヒル『イダルゴとサムライ――十六・十七世紀のイスパニアと日本』一八頁。

94　デイビッド・J・スタインバーグ『フィリピンの歴史・文化・社会――単一にして多様な国家』一〇三―一〇四頁。本引用文中に敢えて「ラテンアメリカのメスティーソ」とあることから、メキシコ（ヌエバ・エスパーニャ）以外のアメリカ大陸の人たちがフィリピンへ渡っていたようである。

95　東南アジア史研究者菅谷成子によれば、この時期、公的にはスペイン本国の人間以外には、一般市民としてフィリピンでの居住が許されておらず、メキシコ生まれのスペイン人であるフェリーペには居住許可は下りなかったはずである（菅谷成子氏へのインタビューによる。二〇一二年四月）。

96　正式名称をサンタ・マリア・デ・ロス・アンヘレス修道院（El Convento de Santa María de Los Ángeles）といった。Medina, *op. cit.*, p. 25.

聖歌隊員となった。[97] 一年後の一五九四年五月二十二日に正式に信仰を告白し、[98] 同年修道士名としてヘススの名が授けられた。ここに修道士フェリーペ・デ・ヘススが誕生することになる。[99]

フェリーペはマニラからアカプルコへの船旅に出た。[100] この第二のヌエバ・エスパーニャへの旅のきっかけとなったのが、叙階を受けることであった。叙階が決まったのは修道士名を与えられた直後で、当時フィリピンには叙階式を執り行う聖職者がいなかったことから、一旦ヌエバ・エスパーニャへ帰還することになったのである。[101]

フェリーペは、一五九六年七月十三日、[102] マニラのカビテ港でガレオン船サン・フェリーペ号に乗り込んだ。船は一旦チカオ湾に入り、同月二十七日、アカプルコを目指し太平洋へ乗り出した。

この時乗船したのは船長マティーアス・デ・ランデーチョを筆頭におよそ二百三十名程である。修道士は、フェリーペを入れて七名であった。[103] 内訳は、アウグスティヌス会士四名、すなわち修道院長フアン・デ・タマヨ、[104] 長老ディエゴ・デ・ゲバラ、[105] 平修道士マテオ・デ・メンドーサとフアン・デ・ゲバラであった。ドミニコ会士はマルティン・デ・レオンという船付きの司祭一名で、[106] 残り二名がフランシスコ会士のフェリーペ・デ・ヘススとフアン・ポブレであった。太平洋へ出て暫くすると、運悪く立て続けに三度の台風に襲われ、出航してから三か月後の十月半ばに土佐の浦戸港に辿り着いた。[107]

この時点の船内の様子について、アントニオ・モルガがまとめている。[108] モルガは、事件当時アウディエンシアの司法官としてフィリピンのマニラに滞在していた。司法官という職故に、彼は日本からマニラに届いていた事件に関する情報を入手することができたと考えられる。それに関しては、後述することとする。[109]

この遭難関連の一次史料としては、以下のものが挙げられる。ひとつは、サン・フェリーペ号の乗船者のひとりでフェリー

97　Pichardo, *op. cit.*, p. 296.
98　Medina, *op. cit.*, p. 25.
99　*Ibid.*, p. 28.
100　この船旅の概要は、主に山道太朗／山道佳子「運命の船サン・フェリーペ号」『運命の船サン・フェリーペ号』サン・フェリー

ペ号浦戸漂着四〇〇《〔ママ〕》年実行委員会編、八－一八頁を参照した。他に、レオン・パジェス『日本二十六聖人殉教記』一二〇－一三一頁。日付に関しては、基本的にはサン・フェリーペ号浦戸漂着四〇〇年実行委員会編、同上書の山道太郎氏、山道佳子氏の記録を参考にしているが、日付は史料によって異なっており、ずれが生じることが多々ある。

101　この帰還をフェリーペに命じたのはスペインのビルバオ出身のペドロ・ピラ神父である。彼はヌエバ・エスパーニャのミチョアカン地方のサン・ペドロ・イ・サン・パブロ管区長兼フランシスコ会管区監査長を経て、後に、フィリピンのカマリネス教区ヌエバ・カセレスの司教に選ばれた人物であった。Medina, *op. cit.*, p. 36.

102　*Ibid.*, p. 37. 近年の研究によれば、一五九六年七月十三日となっているが、七月十二日とする場合もある。山道太郎／山道佳子、前掲論文、八頁。

103　レオン・パジェス、前掲書、一二〇－一三一頁に南蛮船漂着に関する詳細な説明がある。乗船していた聖職者の氏名については一二〇－一二二頁に記載がある。他方ファン・ポブレ・デ・サモーラは、マニラに帰還後、『ガレオン船サン・フェリーペ号の遭難と発見、そして日本における栄えある殉教者たちの聖なる殉教の歴史』を記している。山道太郎・山道佳子、同上論文参照。

104　シカルドは、「ファン・タマヨ」としている。

105　ここでいう「長老」は、レオン・バジェス『日本二十六聖人殉教記』の訳者木村太郎氏のスペイン語訳を参照した。スペイン語では「superior」という。

106　レターナはマルティン・デ・レオンについてはコメントしていない。

107　近年の一連の先行研究書を参考に遭難の状況をまとめると次のようになる。まず八月二十九日、最初の台風に見舞われた。船はかなりの被害を受けた模様であるが、修繕を施し、航海を続けた。その後九月二十六日再び台風に遭い、先の台風以上の被害を受けた。もはや航海の続行は難しくなっていたが、船はまだ動いていた。十月四日の三度目の台風では、何とか全壊は免れてはいたが、早急にどこかの港に入港せざるを得ない状況となり、十日後の十月十四日、土佐の浦戸港沖に辿り着いた。参考文献については注一〇〇及び注一一三参照。

108　船中で、一旦マニラに戻ることにしたのであるから、その航路を変えるべきではないという意見や、日本に近いのであるから、長崎へ向かい、船を修繕し、その後航海を続けるべきだという意見などが出て話し合いが行われたことや、最終的にそれをまとめたのが乗船していた修道士たちであったことなどを詳細に綴っている。アントニオ・モルガ『フィリピン諸島誌』一〇七－一〇八頁。尚、モルガの著書が日本語訳された際に、彼の氏名はアントニオ・モルガとカタカナで記載されたので、本書ではその記載を尊重し、日本語では「アントニオ・モルガ」とし、スペイン語名ではAntoonio de Morgaとする。原書題名は第Ⅰ部第二章三節八二頁に記載。

109　同書、四六－四七頁。

あったファン・ポブレが遭難について書き留めたものである。[110]その他一九二一年には、フランシスコ会のロレンソ・ペレス神父が、乗組員のひとりが書いたと思われる報告書を紹介している。その執筆者が船長のランデーチョであるという指摘もあるが、定かではないという。[111]また、メキシコ市南部のチマルパイン地区にあるメキシコ市資料館にも、サン・フェリーペ遭難関連の作者不詳の手書きの原稿が残されている。[112]

それらとは別に、関連史料として、遭難地である四国土佐の長宗我部元親の生涯やその時代の歴史事象が記された『元親記』、そして『土佐物語』と題された日本側の史料も参考になる。[113]これらは、サン・フェリーペ号が土佐沖に姿を現した場面、座礁の状況など、遭難事件の様子が記録されたものであることから、次章で扱う漂着の様子に関する一次史料ともなるものである。

以上がフェリーペの人生における二度の旅立ちである。但し、これまでに発見された史料には、書き手によって日付や状況説明に差異が生じており、現在のところ、この双方の旅立ちを明瞭に説明することができない状況にあると言わざるを得ない。

110　山道佳子によれば、この史料は「一五九七年にマニラに戻り、書き残した記録で、三百二十一枚の手稿からなる」。なお、一九三三年にロレンソ・ペレス神父が翻刻したタイプ原稿二五〇枚が、現在マドリードのフランシスコ会文書館に保管されている。筆者は、サン・フェリーペ号浦戸漂着四〇〇年実行委員会『運命の船サン・フェリーペ号』一八七―二〇二頁に抜粋掲載されている山道佳子抄訳を参照した。

111　『運命の船サン・フェリーペ号』一八一頁。

112　この史料が保管されているのは、メキシコ市南部に位置する資料館（旧 Centro de Estudios de Historia de México CONDUMEX, 現 Centro de Estudios de Historia de México Carso）である。ここは主に十六世紀から二十世紀にかけてのメキシコ市関連の資料を所蔵している。筆者が当資料館で資料を閲覧した時は、まだ古文書解読がなされておらず、原稿の確認をするに留めた。二〇一八年九月、再訪し、資料番号を確認したかったが、デジタル化等の作業後のシステム上の都合で史料まで辿り着けなかった。

113　元親という名が題名に入っている本としては、土佐文学研究会編『注釈　元親』十佐文学研究会発行、昭和五十年（第三版）。山本大『長宗我部元親』一九六〇年日本歴史学会編他がある。また、土佐物語という題名の本は、吉田孝世『土佐物語』岩原信守校注　明石書店他、一九九七年。この他、黒川眞道編『國史叢書　土佐物語二、國軍記全』國史研究会、大正三年などがあげられる。黒川眞道編『國史叢書　土佐物語二、國軍記全』はインターネットで閲覧可能である。https://play.google.com/books/reader?id=4FhlVZWJ7B4C&printsec=frontcover&output=reader&authuser=0&hl=ja&pg=GBS.PT9（二〇一四年年八月十六日）

第二章　殉教事件と反響

1　フェリーペの遭難・漂着から殉教事件まで

前章四節では二度の旅立ちを見てきた。その第二の旅立ちでフェリーペが乗船したガレオン船が難破するところまでを扱った。第二章では、遭難船の漂着と、その後殉教に至るまでの過程を確認する。その上で、外国人殉教者らの出身地（スペイン、ヌエバ・エスパーニャ）における殉教事件に対する反応を明らかにし、本書のテーマである、メキシコ出身の聖フェリーペ崇拝の兆しがそれらの地で見られるかどうかを見極めていきたい。

そこで、第二章一節にあたる本節では、まず、遭難船漂着から磔刑に至るまでの過程を簡単にまとめてみたい。フェリーペらを乗せフィリピンを出発したガレオン船「サン・フェリーペ号」の遭難は殉教事件の始まりでもあった。この遭難事件は、遭難後、陸地への漂着、船荷没収、磔刑という三つの事象が続くことになる。ここではその区分に従い、大まかにではあるが、それぞれの状況を把握し不明な点を確認していきたい。その上で、殉教事件が後世とどのように繋がっているのか指摘したい。

まず、遭難時の様子、サン・フェリーペ号が土佐の沖合に姿を見せたところから座礁するまでの大まかな流れから見ていく。当時の状況に関しては、長崎殉教事件関連の和文史料および欧文史料をもとにした緻密な研究が数多くある。[114]一九七〇年代にホセ・ルイス・アルバレス・タラドゥリースや松田毅一らによって行われた研究がその代表的なものである。[115]また近年では、一九九六年のサン・フェリーペ号遭難四百年を記念して一九九八年にサン・フェリーペ号浦戸漂着四〇〇年実行委員会編集の『運命の船サン・フェリーペ号』が出版された。所収の論考には、船の遭難位置の確認をはじめ、入手困難な欧文一次史料の紹介など、貴重なものが含まれている。その他、同事件を関連事象として扱うファン・ヒル『イダルゴとサムライ』や若桑みどり『クワトロ・ラガッツィ――天正少年使節と世界帝国』[116]などが刊行されている。これらの先行研究及び関連書籍を通して事象を確認していく。

さて、この事件が起きたのは一五九六年秋のことで、太平洋航路としてガレオン船の定期運行が始まってから既に二十数年が過ぎた頃であった。遭難ガレオン船サン・フェリーペ号に対処したのは土佐の領主、長宗我部元親である。外国船出没の知らせを受け、元親は、直ぐさま二百艘もの小舟を送り込み、船を浦戸湾内へ誘導させた。その際に、船は浅瀬に乗り上げてしまう。この船の乗船者の一人であるファン・ポブレによれば、「夜になって、再び「ファ」がやって来て、保証の言葉を繰り返し、潮を待ち、時が来たら合図するので、入港するようにと言った。（中略）我らの船の航海士らは（中略）水深があるのか確かめたかった。（中略）我らはだまされていることに気付いた」[117]。

114　欧文史料と和文史料では、暦の表記が異なり、日付の把握が難しいほかに、船の大きさや積み荷の種類や量などに不統一が見られることを指摘しておく。

115　アルバレス・タラドゥリース（José Luis Álvarez-Taladriz）の研究としては、"Apuntes a dos artículos más sobre el piloto del 'San Felipe'" *Missionalia Hispánica.* X. 1953. pp. 175-195. 松田毅一の研究書としては、『秀吉の南蛮外交――サン・フェリーペ号事件』新人物往来社、一九七二年がある。その他にも、フロイス前掲書やアビラ・ヒロン『日本王国記』、既に紹介済みである山本、前掲書、吉田、前掲書、パジェス、前掲書などが基本参考文献としてあげられる。

116　ヒル、前掲書、五四―五七頁。若桑みどり『クアトロ・ラガッツィ――天正少年使節と世界帝国』四三九―四六一頁。その他に、中川清「日本・ラテンアメリカ関係」『白鴎学』第4号、一九九六年、一一五―一三六頁などの論考がある。

117　山道佳子「ファアン・ポブレ・サモーラ『ガレオン船サン・フェリーペ号の遭難と発見、そして日本における栄えある殉教者たちの聖なる殉教の歴史』（一五九七）浦戸関係箇所　抄訳」『運命の船サン・フェリーペ号』サン・フェリーペ号浦戸漂着四〇〇年実座礁後、船では浸水が始まり、その積み荷の陸揚げも並行して行われた。いわゆる、漂着である。

次に漂着から船荷没収までの状況である。スペイン船座礁の知らせは、元親から、当時の日本の最高権力者であった秀吉のもとにすぐさま届けられた。遭難現場となった土佐の元親から即座に京の奉行増田長盛のもとへ知らせが送られ、それを受けた増田が秀吉に伝えたのである。[118]

スペイン側も船長のランデーチョが秀吉のもとへ使者を送っている。それについては、従来の研究においても言及はあるが[119]、この使者がどのような日程で動いたのかについての詳細は分かっていない。近年の研究成果では、「元親の書記官同伴で数日遅れて出発した。途中天候不順で日時を費やした」[120]とされている。またその目的は、秀吉との謁見であり、ランデーチョは彼らに献上品を持たせている。そしてそれは秀吉に届いたと言われる。

日時ははっきりしないが、遭難スペイン船から送られたこれらの使者たちは、一五九三年から日本に滞在していたバウティスタと面会した。面会後バウティスタは、遭難者たちが無事ルソン島まで戻れるよう、秀吉に願い出ることを決意し、書簡でその旨をランデーチョに告げている。しかし、彼は秀吉との謁見すら、実現できなかった。それについては、十一月十七日付マルセーロ・デ・リバデネイラ宛の書簡でバウティスタが語っている。[121]

秀吉が船荷没収を決断したのは、この間であったと思われるが、その正確な日時は不明である。

最後に、磔の決定から執行までである。秀吉は、遭難者に便宜を図るどころか、フランシスコ会士らが京の修道院として使っていた家にバウティスタらを監禁させた。さらには、彼らの処刑を命じた。[122]

この捕縛時点では、外国人修道士の数は合計六人であった。これは捕縛された者の一人であるバウティスタが記している。長崎に滞在していたフランシスコ会士アグスティン・ロドリーゲスに宛てた彼の十二月十八日付書簡によれば、京で軟禁されていた外国人修道士は、ペドロ・バウティスタ、フランシスコ・ブランコ、フランシスコ・デ・サン・ミゲール、ゴンサーロ・ガルシアとフェリーペ・デ・ヘススの五名で、他に大坂のフランシスコ会修道院でもマルティン・デ・ラ・アスンシオンが捕縛されていた。

当初秀吉は、外国人宣教師を日本に連れてきたことを理由に原田喜右衛門も捕らえるつもりであった。しかしこれは、秀吉に仕えていた原田の息子の尽力で回避されたという。[123] 結局捕らえられたのは、フェリーペを含む外国人宣教師六名と日本人信者十八名であった。日本人信者のうち十五名がフランシスコ会所属で、残り三名はイエズス会所

行委員会編、一八九頁。現在のところ、「ファ」が誰のことを指しているのか、明らかではない。

118 岡村庄造「秀吉の忠臣としての元親」、同上書、一六七－一六九頁。若桑、前掲書、四四〇頁。

119 この間の状況に関して、いくつかの先行研究をもとに大筋をまとめると次のようになる。スペイン側の知らせは、すんなりと秀吉のもとへ届かなかった。ファン・ポブレの記録によれば、ランデーチョは航海士アントニオ・マラベール及びクリストバル・デ・メルカード、さらにフランシスコ会士フェリーペ・デ・ヘススとファン・ポブレを使者として京へ向かわせた。その目的は、秀吉に座礁した船の修理を依頼することであった。そのため、三年前にフィリピン副王使節として日本へ渡っていたフランシスコ会管区長ペドロ・バウティスタ宛の書簡を使者たちに持たせた。ランデーチョは、この人物の助けが必要と考えたのであろう。最初にバウティスタのもとに行くよう、指示を出した。しかし、ファン・ポブレは先に長宗我部の館に入り、その後、ちょうど大坂にいたバウティスタを訪ねたと記している。

十月二十一日に浦戸を出航したポブレ一行が、まず、大坂の長宗我部の館に到着したのは十月二十九日で、増田と会ったのは十一月一日のことであった。その際、翌二日に秀吉に謁見が叶うと告げられた。この四人に同行した浦戸の「ファ」の仲介にもかかわらず、結局これは実現しなかったようだ。この時、ファン・ポブレの同行者であったフェリーペ・デ・ヘススは、船酔いのため別行動となった。

大筋は以上となるが、先に述べたように、元親の報告が秀吉に届いたのは十月二十五日頃なので、スペイン側の動きは日本側と較べると、かなり遅れをとったことが分かる。また、秀吉はサン・フェリーペ号の船荷を没収しているが、それを命じた日付は正確には把握できない。史料によれば、元親側の使者とスペイン側の使者が遭難船の知らせを秀吉のもとへ届けた日付に四日の差があり、恐らくこの間に秀吉が船荷没収を決めたと考えられる。山道佳子、前掲論文、一九三頁。フロイス、前掲書、二九五－二九七頁。

120 岡村庄造、前掲論文、一六四－一七一頁。

121 この書簡を書いた時には、バウティスタは既に京都へ移動していた。フロイス、前掲書、三一一頁。

122 清水紘一『キリシタン禁制史』八九頁。

123 アビラ・ヒロン、前掲書、二三九－二四〇頁。

属であった。この時捕縛された者は計二十四名である[124]。この修道院での軟禁は十二月八日に始まり、同月三十日あるいは三十一日に牢へ移された[125]。

さて、捕縛されたキリシタン二十四名は一旦京から堺へ運ばれ、翌一五九七年一月九日、長崎に向かった。ひと月近くの長旅の後、二月五日、目的地に到着した。彼らは直ぐに「道の反対側には海にあたる方に町が見える丘[126]」に連行され、堺から二十四人の世話をしてきた二人の信者も含めた二十六人全員が、その日のうちに十字架に磔けられ、槍で突かれて死んだ。以上が、サン・フェリーペ号漂着及び殉教事件の大まかな流れである。

話は前後するが、ここで遭難から捕縛までに関して不明瞭な点を指摘しておきたい。

まず浅瀬に乗り上げた日時である。これには、十月十九日説と十月二十日説[127]がある。同時に、座礁の原因も曖昧となっている。若桑みどりも「水深は浅く座礁の危険は明らかであった[128]」と述べているのみである。スペイン船の船乗りも経験豊かで、座礁の可能性は考えていたはずであり、この座礁が起きた理由が判然としない。

その他の不明点としては、この間の日本側と遭難船側との意思疎通のあり方が挙げられる。「マニラで受洗し、サン・フェリッペ［サン・フェリーペ］号で航海していた日本人青年によった[129]」という記述がある。しかしそれ以外には、この日本人青年に関する説明はなく、人物を特定することはできない。この青年が旅行者であるはずもなく、恐らく何らかの理由でフィリピンに居住していた日本人が船乗りとして雇われたのであろう。遭難船の入港に至る過程においてこの人物がどのような通訳をしたのかなども、重要な要素であったことが考えられる。この点についても明らかではない[130]。

次に、この座礁船に関する知らせが秀吉のもとに届く過程を考えていきたい。既に触れたように、知らせのルートは二つ、日本側ルートとスペイン側ルートがあった。日本側の伝達ルートは、現在では周知の事実となっている。一方、もうひとつのルート、つまり、スペイン側の伝達ルートは不明点が多い。そこで、スペイン側の関係者の書簡から、部分的ではあるが、読み取ってみたい。

まず、大坂にいたバウティスタが船長ランデーチョに宛てた書簡[131]には、遭難船から都に送られた者たちと面会したことが記されている。それによれば、「フライ［修道士］・ファン、フライ・フェリーペと一緒に来た二人の方から、あなた方が耐えた労苦についての知らせを受けました」[132]とある。しかし、その日時や具体的な状況は特定できない。ここでは、書簡が書かれた日付は十月二十六日となっている。一方、先に述べたように、遭難事件の当事者であるファン・ポブレの記録では、彼らが大坂に着いたのは十月二十九日である。つまり、バウティスタの書簡の日付から推

124　清水、前掲書、九一頁。史料として慶応元年十一月二十日付の判決文に書かれた記述を挙げている。それは「其故に此者共は其宗門に改宗せしめたる日本人と共に、合計二四名刑に処せらるる」というものである。この慶応元年十一月二十日は、グレゴリオ暦の一五九七年一月八日に当たる。この時点では既に二十四人という数字は確定していたはずである。もちろん、そこにフェリーペ・デ・ヘススも含まれていた。しかし、それより二か月近く前に用意された名簿にフェリーペの名が含まれていたかどうかは、この史料では断定できない。

125　その様子は、バウティスタ他、殉教者が残した書簡から分かる。

126　現在長崎市西坂町七の八が日本二十六聖人殉教の地とされ、記念碑とともに、日本二十六聖人記念館及び聖フィリッポ教会堂がある。この辺りが「西坂の丘」と呼ばれるところであるが、ルイス・フロイスは「道の反対側には海にあたる方に町が見える丘」という表現をしており、レオン・パジェスは「海に沿うた道路の他の側に、長崎の町から仰ぎ見ることの出来る小丘が聳え、その丘の上に平地があったが、（中略）そこに二十六基の十字架を立てさせて、直ちに刑を執行する命令を下した」と書いているのみで、両者ともに「西坂の丘」という地名では記していない。フロイス、前掲書、二一〇―二一一頁。パジェス、前掲書、二〇三頁。

127　サン・フェリーペ号浦戸漂着四〇〇年実行委員会編、前掲書、一一頁では十月二十日となっているが、片岡弥吉はサン・フェリーペ号の座礁の日を「十月十九日」としている。片岡、前掲書、九一頁。

128　若桑、前掲書、四三九頁。

129　結城了伍『長崎への道　二十六聖人の殉教史』二八頁。

130　日本側と遭難船の間の意思の疎通という意味では、乗船者の一人で、日本滞在経験のあるファン・ポブレの存在も考えられるのではないだろうか。

131　フロイス、前掲書、二九五―二九七頁。

132　同書、二九五頁。

測される京への到着日（二十六日以前）が、ファン・ポブレの記録に書かれた日付（二十九日）より早い。秀吉が船荷没収の決断をしたのは、まさに右に記載されたことが生じている時である。この決定理由に関しては、いくつもの推測はあるものの、現段階では統一した見解は見られない。[133]

ところで、この一連の流れの中で、マニラからの遭難船で日本へ漂着したばかりの、そしてこの後殉教者の仲間となるフェリーペの名前はいつ正式に捕縛者名簿に加えられたのであろうか。フェリーペが遭難先の土佐を離れ、京都に到着したのが、十月下旬とすると、最初に作成された捕縛キリシタン名簿はその時点でできていたのであろうか。

清水紘一によれば、「［慶長元年］十月十九日［西暦一五九六年十二月八日］、突如京都・大坂のフランシスコ会の修道院が、石田三成配下の役人に包囲され、宣教師と信者の捕縛が行われたのである[134]」。一方、ルイス・フロイスが史料として添付した、十二月二十日（西暦）付のバウティスタの書簡には「十日前から私たちは家の内外に監視が付けられて監禁されている[135]」とある。ここでも日付の違いが見られる。

バウティスタによれば、フェリーペは彼と共に動いていてこの捕縛に巻き込まれた。それが生じたのが十二月八日であろうと、十日であろうと、いずれにせよその時点では、フェリーペの名は捕縛名簿にはなかったと考えるべきである。何故ならば、既述のように、事件の証人でもあるリバデネイラが、フェリーペが捕縛される理由がなかった事を指摘しており、それは捕縛時にはまだ名簿にその名前が記載されていなかったことを意味する。[136]

一方、慶長元年十一月二十日付［西暦一五九七年一月八日］の宣告によると、名簿上は二十四人であった[137]、この二十四人が長崎へ向かったのであるから、当然のことながら、この名簿にはフェリーペが含まれていたことになる。何故なら、その決定の後、捕縛名簿に何らかの修正があった事実が見られないからである。そうなると、フェリーペの名前は捕縛された時に追加された可能性が高く、リバデネイラが記述しているように、理由がないにもかかわらず、自らの捕縛を願い出た結果と理解できる。

この殉教事件の概要であるが、日本国内のみならず、広くカトリックの世界へ与えた社会的影響は極めて大きい。それは次に見るヨーロッパ（スペイン）の反響によく示されている。同時に、この事件は、メキシコ人フェリーペ・

デ・ヘススの存在により、メキシコでも大きく注目されることになるのである。

2　ヨーロッパ（スペイン）での反響

前節で見たように、ガレオン船遭難事件後生じたのが、長崎殉教事件である。この殉教事件は、カトリックにとって突然ではあるが、大きな意味を持った。それはまさに、当時既に明白な事実として語られていたキリストの磔刑と

133　殉教事件の原因解明の鍵となる関連史料をあげておく。村上直次郎訳註『異国往復書簡集／贈訂異国日記抄』七八－八二頁に掲載されている秀吉が記した書簡、その他、土佐市立図書館所蔵『環太平洋図』。後者は漂着直後に書かれたという環太平洋図である。スペイン側の発言を基に描かれたものでスペインの国力の大きさを示すことが目的であったはずだが、日本が巨大化されて描れている。モルガ、前掲書、一一二頁。近年の興味深い見解として、ヒル、前掲書や伊川健二「聖ペドロ・バウティスタと織豊期の日西関係」『待兼山論叢』第四四号文化動態論篇三五頁他があげられる。尚、これまでに指摘されて来た「処刑理由」は以下のようなものである。キリシタンたちが命令に従わず、国外退去すること無く布教をし続けたこと、また、カトリック修道会間の対立や、スペインの国力への脅威、天災による困窮などである。中川、前掲論文、一二二頁で、「スペインの征服事業に関して、その背後にフランシスコ会の力が働いていたと考える、秀吉の疑念」を挙げている。

134　清水、前掲書、八九頁。

135　フロイス、前掲書、七六頁。それ以前の行動についても、「フライ・ファン・ポブレとフライ・フェリーペがスペイン人と大阪［大坂］に着いた時、私はそこに居ましたので、彼らと一緒に伏見まで行きました。先の屋敷に宿泊し、そこで国王と他の四人のために贈物を整えました」とあり、監禁状態でなかったことが分かる文面がある。こちらは長崎のマルセロ・デ・リバデネイラ宛の十一月十七日付の書簡である。この日付は西暦である。同書、三〇一－三〇二頁。

136　Ribadeneira, *op. cit.* p. 570.

137　この数字は、最初に作成された名簿の人数の多さに驚いた石田三成が、その数を減らすよう、進言したことによると言われる。清水、前掲書、九一頁。

類似する出来事であったからである。その話題がヨーロッパを席巻していく。ここでは、ヨーロッパでの反響から見ていくことにする。本書で扱う人物フェリーペが、ヨーロッパの反響の中で、どのように語られていたのかを考察したい。

まず、長崎殉教事件がそれらの地で歴史的事象として広まった最初の過程を見ていく。それは二つのルートによるヨーロッパ（スペイン）への伝達から始まった。

ひとつ目のルートは、日本から発信された情報が、マカオ、ゴアそしてポルトガルへ届くというポルトガル圏ルートである。[138]そして二つ目がスペイン圏ルートで、マニラを経由し、太平洋を越え、ヌエバ・エスパーニャのアカプルコ港を経由して、メキシコ市へ届く。その後、メキシコ市からベラクルス市を経て、太西洋を越え、スペインへ伝わるのである。このように、日本で生じた出来事はこの双方のルートからヨーロッパまで伝達された。

これらのルートによってヨーロッパに伝達された殉教事件は、活字化され広まっていった。ここでは種々の印刷物を基に、事件に関するそこでの反響の大きさを確認し、また、その理由を推察してみたい。幸いにもミジャーレス・イ・カルロとフリアン・カルボ両氏の共著『日本の最初の殉教者（一五九七年）――史資料集』[139]が、手稿三十点とヨーロッパ言語で活字印刷された四百点以上もの殉教事件関連の史資料（一五九二年から一九五三年まで）を提供している。そこに収集された史料がすべてというわけではないが、事件が生じる以前の関連史資料も含む貴重な文献集である。

これらの史料には、事件を目の当たりにした証人が記したもの、あるいは、事件直後に第三者が書き上げたものがある。その形態は、私的書簡や公的書簡、報告や記録を目的として書かれたものなど多岐にわたる。その中には、初めから印刷を目的として書かれたものがあると同時に、それが目的ではなかったが、実際には活字にされたものがある。そのどちらも、活字印刷されたものは事件の内容を広める直接的役割を担った。ここでは、早い段階で印刷された史料で、殉教事件をヨーロッパの人々に伝えるために貢献したと思われる五点の印刷物について整理していく。

まず一点目は、当時のフィリピン総督フランシスコ・テージョがスペイン国王宛に送った一五九七年三月十八日付書簡[140]である。これが殉教事件に関する最初の印刷物と思われる。それは『昨年一五九七年、彼らを改宗した聖なる修道士らの励ましをうけ、修道士らとともに亡くなった二十人の日本人とともに、日本で磔刑に処せられたフランシスコ会の六名のスペイン人修道士について、フィリピン総督兼総司令官ドン・フランシスコ・テージョが書き送った書簡』[141]と題された。その内容は、殉教者のひとり、フィリピン・フランシスコ会管区長であったバウティスタに焦点を当て、殉教事件について報告したものである。そこにはサン・フェリーペ号の遭難と積み荷の損失や、フランシスコ会士の殉教およびその反響などについても書かれている。[142]

そもそもこの書簡はスペイン国王への報告として書かれたものである。ところが、翌一五九八年から国王以外を読者対象とする印刷が始まった。すなわち、ヨーロッパの多様な人々に向けて印刷され始めた。スペイン語で四版、その他イタリア語、ドイツ語、フランス語で再版が行われた。このことから、ヨーロッパで多くの読者を獲得したことが分かる。[143]

続いて二点目は、時系列に沿って記されたルイス・フロイスの歴史書である。これは、フロイスが事件直後にポルトガル語とスペイン語の二言語で事件に関して書き綴り、ヨーロッパへ送ったものであり、事件が起きる十年前から

138　ポルトガル圏ルートによるこの知らせが、その後メキシコへ伝わるとすれば、それは大西洋を越え、メキシコ湾側に位置するヌエバ・エスパーニャのベラクルス港を経てメキシコ市へ到達することになる。

139　Agustín Millares Carlo, y Julián Calvo, *Los protomártires del Japón (Nagasaki, 1597). Ensayo biobibliográfico.*

140　*Ibid.*, s.p.

141　これは、一五九八年、印刷する際に原題としてテージョのこの書簡につけられたものである。スペイン語原題は *Relacion que don Francisco Tello, gobernador y capitan general de las Philipinas embio de seys Frayles Españoles de la Orden de San Francisco, que crucificaron los de Iapon, este año proximo pasado de 1597* である。

142　筆者はこの印刷物を入手しておらず、ミジャーレス・イ・カルロの紹介文を参考にした。Agustín Millares Carlo y Calvo, *op. cit.*, s.p.

143　残念ながら、印刷に至るまでの経緯は不明である。

の日本の状況を含め、事の仔細が記されている。この手稿は、ポルトガル語版はゴア経由、スペイン語版はマニラ経由で送られたが、どちらも最終送付先はイエズス会総長クラウディオ・アクアビバであった。

二言語で書かれた原稿のうち、ポルトガル語で書かれたフロイスの手書き原稿は、一旦イエズス会士アレッサンドロ・バリニャーノの手に渡り、バリニャーノ自身によって検閲された。彼の指示に従い、同じくイエズス会士であるペドロ・ゴメスによって修正されたものが、その後『十字架刑に処せられた二十六人の栄光ある死に関して』と題して、イタリア語に訳され、活字印刷にまわされている。[144]ローマ、ミラノ、ボローニアといった幾つかの場所で再版された。他にドイツ語、ラテン語、フランス語訳も出た。表1で示したように、一五九九年に六回、一六〇〇年に二回、一六〇四年に一回と版を重ねている。

他方、マニラ経由で送られたスペイン語原稿は無事にローマのイエズス会総長の元に届いたが、二十世紀まで人目に触れることなく保管された。長い時を経た一九三五年に、ロムアルド・ガルドスが出版することによって、陽の目を見ることになる。[145]これは現在、殉教事件の報告書という位置づけで重要な史料となっている。[146]

フロイスがこの事件を記した意図は、その真実をイエズス会総長に確実に伝達することであったと思われる。殉教事件の研究に力を入れたイエズス会士ディエゴ・パチェーコによれば、[147]刑が執行された日に、フロイスはちょうど長崎のイエズス会の家に滞在していた。[148]フロイスは明らかに証人である。そういった人物が、正確に伝えるためにひとつの殉教事件を二言語で書き上げたとすれば、そこには何らかの理由がある。もともと日本の事物に精通し、歴史書『日本史』を執筆したほどの人物である。[149]彼はその印刷をも見据えていたのではないだろうか。

二言語で書き上げる理由を探るために、当時の日本におけるキリスト教布教の状況を整理してみたい。その頃日本社会では、禁教へ向かう緊迫感が漂っていた。そういった状況の中でイエズス会は、何とか日本の権力者と良好な関係を保とうと努力を重ねていた。同会が初めて日本に到来したのは、十六世紀半ばのことであった。一五四九年、イエズス会士フランシスコ・ハビエルがインドのゴアから種子島に着いた。それ以降、日本で宣教していたのはイエズス会であった。

ところが十六世紀末になり、突然フィリピンのマニラ総督代理としてフランシスコ会管区長バウティスタが来日し、独自の方法で活動を始めた。そもそも両者の間には布教の方法に違いがあり、当然のことながら、日本人に対する接し方も異なっていたため、次第に対立するようになっていった。そんな中で、スペイン人修道士六人を含めた、二十三人のフランシスコ会関係者が殉教した。殉教はこの上ない栄光であった。

この状況下、事件を二言語で書いた彼の行為は、日本における二つの修道会の実状を考慮した上での策であったのではないだろうか。イエズス会士であるにもかかわらず、他のイエズス会士とは異なり、フランシスコ会士に対し至って寛容な態度で接していたと言われるフロイスの真摯な思いから出たことであろう。

144　フロイス、前掲書、一四－一五頁。

145　スペイン語版に関しては、手書き原本は現在もローマのイエズス会文書館にそのまま保管されており、ポルトガル語の手書き原本のイタリア語翻訳版のように、他者による原稿の書き換え等はなかったと思われる。筆者が入手したものは一九三五年に出版された初版 Luis Frois, S.J. *Relación del Martirio de los 26 cristianos crucificados en Nangasaqui el 5 de febrero de 1597*. Romualdo Galdos (coord.). Roma, Tipografía de la Pontificia Universidad, 1935（manuscrito, 1597）で、事件直後にヨーロッパで出回ったイタリア語版は入手していない。フロイスの原稿が辿った道のりについてはスペイン語版出版時に編者ロムアルド・ガルドスが序章に記している。Luis Frois, SJ. *op. cit.*, p. VII.

146　フロイスの原稿に関しては、その日本語翻訳書を出版した結城了悟が「フロイスの記述を読む時に忘れてはならないところは、確かな欠点である。歴史哲学の観点からすると、フロイスは歴史家の立場を離れてしまっている。自分の考えを固執するあまり時には無理な解釈をする」と述べている。フロイス、前掲書、一六－一七頁。

147　ディエゴ・パチェーコ（一九二二－二〇〇八）はスペイン人イエズス会士で、第二次世界大戦後に来日した。その後、南米在住期間を経て、再び来日し、長崎に居を構え、日本でのカトリックの活動に力を入れた。一九六二年から二〇〇四年まで日本二十六聖人記念館の館長を務めた。その間に日本に帰化し、日本名は結城了悟である。長崎殉教事件に関する数多くの本をスペイン語と日本語の両言語で出版している。

148　フロイスは一五六三年に初めて日本の土を踏み、それ以降長年日本に滞在していたが、事件が起きる少し前から体調を崩していたという。同書、一三－一九頁。

149　同書、三頁。フロイスに関する研究については、同書「解題」で、結城了悟が説明している。同書、一三－一九頁。

三点目の史料は、一五九九年に活字印刷されたファン・デ・サンタ・マリアの著書で、殉教事件に関する情報が長文で綴られている。主題は『六人のフランシスコ会士と二十人の日本人信者が死亡した、日本で生じた殉教［事件］に関して』[150]で、副題として「フランシスコ会系聖ホセ修道会管区長ファン・デ・サンタ・マリア修道士著。われらが国王フェリーペ三世のために」という言葉が添えられている。文字通り、スペイン国王フェリーペ三世に献上することを目的として書かれたものである。スペイン語版は、最初にマドリードで印刷・出版されたのち、同年、バレンシアで再版され、一六〇一年にマドリードで重版された。さらに、初版の年に、イタリア語翻訳版がローマで印刷・重版され、一六〇〇年にナポリで再版と版を重ねている。

四点目は、リバデネイラが書き記した大作[151]で、本書序章で基本史料として紹介したように、フランシスコ会士らのアジアでの活動状況の報告に焦点を合わせた書物である。リバデネイラはこの殉教事件の生き証人であり、当時、布教活動が禁止へ向かう傾向にあった状況などをしっかりと把握していたようだ。彼は、「フランシスコ会の修道士たちがどのように日本へ送られたのか、あの国で布教する際の真剣さについて、彼の地で行ったこと、また、日本における二十六人の殉教者の栄光と殉教について」という小題がついた第四部で、事件の概要とともに、簡単ではあるが、殉教した二十六人についてひとりひとりを紹介している。

リバデネイラは事件直後に日本を発ち、マニラに向かい、三月には一旦ポルトガル人とともにマカオへ入った。暫く滞在した後、マニラに戻ったのが一五九八年の一月であった。その後本を書くためにフィリピン各地を巡っていた時に、同年ローマの行政監察官《procurador》に任命された。そのため、スペイン経由でイタリアへ向かった。ヌエバ・エスパーニャを経て、マドリードに到着したのは一六〇〇年の半ばであった。[152]彼の大著はその翌年の一六〇一年にバルセローナで印刷されている。

五点目は、一六〇一年にイエズス会士ルイス・デ・グスマンが著した、アジアにおけるイエズス会の宣教の歴史、『東アジア、中国王国、日本王国での布教のためにイエズス会士が行った宣教の歴史』[153]である。この本はスペインのアルカラで二巻本として印刷された。彼は、その第二巻の最後で殉教の原因を説明している。しかしテーマから分かるように、イエズス会の宣教史を書くことを目的としたため、当時の日本の状況、とりわけ、秀吉とイエズス会士の関係については事細かに語っているが、フランシスコ会士が中心であるこの殉教の過程については、簡単に触れているのみである。

以上のような一五九八年から一六〇四年までの間の史料の印刷状況をまとめたものが表1である。

著者五名のうち、総督フランシスコ・テージョを除いて、残りの四名は修道士である。フロイスとグスマンはイエズス会士で、残りの二人、リバデネイラとサンタ・マリアはフランシスコ会士である。またフロイスとリバデネイラは、事件当時日本に滞在していたが、他の二人、つまりグスマンとサンタ・マリアは、日本滞在の経験がなかった。

表1に示された印刷状況を見ると、この殉教事件についての、ヨーロッパでの関心がどれほどに高かったかが、よく分かる。翻訳された言語数や再版数から、とりわけ、テージョの書簡、ルイス・フロイスとファン・デ・サンタ・マリアの著書が注目を浴びている。では、ヨーロッパでの反響がこれほどまでに大きくなった理由はどこにあるのだろうか。

それは何よりも、「殉教の形」[154]に関心が持たれたからと言える。キリストの死後、殉教した信徒はいるが、キリストの十字架と同じ形状の十字架に磔けられ、さらにキリストと同じ様に、槍で突かれるという殉教は、一五九七年

---

150 スペイン語原題は *Relacion del martirio que seys Padres Descalzos Franciscos, tres hermanos de la Compañia de Iesus, y decisiete Iapones Christianos padecieron en Iapon* である。

151 著書の題名については、序章二節二四頁参照。

152 Ribadeneira, *op. cit.*, México, pp. XII-XIII を参照。

153 スペイン語原題は *Historia de las missiones que han hecho los religiosos de la Compañia de Iesus, para predicar el Sancto Euangelio en la India Oriental, y en los Reynos de la China y Iapon* である。

154 キリストの処刑姿は、当初は描かれておらず、実際の状況は明らかではないようだ。時を経て次第に描かれるようになり、十六世紀になると、十字架での磔姿はキリストの定番の処刑の形となったと考えられる。歴史学者ロータ―・クノートの見解では、キリスト教におけるシンボルとして十字架を使用し始めたのは九世紀頃である。Lothar Knauth, “Cruz y dyjiad Simbolo y acción”

表1　殉教に関する初期文献の出版状況（1598 ～ 1604）

年	著者／出身地	書　名	言語 ＊1	印刷場所	版
1598	フランシスコ・デ・テージョ／esp	*Relación que don Francisco ...*	スペイン語	グラナダ	初版
	フランシスコ・デ・テージョ／esp	*Relación que don Francisco ...*	スペイン語	セビージャ	再版
	フランシスコ・デ・テージョ／esp	*Relación que don Francisco ...*	スペイン語	セビージャ	重版
	フランシスコ・デ・テージョ／esp	*Relacione Mandalta Da Don...*	イタリア語	ローマ	翻訳版
1599	フランシスコ・デ・テージョ／esp	*Relación que don Francisco ...*	スペイン語	不明	重版
	フランシスコ・デ・テージョ／esp	*Relación que don Francisco ...*	ドイツ語 フランス語	不明	翻訳版
	ルイス・フロイス／port	*Relatione della Gloriosa Morte ...*	イタリア語	ローマ	翻訳初版
	ルイス・フロイス／port	*Relatione della Gloriosa Morte ...*	イタリア語	ローマ	重版
	ルイス・フロイス／port	*Relatione della Gloriosa Morte ...*	イタリア語	ボローニア	再版
	ルイス・フロイス／port	*Relatione della Gloriosa Morte ...*	イタリア語	ミラノ	再版
	ルイス・フロイス／port	*Drey Japoneische Schreiben ...*	ドイツ語	マインツ	翻訳版
	ルイス・フロイス／port	*De Rebvs Iaponices Historica*	ラテン語	モグンティアエ	翻訳版
	フアン・デ・サンタ・マリア／esp	*Relacion del Martirio que ...*	スペイン語	マドリード	初版
	フアン・デ・サンタ・マリア／esp	*Relatione del Martirio che ...*	イタリア語	ローマ	翻訳版
	フアン・デ・サンタ・マリア／esp	*Relatione del Martirio che ...*	イタリア語	ローマ	重版
	フランシスコ・デ・テージョ／esp	*Relation Envoyée par Don*	フランス語	パリ	翻訳版
	作者不詳	*Dos informaciones Hechas en ...* ＊2	スペイン語	マドリード	初版
	フアン・デ・サンタ・マリア／esp	Relacion Svmaria y Vedadera	スペイン語	バレンシア	再版
1600	フアン・デ・サンタ・マリア／esp	*Relatione del Martirio che ...*	イタリア語	ナポリ	翻訳版
	ルイス・フロイス／port	*Relatione della Gloriosa Morte ...*	イタリア語	ボローニア	翻訳版
	ルイス・フロイス／port	*Historie De la Glorievse Mort ...*	フランス語	パリ	翻訳版
1601	マルセロ・デ・リバデネイラ／esp	*Historia de las Islas del ...*	スペイン語	バルセローナ	初版
	ルイス・デ・グスマン／esp	*Historia de las Missiones que ...*	スペイン語	アルカラ	初版
	フアン・デ・サンタ・マリア／esp	*Relatione del Martirio che ...*	スペイン語	マドリード	再版
1604	ルイス・フロイス／port	*Reit veritable de la glorievse*	フランス語	パリ	翻訳版

＊1 文献の表紙に翻訳言語名が記載されているものはその言語を、また記載のないものは使用されている言語を翻訳言語とし、それに該当する現代言語名を充てた。　＊2 *Dos informaciones Hechas en Iapon; Vna De la hazienda que Taycosama, señor del dicho Reyno, mando tomar de la Nao S. Felipe, que arribó a el con tempestad, yendo de las Filipinas a Nueva España, y se perdió en el puerto de Vrando: u otra de la muerte de seis religiosos Descalzos de S. Francisco, y tres de la Compañia de Iesus, y otros diez y sete Iapones, que el dicho Rey mandó crucificar en la ciudad de Nangasaqui.*　他の文献の書名については本文に日本語訳で記載されている。表の作成にあたり、Agustín Millares Carlo y Julian Calvo, *Los protomartires del Japón*（Nangasaki, 1597）Ensayo biobibliográfico を参照。

の長崎の事件が世界で初めてのことであった。それ故に、長崎の事件はカトリックの歴史で際立って重要な位置を占めた。

ところでこれらの初期の印刷物では、本書で扱うフェリーペについては、ほとんど話題にされていない。生き証人として最初の殉教事件の歴史書を書いたフロイスも、漂着したばかりのフェリーペとは面識もなく、どういう人物かということすら知らず、彼の耳に入ったのは、遭難船で日本へ上陸したフェリーペという名のメキシコ出身の二十四歳の若者[155]が殉教者に含まれていたということのみであったようだ。そのため、フェリーペについてはその名を記した程度に終わっている。

このように、ヨーロッパのカトリック世界では、この事件は、高い関心を持たれ、かなりの速さで人々の間に広まっていった。しかし、その後始まる聖フェリーペ崇拝の兆しはこれらの印刷物のどこにも見られないのである。

3　アメリカ大陸（ヌエバ・エスパーニャ）での反響

ヨーロッパのそれほどの思いと比べると、フェリーペの出身の地、アメリカ大陸での長崎殉教事件に関するそれは静かなものであった。ここでは、これまでにヌエバ・エスパーニャで見つかっている幾つかの記述を基に、事件に対する反響を考察する。

長崎の殉教事件がヌエバ・エスパーニャに伝わったルートは、先に述べたスペイン圏ルートと考えるのが妥当であ

en *Estudios del Hombre,* no. 26. subtítulo "Historia mundial creándose" Lothar Knauth y Ricardo Ávila, (comp.) pp. 89–106.

155　フロイスはフェリーペの年齢を二十四歳としており、フェリーペの誕生日が二月五日以降であれば、生まれた年は一五七二年となる。フロイス、前掲書、二二七頁。

ろう。最も早く到着した知らせは、事件の生じた年の夏から秋に出航したガレオン船によって伝えられたものと推察される。筆者が知るところでは、先住民貴族出身のドミンゴ・チマルパイン[156]が語る出来事がそれである。チマルパインは、殉教事件の知らせについて次のように記している。

　修道士ファン・デ・カスティージョが一五九七年十二月七日のミサで行った説明によると、中国〔ママ〕で六名のフランシスコ会士が亡くなり、日本と呼ばれる地方で十字架の上で手を釘で刺され、苦しめられて殺され、他に日本人信者もいっしょに殺されたが、これは日本の皇帝の命令で行われた。[157]

文面からすると、カスティージョはアジアの地理を十分に把握していない、あるいは、当時使われていた「中国」という言葉が現代の「アジア」と同じく、ヌエバ・エスパーニャからみた太平洋対岸の広い地域を指していた可能性もあることが窺われる。[158]因みに後述するように、遺骨の到着に関する部分でも、チマルパインは「中国〔ママ〕の地、日本で亡くなったフランシスコ会士」という表現をしている。[159]また、この引用に「十字架の上で手を釘で刺され」とあるところを見ると、既にこの時点で、キリストとのアナロジーを語ろうとしている様子が見られる。[160]また、スペイン人殉教者の人数は挙げているものの、日本人殉教者についてはその人数すら述べていない。

そのほか、チマルパインは、ミサをあげたカスティージョがどのような経緯でこの事件を知ったのかについて一切語っておらず、また、この文章からは、フェリーペの名がミサで挙がったかどうかは明らかではない。

殉教の知らせが届いてから一年後に、メキシコ市に殉教者の遺物が到着した際の状況については記している。

　一五九八年十二月六日午後、（中略）聖職者たちは骨壺を肩にかけて運んできた。メキシコ〔市〕にいたすべての聖職者たちが遺骨を迎えるために聖ディエゴ教会堂へ出向いた。その後火縄銃の一斉射撃が行われた。その音が聞こえると、聖ホセ教会堂では、絵が描かれた四枚の布が堂内に掛けられ、スペイン人も先住民も全員でそれを見つめた[161]。

この文面から、殉教者にかなりの敬意が払われたことが分かる。また、教会堂内に殉教関連の絵も飾られていたと見られ、聖遺物への関心は高かったと考えられる。しかしこの遺骨が誰のものかについての言及はない。

これらの聖遺物もまた、リバデネイラが通ったと同じルートで、日本からマニラへ持ち出され、その後スペインへ運ばれたのであろう。チマルパインの右の文面は、当然のことながら、その遺骨が経由地ヌエバ・エスパーニャのメ

156　チマルパイン（一五七九－一六六〇）はナワトゥル語を母語とする先住民で『チャルコ・アメカメカ物語』*Relaciones originales de Chalco Amecameca* の著者である。彼が日記風に書き綴った手書き原稿が残っており、二〇〇一年に Domingo Chimalpáhin. *Diario*. Paelografía y traducción por Rafael Tena として出版された。本書では出版された著書の原題訳として『チマルパインの日記』を充てる。しかしながら、これは日々書かれた日記ではなく、後日まとめて書き上げたものである。

157　Chimalpáhin, *op. cit.*, pp. 69-70.

158　この点については井上幸孝も、チマルパインの例を挙げ、「中国」という言葉を使う際にアジア全体を指していた可能性があることを指摘している。「ヌエバ・エスパーニャの先住民記録に見る日本とアジア――チマルパインの『日記』を中心に」『スペイン史研究』二十八号、二四－二五頁。

159　Chimalpáhin, *op. cit.*, p. 73.

160　後述するその後の説教録の中では「手を釘で刺され」とは書かれていない。

161　*Ibid.*, p. 73.　ここでいう聖ディエゴ教会堂は、当時メキシコ市の南西の端に位置していたフランシスコ会系聖ディエゴ修道院の中にあった教会堂のことであると思われる。この修道院は十九世紀後半に道路整備のため縮小され、一九六四年から二〇〇〇年まで Pinacoteca virreinal 資料館として利用されていた。現在は Laboratorio Arte Alameda として機能する、INBA 次いで、CONACULTA の一機関である。また聖ホセ教会堂は、かつてメキシコ市の南の端に位置していたフランシスコ会修道院の中にあった礼拝堂のことである。後述するように、十九世紀半ば過ぎの改革時代における修道院縮小計画により縮小解体が行われ、その姿は見られない。Fernando Benítez. *Historia de la Ciudad de México*, vol. 3, pp. 16-19 参照。

キシコ市を通ったときのことである。[162]

まさに殉教者の遺骨が聖遺物としてメキシコ市に届き、人々が感動に身を委ねていたその時、リバデネイラも、これらの定期船でメキシコに到着していたとすれば、このリバデネイラが、チマルパインが語る遺骨を運んだ可能性もある。また、殉教者の遺物や各殉教者について、そして件の経緯について語ったであろうことは想像に難くない。ところで、メキシコ市参事会議事録によれば、当時フェリーペの両親は健在で、メキシコ市に住んでいたという。[163] そうであれば、右のような状況下、リバデネイラがフェリーペの両親と顔を合わせた確率はいたって高い。ピチャルドも著書の中で、殉教者の列福を申請しようとローマに向かう聖職者が、殉教者のひとりであるフェリーペの生まれ故郷に、一時的にしろ、滞在したからには、彼の両親と会わないなどあり得ないと述べている。[164] しかしこの点について具体的に語っている史料は、現時点ではまだ見つかっていない。

これらの他に、一六〇九年にメキシコ市で印刷されたアントニオ・モルガの著書が殉教事件を扱っている。この本の原題は『セア公爵ドン・クリストバル・ゴメス・デ・サンドバル・イ・ロハスに捧げるフィリピン諸島の出来事(Sucesos de las Islas Filipinas dirigido a Don Cristoval Gomez de Sandobal y Rojas, Duque de Cea por el Doctor Antonio de Morga)』（以下、既に紹介済み日本語版題名『フィリピン諸島誌』を用いる）である。

先にも述べたが、まず、著者のモルガは殉教事件当時、アウディエンシアの司法官《oidor》兼代理総督としてマニラに滞在しており、マニラ宛に送られた情報をほぼすべて把握していた人物のひとりである。政治的責任がある地位に就いていたことも踏まえると、事件への関心は高かったと言える。

モルガのフィリピン滞在は一五九六年六月十三日から一六〇三年七月までの七年間であった。その後ヌエバ・エスパーニャへ派遣されている。マニラからのガレオン船太平洋航路における終着港であるメキシコのアカプルコには一六〇三年十二月に到着したという。その後一六一四年までヌエバ・エスパーニャで官吏として働き、その地で『フィリピン諸島誌』を執筆し刊行した。モルガは、さらにヌエバ・エスパーニャからペルーに移動を命じられ、一六一五年に着任したとされる。[165]

この『フィリピン諸島誌』は、レガスピのフィリピン征服時代からペドロ・デ・アクーニャ総督時代までの歴史(一五六四年から一六〇六年まで)と、フィリピン諸島の自然を扱ったものであるが、第六章のドン・フランシスコ・テージョ総督の統治に関して記した部分で、サン・フェリーペ号の遭難について簡潔に語っている。同時に殉教事件についても触れており、その中で太閤秀吉の処刑宣告文と殉教者の一人マルティン・デ・アギーラがモルガに宛てた最期の書簡を紹介している。[166] そして、「我々の聖なるカトリック信仰への大いなる改宗という豊かな実りが得られることを期待するものである」[167]という文言で殉教に対する自身の考えも述べている。

しかしこの著書の中で、フェリーペについては、殉教事件で犠牲になった六人の外国人修道士のひとりとしてその名を挙げているのみである。メキシコで執筆していたにもかかわらず、同地出身の殉教者についてはとりたてて記していない。

最後に、前章で既に紹介した著書、一六一五年に書かれた『モナルキーア・インディアーナ』で、著者トルケマーダは、殉教事件に言及し、クリオージョであるフェリーペについて簡単ながら見解を述べている。「……数年前、大勢の人々とメキシコ市出身のフランシスコ会士(……十字架刑に処せられ殉教するなど思いも及ぶはずもなく、単に両親に会いにヌエバ・エスパーニャに帰郷するつもりであった)を乗せた船が、日本に漂着した。神は出発した時の目的とは

162　日本での遺体の扱いやヌエバ・エスパーニャに聖遺物がもたらされた詳細については、第I部第三章五節一四八―一五六頁で見ていくことにする。

163　メキシコ市参事会議事録によれば、フェリーペの父親は、一六〇九年、母親は一六二九年に逝去している。*Acta de Cabildo*, 26 de enero de 1629, 21 de febrero de 1629.

164　Pichardo, *op. cit.*, pp. 136-137.

165　この時期のモルガの状況については、大航海時代叢書『フィリピン諸島誌』の解説にその詳細が記載されている。モルガ、前掲書、一一―一二〇頁。

166　同書、一〇七―一一五頁。

167　同書、一一三頁。マルティン・デ・アギーラは、マルティン・デ・ラ・アスンシオンのことと思われる。

異なる運命を彼［フェリーペ］に授け、他の殉教者とともに十字架刑に処せられる場所、日本に彼を導いた」[168]と記した。この文面から分かるように、トルケマーダは、敢えてフェリーペのことを褒め讃える表現をとっていない。後述するミゲール・サンチェスらと比べると、むしろ控えめな表現である。

トルケマーダの人となりについては、イギリス人歴史学者デイビッド・ブレイディングが次のように述べている。「幼少時にメキシコへ渡ってきたにもかかわらず、クリオージョ（メキシコ生まれのスペイン人）というよりも征服者としての意識をもっていた」[169]と。そうであれば、フェリーペがヌエバ・エスパーニャで生まれたスペイン人、クリオージョであることから、讃える気がなかった可能性もある。

ここで見てきたように、確かに長崎の殉教事件に対するヌエバ・エスパーニャでの反応には、遺骨の到着時などかなり歓待した様子も見られる。日本で殉教した外国人聖職者の中に、その中心都市メキシコ市生まれとされるスペイン人青年がひとり含まれていたことは、間違いなく把握されていたはずである。それにもかかわらず、本章で紹介した記録の中には、殉教者フェリーペに関する特別な思いは見つかっていない。では、フェリーペの名が人々の話題に上るのはいつからのことであろうか。

4　クエルナバカの壁画

前節で見てきたように、殉教の知らせや、遺骨の到着などを通じて、ヌエバ・エスパーニャでも長崎の殉教事件は徐々に巷間に広まっていった。これから紹介するクエルナバカ市の壁画は、それらに対する反応のひとつとして挙げられる。

このクエルナバカ市はメキシコ市から百キロ程南に向かった所に位置する。同市は太平洋岸に開港されたアジア貿易主要港アカプルコと内陸のメキシコ市を結ぶ街道上の中心都市のひとつであった。もちろん、フェリーペもこの町を通ってアカプルコへ向かったのである。

壁画が描かれたのは、現在クエルナバカ市大聖堂と呼ばれる教会堂の側壁で、長崎殉教事件に関してカトリック教徒の捕縛から磔刑までが詳細に記されている。この教会堂は、かつて副王領時代最初期（一五二五年）に建てられたフランシスコ会系のラ・アスンシオンの聖母修道院内にあった（図I-2-1）。この場所が、クエルナバカ市大聖堂となったのは一八九一年のことである。[170]

この側壁の絵に気づいたのは、一九五九年、教会堂壁面修復工事中のことで、[171]すぐにその剥離作業が始まった。漆喰の下に隠れていた壁面の破損は激しく、完全な修復は難しかったが、幸いにも部分的に修復され（図I-2-2）、「..... RESIVEN EN JAPON ..... EMPERADOR TAYCOSAMA MANDO MARTIRIZAR POR .....（日本で（お恵みを）受け入れる。……皇帝太閤様が殉教を命じた）」という文字が鮮明に浮き上がった（図I-2-3a）。

それによりこれは、一五九七年の長崎の殉教事件を描いたものと断定された。描かれた各場面は以下のとおりである。牛車や馬に乗せられた殉教者が市内を引き回されている様子（図I-2-3b）、引き回しの場面（図I-2-3c）では牛車

168　Juan de Torquemada, *Monarquía Indiana*, tomo V, libro XV, cap. IX, p. 39.

169　David Brading, *Los Orígenes del nacionalismo mexicano*, p. 21. クリオージョに関しては、本書第I部第三章一節参照。

170　クエルナバカ大聖堂の歴史を紐解くと、まず、この場所に最初に教会堂が建てられたのは一五二五年で、いわゆる、征服直後であった。その四年後、その辺りの布教をより促進するために中心となる修道院が必要となった。そこで一五二九年に、その教会堂を中心にフランシスコ会ラ・アスンシオンの聖母修道院が設置されたのである。その後長らく修道院であったが、一七六七年に教会の所有となり、一八九一年に大聖堂という名称が与えられ、クエルナバカ市大聖堂となった。

171　この壁画修復工事は、一九五七年から一九六七年の十年間をかけて行われた大聖堂全体の改築・修復工事の際に行われたものである。その際、回廊などいくつかの場所で見つかった壁画も同時に修復されている。この大聖堂修復工事は、当時クエルナバカ司教であったセルヒオ・メンデス・アルセオの意向で行われたと言われている。司教は、新古典派様式で改築されていた内装を十六世紀に建立された当時のゴシック様式に戻したいと考えていたという。工事開始から二年ほどして、教会堂内の壁に絵が描かれていることが発覚し、壁の上塗りを剥離し、作品を修復・保存することになった。

図Ｉ-2-1　現クエルナバカ大聖堂（旧ラ・アスンシオンの聖母修道院）正門と教会堂

図Ｉ-2-2　教会堂内部と壁画

に乗せられた罪人（図I-2-3d）、馬に乗せられた罪人（図I-2-3e）の姿が詳細に描かれているのが見てとれる。牛車を囲いながら共に歩く役人たちは口髭やあご髭を生やしている。小舟で海を渡る様子（図I-2-3f）、（図I-2-3g）も描かれている。その他、陸地へ上がった罪人たち（図I-2-3h）、罪人たちを迎える見物人（図I-2-3i）が登場している。処刑場面（図I-2-3j）では一本の槍で突かれている者もいれば、二本の槍で突かれている者もいる（図I-2-3k）。他に、殉教者の身体から流れる血を受け止めようと布を手にしている者（図I-2-3l）や、目を覆っている人の姿（図I-2-3m）が描かれている。

この巨大な壁画の役割はどういうものであったのであろうか。事件の後も、多くの修道士が、メキシコ市からアカプルコへ向かい、街道を歩いた。その道沿いの町クエルナバカの教会堂内に描かれたこの壁画は、そういった人々も含めた、多くの住民や旅人が目にしたはずである。メキシコ市に最も近いこの街道沿いの町は、アジアに向かうものにとっては、ここはまさに別れの場所であり、アジアから戻ったものにとっては、再会の場所であった[172]。

この壁画の制作時期や手がけた人物についてはいくつかの見解が見られる。ここでは五人、海老沢有道、本間正義、ルイス・イスラス・ガルシア、越宏一、マリア・エレーナ・オオタ・ミシマの見解を紹介していく[173]。

制作年について、日本では、一九六三年に海老沢が次のように語っている。「（描かれた）この二十六人の中には、メキシコ人のフランシスコ会士聖フェリーペ・デ・ヘススという人も入っていることを考えると、殉教の後、メキシコで聖フェリーペに対する信心が起こり、この画は十七世紀の始め頃画かれたものではないかと思われる[174]」。

172　Luis Islas García. *Los murales de la Catedral de Cuernavaca Afronte de Mexico y Oriente*, p. 57.

173　本項で扱う先行研究以外のものに、Heladio Rafael Gutiérrez Yañez, "La pintura mural", en *Memoria del III Congreso Internacional del Centro INAH Morelos*, Cuernavaca, 1994; Celia Fontana Calvo, Ma., *Las pinturas murales del antiguo convento franciscano de Cuernavaca*, Catedral de la Asunción de María Cuernavac, Cuernavaca, Gobierno de Estado de Morelos y Universidad Autónoma de Estado de Morelos, 2010 などが挙げられる。

174　海老沢有道「メキシコの日本聖殉教者壁画」『キリシタン研究』第八輯、一七八頁。

図Ⅰ-2-3a　左壁面上部に書かれた文字　日本語訳は「日本で（お恵みを）受け入れる。……皇帝太閤様が処刑を命じた」となる。

図Ⅰ-2-3b　大聖堂正面向かって右側の壁　大坂での引き回しの場面

図Ⅰ-2-3c　引き回し場面

図Ⅰ-2-3d　牛車に乗せられた人たちと役人たち

図Ⅰ-2-3e　馬に乗せられた受刑者たち

図Ⅰ-2-3f
大聖堂壁画正面向かって左側の壁面の入口付近に描かれた、門司から下関へ渡る場面

図Ⅰ-2-3g　船の中の受刑者たち

図Ⅰ-2-3h　陸地に上がり、手を縛られた受刑者たち

図Ⅰ-2-3i　陸で受刑者たちを迎える住民たち

図Ⅰ-2-3j　大聖堂壁画正面向かって主祭壇付近の左側の壁画部分　磔刑の場面

図Ⅰ-2-3k　1本の槍で刺されている者と2本の槍で刺されている者

図Ⅰ-2-3l　十字架の足元に立ち、布で流れ出る血を受けようとする人

図Ⅰ-2-3m　十字架の前で目を覆っている人

もう一人、一九六五年に本間は、壁画の作風から日本人の関与を想定し、支倉常長一行が滞在し得た期間である一六一五年から一六一六年と割り出している。[175]

大聖堂修復完了の年にこの大聖堂の壁画に関する著書を出版したのはメキシコのイスラス・ガルシアである。その中で壁画が描かれたのは列福前としている。一五九八年に殉教の知らせが到着したのちのかなり早い時期、すなわち、十七世紀初めのことという。イスラス・ガルシアは、その理由を、すぐに完成させたくとも、あの壁の大きさから、十七世紀に入る前の仕上げが難しかったのであろう、としている。[176]

さらにもう一名、一九七五年に越が「美術における日本二十六人殉教者　その作品カタログ」という題で論文を書いている。越は本間論文を参考にクエルナバカ市の壁画を紹介した際、制作年に関しては一六二七年の列福以降というのが適切であるという見方をしている。これは、越が殉教者の光輪に着目したことによる。[177] 曰く、光輪は列福後につけるものである。

六年後の一九八一年に、メキシコの日本研究者マリア・エレーナ・オオタも自身の見解を発表した。そこでオオタは、その制作年代を殉教の知らせが届いた一五九八年から列福の知らせが届く一六二八年八月末までの間に制作された可能性が高いと結論付けている。[178] フェリーペ崇拝が始まった後であれば、フェリーペの存在が何らかの形で強調されたはずであるが、この壁画にはそういった形跡はない。因みに、その崇拝の始まりは列福の知らせの到着である。しかしオオタの場合、その根拠とするのは、すでに修復された部分にのみ基づくものであり、推測の域を出ない

175　本間正義「クエルナバカ寺院での新発見――海をわたった長崎殉教の図」『三彩』一八三号、二四頁。
176　Islas García, *op. cit.*, pp. 60-61.
177　越宏一「美術における日本二十六人殉教者　その作品カタログ」『国立西洋美術館紀要』第八号、三八頁。因みに越は光輪のことを「ニンブス」と表現している。
178　Ota Mishima, *Un mural novohispano en la catedral de Cuernavaca: Los veintiséis martires de Nagasaki*" *en* Manuel Ruiz F., *Estudios de Asia y Africa*, vol. XVI, núm. 4 (50), pp. 675-697.

とも言える。

海老沢、本間、越、イスラス、オオタの見解の最も大きな相違は、壁画の制作年代を聖フェリーペの列福前とするか、あるいは後とするかという点にある。

ここで、具体的な事象を論拠に制作年を一六一五年から一六一六年に絞って説明する本間説について見ていきたい。本間はその根拠を図柄の日本的要素に置いている。推定制作年は、慶長遣欧使節団に着目したことから出されたものである。本間は、一行の中の誰かが壁画制作に関わっていたという仮説に基づき、そのメキシコ滞在期間に壁画が描かれたと考えた。

一六一三年に支倉常長を団長とする慶長遣欧使節がメキシコへ行くことになったのは、一六〇九年に起きたフィリピン総督代理ロドリーゴ・デ・ビベーロ遭難事件が発端であった。

総督代理を乗せた定期船が遭難し漂着した場所は、上総国夷隅郡岩和田（現御宿町岩和田）であった。ヌエバ・エスパーニャとの直接通商を考えていた徳川家康の計らいで、翌一六一〇年、ビベーロは帰国の途につくが、その際、大坂の商人田中勝介ら二十数名がヌエバ・エスパーニャを訪れるために同行した。彼らは太平洋側の主要港アカプルコに到着後、クエルナバカを経由し、メキシコ市内へ入った。この団体の帰国に便乗して、メキシコからセバスティアン・ビスカイーノらが、総督代理のヌエバ・エスパーニャ帰還に関する援助への礼として訪日した。その他、スペイン船が遭難した場合の日本における寄港地を見極めることも目的としていた。

一六一三年に、ビスカイーノらが帰途に就く際、伊達政宗の命を受け渡墨したのが、慶長遣欧使節団である。一行は一六二〇年に帰国するが、その際に往路復路共にクエルナバカを経由しメキシコを横断しているはずである。なお、一行が壁画を見た、あるいは、制作に関係したことを示す証拠はない[179]。

ところで、制作年代を考える上で、その発案者を探るのも有効な手段であろうが、この点についても、現在のところは分かっていない。これほどの作品を描く指示を出すことが可能な人物は果たしてどういった人物であろうか。当時のヌエバ・エスパーニャ社会で余程の影響力があったものであることは確かである。壁画が描かれている教会堂は、かつてフランシスコ会系修道院の主教会堂であったことに留意すると、フランシスコ会の高位聖職者の可能性もある。また実際に壁画を描いた者も明らかではない。フィリピン人説あるいは先住民説をとなえる研究者もいるが、いずれも史料に基づくものではなく、推測に過ぎない。[180]

その他、壁画の題名に関しても、議論の余地があるように思われる。殉教者が二十六人であったことから二十六人全員を賞賛するためのものとされがちであるが、先に指摘したように、教会堂がフランシスコ会系修道院であることから、クエルナバカの壁画は、二十三人のフランシスコ会に属する殉教者に捧げたものとも考え得る。

現段階では壁画の題名に関して記された史料は発見されていないが、[181] 関連する歴史的事象、例えば、それぞれの

179　使節団の旅の最終目的地はローマであった。支倉はその旅の記録を十九冊の冊子に記したが明治時代への移行期に仙台藩の関係者が紛失した模様で、記述内容は明らかではない。田中英道『支倉常長——武士、ローマを行進す』二頁。

180　海老沢有道は、人物の描き方から画家はフィリピン人である可能性を挙げた。その論拠として次のような説明をしている。「画家については何も知られていない。しかし、聖フェリーペが乗っていたサン・フェリーペ号にはスペイン人メキシコ人《〔ママ〕》と共に、多くのフィリッピン人《〔ママ〕》が同船していたこと、また壁画の画風・色彩がいずれも西欧的なものでないこと、同時に日本的なものでもないことを考え合わせると、この画は聖フェリーペと共にフェリーペ号に乗り合わせ、あるいは、殉教にも居あわせたかもしれないフィリッピン人によって画かれたという公算が大きくなる。フィリッピンで描かれている画と見較べると、この感はますます深くなってくる。一般に言って、生き生きとした描写、強い色彩、単純な構図は、その時代のフィリッピン絵画の特徴であったが、同じ特徴がこの画にも見られる」。海老沢、前掲書、一七六—一七八頁。この文章にある「スペイン人メキシコ人」の意味であるが、「スペイン人とメキシコ人」か、「スペイン系メキシコ人」かはっきりしないが、ここでは前者であると解釈し、「スペイン人とメキシコ人とともにフィリピン人も乗船していた」という意味で理解するのが妥当と考える。一方、メキシコ在住、スペイン人研究者マリア・セリア・ホンターナ・カルボは、壁画のモチーフの描き方に着目し、実際に絵を描いたものとして、メキシコの先住民を挙げている。Ma. Celia Fontana Calvo, *Las pinturas murales del antiguo conventto franciscano de Cuernavaca*, Catedral de la Asunción de María Cuernavaca y otros, p. 133.

181　筆者は、二〇一七年二月以降、現地クエルナバカで聞き取り調査を実施するなど、記述史料等の確認調査をしているところである。

図Ｉ-2-4　ミチョアカン州サカプ市サンタ・アナ修道院（旧フランシスコ会系修道院）

修道会が個別に列福の請願を出していたことや、後述するが、一六二七年に行われた殉教者の列福式が、フランシスコ会とイエズス会の殉教者に対し同時に行われなかったこと、また、長崎殉教事件は、十七世紀から十八世紀にかけては、三名のイエズス会系殉教者と二十三名のフランシスコ会の殉教者らがそれぞれ別に描かれる傾向にあったことなど[182]を考慮すると、二十三人のフランシスコ会の殉教者を讃えることが目的であった可能性が高いのではないだろうか。

　さらに壁画の船旅の部分には二十八人の頭部に光輪が描かれており、人数に齟齬がある。この壁画は修復されており、判断が難しいが、仮に壁画が描かれた当時のままであれば、十分に人数の把握がされていなかった、あるいは、人数に関心がなかったことを想像させる。

　メキシコ国内では、クエルナバカ市以外でも、長崎の殉教事件を描いた同じような壁画と考えられている作品が二点見つかっている。一点はミチョアカン州サカプ市のサンタ・アナ修道院（旧フランシスコ会系）にある壁画で、処刑の場面の一部が残っている（図Ｉ-2-4, Ｉ-2-5）。磔刑の場面であることはかろうじて分かるが、その人数や背景などは不明である。郷土史研究家フェルナンド・ミゲール・ペレス・バルドビーノス[183]によれば、十七世紀中頃の作品ということであるが、この点に関しては検証の余地がある。

　もう一点はトルーカ市近郊のサン・ミゲール・シナカンテペックの旧サン・ミゲール修道院（フランシスコ会系）のカピージャ・アビエルタ［教会堂前にある庭で、かつて先住民向けのミサを行っていた場所］の壁に描かれたものである[184]（図Ｉ-2-6, Ｉ-2-7）。現存する部分からすると、この壁画にはフランシスコ会の殉教者の十字架姿が描かれていると考えられる。現地を訪れ、美術館所属研究員に尋ねたところ、この壁画が描かれた時期に関する正確な年代考証は現段階では行われていないということであった。[185]

結局、クエルナバカ大聖堂の壁画を含め三点の長崎殉教事件に関する壁画のいずれについても、史料を根拠としてその詳細を語ることはできず、同時に、フェリーペに関する関心も確認できない。[186]

182　第I部第三章二節一二一―一二四頁参照。二十三人のフランシスコ会系殉教者のみが描かれた作品はかなり見つかっている。その他、三人のイエズス会殉教者、あるいは、六人のフランシスコ会修道士に分けて描かれていることが、これまでに収集した作品から分かってきた。越によれば、クエルナバカの壁画を除いて、十七世紀から十八世紀にかけて制作された作品で、二十六人全員が描かれているのは、二点のみで、一六二八年に再版されたフロイスの本に添えられた版画と、ペドロ・ビヴェリウス著『十字架の聖所並びに十字架に架けられた人および十字架を背負った人の忍耐』一六三四年刊行の二枚の銅版挿絵がある。越、前掲論文、三六―三八頁。

183　ペレス・バルドビーノス（Fernando Miguel Pérez Valdovinos）はサカプ市のラサロ・カルデナス高校の校長でもあり、郷土史家として活躍している。インタビュー（二〇〇八年九月八日）後、サカプ市四百五十周年を記念して出版された同氏著 *La Fundación de Zacapu en el siglo XVI*, Zacapu, México, s.e., 1998 を贈呈してくれた。

184　サン・ミゲール・シナカンテペックは、メキシコ市から西へ六十五キロメートルのトルーカ市の最西端に位置する。トルーカ市はメキシコ州の州都である。筆者がこの壁画の存在を知りえたのは、メキシコ征服期を専門に研究されている井上孝之の情報提供による。このフランシスコ会系旧修道院は、現在、郷土史美術館 Museo regional de Zinacantepec として利用されている。

185　この二つの作品以外にも未確認ではあるが、長崎の殉教事件を描いたと思われる壁画の情報が幾つか筆者のもとに届けられており、今後機会があれば調査をしていきたい。

186　筆者はこの壁画に関して二〇一六年に調査分析を開始し、現在に至っている。

図Ⅰ-2-5a
旧修道院内壁画

図Ⅰ-2-5b
壁画に向かって右中央よりで、薄く見える十字架と人の姿

図Ⅰ-2-5c
国立人類学研究所（INAH）の許可なく行われた修復作業が中断され、そのままの状態で放置された

図Ⅰ-2-6a, b
フランシスコ会系旧サン・ミゲール修道院（現シナカンテペック郷土史美術館）。下の写真（6b）の向かって右のアーチ状回廊部の壁に壁画がある

図Ⅰ-2-7a　美術館入口側の壁に描かれた磔刑場面

図Ⅰ-2-7b
3人の殉教者拡大図

図Ⅰ-2-7c　向かって左の十字架の上に書かれたバウティスタという名

図Ⅰ-2-7d　図 2-7b の対面の壁にかすかに見える３本の十字架

5　南米ペルーに残された殉教の図

前節で、メキシコ・クエルナバカの壁画、他二点を紹介したが、南アメリカ大陸のスペイン領にも同時期に制作された長崎の殉教事件関連の作品がいくつかある。それらの作品は事件の情報がメキシコ以南にも届いていたことを物語っている。ここではそのうちの作品の何点かを簡単に紹介していく。まず、ペルー国内のフランシスコ会系修道院に残されている日本の殉教事件の絵を見ていく。

一点は、クスコ市のフランシスコ会系レコレータ修道会の教会堂に保存されている。これは長崎で殉教した二十三人のフランシスコ会士が描かれた絵である。美術史学者セバスティアン・サンディエゴによれば、一六三〇年にラッサロ・アパルド・ラゴによって描かれたもので、「日本のフランシスコ会殉教者」と題されている[187]（図Ⅰ-2-8）。

また、リマ市の聖フランシスコ修道院にも、十七世紀に日本で起きた殉教事件をテーマとした絵が二点所蔵されている[188]。一枚は一六二二年の大江戸殉教を描いた図で、十七世紀の作品といわれる。作品の中央には、それぞれ一本の柱に縛られた殉教者の姿が描かれ、周囲には大勢の見物人がいる。院内のアート・ギャラリーに置かれたこの作品は、作者不詳で、縦一六二センチ、横六〇センチの大作である。

もう一枚は一八六三年にフアン・サンチェス・デ・ラ・トレが描いた長崎の殉教者の図である（図Ⅰ-2-9）。十字架に磔けられた殉教者の姿が中央に描かれ、最前列の中央では処刑人が槍で殉教者の胸を突き、その手前ではもう一人の殉教者が地面に置かれた十字架に今まさに磔けられている。縦三〇五センチ、横二四五センチというさらに大きな作品である。制作年から一八六二年の長崎殉教者の列聖を記念して描かれたものと考えられる[189]。下部の説明文には「フランシスコ会の殉教者」という語句が見られる。

また、同修道院の回廊にある柱は陶版（アスレッホ）で覆われ、フランシスコ会殉教者の姿が描き出されている。その中には長崎の二十六人の殉教者のうち、二十三人のフランシスコ会士の姿が見られる。ディエゴ・パチェーコは、十七世紀のペルー副王領が大量の陶版をスペインから輸入していたことを論拠とし、この柱の陶版画は一六三八年から一六三九年にかけて制作されたと推測した。[190]

その他、かつてイエズス会が管理していたリマ市の聖ペドロ聖堂（旧聖パブロ聖堂）の香部屋《こうべや》とその手前にある前部屋には、イエズス会に所属していた三人の日本人殉教者[191]が描かれている作品がある。[192]香部屋には日本人殉教者パブロ・ミキとディエゴ・キサイの浮き彫りが並んでいる。[193]また、前部屋には、三人のイエズス会の聖人が描かれた絵があり、「イエズス会の聖パブロ・三木《〔ママ〕》、聖ファン・ゴトー《〔ママ〕》Juan Goto、並びに聖ディエゴ・キサイは日本の殉教

187　Santiago Sebastián, *El barroco iberoamericano. Mensaje iconográfico*, figs. 189-190; Rodrigo Rivero Lake, *Namban Mexico, Art in viceregal*, pp. 239-248.「二十三人のフランシスコ会の殉教者」を題名に掲げる長崎二十六聖人をテーマとした別の作品も紹介している。

188　日本から電話取材（二〇〇四年一〇月九日）をした筆者のために修道院内のギャラリー関係者がわざわざ写真を提供してくれたことで、作品の所在の確認がとれた。ここでは図I-2-9aとして一八六三年の作品のみ紹介する。

189　後述するが、この作品と全く同じ構図の版画がある。十字架に縛られている殉教者の足先や、その他の処刑人らの体つきに多少異なる部分が見られる。一八六二年の列聖を授けたピオ九世に捧げられた本に添えられた版画の題は『フランシスコ会の二十三人の殉教者の物語』となっており、一八六二年作である。従って、一年後の一八六三年のサンチェス・デ・ラ・トレの作品は、複製品ということになる。第I部第二章図I-2-9a、第三章I-3-4参照。

190　ディエゴ・パチェーコ「リマ（ペルー）植民地時代の美術に現われた日本の殉教者」『キリシタン研究』第八輯、一八〇頁。ロドリーゴ・リベーロがこれらの柱に描かれたタイル絵を紹介している。Rivero Lake, *op. cit.*, pp. 243-245.

191　このイエズス会に属していた三人の日本人は、一般の信者とは異なり、布教に関わる役割をしていたようで、同宿、宣教師、あるいは修道士などと言われる。そのため、彼らのことをイエズス会士と形容できる。片岡、前掲書、一〇九頁。越宏一が一九七五年の論文で、イエズス会士のこれらの三人の日本人に関する作品で、とりわけ、ドイツで制作された版画を数多く紹介している。越、前掲論文、三三―七二頁。

192　パチェーコ、前掲書、一八三頁。

193　同書、一八三頁。

図Ⅰ-2-8　日本のフランシスコ会殉教者
ペルーのクスコ市フランシスコ会系レコレータ修道院、ラッサロ・パルド・ラゴ作、1630年。Santiago Sebastián, *El barroco iberoamericano. Mensaje iconográfico*, p. 306.

図Ⅰ-2-9a　長崎の殉教者の図
リマ市フランシスコ会系レコレータ修道院内アート・ギャラリー展示品　フアン・サンチェス・デ・ラ・トレ作、長崎の殉教者の図　1863年。図Ⅰ-3-4の版画と全く同じ構図で描かれている絵画作品。同修道院関係者からの提供。

図Ｉ-2-9b　画家の署名と制作年

者の初穂であり、数多くの困難と侮辱を受けた後、ついに十字架に掛けられ、槍で突かれた」[194]という説明文があるという。

ペルー以外の南アメリカ諸国のいくつかの国、例えば、エクアドルの首都キトにある聖フランシスコ教会堂の日本殉教聖人礼拝堂にも長崎の殉教事件の犠牲者の姿が見られるという。[195] 残念ながら、現在のところ、それらの作品の制作に至った過程は分かっていないようだ。

しかし、これらの一連の作品から、日本の殉教事件の知らせが南アメリカ大陸のカトリック世界にも届き、関心が持たれてきたことが窺われる。[196] 同時に、これらの地域ではヌエバ・エスパーニャ出身のクリオージョ、フェリーペ・デ・ヘススは、長崎の二十六人の殉教者のひとり、あるいはフランシスコ会殉教者のひとりに過ぎず、特別な関心は示されていなかったと言える。

尚、既に触れたように、本書では扱っていないが、ヨーロッパでも数多くの長崎殉

194　同書、一八三頁。パチェーコはこの論文でパブロ・ミキに関してはカタカナ、漢字双方で記載している。

195　日墨関係に関心を持つメキシコの執筆者ロドリーゴ・リベーロが、エクアドルの首都キトの聖フランシスコ修道院教会堂にある長崎の殉教者の姿が描かれた祭壇を紹介している。リベーロは、絵姿の制作年を十七世紀としている。この点に関して筆者は、ヌエバ・エスパーニャで描かれたシュロの葉を手に持った聖フェリーペの立ち姿は十八世紀以降のものと考えられるため、制作年に関しては再考の余地があると考える。Rivero Lake, *op. cit.*, pp. 246–247. その他、南米における長崎殉教を扱った美術作品の所在地についてはディエゴ・パチェーコが紹介している。パチェーコ、前掲書、一七九－一八四頁。

196　Rivero Lake, *op.cit.*

教事件に関する図像が描かれているようで、日本人美術史家越宏一が、特にドイツを中心に研究している。[197]

このように、長崎殉教事件は印刷物や美術作品を通じて広く世界へ伝えられていった。とりわけ、一六〇〇年前後に世に出た関連印刷物は、現在でいうベストセラー並みに重版され、それにより殉教事件は急激にヨーロッパの広い範囲で関心を持たれたと言える。また、それらはメキシコや、そのほか、南アメリカ地域へも殉教を伝えた。しかしこの時点では、メキシコ人殉教者フェリーペに対する関心は未だ見られない。それが一転するにはしばらく時を要した。そしてそのきっかけとなったのが、列福の知らせである。

第三章　聖フェリーペ・デ・ヘスス崇拝の始まり

1　聖フェリーペ崇拝とその始まりに奔走したメキシコのクリオージョ

第二章では、聖フェリーペが巻き込まれた殉教事件の内容と、その後の反応についてヨーロッパ、アメリカの状況を見てきた。そしてそこに聖フェリーペ崇拝の始まりを示すものは見当たらないことを検証してきた。では、聖フェリーペ崇拝はいつ始まったのであろうか。そのきっかけとして考えられるのが、長崎の殉教者に授与された「列福」である。

本章では、列福の知らせの到着に対するメキシコでの人々の様子を通して、聖フェリーペ崇拝の始まり及びその直後の状況を考察する。そこで、その知らせの到着までの過程、列福直後の人々の反応、その後生じた年祭、教会堂、聖遺物というフェリーペに関連するひと続きの動きをひとつひとつ明らかにしていく。

具体的な事象の説明に入る前に、本節では、これまでに何度も用いてきた言葉、「クリオージョ」という言葉の意味とその誕生の歴史を紹介するところから始めたい。まず、フェリーペがクリオージョ階層出身であることが、クリ

197　注一九一参照。

オージョを動かした不可欠な要素であったことは否めないからである。その事実を明らかにすることは、すなわち、聖フェリーペ崇拝の意義を把握することに繋がる。

この「クリオージョ」という語句は、日本では一般に馴染みが薄いが、メキシコの副王領時代史を語る際に、必要不可欠な一語である。基本的には、副王領時代におけるアメリカ大陸（カリブ地域を含む）生まれのスペイン人を意味するが[198]、ここでは、ヌエバ・エスパーニャ副王領生まれのスペイン人に限定し、話を進める。

彼らに関しては、その生まれを意識して、いくつかの概念があった。そのひとつが、メキシコ副王領を意識した「ヌエバ・エスパーニャ生まれのスペイン人」あるいは「メキシコ生まれのスペイン人」[199]、他に、生まれ育った町とする場合は、例えば、「メキシコ市生まれのスペイン人」となる。これらをまとめて、「クリオージョ」という言葉が使われるようになった。いずれも、「スペイン生まれのスペイン人」、即ち、「ペニンスラール」と区別するために用いられたのである。

次に、この「ペニンスラール」と対立するものとしての「クリオージョ」という言葉が誕生した歴史を簡単に述べていく。それは、スペイン人の思考や振る舞いと深く関係する。そこでスペイン人がアメリカ大陸へ渡ってきた頃からの様子を見るところから始める必要がある。

征服の十六世紀、大陸は多くの冒険家を魅了した。そして、多くのスペイン人がそこを目指して海を渡った。征服後も植民者《colonizador》が増え続けた。必要に応じて、画家や植字工といった専門職に従事する者や、仕立屋、床屋といった日常生活を維持する上で必要な職種の人々も大西洋を越えた。

こうしたスペイン人移住者の増加とともに、当然のことながら、ヌエバ・エスパーニャでは、世代が進むに連れ住民の構成にも変化が生じた。ヌエバ・エスパーニャ生まれのスペイン人や、スペイン人と先住民の間に生まれる混血（以下、メスティーソという）[200]が誕生し、新たな階層が形成されていく。

こういった社会的現象に関して、歴史学者マリア・アルバ・パストールが的確な説明をしている[201]。彼女によれば、ヌエバ・エスパーニャ社会では、当初、合法的な婚姻関係のもとに生まれたスペイン系の嫡出子をスペイン人と見做した。ここでいう合法的婚姻関係とは、スペイン人同士だけではなく、スペイン人と先住民の婚姻関係も対象にしていた。従って、スペイン人と先住民の間に生まれた子供でも合法的な婚姻関係による嫡出子であれば、スペイン人とされていたのである。

つまり、当初は必ずしも血筋重視ではなかったことになる。それがいつしか、「ヌエバ・エスパーニャ生まれの純血スペイン人」と、「スペイン人と先住民の間に生まれた子供」とに区別され、それぞれが「クリオージョ」「メスティーソ」と呼ばれるようになった。[202]

パストールによれば、「クリオージョ」という言葉が初めて使われたのは一五六三年で、グアテマラの司教フランシスコ・マロキンがスペイン国王フェリーペ二世宛に出した書簡の中であった。[203] さらにこれまでに分かっている限りにおいて、活字として使われた最初の例は、さらにそれより三十年程後に書かれたホセ・デ・アコスタの『イン

198　十六世紀以降、アメリカ大陸に渡った白人は、スペイン人のみではない。一例として、ヌエバ・エスパーニャに渡った最初の三人の聖職者はスペイン人ではなかった。しかし、メキシコ史においてクリオージョに対峙する白人はスペイン人とするのが一般的である。

199　この意味では、「アメリカ［ヌエバ・エスパーニャ］のスペイン人」とも言われた。

200　Teresa Castello Yturbide, "La indumentaria de las Castas del mestizaje", en *Artes de México La pintura de Casatas,* No. 8, p. 79.

201　María Alba Pastor, *Crisis y recomeposición social. Nueva España en el tránsito del siglo XVI al XVII*, pp. 197-201. マリア・アルバ・パストールは副王領時代史を専門とするメキシコの歴史学者である。

202　副王領時代の屏風で、カスタ（混血）を描いたものが一九八〇年代に多数発見されている。多くが十八世紀の作品と言われ、そこにはスペイン人を含む、様々な種類の血筋の人々が名称付きで描かれている。この名称がいつ付けられたのかについては、明らかではないが、作品が造られる前からのことであるのは間違いない。その一連の名称の最初に誕生したのが、メキシコ［アメリカ］生まれのスペイン人を意味する「クリオージョ」と考えられる。そのほか、ヌエバ・エスパーニャ社会では、現在カスタの分類で括られる数多くの混血が誕生している。注五二〇参照。

203　*Ibid.*, p. 199.

ディアスの自然と道徳の歴史』（一五九〇年）という著書の中でのことであった。[204]

パストールが指摘するクリオージョという概念の形成及びクリオージョ性[205]の広がりを踏まえると、一五七〇年代前半に生まれ、一五九七年に没したフェリーペは、「クリオージョ」という言葉が社会で認知され始め、彼ら特有の意識が誕生しつつあった時代を生きたことになる。

次に紹介するのは、一六〇四年に書かれた作者不詳の詩で、その頃の社会の風潮を物語っている。

（一）

銀も出なければ、専門炭坑職人もいない鉱山

強欲な商売人

見かけだけの紳士
思い上がった居酒屋の主人

気のいい奴らを相手にせず
お金のために身を売る女たち
美しい通り、家々、馬
友だちは多いが、親友はいない

主人に従わない黒人たち
家をうまく切り盛りできない主人たち

昼に夜に遊び呆ける妻たち
副王にまとわりつく野心家たち
青空市場、安売り、行き場のない農民たち
これがこの町の出来事だ

（二）

海を越えてスペインからやって来た
我らの国、メキシコへ
荒くれ男、何の伝《つて》もない
見た目も悪く、金もない
思いもよらぬ婚姻で
資産とお金を与えられ
月桂樹と樫の二つの王冠を持つ
シーザーやビルヒリオのようなやつ

204　*Ibid.*
205　「クリオージョ性」とは、ヌエバ・エスパーニャ生まれのスペイン人の特性をもとにした特徴を指す。

やつは、針やピンを
道端で売っていた
今や伯爵、大金持ち

恩を受けた場所を蔑視する
尊敬やゆとりや財産を得たところをだ
かつてサン・ルーカルで網を売っていた奴らが[206]

一節目は、「ガチュピン[207]がメキシコを蔑む」言葉で、二節目は、「クリオージョがガチュピンに対し応える」形で詠われている。

実際、海を越えてやってきたスペイン人たちはスペイン本国人であるが故に特別な価値が与えられた[208]。こういった状況はこの頃に始まったものではない。すでに十六世紀半ば以降、社会に見られるものであった。例えば、命がけで征服事業に参加した両親の功績が本国から不当評価されたとし、異を唱えるクリオージョの第一世代が登場していたことはよく知られている[209]。

この摩擦は、スペイン本国人とクリオージョという、二つのグループとして意識されるまでになった。これは、ペニンスラール（スペイン本国人）と呼ばれるスペインから渡ってきたスペイン人と、クリオージョと呼ばれるスペイン系の人々との違いが徐々に明確になっていく過程で起きた現象である。

この詩に「昼に夜に遊び呆ける妻たち」という表現が見られるが、これは、ヌエバ[210]・エスパーニャのスペイン系の男性の無教育、無教養という批判に通じるもので、男性のみならず、クリオージャと呼ばれる女性たちの、妻として、さらには、母としての生き方もまた、ペニンスラールとの摩擦の対象のひとつであったことを示すものである。

この点に関して、歴史学者ホセ・マリア・コバヤシ[211]がスペインの例を挙げ対比させている。コバヤシによれば、十六世紀前半におけるルイス・ビベスのスペイン教育論から分かるように、スペインでは男女を問わず「全員のための教育の平等」を基盤とし、教育意識が高かった。また、スペインではこの時期、女子教育において、新しい教育理念を生み出し、実現していた。その一方で、ヌエバ・エスパーニャでは、その理念と実践を受け入れる態勢が十分に整っていなかった[212]と指摘する。

具体例として、スペイン本国では、当時既にイサベル女王にラテン語の指導をしたベアトリス・ガリンドや、やは

---

206 Joaquín García Icazbalceta, *Obras*, II, p. 282-6 [sic], citado por Alfonso Méndez Plancarte, *Poetas novohispanos Primer siglo*, vol. I, México, UNAM, 1942 (Biblioteca del Estudiante Universitario 33), pp. 116-117. メンデス・プランカルテの他にジョージ・バウダも、この詩をクリオージョの意識を表現する一例として紹介している。Georges Baudat, *La vida cotidiana en la América española en tiempos de Felipe II siglo XVI*, México, Fondo de Cultura Económica, 1983, p. 114.

207 「ガチュピン」はペニンスラール（スペイン本国人）のことを指す。原文ではこの二番で、「アドゥベネディッソ」というスペイン語が使われている。これは「ガチュピン」という言葉と同じ意味である。そのため、ここでは「ガチュピン」と訳すことにした。

208 Brading, *op. cit.*, p. 21. 一五六〇年頃に三歳でスペインからヌエバ・エスパーニャへ渡ったファン・トルケマーダがスペイン本国人的姿勢に固執していたことは、ジョン・L・フェーランも指摘している。John L. Phelan, *El reino milenaro de los franciscanos en el Nuevo Mundo*, p. 159.

209 最初期の征服者エルナン・コルテスの息子マルティン・コルテスの反乱がその一例である。マルティンは先住民女性マリンティンとコルテスの間に生まれた子供であるが、本文で述べたように、当時はスペイン人扱いであった。彼は、今で言う、アメリカ生まれのスペイン人、すなわちクリオージョに該当する。

210 「クリオージャ」という言葉は、メキシコ生まれのスペイン人女性たちのことを指し、クリオージョというスペイン語の女性形である。

211 ここでいうホセ・マリア・コバヤシとは、日本人歴史学者小林一宏のことである。

212 José María Kobayashi, *La educación como conquista*, p. 141.

りラテン語で傑出したフランシスカ・デ・ネブリッハなど、学問を学んだ女性がその名を馳せていたことを挙げている[213]。さらに、女子教育の機会は上流階級以外へと広がりを見せ、十六世紀の後半ともなると、マリア修道会[214]が創設され、同修道会の修道女らによって下層階級の女性にも教育の場が提供されるようになっていた[215]。それに対して、スペインとはもともと環境が異なるヌエバ・エスパーニャ社会では、相変わらず中世的な理念に基づく教育が続いていた。特に女性に対しては、妻となるためのしつけに限られていたと言える。

コバヤシが指摘するこういった違いは、先に引用した詩に書かれた「昼に夜に遊び呆ける妻たち」「お金のために身を売る女たち」という素行の悪さへの批判に繋がっている。

当時のヌエバ・エスパーニャの女性たちに関しては、メキシコ副王領時代の教育を専門に研究している歴史学者ピラール・ゴンサルボが説明している。それによれば、「すべての教育が良い妻となることを目的に行われており、生活は男性によって保障されるものであったし、その上、家や修道会に閉じ込められた状態の女性が理想の女性像とされていた[216]」。その傍らで、「多くの女性が、独身または未亡人となり、あるいは夫に捨てられさらにはろくでもない男と結婚するという状況におかれる[217]」という現実もあったとしている。

実際、男女を問わず、ペニンスラールとクリオージョの違いは、話し方、嗜好、道徳観、日常生活そのものにおいて見られたようだ。これはデイビッド・ブレイディングも指摘するところである[218]。それは十七世紀になると一層明確なものとなっていった。ブレイディングは、ペニンスラーレスたちが、クリオージョを下にみなし、差別化した原因として、次のような指摘もしている。「征服者たちは、メソアメリカ［ヌエバ・エスパーニャ］社会に取り入れたい文化的要素を選択することができた。それは彼らの都合や好みで選ばれ、彼らが生き残っていくために必要なものとなった。また、［ヌエバ・エスパーニャへ渡る］スペイン人は、植民地での新しい生活を創り上げていくための方法、習慣、知識や芸術などをスペインから持ち込む橋渡し役も担った[219]」のである。

十七世紀に入り、ヌエバ・エスパーニャにおける政治社会体制が整うと、ことさら本国生まれか否かによって人物評価がされるようになる[220]。それはクリオージョ家族では、娘がいれば貧乏でもペニンスラールを婚姻相手に希望し、当人もそれを望む傾向になり、いつしか、クリオージョは社会の中での自分の立場や価値を自問自答するようになった。

---

213 *Ibid.*, p. 142.

214 スペイン語ではLa Compañía de Maríaである。

215 Kobayashi. *op. cit.*, p. 143.

216 Pilar Gonzálbo Aizpuru, *Las mujeres en la Nueva España*, pp. 113-114.

217 *Ibid.*

218 ブレイディングは「一般的に十七世紀の初め頃、アメリカ生まれのスペイン人の堕落は、全体的に共通する特徴であったようだ」と述べている。Brading. *op. cit.*, p. 24. 具体的な例として、ピラール・ゴンサルボの指摘を紹介しておく。ゴンサルボによれば、十七世紀のヌエバ・エスパーニャでは、「婚姻外の夫婦や未婚の母の数は、上流階層から貧困層に至るまで、社会全般で少しずつ増加していった。これらの中にクリオージャ［アメリカ生まれのスペイン系女性］が入っていることは珍しくなく（ソル・フアナ・イネス・デ・ラ・クルスの母親がその一例である）、生まれた子供たちに十分な教育を与え、大切に育てた母親たちがいる一方で、自らの名誉を守るために、あるいは単に育児から解放されたいが故に、子供を捨てる者も多かった」ようだ。混血として生まれ、そして捨てられた子供が浮浪児となる場合も多く、メスティーソという社会的集団の誕生はヌエバ・エスパーニャ社会の生活感覚を変える要因となった。そして、時が経つにつれ、様々な問題の引き金となっていった。ここでいう、ソル・フアナ・イネス・デ・ラ・クルスは、十七世紀を生きたスペイン系尼僧であった。その出生ははっきりせず、庶子で、メスティーソとされる場合もある。彼女は、文才に富み、多くの詩を書いたが、当時のカトリック界では女性の文学的活躍が受け入れられず、その作品の多くが焼却処分されてしまった。それ故、現在残っている作品数は少ないが、十七世紀に活躍した女性の代表的存在として紹介される。ソル・フアナに関しては、オクタビオ・パス『ソル・フアナ＝イネス・デ・ラ・クルスの生涯――信仰の罠』林美智代訳があるので参照されたい。Gonzálbo, *op. cit.*, p. 59.

219 Brading, *op. cit.*, p. 16.

220 Antonio Rubial García, "Cultura e identidad en Nueva España, siglos XVI y XVII", en Bernardo García Martínez (coord.), *Gran Historia de México Ilustrada*, v. II, pp. 368-369; Brading, *op. cit.*, pp. 23-29. 十六世紀から十七世紀にかけてのヌエバ・エスパーニャ社会におけるクリオージョの状況についてはホルヘ・アルベルト・マンリケ『芸術と歴史からのビジョン』で詳細に説明されている。Jorge Alberto Manrique, *Una visión del Arte y de la Historia*, pp. 61-72.

フェリーペは初期クリオージョ世代に属し、こうしたクリオージョの不満が表面化し始めたまさにそのときに、「福者」という宗教上の栄光ある称号が授けられたのだ。機会があれば鬱憤を晴らす思いが高まりつつあったクリオージョは、フェリーペに注目した。フェリーペは次第に彼らの意思表示の媒体となっていくのである。

2　列福に到るまでの過程と図像から見る修道会の反応

殉教事件の知らせは世界へ広まり、長崎の二十六人の殉教者が列福された。ここでは、列福に至るまでの過程について、殉教事件と関係が深い日本、ヨーロッパ、ヌエバ・エスパーニャの列福申請関連文書を中心に見ていくことにする。続いて、列福後のそれぞれの修道会の反応を美術作品から読み取りたい。

さて、列福を請願する動きはかなり早い時期から見られた。日本国内の殉教者に対する評価を求める第一声については、慶長八年十二月二十五日［グレゴリオ暦では一六〇四年一月二十六日］付の『京坂信徒代表列聖請願書』と題された一通の書簡で知ることができる。[221] そこには、狩野源助他、[222] 総勢十二名のキリシタンの名前が列記されており、最初期の請願のひとつと考えられる。その書簡の題名には「列聖」という言葉が見られる。文面には、日本の都で捕らわれ、左の耳を切られ引き回され、その上で長崎まで連れて行かれ、そこで処刑された事実や、神に忠節を尽くし一命を捧げたことを貴ばないことは悲しく、殉教者を拝めるよう許可して欲しいと綴られている。

日本を除いたアジアの状況はどうであろうか。現在のところ、筆者が知り得た最も古い史料は一六〇五年六月二十三日付の一通の書簡である。これは、マニラに滞在していたフランシスコ会士フアン・デ・ガロビージャスが国王に宛てて書いた書簡である。そこでガロビージャスは、国王に対し、日本における殉教者の列聖を考慮し尽力するよう、即ち、当時の教皇クレメンテ八世（在位一五九二―一六〇五）に働きかけるよう、願い出ている。[223]

他方、ヨーロッパでの申請はそれより早い。一五九八年にローマにおいて殉教事件に関する教会手続きの予審が行われ、リバデネイラが代理人《procurador》に任命されている。[224] この点については、一六一〇年にフランシスコ会修道士ベルナルド・サルバがインディアス枢機卿会議議長宛に送った書簡[225]に「ペドロ・マティーアス神父が、殉教者の列福の実現のためにマルセーロ・デ・リバデネイラを［ローマに］送り込む目的で集めた募金があることを忘れないように」と記されており、列福申請の動きがあったことは間違いなかろう。

リバデネイラがいつローマを訪問したかについては明らかではないが、アジアからスペインに向かい、マドリードに到着したのは一六〇〇年の半ばであった。既に触れたように、彼のローマ訪問が列福の請願を目的としていたことはピチャルドも指摘するところである。[226]

ここに見られるように、日本を含むアジアでは、列聖という言葉が用いられている。ヨーロッパを含めると、列福と列聖という二つの語句が混在していることになる。当時はカトリック改革の名の下に称号の制度化が行われていた。こうした用語の混在は、教会内の情報の伝達が不統一であったためか、列福された場合でも聖人という呼ぶ場合もあったためと考えられるだろう。[227]

同様に、ヌエバ・エスパーニャでも列福（列聖）の請願に関する事象が記録されている。現在までに見つかっている関連史料としては、一六一六年にローマ教皇パウロ五世がメキシコの大司教フアン・デ・ラ・セルナ宛に送った書

221　海老沢、前掲書、一六六―一六七頁。パストラーナ文書館所蔵。
222　狩野源助は狩野派の絵師で、京都のフランシスコ会に所属したキリシタンであった。
223　一六〇五年六月二十三日付書簡。Millares Carlo y Calvo, *op. cit.*, sp.（p. 91, página contada por la autora）.
224　Ribadeneira, *op. cit.*, pp. XII–XIII.
225　一六一〇年六月（日付不詳）書簡。Millares Carlo y Calvo, *op. cit.*, sp.（p. 93, pagina contada por la autora）Pérez *AIA*, XV (1920), pp. 103–104.
226　第Ⅰ部第二章三節八二頁参照。
227　現在の列福及び列聖の制度は、十七世紀のカトリック改革によって確立されたもので、この時代にはまだ明確な制度は整っていなかった。現在でも、列福されると、聖人と呼ばれる場合が多い。

簡が最も古い。

但し、この書簡は既に所在不明となっている。しかし幸いにも、十七世紀半ば過ぎに作成されたと考えられる、ファン・オソリオ・デ・エレーラ（一五九五—一六七八）による概要が残されている。[228] 以下ピチャルドが紹介するオソリオの要約である。

我らが閣下、崇高なる教皇パウロ五世［在位一六〇五—一六二一］が在位しておられた一六年［一六一六］に、聖なる日本における殉教者のための列聖委員会が任命したメキシコ大司教兼ローマ教会管轄裁判員［Arzobospo de esta ciudad de Mexico y su Diocesis, Jues Apostolico Remisorial］のファン・デ・ラ・セルナと、当教会の司教座聖堂助祭兼教会法元教授［Arce Deano de esta Sta.Yglesia, Catedratico de Prima de Canones, Jubilado］ドン・ファン・デ・サルセード、及び大学教授兼補佐裁判員［Mestro Escuela de ella, Juezes coadjuntos］メルチョル・デ・アリンデス・デ・オニャーテ宛に出された御言葉という形の教書に目を通しました。

彼らは聖なる日本の殉教者の列聖［実際には列福である］のための補佐判事として任命されました。神に仕えるもの、ペドロ・バウティスタとその仲間たちの殉教に関する調査でございます。

その調査をするにあたり、調査項目が用意されております。次のような内容、つまり、（八世［ウルバノ八世在位一六二三—一六四四］が特に願ったもので、最初の殉教者聖フェリーペ・デ・ヘスス《ママ》に対しインディアスの守護聖人という肩書きをローマ教皇庁に請願するという崇高なる陛下の思いがそこにはございます）聖フェリーペ・デ・ヘススは仲間とともに、都で捕縛されましたが、捕縛の際、流れ星が見え始めたというものであります。どうも、その兆候はフィリピンから長崎まで見られたようでございます。この流れ星は、捕らわれた者たちが長崎の町へ着くまで続いたようでございます。聖フェリーペと五人の修道士たちは、残りの二十名の日本人信者とともに太閤様のご命令で捕らえられたのでございます。海を越え、陸を歩き、多くの町を通り、長崎まで運ばれました。聖フェリーペ・デ・ヘススとその仲間たちは、カトリックの信仰のために殉教するまで、命を長らえましてございます。［行く道々に集まる］見物人に信仰を説き、語りかけました。二十六人の殉教者のひとりが聖フェリーペ・デ・ラス・カサスと申します。清貧を遵守するフランシスコ会の修道士でございます。ヌエバ・エスパーニャのメキシコ市出身の聖フェリーペ・デ・ヘススでございますというような内容で記されております。[229]

オソリオの要約の文面から、フェリーペに対する関心の度合いが伝わってくる。彼は、この書面の前半では殉教者たちを「ペドロ・バウティスタとその仲間」と呼んでいる。バウティスタは六名の外国人殉教者の中で最も地位が高い修道士であり、この人物に焦点を当てて紹介するのは当然のことである。それが、次第にメキシコ市出身のフェリーペが記述の中心となり、最後には「聖フェリーペと五人の修道士」あるいは「聖フェリーペとその仲間たち」と表現が変わっていく。また、列福の請願書の要約であるにもかかわらず、既に「聖人」という肩書きをつけて呼んでいる。これは、オソリオのフェリーペに対する強い思い入れの現れとも受け取れる。さらに明らかに不適切と言えるが、列福されると、本来の称号である「福者」と呼ぶ代わりに「聖人」と呼び、あたかも聖人のように扱うのは現在にも見られることである。

そのほかに、メディーナが著書で紹介している史料がある。[230] メディーナによれば、メキシコ市大聖堂参事会の資料室に保管されていたもので、教皇庁控訴院が作成した返書をもとに、大司教フアン・ペレス・デ・ラ・セルナ（在位一六一三― 一六三一）が一六二〇年頃に作成した文書の写しである。メディーナは複写原稿の枚数まで記しており、

228　ピチャルド自身も要約を目にしただけのようである。ピチャルドによれば、この要約は Libro 3° de la obra del Sr. Benedicto XIV intitulado, *de Servorum Dei beatificaione etc* に添付されていたものである。Pichard, *op. cit*., p. 138.

229　これはピチャルドが書き写したオソリオの要約全文（訳）である。ピチャルドによれば、「ウルバノ八世が二十六聖人に行った列福関連の史料」という題名で括られていた。*Ibid*., p. 139.

230　Medina, *op. cit*., p. 90. メディーナによれば、百十四枚の文書で、聖堂参事会秘書バルトロメ・ロサーレスの署名が見られた。

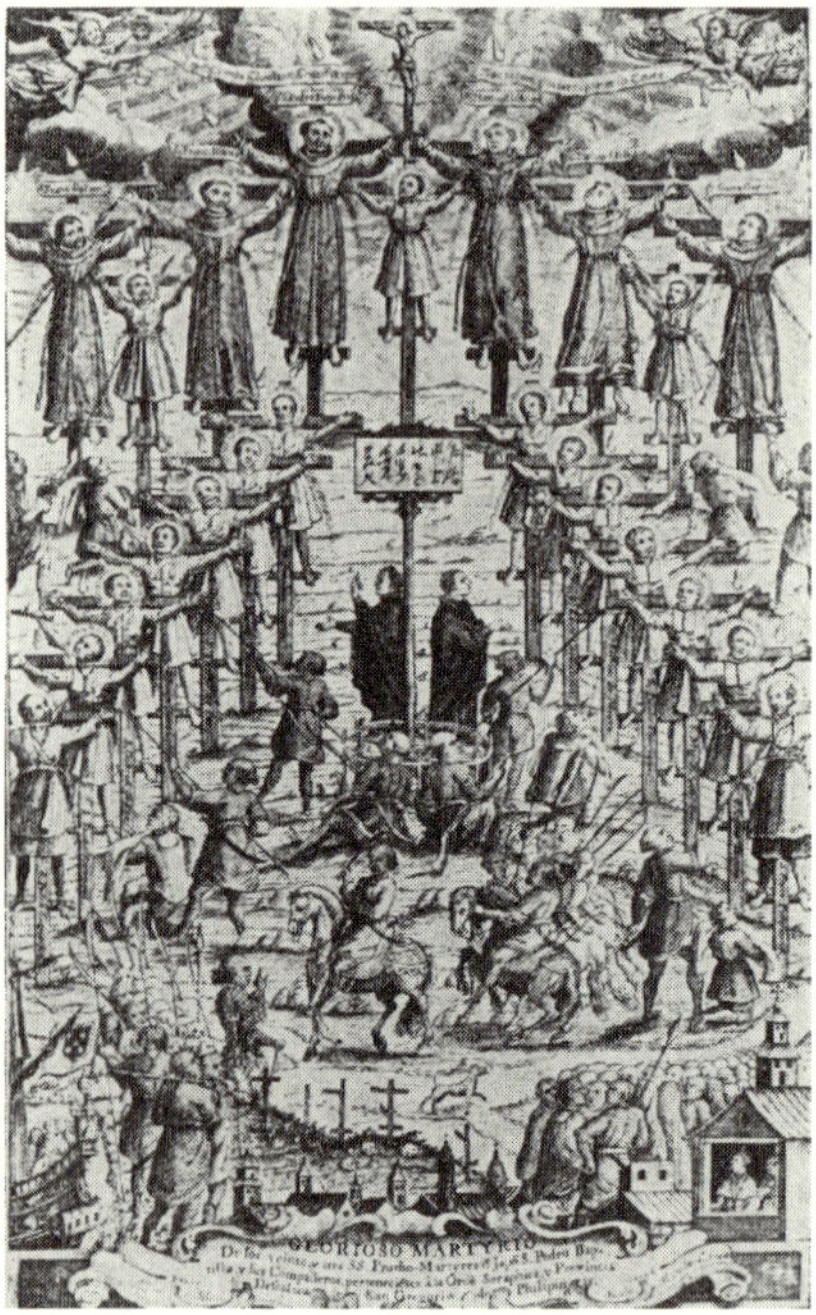

右・図Ⅰ-3-1　イエズス会教会堂に通っていた３人の日本人殉教者の磔刑　ヴォルフガング・キリング作、1628年。ドイツ、バイデン国立図書館（明治大学教授吉田正彦氏提供）／左・図Ⅰ-3-2　23人のフランシスコ会士殉教の図　ロンドン「アジア・アフリカ関係図書館」所蔵

この複写を実際に目にしたことは間違いなかろう。しかしその内容の詳細については触れていない。

既に触れたように、十七世紀半ばに、クリオージョ出身の聖フェリーペに対する関心が高まったのは、対ペニンスラールを意識したクリオージョの胸の内、所謂、「クリオージョ意識」故のことと言える。しかしこういった関心の高まりはこの一六一〇年代及び一六二〇年代の後半中頃までは見られない。それは、「クリオージョ意識」の浸透の度合いと、それが表面化するためのきっかけの有無によると思われる。

確かに、一六二〇年前後のヌエバ・エスパーニャには、既にクリオージョという言葉はある程度は浸透していた。しかし、それを意識していた人々がさらに団結し、その意識を具体化するための一押しが不足していたと言える。しかし彼らは、ついに行動するきっかけを手にした。それが長崎の二十六人の殉教者の列福である。

この列福を決定したのは、ウルバノ八世である。教皇は在位四年を経た一六二七年に、修道会別に彼らを列福した。九月十四日にまずフランシスコ会の殉教者二十三人、翌十五日にイエズス会日本人殉教者三名の列福式を行い、これにより彼らは正式に福者となった。[231]

次にその列福に対する各修道会の反応についてである。これに関しては、その後描かれた図像から把握できる。イエズス会は同会の福者となった三人の日本人殉教者のために、そして、フランシスコ会は管区長ペドロ・バウティスタをはじめとした二十三人の殉教者のために、それぞれが祝っている。ここでは十九世紀半ばに至るまでの作品を紹介したい。まず、フランシスコ会の反応を見ていくことにする。

先に紹介したクエルナバカの壁画を除き、最も初期の作品と思われるのは、一六二八年に彫られた版画で、最前列にイエズス会教会堂に通っていた三人の日本人殉教者の磔刑の様子が、そして後方にフランシスコ会に属する殉教者たちが描かれている。しかし上部にドイツ語で書かれた作品の題は、『イエズス会の三人の殉教者』である（図I-3-1）。その制作者は、ヴォルフガング・キリングである。その他、十七世紀にスペインで描かれたとされる作品に、同様に三人のイエズス会同宿が描かれている。[232] また、十八世紀始めに建てられたメキシコのテポツォトランの旧イエズス会修道院の主教会堂に設置された主祭壇にも、同会に所属していた三人の殉教者の姿がレリーフで見られる。[233] これらの他にもイエズス会の三人が題材となった作品が制作されている。[234]

先に紹介した一六三〇年に描かれたペルーのクスコ市のフランシスコ会系レコレータ修道院教会堂が所蔵するラッサロ・パルド・ラゴの絵画は「長崎のフランシスコ会殉教者」と題され、やはり二十三人のフランシスコ会系殉教者

231　Leo Magnino, *Pontificia Nipponica, Le relazioni tra la Santa Sede e il Gioppone attraverso i documenti pontifici*, volume 1, pp. 139–150.

232　現在この作品を所蔵しているのは、九州国立博物館で、その題は『殉教三聖人図』となっている。

233　第I部第五章図I-5-29参照。

234　越、前掲論文参照。

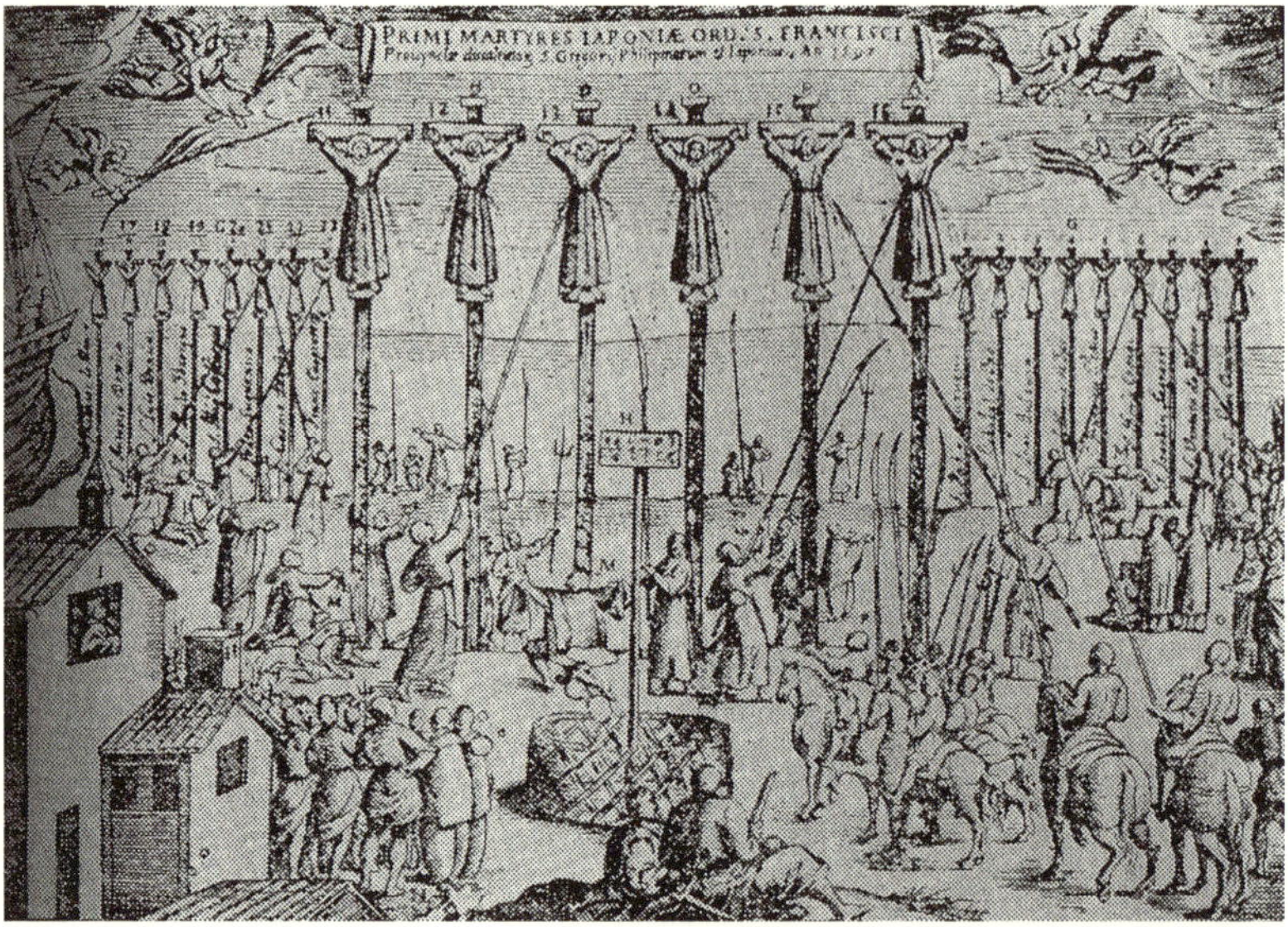

上・図Ｉ-3-3　『26 聖人殉教の図』
サン・アントニオ『クロニカス』マニラ、1774 年。この版画の上部に書かれた原題ではフランシスコ会の殉教者という言葉が見られ、描かれた磔姿の殉教者は 23 人となっている。しかし、本図の出典先である翻訳本に付けられた原題の日本語訳では「二十六聖人殉教」という言葉が入っている（アビラ・ヒロン『日本王国記』260 頁）。

下・図Ｉ-3-4　1862 年の列聖を授けたピオ 9 世に捧げられた本に添えられた版画　本の題名は『フランシスコ会の 23 人の殉教者の物語』（版画制作年は 1862 年）

がテーマである。

その他、一七七四年にマニラで印刷された『クロニカス』に挿入された版画があげられる（図I-3-3）。その中央上部の横幅のほぼ三分の一を占める長方形の幕に、「フランシスコ会の日本の最初の殉教者」という言葉が見られる。その左右の端には、手に大きなシュロの葉を持った天使が二人ずつ飛んでいる。十字架の縦棒には名前が添えられており、ペドロ・バウティスタを始めとする外国人修道士六人が中央にいることが分かる。その身体から血が流れていることから、槍で刺された直後の様子だと思われる。彼等の左後方に九人、右後方に八人の日本人信者の磔姿が並んでいる。向かって左横には遭難船サン・フェリーペ号の先端があり、その手前の家には殉教を見ている人物がいるが、こちらは大司教マルティーネスの姿であろう。

また、一八六二年の列聖を祝う作品でも二十三人のフランシスコ会の殉教者が描かれている（図I-3-4）。下部の説明文にやはりフランシスコ会の殉教者らの名前が見える。[235]

フランシスコ会の二十三人の殉教者に焦点を合わせた作品も何点か見つかっている。そのひとつは『二十三人のフランシスコ会殉教者』（図I-3-2）である。[236] これは、バロック調の特徴を持った羽飾りの付いた文字盤から、十七世紀半ばから十八世紀半ばの間の作品と考えられる。画面後方の六人の外国人聖職者の間に三人の幼子姿の日本人殉教者が描かれている。この作品中の殉教者は全員血を流し、頭部には光輪が描かれている。布切れでその血を受けている人の姿も見られる。向かって右端の家には高位聖職者、即ち、大司教マルティーネスがおり、左端にはサン・フェリーペ号が見える。最上部の中央には十字架刑に処せられたキリストの姿が描かれ、またその両側には天使が飛びか

235　第I部第二章図I-2-9参照。図I-2-9bでは、下部の一部しか撮影されていない。

236　筆者が参考にしたのは一九三五年に出版のFrois, *op. cit.*, p. 133で、編者ガルドスによれば、出所はCatálogo No. 521 de la Bibliotheca Asiatica et Africana Part. V. Nos. 501-1300 pag. 56-57: MAGGS BROS (Londres 1929). 越によれば、図I-3-2, I-3-3はファン・フランシスコ・デ・サン・アントニオ『フィリピン諸島、シナ、日本、その他におけるサン・フランシスコ会のサン・グレゴリオ管区年代記』第三巻（マニラ、一七七四年刊）の銅版扉絵と木版挿絵である。

い、その手には、シュロの葉やイバラの王冠を持ち、さらに、判読できないが、文字が書かれた細い帯状の幕を風になびかせている。

さらに、マカオ市の天主教主教公署[237]に磔場面が描かれた絵（図Ⅰ-3-5）が保管されている。これも二十三人のフランシスコ会士らの処刑場面を描いたものである。この作品に制作年が明記されているわけではないようだが、越はそれを一六四四年としている。[238]前マカオ司教ヨセフ・リ・ホンシェン（黎鴻昇）によれば、この宗教画はもともとマカオ・フランシスコ会の所有であったが、同会がマカオから退去する際に、同主教公署に寄贈していったという。[239]越によれば、この作品からは、フランシスコ会が同会所属の二十三人の殉教者のみに関心を寄せていたことが伝わってくる。

ここで紹介した作品の傾向として、少なくとも十九世紀までは、二十三人のフランシスコ会殉教者、または、イエズス会の三人の日本人殉教者が分けて描かれている点が指摘できる。つまり、修道会によって列福に対する反応が異なっていたのである。そして、それは地域によっても異なっていたのである。ここで紹介した図像からは、フェリーペに対するクリオージョの意識などどこにも見られない。しかし、殉教者のひとり、フェリーペの生国ヌエバ・エスパーニャでは異なる状況が生じていた。そこでは、修道会別ではなく、まさにその地の出身者として初めてカトリックの特別な称号を与えられた聖フェリーペのみに目が向けられた。

3　列福の知らせに対するクリオージョの反応

前節では列福までの過程を検証し、その上で、図像を介して世界各地におけるそれぞれの修道会の思いを紹介してきた。本節では、列福の知らせが到着した直後のヌエバ・エスパーニャにおけるフェリーペに対する反応を時系列に沿って見ていきたい。

最初に列福の知らせに反応したのは修道士であった。彼らの反応は素早かった。そのことは旧メキシコ市参事会議事録に記されている。議事録によれば、一六二八年の夏、その知らせが同地へ届くや否や、イエズス会とフランシスコ会が、直ちに行動を起こしている。

ここで注目すべきは、まずはそれぞれの修道会が個別に反応したことであろう。そこでその様子を整理していきたい。最初にイエズス会士ギジェルモ・デ・ロス・リオスが、八月三十一日の市参事会で二つの請願を出した。ひとつは、殉教した三人の日本人イエズス会信者のためにミサを執り行うこと、もうひとつは、二月五日を今後永久に祝いの日にして欲しい、というものである。

［イエズス会の殉教者は］聖パブロ・ミキ、聖フアン・デ・ゴトー、聖ディエゴ・キサイという三人の勇気ある聖なる殉教者たちであり、二月五日は、これらの聖人のためにミサと典礼をこの先永久に執り行うようお願いし

237　「天主教主教公署」は、現地マカオで用いられている中国語（広東語）で書かれた正式名称である。主教事務所を指し、マカオ大聖堂（日本では一般に司教座聖堂という）の正面横に位置する。

238　この作品の制作年に関して、越が、疑問符付きの一六四四年という年代を記している。また、エストラーダが、ホセ・カマロンの一七九四年作の版画を紹介している。Elena Isabel Estrada de Gerlero, "Los protomártires del Japón en la hagiografía novohispana", en Jaime Soler Frost (ed.), *Los pinceles de la historia de la patria criolla a la nación mexicana, 1750–1860*, pp. 80–81. そのほか、スペインにもよく似た作品があると言われている。Hitomi Omata Rappo, Des Indes Lointaines aux scègues Les reflets des martyrs de la mission japonaise en Europe（XVI-XVIII siècle, version provisoire）参照。

239　この寄贈に関する説明は、二〇一三年六月にマカオで実施したカトリック・マカオ主教ヨセフ・リ・ホンシェ（漢字名の日本語読みは「れいこうしょう」と発音）とのインタビューの際のものである。その所蔵場所について、一九七五年掲載の越の論文では、マカオの賈梅士博物館となっており、その移動経緯が判然としない。この聖画の移動に関してはさらなる調査が必要であろう。現在のマカオ主教は二〇一六年に着任したステファノ李斌生である。

ここで当時のアジアの歴史的状況については、Antonio M. Martins do Vale, *Os Portugueses en Macau (1750–1800)*, p. 147参照。

図Ⅰ-3-5c　下部左側にいる見物人拡大図

図Ⅰ-3-5d　今まさに槍で突こうとしている処刑人拡大図

右頁
上・図Ⅰ-3-5a　マカオ天主教主教公署２階踊り場左側に置かれた長崎殉教のフランシスコ会士23人の磔の図
マカオ天主教主教公署［現地マカオによる漢字表記を用いたものである。日本では司教館というのが一般的である］。下部にポルトガル語で説明が書かれている。
下・図Ⅰ-3-5b　中央の処刑場面拡大図

たい。

本日木曜日《este jueves》には祝いのミサをし、人々とともに鐘を鳴らし夜には明かりをつけ、イエズス会の教会堂で主《しゅ》に感謝を捧げるようお願いしたい。[240]

一方、同じ日の市参事会でフランシスコ会も請願を出している。出席したのは、同会修道士フランシスコ・デ・ラ・クルスで、フェリーペを中心とした、二十三人のフランシスコ会の殉教者のためのミサの許可を求めた。

全フランシスコ会が真の殉教者である聖人たちのためにミサをあげるよう御命じください。彼らのひとりに当市の息子［当市のクリオージョ］、修道士フェリーペ・デ・ヘスス・ウ［ママ］・デ・ラス・カサスが含まれております。我らが参事会会長様は、これ程にも素晴しい聖なる教えを慈しむことをご存知でございましょう。祖国への愛故に、当市の息子の身に起きた出来事を厳かに祝うべきでありましょう。

参事会会長様にお願い申し上げます。次の土曜日、九月二日に賛美歌を歌い、町に明かりを灯し、閣下がフランシスコ・デ・ラ・クルスのためになさる式典と同じような式典を執り行われますよう、我らが修道会に御命じくださいますよう。[241]

双方を比較すると、いち早く参事会に駆けつけたイエズス会は、請願を出した日の午後のミサで祝おうと手際の良い行動をとっている。

続いて、イエズス会とフランシスコ会のそれぞれに対する市参事会の回答である。前者に対しては「当市は、イエズス会教会堂における今日の午後のミサに出席するので、席を設けるよう。また夜には市参事会の建物に明かりを灯し、費用はフェルナンド・カリージョに用意させることとする。金額三十ペソを充てる」[242]。後者に対しては、「すべての請願を受け入れる。町中に明かりを灯そう。同様に、市参事会の建物にも明かりを灯そう。費用はファン・デ・フィゲロアとフェルナンド・カリージョに調達するよう［命じる］。金額は百十ペソとするので、当市が決める祝いの日まで保管するよう」[243]という内容である。

　ここまでの両修道会の動きを比較すると、イエズス会は機敏に動いただけでなく、文中では「この先永久に」という表現を使うなど、祝典への期待の念を強く表している。一方、フランシスコ会は、「祖国への愛故に、当市の息子の身に起きた出来事を厳かに祝うべきでありましょう」と、メキシコ市にとってのフェリーペの殉教における意義を強調した。メキシコ市参事会がその祝典のために同会へ用立てる金額は、イエズス会と比べて、ほぼ四倍の金額である。参事会は、同じ殉教者といえども三人の日本人のイエズス会殉教者より同市出身のフェリーペへの思いを強く持ったのであろうか。

　これらとは別に、興味深い動きが見られる。それは、フランシスコ会が、最初の申請の二日後に、二つ目の請願をしていることである。ミサの二日後の九月四日、同会の管区長フランシスコ・ベラスコが申し出たものである。

　その内容は、メキシコ市がフェリーペの殉教の意義深さを認め、この素晴しい殉教を一層盛大に祝うべきであるというものであった。

> 日本で亡くなった殉教者の中に、当地出身のクリオージョ、フランシスコ会の修道士フェリーペ・デ・ヘスス・デ・ラス・カサスが含まれております。（中略）この町の特別な出来事とし、その特別なときに可能な限りの方法で喜びを示すことを、カトリックの名においてこの町に願うものでございます。[244]

---

240 *Acta del Cabildo*, 31 de agosto de 1628, Libro 26.
241 *Ibid.*
242 *Ibid.*
243 *Ibid.*
244 *Ibid.*, 04 de septiembre de 1628, Libro 26.

このように、聖フェリーペを意識して祝いをすることの意義を強調している。

この請願に対する市参事会からの回答は、以下のようなものであった。

> 審議の結果、市参事会は、神が当市出身の聖人を誕生させたことを認め、その件に関して可能な限りの祝いの方法を検討するように命じる。その詳細に関しては修道院へ通達する。さらに次の通常市参事会《cabildo ordinario》までに修道院へ資金を届けるであろう。[245]

フランシスコ会の市参事会への請願から、フランシスコ会が、フェリーペが単にフランシスコ会士であるだけではなく、メキシコ市に生まれた若者であることも含めて、特別な存在として考えていること、あるいは、位置付けようとしていることが見て取れる。

フランシスコ会は、年が明けた一月十二日、市参事会に対し、フェリーペのための祝いの請願を再び申し出た。請願には「日本［で殉教した］、さらには、メキシコ市出身の聖なる殉教者に対する思いを示し、［守護聖人の肩書きを授けることを］決定すべきである」[246]という文言が付け加えられた。これに対して市参事会は次のように指示を出した。

> 本日集まって頂いたのは、聖フランシスコ修道院と聖ディエゴ修道院の修道院長が昨年の八月三十一日と九月四日の市参事会で申し出た請願のためである。当市は以下のことを述べる。ウルバノ八世が日本で殉教した者たちの名を聖人［ママ］名簿におさめたことに関してであるが、その中のひとりがこの町出身の修道士フェリーペ・デ・ヘスス・デ・ラス・カサスであることから、本日市参事会で新たな請願が読み上げられた。その請願を受け、当市はフェリーペ・デ・ヘススを町の守護聖人として選出する。故に、二月五日の祝典を執り行うようにすること。彼はこの町出身の最初の聖人で、真の殉教者であるので、聖ディエゴ修道院の神父たちが、当市が特別な祝いの日を持つことを願い出ており、あらゆる方法で祝いをする。[247]

また祝いの内容についても詳細な指示が出されている。

主たる祝いの日である本年二月五日、当市はこれらの聖人のために、とりわけ聖フェリーペのために祝いを行う。それにあたり、当市の担当者は、教会聖堂参事会が任命する者と聖フランシスコ修道院長と共に、行列が通る道を定め、清掃し、明かりを灯すよう。また費用は市が負担するので、各所に祭壇を設け、各街区の入口には花火の用意をするよう。家々の屋上にはトランペットやクラリネットを配置し、教会堂には必要なだけのろうそくや香、あらゆる明かりを揃えるよう。午後には行列を出すよう。サン・フランシスコ通りを行列が通るよう。夜は明かりを灯し、市参事会から出発する行列を出すよう。この行列には王室代理官、市長、執行官、市参事会議員、書記が参加し、また配偶者を連れて出ることとし、五十人構成とすること。服装は悲しみを示すタフタ織りのバケーロ［綿製の青い服］で、金箔で飾り付けられたレースのマントで完全に身体を覆い、同じ生地の帽子をかぶり、手にはろうそくを持つ。馬用の二本の木も用意すること。当日の夜、市参事会の建物では、明かりを灯し、午前中は執行官諸氏が当市の正式な装いをし、閣下の伴をすること。行列では大勢の人々を先頭に並べ、太鼓やトランペットの伴奏付とし、十八頭の馬を出すよう。既に執事が保管している三千ペソのうちの千ペソを経費として当てる。[248]

この内容から、祝賀会がかなり大掛かりなものであったことが分かる。祝典の参加者は、副王関係者はじめ、市参事会関係者などのそうそうたるメンバーであった。

245　*Ibid.*
246　*Ibid.*, 12 de enero de 1629, Libro 27.
247　*Ibid.* ここでいう「聖ディエゴ修道院」は、先に第Ⅰ部第二章三節八一頁の引用で挙げられた聖ディエゴ教会堂のことである。
248　*Ibid.*

さらにこの議事録の最後に「この町が守護聖人を持つことに関しては、そのようにする。毎年祝いを行うに都合がよい契約を修道院と結ぶであろう」[249]とある。これは、メキシコ市がフェリーペを守護聖人とし、「二月五日」を年祭とする決定を下したことを意味する。

三日後、市参事会は、殉教者フェリーペに関する件で副王ロドリーゴ・パチェーコ・イ・オソリオに伺いを立てた。その結果、次のような回答が届いたことを明らかにしている。

今回請願されている件は、すべて申し分ないと思われる。この副王領の父となるであろう若者を持つことに対し、それほどの盛大なる祝いはまさに当然のことと思われる。[250]

ここに見られる「副王領の父となる」という副王の言葉は、市参事会がその後聖フェリーペ崇拝のために盛大な祝典を用意するにあたり、その確固たる理由となったのではないだろうか。さらに、それはこの祝典が殉教者フェリーペのためのものである明確な理由となったことであろう。そしてこの時からフェリーペのイメージは、特定の修道会の聖人という限られたイメージから、メキシコ市の守護聖人という社会的イメージへと、それまでとは異なる捉え方をされるのである。

これらとは別に、この時期の議事録に、メキシコ市がフェリーペに高い関心を持っていることを示す記述が二つある。ひとつは一六二九年一月二十六日付議事録に掲載されている。フェリーペの母親アントニア・マルティーネス・デ・ラス・カサスがメキシコ市参事会に提出した請願で、夫アロンソの死後、デ・ラス・カサス家の収入が途絶え経済的に逼迫したため、市に対し援助を求めるというものである。[251]この請願に対し市参事会は、聖人フェリーペの家族ということを理由に、経済援助を与える決断を下した。

もうひとつは、この請願申請の一か月程後の二月二十一日付議事録に記載されているが、その内容は、聖人の母親アントニアの葬儀に際し、その資金援助をすること、また残された娘たちのその後の生活を保障することである。[252]

その他、メディーナが指摘していることであるが、一六三〇年以降に亡くなったとされるフェリーペの弟でアウグスティヌス会士であったフランシスコの葬儀を、フランシスコ会が厳粛に執り行っている。これもまた、聖人フェリーペの家族であるというのが理由であった。[253]

もちろん、これらのフランシスコ会の申請とは別に、イエズス会もまた新たに請願を出した。彼らは独自に三人の日本人イエズス会殉教者の聖性を公に示さんと、前年に引き続き市参事会で申し出をしたのであった。それは「他の聖人とともに――二人［ママ］がイエズス会士でございます。……メキシコ市は、恩恵を得た喜びと感謝を示すよう、明かりを灯すよう」[254]という内容のもので、同市参事会議事録に記されている。

ところで、これらの事象とは別に、議事録を読むと気づくことがある。それは、議事録中のフェリーペに対する呼び名を徐々に変えていることである。最初は、「修道士フェリーペ・デ・ラス・カサス」であった。それが、修道名が加わり「修道士フェリーペ・デ・ヘスス・ウ・ラス・カサス」「聖フェリーペ・デ・ヘスス・ウ・ラス・カサス」となり、一六二九年二月二十一日以降は、デ・ラス・カサスという俗名の部分が消え、聖人の称号がついた「聖フェリーペ・デ・ヘスス」が定着する。[255]この名前の変化は、少なくともフランシスコ会修道士及び市参事会のレベルでフェリーペ・デ・ヘススを聖人として崇めていくことが始まったことを示している。

このように、列福の知らせが到着した後の半年ほどの間に、フェリーペはメキシコ市守護聖人となり、その年祭の

---

249 *Ibid.*

250 *Ibid.*, 15 de enero de 1629, Libro 27.

251 *Ibid.*, 26 de enero de 1629, Libro 27.

252 *Ibid.*, 21 de febrero de 1629, Libro 27.

253 Medina, *op. cit.*, p. 5.

254 *Ibid.*, 16 de febrero de 1629, Libro 27. 尚、ここで二人と書いてあるのは、三人の誤りである。

255 既に本書で紹介したオソリオの場合のように（本章二節一一八―一一九頁）、メキシコでは、福者を聖人として扱うことは現代

決定もなされた。それはひとつの崇拝の誕生であった。それに際して、繰り返し述べられたのが、「当市出身の息子」すなわち、フェリーペの場合は、「メキシコ生まれのスペイン人、クリオージョ」を意味する表現である。

4　三つの傷跡と三本の槍

列福後、崇拝が始まり、守護聖人になり、さらには聖人の名称で呼ばれるようになったフェリーペであったが、取り立てて語るべき奇蹟もなければ、何の功績も持たないことに変わりはなかった。あるのは殉教という事実のみであった。そんな聖フェリーペのイメージに聖なる要素が加えられていく。まず、三つの傷跡と三本の槍である。それらを描いた印刷物や絵姿が、フェリーペのイメージを人々に広めるために出回り始めた。ここではその普及の状況を辿っていく。

まず、聖フェリーペ・デ・ヘススに捧げられた詩が挙げられる。文学者アロンソ・メンデス・プランカルテが著書『ヌエバ・エスパーニャの詩人たち』（一九四四年）で紹介した作者不詳の詩である。メンデス・プランカルテは、その制作年をフェリーペがメキシコ市守護聖人として選ばれた一六二九年と推測している。ここにその詩を紹介しておく。

［天の］殉教者たちが聖フェリーペを歓待する四行詩と聖人への願い事を謳った詩[256]

闘う教会の
勇気あるひとりの戦士が

勝者の冠を戴くために
今日聖なる天上へ昇る

槍が鋭く胸を引き裂いた
そして、彼の死とともに
天の扉は
今、開けられた

シュロの葉と栄光が届く
槍で突かれ
槍で受けた三か所の傷とともに
こうして天国へ上った

赤紫の衣装が行く

でも同様で、列福されると同時に聖人扱いをするのが一般的である。一九二六年にメキシコ革命後の政治摩擦に巻き込まれ処刑されたイエズス会士ミゲール・アグスティン・プロは一九八八年に列福されたが、その際、新聞や雑誌でプロ神父を聖人扱いした。因みに、このプロ神父の場合は、列福までに六十年を要し、その後列聖の調査が始まり、現在も続行中である。フェリーペの呼び名の変化については、*Acta del Cabildo*, 31 de agosto de 1628, 04 de septiembre de 1628, 12 de enero de 1629, 15 de enero de 1629, 16 de febrero de 1629, 26 de enero de 1629, 21 de febrero de 1629, 11 de enero de 1630, 18 de enero de 1636 からその変化を考察した。

256　四行詩とは、スペイン語で「redonndilla」あるいは「glosa」と呼ばれ、四行単位で表現される。

あの衣服は
天が大歓迎することを
約束する

こうして至高の聖歌隊員は
薄く色づいた痛みを感じながら
その勇気を戴くために
喜んで出向く

十字架は重要な意味を持つ
天使が貴方に大きなお恵みを運んで来た
貴方をそこに見いだした
こちらでは貴方に栄誉を与える

永劫の王冠と消えることのない輝きを
キリストは彼に与える
十字架で死ぬことは
まさにその功績に値する

しかしよく考えれば
貴方は、さほど高くはない十字架につく

しかし、そこに立つことは偉大なことである
それは必要な一歩である

美徳のために祈れ（彼に言う）
貴方は十分に値する
受け入れた者よ
その時にこそ賞賛を与えられるだろう

追い払われて
その人は遠いところに見えた
今日王冠を戴いた
天ではどんな席を持つのだろう

今日傷つけられた貴方の胸には
三つの不思議な泉ができる
その流れが［貴方の］身を包む
それは栄光という衣である

栄光という勝利によって
尊い席を得られるだろう
身体に付けた三つの傷跡で

素晴らしい栄光を持つことになるだろう

赤い血の代わりに
至高の光が注ぐであろう
貴方の若くして訪れる死が
そのような結実をもたらすのは当然である

最初のお手本はキリストであった
［モーゼの］杖が彼の胸にもたらされた
貴方が行った偉大なこと
聖なる貴方の胸に三つの傷跡が見える

貴方の胸は堅い石である
モーゼの折れかかった細い杖から
至高の喜びである三つの泉を
今日我々に与えたもう

貴方も同じだ
その座を摑め　フェリーペよ
約束されるのは当然のことである
［貴方は］聖なる御しるしを持つ

この作者は、「三」という数字に焦点を当てた。これは、キリストの死にまつわる「三」という数字のもたらす聖なる意味に注目したからと思われる。例えば、「三」は「三位一体」「三賢者」「三体神徳」「三重冠」などキリスト教の「三」という数字との関わりを意識したもので、カトリックでは重要な意味を持つ。それを念頭に、フェリーペが十字架刑に処せられ、さらに胸を槍で三回突かれたことを聖なる印として強調する。これにより、キリストの死をフェリーペの殉教の手本とし、両者の死を重ね合わせたのだ。

　このように、単に十字架刑に処せられるだけではなく、さらに「三つの傷跡」を持つことがフェリーペの殉教の象徴となっていく。実際、大半の聖フェリーペの平面図像では胸に三つの傷跡がある、あるいは、三本の槍が描かれている。聖像に関しては、三本の槍を抱えているのが定番である。しかし、先に触れたリバデネイラの記述では、殉教者たちは二度あるいは三度胸を槍で突かれたとなっており、フェリーペが三度突かれたと特定はされていない。[257]

　次に初期の図像を辿って確認していきたい。聖フェリーペ像に関しては、まず、一六二九年の最初の祝典から宗教行列で像が担がれていたことが、文書に記されている。恐らくそれが最初の像で、聖フランシスコ修道院の教会堂に納められたと考えられる。祝祭では、その聖像が前日までに大聖堂（旧）に運びこまれ、翌日二月五日のミサの後、宗教行列で元の教会堂へ戻されたのであろう。[258] まずこの最初の像を探してみたい。

　最初の作品として紹介される図像はこれまでに二つ見つかっている。ひとつは、「これはフェリーペの母親アントニアが生前拝んだ像で、メキシコ市大聖堂の銀細工職人のための礼拝堂主祭壇の、司祭席横に置かれたクリスタルの

257　Ribadeneira, *op. cit.*, p. 481 y pp. 568–571.

258　後述するように、最初の聖フェリーペ像が納められたと考えられる、メキシコ市の聖フランシスコ修道院は十九世紀半ばの政教分離政策の一環で行われた修道院縮小で、大回廊やクラウスラ《院内禁域》、厨房など主な建造部分のほぼすべてが取り壊されてしまった。現在は、院内にあった教会堂部分と、十八世紀にその教会堂後部横部分に増築された礼拝堂（バルバネーラの聖母礼拝堂）が残っているだけである。この礼拝堂の祭壇のひとつに聖フェリーペ像があるが、一見したところ、十七世紀に作られたものではないと思われる。第Ⅱ部第二章図Ⅱ-2-5, Ⅱ-2-6 参照。

図Ⅰ-3-6
1629年2月に亡くなったフェリーペの母親アントニアが生前拝んだといわれている像の版画
Compendio de la vida del Proto-Martir del Japón San Felipe de Jesús, Patrón de Méxixo su patria, 1852.

図Ⅰ-3-7
アントリン・ビジャヌエバが紹介する最初に拝まれた聖フェリーペ像　1629年2月に亡くなったフェリーペの母親アントニアが生前拝んだといわれている。Villanueva, 1912.

壁龕に安置されている像を描いたもの」という説明書きが添えられた十字架姿の聖フェリーペの版画（図I-3-6）で、一八五二年に出版された『祖国メキシコの守護聖人、聖フェリーペ・デ・ヘスス、日本における最初の殉教者の人生について』に添付されたものである。聖フェリーペの頭上には聖性を示す光輪が見られ、交差した二本の槍も見られる。[259] アントニアは一六二九年二月中旬に亡くなっているので、彼女が生前に拝んだ像だとすれば、同年二月五日の祝典の際に人々の目に触れた像ということになるであろう。

もうひとつは、これと似た聖フェリーペ像で、その六十年後の一九一二年に、アントリン・ビジャヌエバが紹介している（図I-3-7）。頭上の光輪及び背後の二本の交差した槍を持つ磔刑姿の聖フェリーペ像である。最初の像と比較すると、胸元のデザインが異なる。また、背後で交差する槍の高さにも違いが見られる。ビジャヌエバもこの像の出典を記していない。

この二つの像に関して、先に述べた一六二九年の祝典で担がれた聖像であることを立証する史料は今のところ見つかっていない。

また、最初に祀られた像に関して触れている記述もある。まず、一六三〇年一月十一日のメキシコ市参事会議事録に記されたものがある。しかし、「行列で一体の聖人を担ぐ。（中略）行列で掲げる聖人の像。これは［サン・フランシスコ］教会堂が祀っている像とする」とあるのみで、像の形状については説明がない。

そのほか、一六八三年に書かれたメディーナの著書『新世界の帝国ヌエバ・エスパーニャと呼ばれる祖国メキシコの守護聖人、日本における最初の高名なる殉教者、聖フェリーペ・デ・ヘススの生涯と列福』にも記述が見られる。そこには大聖堂内の聖フェリーペ・デ・ヘスス礼拝堂の当時の様子が次のように語られている。

259　Congregación de Artífices Plateros de México (ed.), *Compendio de la vida del proto-martir del Japon San Felipe de Jesus, patron de Mexico su patria, y devocion Consagrada a celebrar su memoria el dia cinco de cada mes*, p. 14.

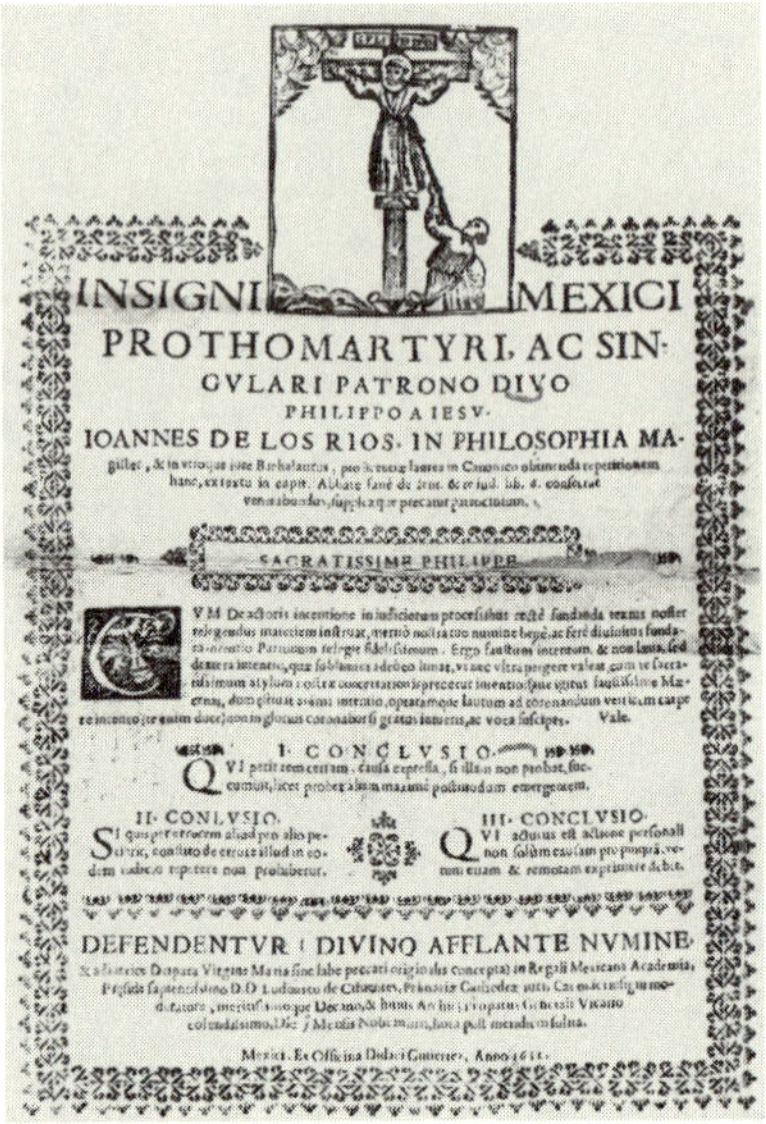
INSIGNI MEXICI
PROTHOMARTYRI, AC SIN-
GVLARI PATRONO DIVO
PHILIPPO A IESV.
IOANNES DE LOS RIOS. IN PHILOSOPHIA MA-
SACRATISSIME PHILIPPE
I. CONCLVSIO.
II. CONLVSIO.
III. CONCLVSIO.
DEFENDENTVR : DIVINO AFFLANTE NVMINE.

図Ⅰ-3-8a, b　フェリーペ磔姿

1632年に書かれたフアン・デ・ロス・リオスの哲学修士論文の表紙に使われた版画。これは当時よく使われたビニャータ（印章）として彫られたもの（Solange Alberro, 1999）。ソーランへによれば、光輪が聖人を意味している。左（8b）フェリーペ磔姿（Romero y Terrero, Grabados y grabadores, 1916）

金の輪［光輪］をいただき、十字架の上で、槍が胸部を両脇から両肩へ突き抜けた状態の実物大の像がその中央に置かれている。この像は宗教行列で運ばれ、メキシコ大司教フランシスコ・マンソ［在位一六二九－一六三七］によって聖堂参事会室で祝福されたものである。[260]

この説明では聖フェリーペ像は胸に槍が刺さった礫刑姿である。また、ここに名前が挙がっているマンソは一六二九年から一六三七年まで大司教の座に就いた人物である。メディーナの記述に間違いがなければ、大聖堂の礼拝堂に祀られた「槍が胸部を両脇から両肩へ突き抜けた状態の実物大の像」は、この大司教の在職中に制作されたものとなる。しかし今のところ、メディーナが目にしていたこの像が一六二九年二月五日の祝典で担がれたフェリーペ像かどうか、その特定は難しい。[261]

そこで次に、制作年が明らかな十七世紀の聖フェリーペの姿で、最も古い作品と考えられるものを紹介したい。

一六三二年に書かれたフアン・デ・ロス・リオ

スの哲学修士論文の表紙に使われた版画である[262]（図I-3-8）。中央には十字架刑に処せられた幼顔のフェリーペがいる。彼の胸には槍の突き傷が三つあり、傷口から流れる血までも描かれている。直ぐ横に一人の処刑人が立ち、まさに胸から槍を抜いたといわんばかりの姿勢を取っている。フェリーペの頭部後方には光輪が浮かんでいる。この版画では、フェリーペの胸を射抜く二本の槍は描かれていないし、背後にも槍は置かれていない。

この作品が彫られる三年前にあたる一六二九年に詠まれた詩に聖フェリーペの胸の三つの傷跡が謳われ、キリストの傷跡と重ねられており、一六三二年の版画はその趣旨を受け継いだと考えられる[263]。

この作品に続く聖フェリーペの姿が描かれた十七世紀中頃までの版画を見てみると、頭部に放射状の光の線でできている光輪を付けた十字架姿のものが二点見つかっている[264]。やはり双方ともに胸を射抜くそのような槍は描かれていないが、三つの傷跡はしっかりついている。

また、初期の図柄でフェリーペの胸を二本の槍が交差する姿としては、メディーナの一六八二年の著書の中表紙を飾る版画が最初の作品となる[265]。

ここで話題としてきた、詩に謳われ、版画に描かれた、この三つの槍傷の跡は、この後長く、聖フェリーペ崇拝の

260　Medina, *op. cit*. pp. 142-144.

261　マンソは、一六二八年四月末にヌエバ・エスパーニャに到着し、翌一六二九年一月末に大司教職に就いている。従って、一六二九年二月五日のフェリーペの祝典で担ぐ像を祝福することは可能である。

262　リオスが学んだ大学はメキシコに設立された最も古い大学（La Real y Pontificia Universidad de México）で、現在でいう学士、修士、博士の三段階の学位を授与する課程で構成されていた。本節で紹介するリオスが書いた法学修士号取得のための論文については、その表紙を見ても、題名が判然としない。

263　本章本節一三四 ― 一三八頁参照。

264　第I部第四章図I-4-7, I-4-10参照。

265　第I部第五章図I-5-3参照。

重要な要素となっていく。第五章第四節でいくつかの聖像を紹介するが、先に触れたように、胸に三つの傷跡が確認できるものは少なく、その代わり三本の槍を持つものが定番となる。

さて、本節の最後の頁を利用し、十字架刑の意味を確認しておきたい。当時の日本の処刑の形態では、磔刑は死刑の形態のひとつで、様々な形状の磔の形があった。一本の木に縛ることもあったようだが、中でも十字の形に組まれた処刑台を用いることが多かった。その際、一本の槍で突かれることもあれば、複数の槍で突かれることもあった。

一五九七年二月五日の長崎の二十六人の処刑は木を十字の形に組んだ台が使われた。日本側にとって、このような十字架を用いた処刑は一般の罪人を対象に行われていた処刑方法であった。しかしこの後、キリシタン（カトリック）に対する迫害で、この形態の処刑は行われていない。理由は、カトリック世界では十字架刑は最も神聖な殉教として理解されていたからである[266]。

この点に関して、松田が次のような明快な指摘をしている。「十字架につけ、槍で刺し、あるいは薪を積んで焼き殺すのでは、殉教者を満足させ、また、見物人の中に多くの信徒が混じっており、いたずらに感動せしめるだけだと知った当局は、拷問によって棄教させることに狂奔した[267]」。つまり、あの長崎の殉教では、十字の形に組まれた木に括られた人間を槍で突く処刑が、カトリック界において重大な意味をもたらすと当初から分かっていれば、恐らく用いられなかった処刑方法が取られたことになる。

因みに、ローマのイエズス会本部が所蔵している一六二二年に起こった江戸大殉教の図[268]『元和大殉教図』では、殉教者たちは一本の柱に縛られている。実際、この殉教事件の処刑は火刑と斬首刑であったと言われている。この作品は十七世紀前半に描かれたとされる。

5　年祭、教会堂、聖遺物

聖フェリーペは、列福の知らせの到着により関心を集め、守護聖人となり、さらには、三つの傷跡と三本の槍によりキリストとの類似性を与えられ、ひとつの崇拝の対象となっていく。その崇拝の礎となるであろう、最初期の事象に注目したい。

ここでは、聖フェリーペ崇拝に関する最初期の三つの事象、「年祭の決定・中止・再開」「教会堂建設の申請」「聖遺物の取り寄せ」の請願を扱う。それらについて、一六三〇年一月十一日及び一六三六年一月十八日のメキシコ市参事会議事録を基に考察していく。

まず、「年祭」に関して見ていく。フェリーペの祝日二月五日が年祭となったのは、一六二九年一月十二日のメキシコ市参事会の決定による。この過程については既に述べたとおりである。そして、その年の二月五日には市参事会の決定に従い、盛大な祝典が開かれた。

ところが、翌一六三〇年一月十一日の市参事会で、年祭の祝典開催が改めて請願されている。議事録を読むと、

266　キリストの処刑の形に関しては、注一五四参照。

267　松田毅一「キリシタンの殉教」西川孟著『殉教』一九頁。

268　西川孟氏が著書『殉教』一一六―一一九頁、二五四頁で、一六二二年の処刑は磔刑でなかったことを指摘している。因みに、この刑の執行場所は「西坂の丘」であったという。「元和八年八月五日（一六二二年九月十日）に長崎の西坂の丘で五十五名のキリスト教徒が処刑された。イエズス会のカルロ・スピノラ神父を初め、フランシスコ会、ドミニコ会の神父、修道士にポルトガル婦人まで含めて火刑二十五人、［斬首］三十人」。

第一管財人アロンソ・ガルバンは次のように述べた。昨年、当市は栄光あるメキシコ市出身の聖フェリーペ・デ・ヘススのための祝典を行った。請願を受け、大司教は、栄光ある殉教の日、二月五日を祝日とし、その際、［フェリーペ・デ・ヘススは］この町の息子［メキシコ市出身］であり、この祝典は永久に行われることが決定された。［この町の］最初の殉教者であることから、この祝いは聖フランスシコ修道院で今後も盛大に行われるべきである。[269]

同日の議事録には祝典に関する指示も記録されている。それによれば、

宗教行列に聖人の像を出すべきであり、聖フランシスコ修道院はその像をそれ相応に準備し、同様にメキシコ市は礼拝堂を飾り、その場所にふさわしいよう、最善の努力をするように。当市の参事会と修道院は大聖堂の礼拝堂に二十三キログラムのロウソクの明かりを灯すよう。そのために今年度は三十ペソを当てることとする。[270]

この議事録には、祝典の中止という言葉や、その原因となるようなことは記載されていない。しかし、六年後の一六三六年一月十八日の参事会で年祭の再開の申し込みがされていることから、祝典が一旦中止されたことが推察される。その理由として考えられるのは、一六二九年の夏の豪雨である。

実は、この年、メキシコ市は壊滅的な洪水被害を受けた。その結果、第二回目となる一六三〇年二月五日の年祭開催が危ぶまれ、市参事会で確認が取られたのであろう。しかし、あまりにも被害が大きく、年祭どころではなくなったのではないだろうか。豪雨の被害は甚大で、浸水した水がなかなか引かず、雨止め祈願をかけるために、当時メキシコ市近郊で崇拝が定着しつつあったグアダルーペの聖母が、大聖堂に運び込まれた程である。[271]従って、聖フェリーペの祝日の祝典は、年祭となると同時に空白期間が訪れる。それが復活するのは、六年後、一六三六年一月十八日の参事会でのことである。同年、この年祭の再開が申請されている。

その申請を出した際に、別の請願も出された。それは、聖フェリーペの祝典への市参事会の正式な参加の請願である。実のところ、市参事会関係者は初回の祝典から参加していたが、自主的参加であった。やはり、メキシコ市参事会の重鎮らの公的参加は重要な要素であったのであろう。その場には市参事会関係者としてファン・フランシスコ・デ・ベルティスとファン・デ・オルドゥーニャ、フェリーペ・デ・モランと会計官ファン・デ・モカヤが顔を揃えていた。[272]

当然のことながら、これらの請願は快諾された。回答は次の通りである。

> 聖フェリーペ・デ・ヘススの祝日の参加に関する参事会の責任者の回答であるが、参加に関する双方の意見が一致したので、申し立てのように、午前中に大聖堂で、午後は聖フランシスコ修道院内教会堂で行われる祝典のための［市参事会用の］席を用意するよう伝え置く。[273]

またこの参事会では、今述べてきた申請とは別に、聖フェリーペの名を冠した「教会堂の建設」と、「聖遺物の取り寄せ」という二つの申請がなされている。最初の申請が、本節の冒頭に述べた二つ目の出来事である。議事録には以下のように記されている。「国王がメキシコ市に新たに三つのパロキア［小教会堂や礼拝堂を管理下に

269　*Acta del Cabildo*, 11 de enero de 1630, Libro 27.
270　*Ibid.*
271　De la Maza. *op. cit.* pp. 43-48. 一六三四年にグアダルーペの聖母がその任を解かれ、教会堂があったテペヤックの丘まで戻ったことを告げる版画がある。Echegaray (ed.). *op. cit.* p. 51. 因みに、こういったメキシコ市の洪水は、突然の自然現象ではない。もともとメキシコ中央高原地域は一年の気候が雨期と乾期に分かれ、現在でも例年春から秋にかけて毎日午後一定の時間、雨が降る。そのため、水害は征服以前から頻繁に起きていた。
272　*Acta del Cabildo*, 18 de enero de 1636, Libro 30.
273　*Ibid.*

置く教区教会堂］を建設するよう御命じになられ、既に手続きが始まっておりますが、そのひとつを栄光ある聖人が生まれた家に建てることを申し立てます」[274]。

この申請に対して、三日後には以下のような回答があった。それは、「同市参事会は教会堂建設のための資金が工面できないので、資金提供者がいるかどうかによる」[275]というもので、その姿勢は好意的ではあったが、積極的なものではなかった。

この「聖フェリーペ・デ・ヘスス」の名前がついた教会堂の建設は最終的にこののち長い間実現されないままとなる。しかし、生家があった場所に教会堂を置いて顕彰しようとする意思があったことは確かである[276]。

次に、異端審問官であるファン・ムニョースによって出された聖フェリーペの「聖遺物の取り寄せ」の請願についてである。

当市が、崇高なる親愛の情と崇拝の心を持って、栄光ある聖フェリーペ・デ・ヘススの聖なる御遺体を取り寄せるということについてでございます。イエズス会は、亡くなった他の聖人の御遺体を祀っております。［聖フェリーペ・デ・ヘススの］御遺体を取り寄せるために可能な限りの手段を考慮してくださいますよう。当市にとって難しいことではないはずでございましょう。御遺体のすべてを取り寄せることが不可能であるならば、その一部でも、聖人が誕生した場所に奉納できますよう。教会がこれほどまでに聖なることを実現するためならば、［私どもは］可能な限りのことをいたします[277]。

この請願に対する市参事会の回答は次のような内容であった。

日本にあるこの聖人の遺体を、聖遺物として取り寄せるという請願について、当市は、この決定内容を書面にし、次に出る船［ガレオン船］でマニラのカトリック司教座参事会に送り届ける。資金が必要であれば、用立てるよう、可能な限りの手段を講じる。参事会の重要な仕事である。市参事会と教会、双方の最高責任者として、アンドレス・バルマセダとアントニオ・デ・モンレイ・フィゲロアが出向くよう[278]。

と、具体的な指示を出している。

ところで、この一六三六年の申請で、聖フェリーペの聖遺物の取り寄せを申し出ていることから、チマルパインが語った遺骨にはフェリーペの遺骨が含まれていなかったことが推察される。そこで、遺体に関わる記述を史料で確認していきたい。

リバデネイラの著書では、十字架刑に処せられる前に切られた耳朶について次のような報告をしている。

処刑人が耳の一部を地面に投げ捨てた。耳を切るように命じた王に対する聖人たちの勝利の証であるので、ビクトルと呼ばれるひとりのキリシタンがそれを拾い、聖遺物としてオルガンティーノ神父のもとへ届けた[279]。

こうして、殉教者らの聖遺物は、耳のみならず、他の聖遺物も徐々にそれぞれの修道会の手に渡り、それが全世界へ運ばれていったのであろう。

---

274 *Ibid.*
275 *Ibid.*, 21 de enero de 1636, Libro 30.
276 残念ながら、この議事録からも、聖人の生家を特定することはできない。
277 *Acta del Cabildo*, 18 de enero de 1636, Libro 30. 参事会議事録に記されたファン・ムニョースの紹介文には異端審問所関係者と書かれている。
278 *Ibid.*, 21 de enero de 1636, Libro 30.
279 Ribadeneira, *op. cit.*, p. 455.

ここで、他の遺物に関するリバデネイラの記述をまとめると、次のようになる。磔刑後遺体は十字架の上に放置され、誰も触ることのないように見張り番まで付けられていた。暫くして見張りも立たなくなると、信者たちが遺体から衣服の端切れなどを少しずつ持ち去るようになった。そのため、事件後九か月ほどしてフィリピンから派遣された使節が殉教の地を訪れた際には、既に聖遺物となるべき遺品はその場には殆どなかったようだ。[280]

一方モルガは、殉教者の遺体について次のように述べている。

殉教者たちの遺体は、何日にもわたって日本人に監視されていたにもかかわらず、あの地方にいたキリスト教徒たちにより、聖遺物として（特に修道士たちの遺体は）少しずつ十字架から持ち去られ、（大いなる崇敬の念をもって）あちこちに分けられ、現在では、鉄環も十字架の棒も残っておらず、全キリスト教世界にゆきわたっている。[281]

ほかに、修道士ヘロニモ・デ・ヘススは、ディエゴ・デ・バルメオ宛に書いた一五九八年十二月二十日付の書簡で、マニラへ運ばれた聖人たちの聖遺物について次のように述べている。それによれば、

私がマニラへ戻るとき、日本の［殉教］事件に関するものを運んだ。どれほどまでにすばらしい結実であろうか。後に天上に置かれるだろう。その命とその手本で教会をさらに清いものとし、（中略）同時に殉教者の崇高さを持って、教会をより盤石なものへと導いた。これらの果実は、私の最も愛する我が主なるキリストの信仰のために残虐なる槍で突かれた兄弟たちの聖なる骨である[282]

とある。残念ながら、これらの文面では、聖遺物が骨や衣類などであることは分かるが誰のものかまでは分からない。

聖遺物に関しては、暫く時を経てのことであるが、メディーナが次のように記述している。

神父らは四人の日本人キリシタンとともに、ペドロ・バウティスタ神父と修道士フェリーペ・デ・ラス・カサスの遺体を下ろした。日本人ひとりひとりに十レアレスを支払った。彼らは十字架のあるところまで行き、大変な危険を冒しながらも、二人の遺体を下ろし、修道士マテオ・デ・メンドーサがいた場所へ運んだ。修道士マテオは、二つの薄い木の箱に遺体を入れて保管した。箱を準備する間、遺体は修道院の最も適した場所に置かれ、尊ばれた。その後マテオ神父が遺体をマニラのアウグスティヌス修道院へ運んだのを実際に見たと、ある史料の中でひとりが語っている。この人物はアウグスティヌス会の修道士マテオ・デ・メンドーサとディエゴ・デ・ゲバラの友人で、最終的にこれらの遺体がどうなったかは知らないと証言している。日本人信者が遺体を下ろした日時については、四月の四旬節が過ぎた頃の真夜中のことであったともいう。[283]

この記述からすると、事件後にフェリーペの遺体はスペイン側の手で保管されていたことになる。

他方、一七五六年、修道士ドミンゴ・マルティーネスは、『聖フランシスコ会清貧会に属するフィリピンの聖グレゴリオ会の略史――生活の様子、殉教事件や様々な出来事を中心に、アジアの王国での信仰を広めるための栄えある活動を明らかにする』と題する記録書で、次のように記している。

280　*Ibid.*, pp. 503-504.

281　モルガ、前掲書、一一五頁。この記述に関してモルガは史料の出所を記載していない。

282　Lorenzo Pérez, *Fray Juan de Pobre de Zamora. Su relación sobre la pérdida del Galeón "San Felipe" y martirio de San Pedro Bautista*, p. 15.

283　Medina, *op. cit.* pp. 90-91. メディーナは、ここで参考にしている史料がメキシコ市大聖堂参事会の資料室に保管されているものであることのみを記している。

ある者は、この殉教者［フェリーペ・デ・ヘスス］の遺体は、ペドロ・バウティスタの遺体と共に、聖アウグスティヌス会の数人の修道士たちの手によりマニラに運ばれ葬られたというが、それは真実ではない。[284]

マルティーネスが指摘する「ある者」とは右に述べたメディーナのことであろう。

ところで、既に触れてきたように、修道士名を与えられた身になっていたとは言え、フェリーペは叙階前で、まだ聖歌隊員であった。それにもかかわらず、既に叙階している他の修道士ではなく、何故、フェリーペの遺体をペドロ・バウティスタの遺体とともに十字架から下ろしたのだろうかという疑問が沸く。さらにフランシスコ会に属するフェリーペの遺体を降ろさせたのは、二人のアウグスティヌス会士であった。それに関しては、ここで名前が挙がっている二人のアウグスティヌス会士、マテオとゲバラとフェリーペの関係について見ていくと納得できる。

彼らは、フェリーペと同じ船でヌエバ・エスパーニャへ向かい、度重なる嵐の危機を乗り越え、フェリーペとともに日本に辿り着いた乗船者仲間であった。とりわけ、フェリーペについては、乗船していた船名が「サン・フェリーペ」ということから、船中で格別に親しみを持たれていたことは既に述べた通りである。そういった事情から、殉教後、マテオとゲバラが同船者であったフェリーペに対し並々ならぬ思いを持ったであろうことが推測される。

ここでもうひとつ、問いが生まれる。それは、死後、各地に届いたとされる聖遺物は、いつどのようにマニラからヌエバ・エスパーニャへ運ばれたかという点である。それについてはまず、先述の『チマルパインの日記』を考察することから始めたい。

『日記』には一五九八年十二月六日にフランシスコ会修道士の遺骨が到着していたことが書かれていた。これらは、殉教の知らせが伝達されたルートと同様に、マニラからのガレオン船でアカプルコへ運ばれ、それがメキシコ市に到着したと考えるのが妥当であろう。

ファン・R・デ・レヒッティマによれば、リバデネイラがスペインに戻り、休養のためサラマンカに出かけた時、誰のものかは明らかではないが、そこに殉教者の遺骨を残し、またトロ修道院《el convento de Toro》では、ペドロ・バウティスタの頭部や右手などを聖遺物として奉納している。[285] つまり、リバデネイラは遺骨を持って、ヌエバ・エスパーニャ経由でスペインに向かったのだ。ガレオン船の乗船時期が一五九八年秋であれば、彼のヌエバ・エスパーニャ到着はその年の暮れにあたる。[286] ヌエバ・エスパーニャからスペインへの移動は既に述べたように、アカプルコ港からメキシコ市、その後大西洋側のベラクルス港に行き、そこからスペインへ向かうというのが通常のルートであった。リバデネイラも同様のルートでスペインへ帰還したはずである。

彼とともに太平洋を越えた遺骨は、メキシコ市で盛大に迎えられたことであろう。その歓迎の式典が、チマルパインが語る聖ディエゴ教会堂と聖ホセ教会堂での式典[287]であったのではないだろうか。そして、リバデネイラがヨーロッパまで運んだこれらの遺骨の一部が、ヌエバ・エスパーニャにとどめ置かれたという可能性が考えられる。[288]

284　Domingo Martínez, *Compendio historico de la apostolica provincia de San Gregorio de Philipinas, de religiosos menores descalzos de N. P. San Francisco, en que se declaran sus heroycas empressas, para la dilatación de nuestra santa fe, por varios reynos y provincias del Assia: con las vidas, martyrios y hechos en común*, p. 99.

285　Ribadeneira. *op. cit.*, p. XIII.

286　Pichardo, *op. cit.*, p. 136.

287　第Ⅰ部第二章三節八〇－八一頁参照。

288　先の一六三六年一月十八日の議事録には「イエズス会は、彼らの殉教者の聖遺物を保管している」と書かれていた。しかし、それがどのようにヌエバ・エスパーニャに渡ってきたのかについては明記されていない。仮に、ひとたび日本からマニラに渡ったイエズス会系日本人殉教者の遺骨が、事件直後の慌ただしい中でリバデネイラの移動とともに運ばれたとしても、それはあながち不思議ではない。

ヨーロッパとアジア間のイエズス会の人々の移動について考えると、当時日本に滞在していたイエズス会士は、ポルトガル国王の指示のもと、アジアに派遣されており、それは一般にマカオ経由であった。一方、先にも述べたように、スペインのイエズス会士がヌエバ・エスパーニャに足を踏み入れたのは一五七二年のことで、さらに彼らが初めて太平洋経由でフィリピンに渡ったのは、一五八一年である。つまり、殉教事件が起きた一五九七年頃には、その数は少なかったとはいえ、スペイン側のイエズス会士がマニラにも滞在していた。さらにこの時代はスペイン国王がポルトガルの国王も兼ねていた。それらの点を踏まえると、アジア

図Ｉ-3-9a　旧サンタ・バルバラ修道院の一角
現在サグラーダ・コラソン・デ・ヘスス会修道女が管理している児童養護院兼私設小学校ラファエル・エルナンデス・ビジャール外観

図Ｉ-3-9b　小学校の看板

図 I-3-10　正面玄関
ここには聖フェリーペ・デ・ヘスス礼拝堂があるが、そこはかつてフェリーペ・デ・ヘススが寝起きしていた部屋といわれている。

聖フェリーペの遺骨に関しては、いつどのようにヌエバ・エスパーニャへ運び込まれたかについては、未だ不明である。しかし、現在、納められていると言われる場所は一か所のみではない。そのひとつとして、メキシコ市大聖堂内の聖遺物の祭壇が挙げられる。また、先にも触れた、プエブラ市のかつてフェリーペが住んでいたという部屋がある施設（図I-3-9, I-3-10）にも、聖フェリーペの聖遺物が置かれているという小さな祭壇（図I-3-11）が祀られている。[289] これとは別に、歴史学者マリオ・ラモン・カンポスによれば、十七世紀のアグスティン・ベタンクルトも著書『メキシコ史劇』で、メキシコ市の聖フランシスコ修道院の主教会堂の礼拝堂のひとつに、聖遺物として、聖フェリーペの太い骨が祀ってあったことを指摘している。[290] その他、オアハカ市大聖堂にも聖フェリーペの指の一部が奉納されていると言われている。

以上が、聖フェリーペ崇拝に関する最初期の三つの事象、「年祭」「教会堂建立」「聖遺物の取り寄せ」に関する状

のイエズス会士はゴア経由、マニラ経由どちらでも、遺骨を運ぶことは可能であったと考えられる。

289　既に紹介してきたが、フェリーペがいちじ身を置いた旧サンタ・バルバラ修道院は縮小されており、現在は旧教会堂部分がサン・アントニオ・パドゥアという名前の教会堂となっている。その横の建物も旧サンタ・バルバラ修道院の一部で、こちらは児童養護院兼私設小学校ラファエル・エルナンデス・ビジャールとして残っており、現在サグラーダ・コラソン・デ・ヘスス会（El Sagrado Corazón de Jesús）の修道女たちが管理している。フェリーペのかつての居室があるのはこの施設である。

290　Mario Ramón Campos Rebollo, *La Casa de los franciscanos en la Ciudad de México. Reseña de los cambios que sufrió el Convento de San Francisco de los siglos XVI al XIX*, p. 41.

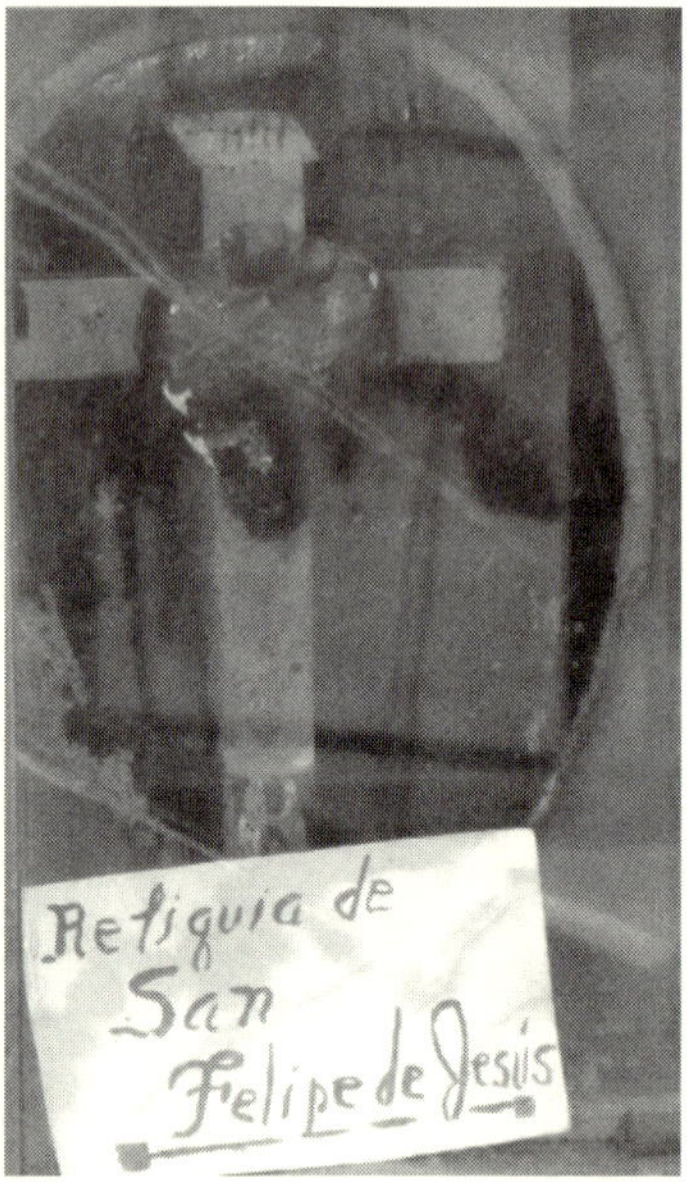

図Ⅰ-3-11
サグラーダ・コラソン・デ・ヘスス会が保管している聖フェリーペ・デ・ヘスス聖遺物が納められているケース（旧サンタ・バルバラ修道院）

況である。聖フェリーペを祝う年祭は早い段階に決定されたが、水害のためその開催が一時停止されてしまった。また、聖フェリーペの名を冠する教会堂の建設は実現の可能性は低かった。聖遺物の取り寄せもいつ実現するか定かではない状況であった。

以上見てきたように、その普及に困難を要したが、列福の知らせの到着とともに始まった聖フェリーペ崇拝は、こののち、徐々に確固たるものとなっていく。その中心となったのがフランシスコ会である。そこに変化が生じる。本節で見てきたように、ここまでは、イエズス会とフランシスコ会は、それぞれの修道会の殉教者を独自に祝おうとしていた。それが、この聖フェリーペ崇拝の普及に教会の司祭も参加するようになった。さらに時が経過すると、後述するように、イエズス会もフランシスコ会と共に唯一のクリオージョ聖人を崇拝していくようになるのである[291]。

第四章　クリオージョのシンボルへ

1　聖フェリーペ崇拝が共存する聖人聖母崇拝とその創成

聖フェリーペ崇拝は、列福の知らせが到着するとともに始まり、徐々にその形を整えていった。それは紆余曲折をへて、新たな普及段階へと展開していく。その過程でクリオージョのシンボルとなっていく聖フェリーペ崇拝は、奇蹟が元となりヌエバ・エスパーニャで始まった崇拝と共存していくことになる。ここでは、聖フェリーペ崇拝の普及過程を的確に把握するために、同地で始まった二つのカトリック聖母崇拝の創成状況を簡単にではあるが、見ていきたい。

征服と同時に、ヌエバ・エスパーニャにはスペインのカトリック崇拝が持ち込まれた。これらは当初、スペインから持ち込まれたままの崇拝であったが、かなり早い段階で変化が生じた。土地と深く関係する聖人聖母の崇拝が始まったのだ。[292]

291　第Ⅰ部第四章四節一九〇－一九一頁参照。
292　ヌエバ・エスパーニャには、大天使サンティアゴ、カルメンの聖母やお宿りの聖母などスペインで崇拝されていた聖母が数多く例えば、十六世紀を見てみると、ロス・レメディオスの聖母、グアダルーペの聖母、ハコナの聖母、オコトランの聖母など各地方で土着の聖母出現伝説が人々の口に上っている。ここでは植民地時代に始まり現在まで続く、ロス・レメディオスの聖母とグアダルーペの聖母の崇拝というメキシコの代表的な二つの聖母崇拝の始まりとその後について、先行研究をもとに略説していく。

前者、ロス・レメディオスの聖母は、征服戦争の際にひとりのスペイン人兵士によってヌエバ・エスパーニャへ持ち込まれたと言われている。その兵士は聖母のご加護を願ってその像を常に持ち歩き大切にしていた。後に「悲しい夜」と言われるアステカ人とスペイン人との激戦でスペイン軍が苦戦を強いられた時、無事に撤退できるよう、聖母がスペイン人兵士たちを助けたという。しかし、聖母像は兵士の手によって人目につかないところに隠され、いつしか忘れられてしまった。この聖母像は、二十年ほどの時を経て、先住民によって偶然発見される。それが聖母出現伝説となった。

言い伝えによれば、先住民ファン・デ・アギーラがナオカルパン村[293]の竜舌蘭の間に聖母像を見つけたのは一五四〇年のことであった。これをきっかけに、その地に教会堂が建てられた。もともとはスペイン人に崇拝されていたロス・レメディオスの聖母であったが、先住民の前にその姿を現したことによって、次第に先住民の崇拝の対象となっていった。この伝説は、ルイス・デ・シスネーロスが一六二一年に活字化したことにより、一層広く知られるようになった。[294]

もう一方のグアダルーペの聖母崇拝も先住民による発見から始まる。一五三一年にテペヤックの丘[295]でファン・ディエゴという名の先住民の前に聖母が出現したのである。[296]

もっともこの聖母崇拝の始まりについては正確には把握できていない。出現直後から、その崇拝が広まったとされるが、それを裏付ける史料はいまだ見つかっていないのである。また、どのような状況を経て崇拝が始まったかについても立証されていない。[297]分かっているのは断片的な事象のみと言ってよい。例えば、一五五四年頃に印刷されたフランシスコ・セルバンテス・デ・サラサールの叙情詩に、テペヤックという丘に白い教会堂があったという記述[298]

持ち込まれている。これらのスペイン本国の聖人聖母崇拝を征服地に持ち込んだ本来の目的は、先住民を容易に服属させることであった。しかしこのカトリック崇拝に目を向けたのが、独自の文化を確立させようとしていた、大陸生まれのスペイン人、即ち、クリオージョであった。こうして、宗教を基盤に、スペイン文化と先住民文化を融合させたアメリカ大陸特有の新たな崇拝が誕生した。

　スペインから持ち込まれた崇拝の土着化の一例としてよく知られているのは使徒トマース崇拝である。使徒トマースはキリストの十二使徒のひとりであるが、一六三六年に、ペルー生まれのアウグスティヌス会士アントニオ・デ・カランチャが、アメリカ大陸でキリストの教えが広まるのは当地の自然の摂理であるとし、その理由として、インドで布教活動をしたと言われる使徒トマースが広くアメリカ大陸でも布教していたと説明した。ヌエバ・エスパーニャでは、十七世紀後半にカルロス・シグエンサ・イ・ゴンゴラが、使徒トマースは先住民の神ケツアルコアトルでもあるという考えを受け入れ、その見解は十八世紀末頃から十九世紀の最初の四半世紀に活躍したドミニコ会修道士セルバンテス・テレサ・デ・ミエールに継承されていった。

　最初に持ち込まれたスペインの崇拝についてはJacques Lafaye, *Quetzalcóatl y Guadalupe. La formación de la conciencia nacional en México*, pp. 261; Brading, *op. cit.*, pp. 15-45.

293　メキシコ市に隣接するメキシコ州にあり、現在はナオカルパン・デ・フアレス市と呼ばれている。

294　Cisneros, *op. cit.*

295　この丘は、征服後スペイン人によって、テペヤックの丘、あるいは、テペヤキージャと呼ばれた場所で、当時は旧メキシコ市外に位置し、テスココ湖の湖畔にあった。四世紀という時間がかかったが、その湖はほぼ埋め立てられた。現在、その全域がメキシコ市となっており、この場所は市内北部に位置し、ビジャ・デ・グアダルーペと呼ばれている。

296　聖母出現に関しては、拙稿「メキシコ・グアダルーペの聖母研究について」『ラテンアメリカ・カリブ研究』第五号、一―二頁参照。

297　グアダルーペの聖母崇拝の状況に関しては、メキシコの美術史学者フランシスコ・デ・ラ・マサが先駆的研究を行い、その後、エドゥムンド・オゴールマンなど多くの著名な歴史学者が見解を出している。De la Maza, *op. cit.* や Edmundo O'Gorman, *Destierro de sombras* で、その他、二〇〇二年には、これまでにない画期的なグアダルーペの聖母関連の調査報告書が出版された。これはレオンシオ・ガルサ＝バルデスの調査で、それによれば、現在グアダルーペの大寺院に安置されているグアダルーペの聖母の最初の出現の姿といわれている絵姿は、二つの聖母の絵姿が重ね描きされている上に、さらに上描きされたものである。Leoncio Garza-Valdés, *Tepeyac. Cinco siglos de engaño*. México, Plaza y Janes, 2002.

298　Francisco Cervantes de Salazar, *México en 1554* (1554), México, 1939 (1554), p. 139.

があることから、当時その丘に人が集まっていたのは間違いなかろう。
また一五五六年に、第二代大司教アロンソ・デ・モントゥファル（在位一五五一―一五七三）とフランシスコ会管区長フランシスコ・デ・ブスタマンテの間で起きた論争で、グアダルーペの聖母がその火種になっていることが、残された史料から分かる。[299]

さらに、第四代副王マルティン・エンリケスが一五七五年にスペイン国王フェリーペ二世宛に書いた書簡にも、グアダルーペの聖母について記されている。それによれば、ある牧場主がテペヤックの小さな教会堂に通ったおかげで、病気が治ったという話が流布し、それがきっかけで、そこに祀られていた聖母が人々の噂にのぼるようになった。その後、その聖母は人々に崇拝され、いつしかグアダルーペの聖母と呼ばれるようになった。[300]

この頃執筆された『ヌエバ・エスパーニャ総覧』の中でも、ベルナルディーノ・デ・サアグーンがテペヤックに祠《ほこら》がつくられた頃の様子を語っている。曰く、そこはかつて先住民が偶像崇拝をしていた場所で、彼等もまた「トナンティン」という言葉で聖母に呼びかけ慕っていた。これはナワトゥル語で「我らが母」という意味であるが、この崇拝がどこで誕生したのか、実のところ、分からないという内容である。[301]

グアダルーペの聖母崇拝の始まりについては、「グアダルーペの聖母研究」の先駆者である美術史学者フランシスコ・デ・ラ・マサが次のように説明している。「セルバンテス・デ・サラサールが著書『対話』で言い表しているように、メキシコ市は、征服者らが築いた厳つい中世風の屋敷が立ち並ぶ暗い雰囲気の町で、先住民の報復を恐れ、庭もなく安らぐ場所もなかったことが思い出される。スペイン人たちは日曜の午後になると、タクバヤやトラルパンの果樹園へ憩いを求めて出かけるのが習慣となっていた。一方、先住民にとってテペヤックは、以前同様トナンティン［メキシコ盆地の先住民の母神］を拝むための巡礼場所で、巡礼の儀式を（中略）執り行うために供え物として食べ物も運んでいた。（中略）アロンソ・デ・モントゥファル神父が（中略）［そこを］スペイン人［スペイン系の人々］のミサ付き遠足コースの場と変えた」[302]のである。

しかし、デ・ラ・マサは、この時期のテペヤックの丘の聖母崇拝は、スペイン人にとっては、グアダルーペの聖母崇拝というより、祖国における聖母マリア崇拝の延長であったという。[303] デ・ラ・マサの言葉を借りると、「十六世紀のフランシスコ会士全員が、グアダルーペの聖母の出現を疑うばかりか、ブラボ・ウガルテが明言するように、公然と否定していた」[304]。これらの点に留意し、「グアダルパニズム〔グアダルーペの聖母崇拝〕は十七世紀の初めまで、庶民のものであって、有識者たちのものではなかった」[305]とも述べている。実際、十六世紀の教会関係者の中には、教皇がグアダルーペの聖母を公認していないことから、その崇拝に賛同する者と批判する者がいた。[306]

ところが、一六〇〇年頃になると、エリート・クリオージョ[307]の間でグアダルーペの聖母崇拝を公認させようとす

299　論争の原因となったのは、グアダルーペの聖母崇拝を容認する第二代大司教モントゥファルとグアダルーペの聖母出現否定論者のフランシスコ会管区長ブスタマンテの摩擦である。この論争については、拙稿「メキシコの聖母グアダルーペ崇拝に関する『一五五六年の調査報告書』について」『名古屋短期大学紀要』三十五号、六七―七八頁を参照されたい。

300　Ernesto de la Torre Villar y Ramiro Navarro de Anda, *Testimonios históricos guadalupanos*, pp. 148-149.

301　Bernardino de Sahagún, *Historia general de las cosas de la Nueva Esupaña*, Lib. XI, Apéndice núm. 7, pp. 704-705.

302　ここでいうセルバンテスの著書『対話』は、その原題を *México en 1554. Tres diálogos latinos* といって、対話形式で当時の考えや風景を語らせるものである。その対話の中で、テペヤックの丘の様子が話題にされている。De la Maza, *op. cit.*, pp. 18-19. 歴史学者エンリケ・フロレスカーノもこの点に関して述べている。Florescano, *Memoria Mexicana*, p. 186.

303　グアダルーペの聖母崇拝関連の史料に、「テペヤックの聖母マリアを拝みに行く時は、スペインのアトーチャの聖母やデル・プラードの聖母の所に行くように感じるので、マドリードにいるようだ」というスペイン人の証言も記録されている。Ernesto de la Torre Villar y Ramiro Navarro de Anda, *op. cit.*, p. 53.

304　De la Maza, *op. cit.* p. 25. ここに名前が挙がっているウガルデはイエズス会士で、二十世紀中頃の歴史学者でもあり、メキシコ・歴史アカデミーのメンバーに選ばれた人物である。

305　*Ibid.*, p. 38.

306　グアダルーペの聖母崇拝に関する研究見解に関しては、拙稿「『メキシコ・グアダルーペの聖母』研究について」『ラテンアメリカ・カリブ研究』五、一―一五頁参照。

307　この言葉はメキシコの歴史でクリオージョを語る際によく使われる Elite criollo を直訳したものである。一般的に、社会的に恵まれたクリオージョを指す。

る動きが始まった。独自性を持たせ、メキシコ性を高めようと聖母の祝日を変えた。グアダルーペの聖母のこの頃の状況をフランス人社会学者ジャック・ラファーユが次のように概括している。まず、当初祝日は聖母マリアの生誕の日である九月八日であったという。それが、一六〇〇年八月二十九日の現地カトリック教会の話し合いで、九月十日に行うよう変更され、[308]さらにその直後、現在の祝日である十二月十二日に定められた。[309]この祝日の変更はスペインの聖母との差別化の第一歩であり、後に、グアダルーペの聖母を利用したクリオージョらによるアイデンティティの探求へと繋がるものであった。その他先にも述べたが、一六二九年に雨止め祈願のために、正式にメキシコの大聖堂へ運びこんだ。こうした動きは、グアダルーペの聖母の公的認知への道を開いていくこととなる。

このような状況の中で、その崇拝の普及にとって最も重要な事象のひとつとなるのが、一六四八年の『グアダルーペの聖母出現物語』[310]の活字化である。この聖母出現伝説は十六世紀中頃から伝承という形で始まり、継承されていた。それが文字として記録され、印刷に付されたのである。この本の中で、著者ミゲール・サンチェスは、グアダルーペの聖母を黙示録に登場する太陽をまとう女に重ねた。[311]

歴史学者エンリケ・フロレスカーノの説明によれば、「サンチェスは、グアダルーペの聖母をクリオージョにとっての祖国のシンボルとし、救済者とした。この解釈は（中略）クリオージョや他の社会集団が実践したアイデンティティ追求の動きにその後長い間影響した」[312]。つまり、サンチェスは、クリオージョのアイデンティティを社会に公言するためにグアダルーペの聖母崇拝を利用したのである。この本がきっかけとなりグアダルーペの聖母に捧げられた説教録の印刷ラッシュが始まり、次第にグアダルーペの聖母崇拝はエリート・クリオージョの間に普及していった。[313]説教録の他にも、十二月十二日を「グアダルーペの聖母の祝日」と定めた、クレメンテ九世（在位一六六七―一六六九）の一六六七年の教皇大勅書[314]もその普及に影響を及ぼしている。十二月十二日は、既にグアダルーペの聖母の祝日として祝われていたが、この大勅書により、正式にカトリックの暦に祝日として加えられたのである。

こうして、グアダルーペの聖母崇拝は、クリオージョの努力で一層普及し、先住民を含む、ヌエバ・エスパーニャの多くの人々から崇拝されるようになる。

一七三七年にグアダルーペの聖母が公的にメキシコ市守護聖母に加えられると、ヌエバ・エスパーニャの各地の教会堂にグアダルーペの聖母の絵姿が奉納され始め、さらに、一七四六年にヌエバ・エスパーニャの守護聖母となると、最終的に全国津々浦々のすべての教会堂に絵姿が奉納されていった。[315]

以上が、ここで取り上げたロス・レメディオスの聖母とグアダルーペの聖母の崇拝である。この二つの聖母崇拝には、ともに先住民の前での聖母出現という伝説がある。しかし前者ロス・レメディオスの聖母は、ここで触れたように、その伝説により先住民の間にも広まっていったが、スペイン人も、彼らと同様にメキシコへ渡ったこの聖母を崇拝し続けた。一方、後者のグアダルーペの聖母は、確かに当初は先住民とともにスペイン系の人々によって崇拝されていたが、その聖母への関心を高めたクリオージョらによって聖母が土着化、すなわち、メキシコ化されると、いつしかスペイン人［ペニンスラール］はその崇拝から遠のいていった。

308　Lafaye, *op. cit.*, pp. 333-334.

309　この祝日の変更がいつ行われたかについては正確には把握されていない。

310　スペイン語原題は次のとおりである。*Imagen de la virgen Maria Madre de Dios de Guadalupe milagrosamente aparecida en la ciudad de México.*

311　Miguel Sanchez. *Imagen de la virgen Maria Madre de Dios de Guadalupe milagrosamente aparecida en la ciudad de México.* Hoja VII.

312　Florescano, *op. cit.*, p. 195.

313　同様にテペヤックの丘の建物も次第に変化していった。グアダルーペの聖母のために十七世紀初めにこの丘に建てられた最初の石造りの教会堂は、十八世紀の初頭にもなると、増加する参拝者を受け入れるには手狭になり、一層大きな教会堂へとその姿を変えた。一七〇七年に新教会堂が完成し、クリオージョ神父たちは、これまで以上に熱心にグアダルーペの聖母をクリオージョのシンボルとして掲げ、崇拝した。Godínez, *op. cit.*, pp. 197-206.

314　Echegaray (ed.), *op. cit.*, p. 274.

315　領内の教会堂にグアダルーペの聖母が祀られ始めた初期の事例については、デ・ラ・マサがいくつかの聖母の絵姿を紹介している。*Ibid.*; De la Maza, *op. cit.*, pp. 47-48, Láminas 2 y 3.

図Ⅰ-4-1　メキシコ市大聖堂聖フェリーペ・デ・ヘスス礼拝堂

本書のテーマである聖フェリーペ崇拝は、クリオージョによって普及されていく。それ故に、とりわけ、後者のグアダルーペの聖母崇拝と、その普及過程が似ており、序章でも触れたが、この両崇拝の比較は双方の崇拝過程を考察するために有益なものであると言える。

2　メキシコ市大聖堂内聖フェリーペ・デ・ヘスス礼拝堂

スペイン人到来後のヌエバ・エスパーニャでは、ほかにもいくつかのカトリック聖人聖母崇拝が普及していった。前節では、とりわけ、ヌエバ・エスパーニャで注目された二つの聖母崇拝について述べたが、そもそも奇蹟伝説を持たない聖フェリーペ崇拝が、如上のような、普遍的奇蹟を礎とする崇拝と並行して普及していくには、それに匹敵する要素が必要であった。本節では、独自性を持たせ、展開していくその崇拝の普及過程を考察していく。

第三章五節で見てきたように、聖フェリーペ崇拝の始まりにおいて、崇拝の礎となる出来事はあった。しかし確かなものではなかった。その普及の真の要となったのが、メキシコ市大聖堂内聖フェリーペ・デ・ヘスス礼拝堂の設置である。[316]それは、現在もなお、堂内正面に向かって左側の、主祭壇に最も近い所に在り続ける。ここでは、その設置決定までの過程と、礼拝堂内に祀られた聖フェリーペ・デ・ヘスス像や、祭壇の装飾その他がどのような歴史を辿ってきたかを確認し、その設置の意義を考えていく。

この礼拝堂（図 I-4-1, I-4-2a）が設置されたのは一六三八年のことであった。先にも触れたが、その二年前の

316　メキシコ市大聖堂に関しては、一六六八年に印刷されたイシドロ・サリニャーナの *Noticia Breve de La solemne, deseada, ultima dedicacion del Templo Metropolitano de Mexico, Corte Imperial de la Nueva-España, edificado por la religiosa magnificencia de los Reyes Catholicos de España nuestros Señores*（スペインのカトリック両王の素晴らしい宗教のために建設された、待ちに

図Ⅰ-4-2a　現在の聖フェリーペ・デ・ヘスス礼拝堂主祭壇　中央の聖フェリーペの磔姿像の周囲には殉教に関する絵。推定18世紀

一六三六年に聖フェリーペ・デ・ヘススの名を冠するパロキアの建設が請願された。しかし、実現の見通しは立っていなかった。その代案であろうか、ルイス・デ・エレーラは、建設中のメキシコ市大聖堂に聖フェリーペ・デ・ヘススの礼拝堂を設置することを国王フェリーペ四世（一六二一―一六六五）に願い出た。幸いにも、一六三八年に国王から許可が下りた。これを受け、メキシコ市大聖堂参事会は、まだ全体の完成には時間を要するが、徐々に内部が仕上がりつつあった大聖堂内に聖フェリーペ・デ・ヘスス礼拝堂を設置する手配を始めたのであった。

国王から届いた許可の内容は次の通りである。

メキシコ市大聖堂付属学校の教師ルイス・デ・エレーラ博士の嘆願に関してであるが、日本で亡くなったメキシコ市出身の殉教者聖フェリーペ・デ・ヘススに対する熱い思いと信仰心をもって、あの町［メキシコ市］の新しい教会堂に聖フェリーペ・デ・ヘススの像や絵画を奉納する礼拝堂を設置することを、人々が望んでいる。故に、国王たる我が名において、ヌエバ・エスパーニャ副王、カデレイタ侯爵は、その実現を指示するよう。それほどにも敬虔なことであり、教会堂は［人々にとって］役立つ場所である故、財政を扱う者は、聖なる者のためにその礼拝堂を飾り付ける費用を捻出するよう、必要な費用を計算し、これを用意するよう、そこに聖人の姿を見ることができるよう、設置許可を与えることを命じるよう、［エレーラが］朕に申し出た。インディアス審議会の国王付き相談役と話し合い、朕、国王は、許可を与えることとしたので、それを設置するよう。朕がこの書簡

待った荘厳なメキシコ市大聖堂に捧げる献身）が参考になる。一九六八年にフランシスコ・デ・ラ・マサが『一六六八年のメキシコ市大聖堂』という題名をつけた復刻版を出した。本書ではデ・ラ・マサが復刻版につけた題名を表記する。サリニャーナによれば、一五五二年にフェリーペ二世が新しい聖堂を建設する許可を出した。諸々の事情で建設が遅れ、一五七三年にようやく工事が始まり、基礎が整ったのは一六一五年であった。一六三五年に中央の身廊の「（旧）大祭壇」の真上に位置する二つの丸天井の形が整い、一六四一年九月にその中央身廊の広い空間に木材の天井が出来上がった。聖堂の内装が一部を除いてほぼ終わったのは一六六七年である。Sariñana, *op. cit.* pp. 9-28; Toussaint, *op. cit.* などを参照。

で指示することを滞りなくするよう。これは我が意志である。これに関する謝辞は必要ない。

マドリード、一六三八年八月二十七日

朕、国王[317]

こうしてこの年、聖フェリーペの像が大聖堂内礼拝堂に納められた。[318]二十九年後の一六六七年に、未完成ながらもこの大聖堂の完成式典が催された。それを記念したイシドロ・サリニャーナ著『一六六八年のメキシコ市大聖堂』の中で、聖フェリーペ・デ・ヘスス礼拝堂の様子が語られている。それによれば、

フランシスコ修道会に入会した息子、インディアス［ここではヌエバ・エスパーニャを意味する］の栄光ある最初の殉教者メキシコ市出身の聖フェリーペ・デ・ヘススの等身大の素晴らしい像を拝めるよう、エバンヘリオ側［正面向かって左側の司祭席］の最初の礼拝堂があてがわれた。（中略）聖人はフィリピンの聖グレゴリオ教区で入会した。モーゼがサルサを見たように、その名［ヘスス］がもたらす勝利の殉教で、十字架につくために靴を脱いだ。殉教はキリストの新たな王冠であると、聖ヘロニモが言っていたように。[319]

サリニャーナは、素晴らしい像と言っているが、像の姿、形を具体的には述べておらず、一六六八年当時の像がどのような姿であったのか判然としない。

その十五年後に書かれたメディーナの記述は、サリニャーナの説明よりも詳細で、その上、礼拝堂内の装飾品についても語っている。フェリーペ像の説明部分に関しては、既に第Ⅰ部第三章四節で触れているので略し、[320]それ以外の装飾品についてここに紹介する。

大聖堂側廊にはそれぞれに異なる聖人・聖母［キリストも含む］に捧げられた十四の礼拝堂が設置されており、司教席側の側廊にある第一番目が聖フェリーペ・デ・ヘススの礼拝堂である。（中略）その横壁には祭壇が設置されている。正面祭壇の中央に添えられた飾り棚に［聖フェリーペ像が］納められた。像の横には耳を削いでいる画があり、反対側には宿の主人が宿代代わりに修道服を脱がせている画がある。台の上の別の空間には遭難の状況が生々しく描かれた作品がある。［ガレオン船］サン・フェリーペ号ははっきり見えないが、空中に殉教を告げる不思議な十字架が浮かんでいる。その横にはヘスス［イエス］の使徒、十字架姿の聖パブロと聖アンドレスがいる。[321]

先の引用で割愛した記述部分によれば、像は十字架姿で、その胸を二本の槍が刺し貫き、頭部には光輪が添えられている。但し、先にも触れたように、この像がいつ制作されたかについては明らかではない。次に、一九一二年のアントリン・ビジャヌエバの礼拝堂の描写を見ると、

メキシコ市大聖堂では十四の礼拝堂が身廊を飾っている。それらはそれぞれの聖人に捧げられた場所となっており、エバンヘリオ側［主祭壇左側の側廊を指す。先のサリニャーナの説明では、左側の司教席となっている］の

317　Eduardo Enrique Ríos, *Fray Felipe de Jesús: el Santo Criollo*, Apéndice p. 99, Lib. 19, tomo 2, p. 143（Archivo de la Catedral de México）.

318　Toussaint, *op. cit.*, p. 163.

319　Sariñana, *op. cit.*, pp. 33-34. 尚、引用文中にある「サルサ」はスペイン語の発音に従い、カタカナ表記したものである。その意味は聖書の中の語句「燃える柴」の柴である。

320　この部分は第Ⅰ部第四章四節一四二頁に引用として紹介している。

321　Medina, *op. cit.*, pp. 142-144.

図Ⅰ-4-2b　現在の聖フェリーペ・デ・ヘスス礼拝堂主祭壇中央の聖フェリーペの磔姿
2本の槍で胸を刺し貫かれている。推定18世紀

最初の礼拝堂は最初の殉教者聖フェリーペ・デ・ヘススを拝む空間となっている。一六三八年頃に準備された。祭壇には、長崎で亡くなったときと同じように、十字架刑に処せられ、苦しむ等身大の聖人の像がある。大司教フランシスコ・マンソが祝福を与えた。この像の周りには、いくつかの絵が置かれているが、それらの絵には、聖フェリーペ・デ・ヘススの殉教の様子が描かれている。ひとつは耳を切られた場面、もうひとつは宿屋の主人が宿代の支払いのために聖人を裸にしている場面である。中央にある作品は、ガレオン船サン・フェリーペ号が遭難した暴風雨の様子である。空には不思議な十字架が見え、殉教を予告している[322]

となっている。

同じく、二十世紀の美術史家マヌエル・トゥサインによる聖フェリーペ・デ・ヘスス礼拝堂祭壇の装飾品の説明では、

この礼拝堂の中央祭壇は十八世紀に作られたと思われる。中央の窪みに聖人の像が置かれ、その周囲には作者不詳の殉教の絵が飾られているが、これらの作品は十八世紀の作品であり、最初の設置時の作品ではない。これらは当時［十七世紀］流行していたものではないのである。[323]

右の説明の通り、これらの作品が十八世紀に制作されたもので、その後、作りかえられていないとすれば、二十世紀初めにビジャヌエバが目にしていたフェリーペ像は、現在もこの礼拝堂に祀られているバロック美術の最高傑作のひとつとされる磔姿の聖フェリーペ像（図I-4-2b）である。とすると、同礼拝堂に置かれていたフェリーペ像を十七世紀前半に大司教を務めた「フランシスコ・マンソが祝福を与えた」というビジャヌエバの説明は整合性が取れないものとなる。これは、メディーナの記述をそのまま引用したことに起因するのではなかろうか。

ここまで見てきたように、メディーナが、像の周りに置かれている絵画（図I-4-2c）について語っていることから、十七世紀半ば以降、礼拝堂には常にこれらの作品が置かれてきたことは確かである。しかし、トゥサインによれば、彼が目にしていた祭壇及びその装飾品は、メディーナの時代のそれと同じものではない。[324]

続いて、この聖フェリーペ・デ・ヘスス礼拝堂の前に置かれている洗礼盤について考察したい（図I-4-4）。フェリーペは、この洗礼盤で洗礼を受けたと言われている。筆者が知る限り、これについて何らかの記述が見られる十七世紀の史料は二点である。一点はハシント・デ・ラ・セルナの説教録で、もう一点はメディーナの著書である。

322　Villanueva, *op. cit.*, pp. 97–98. 大司教マンソは一六二七年に国王から任命され、一六二九年にヌエバ・エスパーニャで着座した。

323　Toussaint, *op. cit.*, p. 163. トゥサインは、この礼拝堂の正面向かって左側壁の祭壇にペルーの聖女ロサが祀られていることも説明している（図I-4-3a）。

324　実際、教会堂の礼拝堂に設置される祭壇や飾り付けは永久的なものではなく、適時、改装が行われるものである。しかし、十七世紀に描かれた聖画が取り替えられたかどうかは明らかではない。この礼拝堂の最近の変化の一例は、一体の新しい聖フェリーペ立像の奉納である（図I-4-3a, I-4-3b）。この像は、二十世紀中には奉納されておらず、二〇〇〇年に納められた。

図Ⅰ-4-2c
聖フェリーペ磔姿の周囲に見られる殉教事件の各場面を描いた聖画
祭壇壁向かって右側部分。上から耳を切られる場面。十字架から降ろされる場面。捕縛され、引き回しをされている場面

まず、セルナの説教録で、これは一六五二年二月五日のフェリーペの祝日に、既に内部が使用可能となっていた新大聖堂で語られた説教が記されている。そこには「大聖堂の石の洗礼盤で洗礼を受け[325]」とある。しかし、この「大聖堂」が、実は最初に建てられた大聖堂のことか、あるいは、新大聖堂のことかについての明確な記述はなく、セルナが言う「石の洗礼盤」が当時新旧どちらの大聖堂にあったのか、判然としない。

他方、一六八三年のメディーナの著書には、一六三八年に大聖堂内に設置された礼拝堂前に、聖人が洗礼を受けた洗礼盤が置かれていると、明確に記されている。メディーナが言う「大聖堂」が、新大聖堂であることは明らかである。

ところが、一六六八年に、新大聖堂完成式典を祝ってイシドロ・サリニャーナが著した『一六六八年のメキシコ市大聖堂』には、聖フェリーペ・デ・ヘスス礼拝堂について詳細な説明がなされているにもかかわらず、洗礼盤については何ら記されていない。[326]年代からすると、この著書は、大聖堂内にある「石の洗礼盤」について触れているセルナの説教の十六年後、かつ、メディーナが聖フェリーペ物語を書き上げる十五年前に書かれたものである。

ここで洗礼盤の設置の時期を、セルナ、サリニャーナ、メディーナ、これら三人の言葉から推察してみたい。時系列に従うと、最初にセルナの場合である。確かにセルナは、洗礼盤の話をした。しかし、彼が新大聖堂の聖フェリーペ・デ・ヘスス礼拝堂で説教をあげた時、内部は建設工事中で、新大聖堂はまだ一部しか機能おらず[327]、洗礼盤を設置できる状態ではなかったかもしれない。つまり、新大聖堂ではなく別の場所で保管されていた可能性がある[328]。その点に留意してセルナの言動に注目すると、聖フェリーペを人々により身近な存在と感じさせ、その崇拝をより印象づけ普及させるために、彼は敢えて目の前にはない洗礼盤について語ったと言えるのではないだろうか。

次にサリニャーナである。彼は洗礼盤について一切の記述をしていない。その理由として考えられるのはそこに現物がなかったことであろう。サリニャーナの著作の目的は、大聖堂完成を伝えることであった。サリニャーナは概ね、その完成した姿を見せていた十四ある礼拝堂についてのみ、記したのである。洗礼盤がない以上、敢えて説明する必要はなかったとしても、不思議ではない。

一方、メディーナは、一六八三年の著書で洗礼盤が新大聖堂に置かれていることを明記している。聖フェリーペの礼拝堂が新大聖堂に設置されたのは一六三八年である。従って、その正確な年は不明であるが、旧大聖堂から新大聖

325　Serna, *op.cit.*, hoja 5.

326　Sariñana, *op. cit.* 参照。完成式典は一六六七年に催された。本章本節一六八頁参照。

327　トゥサインによれば、「大祭壇《Altar Mayor》」の落成式は一六七三年八月十五日であった。「お許しの祭壇《Altar del Perdon》」の落成式はそれより早く一六五〇年八月で、ミサは一六四八年頃からあげられていた。その他、王たちの祭壇は一六八二年に内装工事計画が立てられた。一方、大聖堂内両側の礼拝堂の完成は祭壇より早く、最も早く内装が完成したのは、大聖堂内向かって右側壁面に備えられた「聖遺物の礼拝堂《Capilla de las Reliquias》」で、一六一五年に完成している。また、大聖堂を囲む石の障壁は一六五三年から一六六〇年にかけて工事が進められたという。尚、聖フェリーペ・デ・ヘススの礼拝堂は一六三八年以降使われているという。Toussaint, *op. cit.*, pp. 117-163.

328　この時点で、旧大聖堂は既に取り壊されていたであろうと思われる。

図Ｉ-4-3a　主祭壇向かって左側壁面の聖女ロサが祀られている祭壇と聖フェリーペ立像

図Ｉ-4-3b　聖フェリーペ立像

図Ｉ-4-4　メキシコ市大聖堂聖フェリーペ・デ・ヘスス礼拝堂の洗礼盤（図Ｉ-4-1 参照）

堂へのその移動時期が、少なくとも一六五二年から一六八三年の間という推定は成り立つ。

ところで、大聖堂内には、聖フェリーペの礼拝堂以外にも聖フェリーペの姿が見られる。正面祭壇に向かって右側通路沿いに設置された「聖遺物の礼拝堂」（図Ｉ-4-5, Ｉ-4-6a）の主祭壇の下部左端にある磔刑姿のフェリーペの絵姿がそのひとつである（図Ｉ-4-6b）。この絵姿がある礼拝堂は左側通路沿いの聖フェリーペ・デ・ヘスス礼拝堂の真正面に位置している。この絵の中のフェリーペは、十字架姿で、二本の槍が胸で交差し、さらにもう一本が正面から刺さっている。頭部には、放射状の光の線でできた光輪が描かれている。背景に海に浮かんだ船が描かれている。岩や木々がある丘の様子も見られる。

この作品の制作年は、教会側の推定では一六二九年となっている。しかし、このような景色が描かれた聖フェリーペの十字架姿の絵画や版画は、十八世紀の作品の特徴であることから、この制作年に関しては疑問の余地がある。[329] マヌエル・トゥサインによれば、大聖堂内にもう一点、聖フェリーペの姿が見られた。この聖遺物の礼拝堂の真正面で、前方に近い部分に、かつて大祭壇（以下、旧大祭壇という）が設置されていたという。その土台部分に像が飾られており、その中のひとりが聖フェリーペであった。[330] この旧大祭壇は、その老朽が原因で十八世紀に入り取り壊されてしまった。[331]

ここで扱ったこの旧大祭壇に設置された聖フェリーペ像や聖フェリーペ・デ・ヘスス礼拝堂の設置が聖フェリーペ崇拝の普及にどの程度影響を与えたかについて記した史料はない。しかし、本章で触れたように、洗礼盤が置かれ、さらには、いくつかの聖フェリーペ像や関連する事物が祀られている。そうした事実はその崇拝の重要性を物語る。

そもそも、教会堂へ奉納される像や、聖画や壁画は、教会や聖人の歴史を人々に説明する役割も担うものである。大聖堂内に祀られた聖フェリーペ像は、そこを訪れる人々にその崇拝を伝え、より広範囲に普及させる大きなきっかけとなったと言える。とりわけ、一六三八年に大聖堂内礼拝堂に奉納された聖フェリーペ像は、時とともにその姿を変えながらも、周囲に置かれた聖画と共に存在し続けてきた。とりわけ、祭壇中央に聖フェリーペの姿が納められたこの礼拝堂設置の意義は大きく、崇拝の普及に役立ったことは間違いない。

3　ミゲール・サンチェスの説教におけるキリストとの類似性とフェリーペの聖性

一旦中止状態であった年祭が再開し、その上、メキシコ市大聖堂内に礼拝堂を用意された聖フェリーペ崇拝は、ますますクリオージョの関心の的となっていった。そしてその普及は新たな段階へと突入する。そこでは、聖フェリーペの聖性を一層高める努力がなされる。本節では、最初に聖フェリーペのイメージとして、キリストとの類似性をより明確に打ち出した説教者ミゲール・サンチェスの言葉を考察していく。

サンチェス[332]は十七世紀中頃に世評が高かったクリオージョ説教者である。彼は一六四〇年の六旬節の主日にメキシコ市のコンセプシオン修道院でフェリーペに捧げた説教を行った。そこでのサンチェスの言葉は、聖フェリーペ崇拝の基盤となり、その後の崇拝へ大きく影響を与えた。それが『聖フェリーペ・デ・ヘススに捧げる説教』という題

329　トゥサインによれば、この礼拝堂は一六一五年に天井の取り付け作業が終わっている。聖遺物が納めてある棚を飾った絵画に残されている日付で最も古いものは一七三七年である。但し、すべての扉絵の制作年が把握されているわけではない。遺骨が納められている人物についても、何人かの名を挙げてはいるが、その中に聖フェリーペの名はない。また、右に述べたように、フェリーペの磔刑姿とガレオン船が描かれている作品は、十七世紀前半には描かれていない。*Ibid.*, pp. 135–136.

330　*Ibid.*, pp. 117–120.

331　これが現在大聖堂に設置されている祭壇である。トゥサインによれば、この祭壇は、一七〇八年八月二十日にメキシコ市参事会で建築の許可が下り、一七三七年九月二十三日にその完成が祝われた。旧大祭壇に代わり、正面にあたる場所に「王たちの祭壇《Altar de los reyes》」が設置された。*Ibid.*, pp. 125-127.

332　ミゲール・サンチェスの生年や生地については、一五九四年にメキシコ市に生まれた、あるいは、一六〇六年前後にプエブラ市で生まれたなど、いくつかの説がある。フランシスコ・デ・ラ・マサによれば、サンチェスは、一五九四年、メキシコ市生まれ、エルネスト・デ・ラ・トレによれば、一六〇六年前後のプエブラ市生まれである。死去した日は一六七四年三月二十二日で、こちらは共通の認識となっている。サンチェスは学士《バチジェール》で、神学者でもあった。De la Maza, *op. cit.*, p. 48; Ernesto de la Torre Villar, *Estudios de historia Novohispana*, núm. 8, 1985, p. 152; *idem.*, *Estudios de historia Novohispana*, núm. 8, 1985, p. 152.

図Ⅰ-4-5　メキシコ市大聖堂内聖遺物の礼拝堂

図Ⅰ-4-6a　同礼拝堂主祭壇中心部
下段の左端の棚に聖フェリーペの聖遺物が納められていると言われる。

図Ⅰ-4-6b
同祭壇の聖フェリーペの十字架姿
（Manuel Quesada Brandi *et al.*, 1962）

SERMON
DE
S. FELIPE DE IESVS.
AL SEÑOR DOCTOR D. LOPE ALTAMIRANO Y CASTILLA, DEL CONSEJO DE SV Mageſtad, Arcediano de la S. Yglesia Metropolitana de Mexico, Commiſſario Apoſtolico, Subdelegado General de la Santa Cruzada en todos los Reynos de la Nueua España.
EL BACHILLER MIGVEL SANCHEZ.
PREDICOSE LA DOMINICA DE LA SEXAGESIMA en el Conuento de la Concepcion; al velo de la Madre Ana de San Nicolas.
Con licencia en Mexico, por Iuan Ruyz, año 1640.
BIBLIOTECA NACIONAL
MEXICO

右・図Ｉ-4-7　ミゲール・サンチェスの説教集の表紙／左・図Ｉ-4-8　同説教集の表紙に続く頁に添えられた版画（メキシコ国立図書館 UNAM 内）

の説教録として印刷され、現在まで残っている。333
説教の中でサンチェスは、フェリーペの聖性についていくつかの側面から説明している。そこでその聖フェリーペの聖性及びその意義について論じていく。説教の内容について言及する前に、まず、この説教録の表紙について説明しておきたい。

そこには、題字の他に頭部に光輪をつけた聖フェリーペの磔刑姿の版画が見られる（図Ｉ-4-7）。その細部に目を向けると、胸には槍で受けた傷跡が三か所ある。胸を槍で三度突かれたという説は、本書で扱った一六二九年の詩にも詠われた。また第三章で紹介したファン・デ・ロス・リオスの論文の表紙に添えられた十字架上のフェリーペの胸にも三か所の傷跡があった（図Ｉ-3-8a）。注目すべきは傷跡の大きさである。サンチェスの説教録表紙絵の聖フェリーペの胸の傷は、リオスの論文表紙のそれよりもはっきりと描かれ、出血も鮮明である。

この版画では冠とシュロの葉を持った天使が付加されて、その聖性が一段と強調され、また、死刑執行人も一人から二人へと人数が増え、磔刑の残虐性がより顕著である。因みに、聖フェリーペを描いたこの版画は、現存のものとしては、ロス・リオスの論文の表紙に使われた版画の次に古い作品である。

次に説教録の体裁を考察する。このサンチェスの説教録は当時としては特殊なものと考えられる。筆者が入手したこの説教録には、その時代に印刷物に添えられることになっていた異端審問所の許可書や意見書、印刷の承認などが見当たらない。[334]その上、説教の依頼者も明記されていないのである。しかし、表紙の題に続いて「副王領審議会《Consejo de su Magestad》の関係者であり、メキシコ大聖堂助祭であるドン・ロペ・アルタミラーノ・イ・カスティージャに捧げた」と記されていることから、依頼者が、ここで名が挙がっているドン・ロペ・アルタミラーノであろうことは推察できる。

ここからは説教録の内容を見ていくことにする。まず、この説教録を開くと、最初の頁の中央にある紋章のような図柄（図I-4-8）が目に入ってくる。盾の中央に縦線が入り、左右に二分されている。向かって右側部分では、左上から右下に向かう対角線上に細長い形状のものが描かれ、平面を二分する。その両端には動物の頭部が見られ、対角

333　サンチェスが説教を行った日は、修道女アナ・デ・サン・ニコラスの誓いの儀式も行われた。彼の説教録にはフェリーペの磔姿の版画が添えられており、そのモチーフもサンチェスの言葉を表すものであり、重要な意味を持っている。アウグスティン・ミジャーレスによれば、サンチェス以前のものとしては、一六三八年と一六三九年のフェリーペの祝日に行われたものが活字として残っている。これらは大聖堂内聖フェリーペ・デ・ヘスス礼拝堂設置後の説教で、やはり活字印刷されて残されている。これらの説教から、聖フェリーペの日には、大聖堂で盛大な祝典が開かれていたことが推測される。礼拝堂の献堂初年度にあたる一六三八年の説教の題名は『インディアスの最初の殉教者であり、メキシコ市の気高い忠誠なる守護聖人にして、栄光ある聖フェリーペの祝日に、メキシコ市大聖堂で行われた説教』で、作者はメルセーの聖母会の修道士ルイス・デ・バカ・サラサールである。翌一六三九年の説教は、聖ドミニコ会の学校の学長兼理事兼宗教裁判官でもある修道士ハシント・デ・ラ・カクシカが行っている。彼の説教も印刷され、その題は、先のバカ・サラサールとほぼ同じものとなっている。Millares Carlo y Calvo, *op. cit.*, s.p.

334　当時の印刷物には一般に異端審問所の許可が必要であり、許可書や意見書などが添えられる。説教の場合はそれを依頼した人物の名が書かれることが多い。ところが、筆者が目を通したサンチェスの説教録にはそういった記述文はなく承認の言葉すら見られない。この点については、説教録の保存状況からして欠損した可能性も考えられる。なお、古書の保管方法として、メキシコではミセラネアと呼ぶ製本方法が使われている。これは植民地時代の印刷物を年代や種類で数点あるいは数十点まとめて一冊の本とし

線は大きく開けた口から出ている構図となっている。上の方の空間には、三つの塔を持った城があり、下の空間には左を向いて後ろ足で立ち上がったライオンが一頭見える。この盾の左側の中央部には黒く塗られた小さな円形が三個ずつ横並びに三段、さらにその下に一個、合計一〇個描かれている。この左側の周囲を囲む帯状の部分にはX《エックス》の文字が八つ描かれている。この盾型の図を覆うようにその周囲は豪華な飾り羽根で縁取られ、さらに、間に飾りが付いた菱形模様やデフォルメされた十字模様など細かいモチーフが添えられている。最上部にはシュロを思わせるような葉が何枚か見える。

この紋章は、総じてスペイン的要素を持った図柄と言える。これは、アルタミラーノ・イ・カスティージャ家が使用していたものと考えられるが、定かではない。

その次の頁に記されているアナグラムが興味深い。ここでは同家の主《あるじ》、ロペ・アルタミラーノ・イ・カスティージャを讃える言葉が紡がれている。天文学における星と太陽の関係を例に挙げ、ロペ・アルタミラーノと聖フェリーペ及びメキシコの関係について隠喩法を用いて説明している。サンチェスの言葉を要約すると、「ロペ・アルタミラーノ・イ・カスティージャは祖国のための太陽であり、星は太陽の輝きがなければ、その美しさを見せることができない。そしてメキシコには星が必要である。ロペよ、その星は貴方を太陽として輝くのだ。星がなければ、メキシコは闇に落ちる。フェリーペはメキシコのために輝く星である」[335]となる。

この説教録を記すにあたりサンチェスは、「聖なるものであるが故に素晴らしい息子を祝っているのだから、そして人間であるが故に素晴らしい息子が忘れられているのであるから、この説教を閣下に捧げなければ、メキシコは私に対して苦言をいうことになるだろう」と言っている。また、サンチェスは、聖フェリーペを語るに際し、「これほどまでに自分が好意を持てる人物を知らない」という自身の思いを明らかにしている。

その理由として、フェリーペが「祖国の聖人」であること、「メキシコ人聖人」であることを繰り返し述べている。また「インディアーノ青年」であることも強調する。もちろん、ここでの「メキシコ人」や「インディアーノ」という言葉は「ヌエバ・エスパーニャ生まれ」という意味で使われている。自身がクリオージョであるサンチェスにとって、フェリーペは、間違いなくヌエバ・エスパーニャ生まれのスペイン人、すなわち、クリオージョであり、スペイン生まれのスペイン人とは異なる存在であった。

サンチェスの考えた聖フェリーペの聖性の最も重要な要素は、その胸の「三つの突き傷」であった。彼は、既に定着し始めていたそれに目を向け、次のように記している。

殉教者［フェリーペ・デ・ヘスス］は、他の殉教者と同様に槍で二度突かれた。殉教者にふさわしいヘススという名を持ち、［最初の殉教者《protomártir》の］名声を享受するために、キリストの死を真似て三本目の槍を受けた。[336]

これは、カトリックにおける「三」という数字がもたらす意味を意識してのことであろう。[337]

そして、フェリーペが単に三度突かれたとするだけではなく、その一突き一突きが意味を持っていること、さらにフェリーペが他の殉教者とは異なることを、次のように説明している。

……私がフェリーペを特別扱いすることに驚くことはない。［彼の殉教が］いかに素晴らしいことであり、希有な殉教であるかを説明しよう。三度槍で突かれた。最初の一突きが［フェリーペに］死をもたらした。生き絶えた後に二突きされた。一突きは祖国メキシコのためである。［キリストが］十字架で死に瀕していたとき、もう一

て保管する方法で、いくつかの印刷物をそのまま綴じるため、欠損したものはそのまま綴じられることが多い。今回参考とするサンチェスの説教録も、この保管方法で残されている。

335　Sanchez, *Sermon*, hoja 2 reverso.

336　*Ibid*., hoja 13.

337　カトリックにおける「三」の意味については第I部第三章一三九頁参照。

槍がキリストの母のために捧げられた。……死者の身体の傷口は塞がることがなく、傷口は開いたままであった。[338]

このように、サンチェスは敢えて「三」にまつわる、より明確な説明を試みた。先に述べてきたように、列福直後にヌエバ・エスパーニャでフェリーペをテーマにした詩が詠まれ、その中で「三つの傷跡」が強調された。サンチェスはその傷跡故に、フェリーペをキリストと重ね合わせたのである。その結果、彼の「三つの傷跡」の説明は、その後のフェリーペの聖なるイメージの基盤となっていった。

彼はそれだけに留めなかった。説教者サンチェスは、そのイメージをより突出させるために、キリストとのさらなる類似点を探そうと、その他の要素にも目を向けた。まず、スペイン語でイエスを意味する「ヘスス」という名について考えた。曰く「聖人たちの名は常に不思議な預言であった。聖書の中に多くの預言があるが、預言というものは思いもかけず生じるものである。フェリーペの名［フェリーペ・デ・ヘスス］はその最初の預言であった」。[339]「ヘスス」という名を与えられたが故に、「ヘスス」という名前が持つ運命を持つこと、つまり、キリストとの関連を再三指摘する。

この修道士名についてはことさら詳細に説明している。

フェリーペ・デ・ヘススという呼び名が持っている力は大きい。俗名はフェリーペ・デ・ラス・カサスといい、それが［フェリーペ・デ・］ヘススとなった。天に多くの家を持っている故に、世俗の家のことは忘れよと、神が彼に言ったとき、［神は］彼に別のフェリーペとなることを命じたと私は確信した。神は彼にヘススという名を与え、彼をその名の通りにした。フェリーペ・デ・ヘススと呼ばれる以外、他に道はなかったのである。ヘスス［イエス・キリスト］が乗り移ったのだから。（中略）最初の名前［フェリーペ・デ・ラス・カサス］とフェリーペ・デ・ヘススという名前に違いがあることは分かるであろう。ヘススとは光の源であり、フェリーペは光の入口を意味する。当然のこととして、フェリーペ・デ・ヘススと名乗るよう、申し渡された。これで、謎が明らかになろう。金曜日に殉教した理由が分かるだろう。光の源として人々のために光を灯そうとしたのだ。まずは日本の人々のために[340]。

サンチェスによれば、「フェリーペ・デ・ヘスス」は神の意志によって誕生し、その殉教は神の意志に基づくものであった。それ故に、フェリーペは聖なる者であった。さらに、殉教した曜日も重要であった。リバデネイラによれば、殉教は水曜日に起きたが[341]、フェリーペとキリストの類似を強調する者にとって、フェリーペは金曜日に死ななくてはならなかった。サンチェスが指摘する金曜日とリバデネイラが記した水曜日では二日の違いがある。この日付については、ホセッ・シカルドが、日本とヌエバ・エスパーニャ間の一日のずれを指摘しているが[342]、その違いを考慮しても計算が合わない。史実がどうであれ、敢えて金曜日とすることに意味があったのだ。

さらに、「フェリーペ」という名前に着目した。そしてフェリーペの偉大さを示すために当時のスペイン国王フェリーペの名を借りた。「カトリック王フェリーペがひとつの預言であった。キリスト教のシーザーであり、教会の柱《Atlante de la Iglesia》であり、スペインの王である。（中略）もう一人はメキシコ人殉教者フェリーペである。キリストが扉を開く故に、

338 *Ibid.*, hoja 14.
339 *Ibid.*, hoja 8 reverso.
340 *Ibid.*, hoja 10-10 reverso.
341 Ribadeneira. *op. cit.*, p. 482.
342 Joseph Sicardo, *Christianidad del Japón y dilatada persecución que padeció Memorias sacras, de los mártyres de las ilustres religiones del Santo Domingo, San Francisco, Compañía de Jesus; Y crecido número de Seglares: y con especialidad, de los religiosos del Orden de N. P. S. Agustin*, p. 368. この日付のずれに関しては、アカプルコへ向けての出発の日が異なって記されていることが一例として挙げられる。注一〇〇で紹介した史料参照。

日本に辿り着くべき運命であった」[343]と解釈している。

また、キリストの死後の最初の殉教者である聖エステバン[344]とフェリーペ・デ・ヘススの関連にも目を向けている。（名前から分かることであるが）それは選ばれたという以外のなにものでもない。聖なる仕事をするために七人の信者を使徒とした。聖エステバンとフェリーペ、そしてそこに名を挙げた人々が選ばれた。私は謎解きをしよう。聖エステバンに続いて、フェリーペが選ばれる。聖エステバンは教会のための最初の殉教者に、なるべくしてなり、我々の誉れ高いフェリーペも［なるべくして］日本の［最初の］殉教者となった。精霊は言った。ひとりの殉教者の後に［その名を］告げた。つまり、聖エステバンの後にあのフェリーペがいる。日本の最初の殉教者となることを享受する権利を意味するその名前が、預言の役割を果たし、フェリーペはもうひとりの殉教者として予見されていたのである。[345]

サン・フェリーペ号の航海中に起きた自然現象に関しては、リバデネイラも語っているが、彼は、取り立てて、殉教者の一人に焦点を当てて航海中の自然現象を語るということはしていない。[346]一方、サンチェスは、フェリーペのための予兆として、それらの現象を語っている。

幸運なガレオン船、サン・フェリーペ号よ、フェリーペが勝利を手にするよう、遭難せよ（これはフェリーペ自身の言葉である）。フェリーペはうまく言い当てている。彼は、十字架の上で死ぬために十字架で航海した。なぜなら船は十字の形をしていた。細い二つの先端、中央が広がっていた。同じような［形をした］船でキリストも旅をした。それぞれが我々に十字架を残し、船を残した。あの船で前者［フェリーペ］は船出した。そして、殉教する港に着いた。[347]

さらに、フェリーペがいなければ、日本のキリスト教徒が十字架刑に処せられることもなかったとし、次のように語る。

「［フェリーペ・デ・ヘススが］あのガレオン船で到着しなければ、太閤さまは怒ることもなかった。あの王国には、既に神父たちがおり、その姿は知られていた。［キリシタン追放禁令は］既に忘れられていたし、思い出すこともなかった。フェリーペが彼らを十字架へ運んだのだ」[348]。また、サン・フェリーペ号の遭難の場面を旧約聖書の預言者ヨナがクジラに飲み込まれる話に照らし合わせた。「……流れ星が見え、そういった出来事はクジラを荒れさせた。預言者ヨナを飲み込もうとしたように」[349]と喩えている。

サンチェスは、聖フェリーペのイメージを聖なるものへと高める努力を惜しまなかった。それは自分自身も含めたクリオージョのためであった。彼にとってフェリーペは、クリオージョがペニンスラールと比べても引けを取らない人間であることを示すための媒体であった。つまり、クリオージョである自身の思いを伝える道具として最適であった。それは次の言葉から推察できよう。

　最初の殉教者を与えようと待っていた。それはフェリーペという名だからだ。クリオージョの誰もがフェリー

---

343 Sanchez, *op. cit.*, hoja 9–9 reverso.
344 この殉教者は日本では聖ステファノと呼ばれている。
345 *Ibid.*, hoja 9 reverso–10.
346 Ribadeneira, *op. cit.*, pp. 319–426. リバデネイラも、航海中の自然現象の他に、その時期に日本国内で生じた超自然現象についても紹介しているが、いずれも殉教事件の前触れという解釈をしている。
347 Sanchez, *op. cit.*, hoja 7 reverso–8.
348 *Ibid.*, hoja 8 reverso .
349 *Ibid.*, hoja 7 reverso.

ぺという名であれば、特別なフェリーペになれる。王フェリーペのために殉教者フェリーペになれる。彼の不幸は現世にある。その土地出身［ヌエバ・エスパーニャ出身］であることが障害となる。だが、欠点を誇りに思え。[350]

こうした彼の考えの根底にあったのが、名誉や栄光に救いを求めようとする「クリオージョの意識」であった。その意識こそが、サンチェスにフェリーペのことを「私のヘスス、インディアーノ。私の勇敢なフェリーペ」[351]と呼ばせたのである。

そして、クリオージョ聖人であるフェリーペの名誉を意識して、それを挽回しようと努めているように思われる。例えば、フェリーペが殉教から逃げようとしたという噂に対して、フェリーペが仮に愚かであったとしても、それでも彼は殉教者となり、聖人となったことを強調し、愚かさをも肯定的に考えよう、と問いかける。

（メキシコの幸いについて、すべてのクリオージョの中で最も成功した者について、祖国で最も幸運な者について話します）

愚か者であり、情けない逃走者であったが、天の声に導かれ、殉教者となったと言われる。素晴らしい土地であるこの大地の一部であり、しかしもうこの世にはいないが、栄光を与えられ、列聖を受け、あなた方に羨望され続ける。[352]

また、サンチェスはクリオージョの社会的状況を向上させるための好機を無駄にしなかった。「貴方がたとメキシコの幸せ者について話そう。クリオージョの中で最も成功した者だ。祖国で最も知られている者[353]」。このような言葉を重ねながら、フェリーペをヌエバ・エスパーニャのエリート・クリオージョの代表として掲げ、彼らのシンボルとなるよう、導いていった。

フランシスコ・デ・ラ・マサは、このサンチェスの一連の言葉を「特にクリオージョ階層という自身の社会階層のために、［サンチェスは］メキシコの熱心な祖国愛主義者《patriota》として活動を始めた」[354]ことを示す証として捉えている。つまり、社会問題に関心を持ち、クリオージョという立場について深く考えていた。そこで、「クリオージョ」という言葉を繰り返し用い、カトリックの解釈を駆使することにより、彼らのシンボルを誕生させようとしたのである。同時に、ヌエバ・エスパーニャは自分たちの祖国である、という意識をクリオージョの間に広めようとした。

こうして一六四〇年に、フェリーペをテーマとした説教を活字化したサンチェスは、その八年後の一六四八年には、グアダルーペの聖母伝説を印刷し世に出した。彼は、聖フェリーペとグアダルーペの聖母がともにヌエバ・エスパーニャ生まれと言えることに着目し、双方をクリオージョとして扱うことを試みたのだ。

この試みは成功したと言える。彼はフェリーペに捧げた説教で、フェリーペのイメージの基礎を築いた。また、彼のグアダルーペの聖母出現物語は、その後訪れる関連印刷の刊行ラッシュのきっかけとなった。聖フェリーペ崇拝もグアダルーペの聖母崇拝も、どちらの崇拝も共にクリオージョのシンボルとして受け入れられるよう、活字を通して効果的に人々の間に広めるための努力を惜しまなかったと言える。それ以降、サンチェスに続く聖職者によって、前者、フェリーペに関しては、その聖性を高めるために言葉が紡がれ伝えられた。後者、グアダルーペの聖母に関しても、その出現伝説や崇拝に関する書物が随時印刷されていったのである。

これらの点について、フロレスカーノの言葉を借りれば、「十七世紀のクリオージョは自分たちをスペインから切り離し、同時に、ヌエバ・エスパーニャで生まれたという特権を自分たちが取り戻すための宗教的なシンボルを創り

350 *Ibid.*, hoja 14.
351 *Ibid.*, hoja 11 reverso.
352 *Ibid.*, hoja 13.
353 *Ibid.*, hoja 13.
354 De la Maza, *op. cit.*, p. 49.

上げていった」[355]となる。

双方のイメージはクリオージョの祖国やヌエバ・エスパーニャを代表する特別なシンボルとして広まっていった。両者の明らかな違いは、グアダルーペの聖母は「メキシコに出現した聖なる神の母」であり、一方、フェリーペは「メキシコ生まれの実在の人間」であったということである。その意味において、フェリーペは、エリート・クリオージョが自分たちのイメージを実際に重ねることができる最適のシンボルであったと言える。

サンチェスが掲げた、キリストとの類似性の中に見る聖フェリーペの聖性は、それ以後の説教者たちが継承し、根付かせていくことになる。

4　ハシント・デ・ラ・セルナが聖書から見出した聖フェリーペの聖性

前節で明らかなようにサンチェスは、聖フェリーペのキリストとの類似性を明確にした。そのサンチェスに続いて紹介するのは、聖書の中の要素との類似性やカトリックの教えをもとに、聖フェリーペの聖なるイメージを一層膨らませたハシント・デ・ラ・セルナである。

セルナはメキシコ市出身のクリオージョで、サンチェス同様、著名な説教者であった[356]。彼は一六五二年二月五日、メキシコ市大聖堂で説教をあげた。それは『メキシコ市大聖堂で行われた聖フェリーペ・デ・ヘススに捧げた説教ヌエバ・エスパーニャ副王　伯爵アルバ・デ・アリステ他、アウディエンシアの重鎮、メキシコ市参事会会員の長老の参加のもとに、日本における最初の殉教者、傑出したメキシコ人聖人フェリーペ・デ・ヘススのためにメキシコ市参事会が主催した祝典』という題で印刷され、現在まで残っている（図I-4-9）。そこにはセルナが創造する新しい聖フェリーペのイメージが盛り込まれている。ここではその新たなイメージを考察したい。

先に紹介したサンチェスと、セルナのこの説教録の形式の違いのひとつとして指摘できるのが、後者セルナのそれには当時の慣習に則り、承認が書かれた文が添えられていることである。その記述から、当時の教会関係者が聖フェリーペに対し、どのような見方をしていたのかも、同時に把握できる。

この承認文の執筆者はイエズス会士マティアス・ボカネグラである。この時点まで、フランシスコ会とイエズス会は聖フェリーペに関する祝典を相共に祝ってはいなかった。しかしこの説教録ではイエズス会修道士が承認文を書いている。それは聖フェリーペ崇拝にとって新たな段階と言える。そこには「メキシコ市大聖堂の司祭ハシント・デ・ラ・セルナ博士が、メキシコ市守護聖人で高名なる聖フェリーペ・デ・ヘスス、栄光ある殉教者の祝祭日に語られた説教を、私は拝聴した。この上なく崇高な崇拝のための荘厳な祭壇と盛大な祝典が用意された。賞賛の言葉、その素晴らしさを的確に指摘し……」[357]とある。これは、セルナの説教を認めるだけではなく、褒め讃え、さらには、メキシコ市が荘厳で盛大な祝典を用意したことが記されており、聖フェリーペに対するその高い関心を語っている。

この説教録にはセルナ自身が書いた印刷許可申請文も添えられており、聖フェリーペの殉教に関する考え方が言及されている。それによれば、その殉教は神の意志によるものであり、その人生はクリオージョのための良き手本であった。そういった解釈の上で、次のような言葉を用いて許可を嘆願している。

我が祖国で生まれた故に祖国メキシコの栄光と栄誉である、フランシスコ会士の奇蹟、日本における最初の殉

355　Enrique Florescano, “Ser criollo en Nueva España”. en *Nexos*, núm. 103, p. 7 (08 jul. 1986).

356　セルナはメキシコ市大聖堂の司祭として務め、さらにメキシコ（王立）大学の教壇にも立ち、学長にまで上り詰めた人物である。大学の名称は、Real Pontificia Universidad de México である。現メキシコ国立自治大学（Universidad Nacional Autónoma de México）の前身。医学、数学の他、神学、ラテン語、宗教学など宗教関係の科目が多く、多くの聖職者が教官を務めていた。彼の出生年は不明だが、一六八一年に八十歳前後で没したと言われている。*Diccionario Porrúa, Historia, Biografía y Geografía de México*, México 参照。

357　Serna, *op. cit.*, hoja 1.

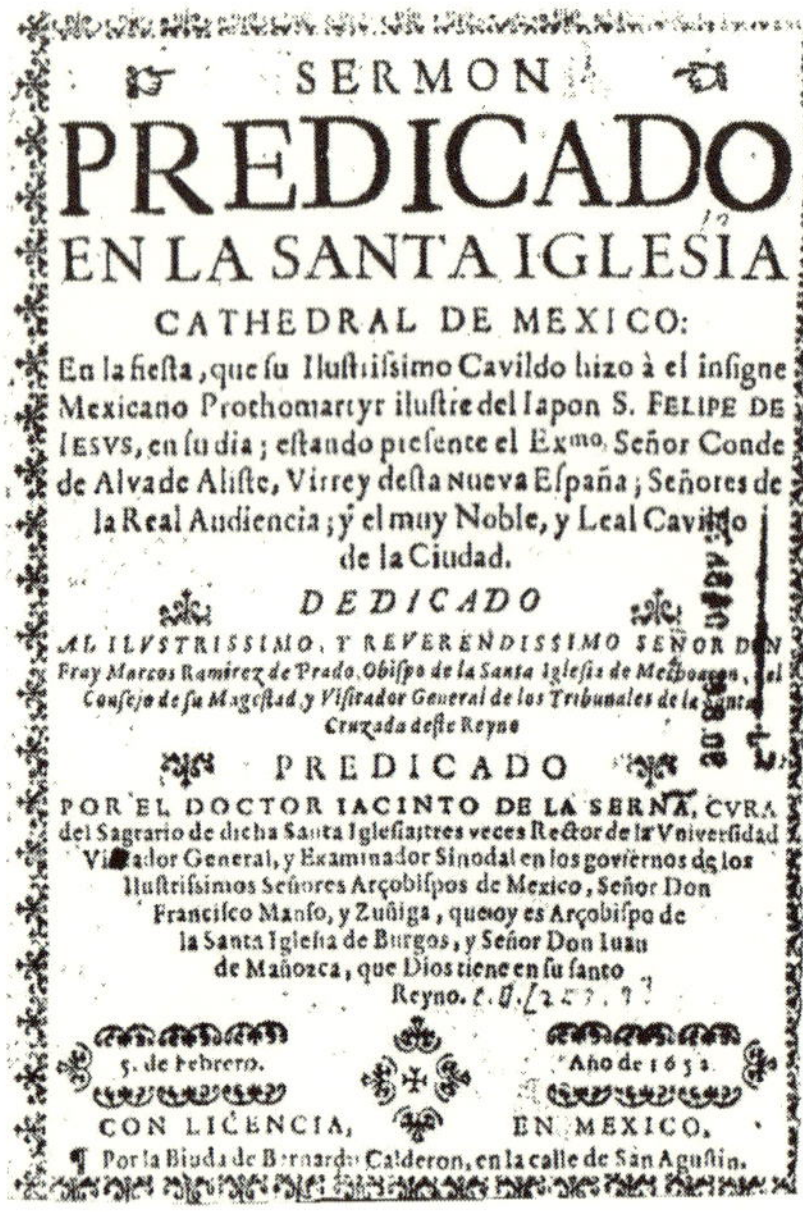
SERMON
PREDICADO
EN LA SANTA IGLESIA
CATHEDRAL DE MEXICO:
En la fiesta, que su Illustrissimo Cavildo hizo à el insigne Mexicano Prothomartyr ilustre del Iapon S. FELIPE DE IESVS, en su dia; estando presente el Exmo. Señor Conde de Alva de Aliste, Virrey desta Nueva España; Señores de la Real Audiencia; y el muy Noble, y Leal Cavildo de la Ciudad.
DEDICADO
AL ILVSTRISSIMO, Y REVERENDISSIMO SEÑOR DON Fray Marcos Ramirez de Prado, Obispo de la Santa Iglesia de Mechoacan, del Consejo de su Magestad, y Visitador General de los Tribunales de la Santa Cruzada deste Reyno
PREDICADO
POR EL DOCTOR IACINTO DE LA SERNA, CVRA del Sagrario de dicha Santa Iglesia, tres veces Rector de la Vniversidad Visitador General, y Examinador Sinodal en los governos de los Illustrissimos Señores Arçobispos de Mexico, Señor Don Francisco Manso, y Zuñiga, que oy es Arçobispo de la Santa Iglesia de Burgos, y Señor Don Iuan de Mañozca, que Dios tiene en su santo Reyno.
5. de Febrero. Año de 1652.
CON LICENCIA, EN MEXICO,
Por la Biuda de Bernardo Calderon, en la calle de San Agustin.

図Ⅰ-4-9　ハシント・デ・ラ・セルナの説教集の表紙

教者聖フェリーペ・デ・ヘススの説教を引き受けたからには、直ちにお願い申し上げます。説教録を世に出し、役立てるために、印刷の許可をお与えくださるよう閣下にお願い申し上げます。[358]

さらに、「これほど名誉なことは他になく、誠に崇高なものでありましょう」[359]と述べ、同時に、「信仰心のない人々が軽はずみな考えを持っていること」[360]を指摘し、説教録を活字印刷することの意義を次のように力説する。

> これから話すことは、素晴らしい出来事であり、だからこそ、一般庶民のばかばかしいうわさ話を打ち消す必要がございます。フランシスコ会の息子、傑出した勇敢な殉教者なのでございます。彼らは、あのメキシコ生まれのスペイン人《Español-Mexicano》を、本来あるべき崇高で勇敢な殉教者として認めたくないのでございます。[361]

ここからは説教録の中のセルナの言葉から、その思いを明らかにしていくことにする。セルナは、フェリーペをより聖なるものとし、さらに、人々の心により強く印象づけるために、様々な側面からその聖性の正当化を図っている。まず、彼は、フェリーペの生まれた町に与えられた意味、その町の過去と現在、かつての偶像崇拝のシンボルの現在の姿などを丁寧に説明する。フェリーペの生地はカトリックの聖なる町であるとし、さらには、国王の名を挙げることにより、その正統性を強調しながら、賛美する。

すべては、お前が聖なる町エルサレムであるが故に、聖人が生まれた地であり、聖人の町であるが故のことである。帝国メキシコよ、我が祖国よ。喜べ。勇気を持て。正装せよ。だが、飾りすぎてはいけない。豪華過ぎるものを身につけるでない。そういった類いのもので飾るべきではない。メキシコよ、お前は偉大な国だ。カトリック王フェリーペ四世が統治する広大な国よ。神はお前を手にするために、長い年月を待っておられた。お前を統治する君主の高邁さ。お前を裁く明達な審判。高貴で、忠誠なる町よ。お前を統治し、そして守る。お前は美しい。通りや広場、建物、寺院。平和さ、水に恵まれ、食糧に恵まれ、金、銀に恵まれ、信心深く、恵みも多く、宗教心が篤い、聖なるものであり、聖なる信仰者、忠誠であり、気高く素晴らしいが故に高名で、その地に住む立派な息子たちや紳士たちは、由緒ある大学のおかげで皆賢人であり、大学がある故に、その住民たちはともに高徳である。[362]

次に、メキシコを擬人化し、その異教徒としての過去については次のように語る。

かつてメキシコは、偶像崇拝の闇の中にいた。メキシコが過ちの名人であったとき、迷信に惑わされていた。野蛮なことに拍手喝采をし、サボテンの上に止まった鷲の祭りを祝っていた。この教会堂［大聖堂］がある場所には広場があり、皇帝始め王たちや王子、カシーケ始め多くの者が集まっていた。多くの者が正装で祝った。ある者たちは、雪に見立てた白い服、畑《los prados》の作物［畑に実った色とりどりの作物］に見立てた様々な色合いの服を着

358　*Ibid*., hoja 2 rev.–3.
359　*Ibid*., hoja 3.
360　*Ibid*.
361　*Ibid*.
362　*Ibid*., hoja 4 reverso.

て、他の者はその勇気や偉業を示す動物の皮をかぶっていた。サンダルを履いていた。[363]

このような儀式を行っていたアステカ時代のメキシコは、カトリックの教えが到来したことによって、変貌を遂げたとして、以下のような説明をした。

しかし今、メキシコは過ちの名人ではない（教皇レオンが述べられたように）。カトリックの真の信仰者であるカトリック王フェリーペのもとに生きる福音の息子［メキシコはカトリック王フェリーペの領地であるという意味だが、擬人法で表現している］である。そこには海を越えて渡ってきたスペイン人や尊いキリスト教を信じる土着の者たちが住んでいる。［メキシコ市は］高名な殉教者聖フェリーペ・デ・ヘススの生みの母である。そこにある家々のどこかで生まれ、大聖堂にある石の洗礼盤で洗礼を受け、そして祝典が挙げられる。[364]

クリオージョらが生まれ育った町の負い目と誇りを町の歴史にたとえて言い表したと言える。続いて、かつて先住民文化の偶像崇拝のシンボルで、征服後の十六世紀後半からいつしか再びメキシコ市やその近郊で好んで使われるようになっていた、鷲とサボテンと蛇の三要素で構成された図柄をフェリーペの人生に重ねて説明した。セルナは、征服前のメキシコが持つ要素とカトリックの要素を照らし合わせたのだ。

しかし今祝うのは、サボテンの上の（悪魔の姿である）鷲のためにではなく、サボテンに止まった鷲である十字架の上のフェリーペのために祝うのだ。すなわち、フェリーペはフランシスコ会で育った鷲である。大きな翼を持った鷲。謙虚さを持って地面に降り立ち、天の城へと高く昇った鷲である。そしてこの鷲、この息子は、太陽の光に向かうことではなく、十字架の喜びを受けることを試みたのだ。[365]

さらにサボテンに関する説明を続ける。

素晴らしい一本の木。サボテン。それは苦悩の十字架である。それぞれの枝で、あるものは上に向かい、あるものは横に伸び、十字架を形づくる。その自然が作る十字架はざらざらで堅い。（中略）十字架は美しい甘い房のような実をつける。サボテンの実は不思議にも教会の理念を意味する。白い実は聖母、黄色い実は告白、赤い実は殉教。（中略）このサボテンに止まる鷲のために祝う。教会の教えの喝采を受け、幾度も鐘を鳴らし、人々の崇拝と神父の行列、十字架のフェリーペ・デ・ヘスス……。[366]

これは、管見の限り、アステカ時代に使われていたとされるサボテンと鷲という二つの要素を、カトリック的な十字架と殉教者とに解釈し、フェリーペと関連させた最初の記述である。

そして説教録の中で、「鷲」を利用した隠喩を駆使して説明する。「かつてのサボテンの上の鷲は消えた。［鷲は］そこで生まれた息子、十字架であるサボテンの上で刺されたフェリーペ・デ・ヘススという鷲として生まれ変わる」[367]と続ける。また、フェリーペはクリオージョの代表であり、勇敢な鷲であると繰り返し語る。

鷲は、カトリックでは善と悪の対峙において、善の比喩として使われる。また先住民文化においても、力のある動物であり、神のひとつの姿として用いられており、セルナにとっては二つの文化の違い、同時に、類似性を説明する

363　*Ibid.*, hoja 4 reverso–5. "Los prados" という部分であるが、辞書では「prado」の訳は「牧草、牧草地」である。色々な収穫物を、色とりどりの服を着るという言葉で表したという理解で、「prado」を「畑」と訳した。
364　*Ibid.*, hoja 5.
365　*Ibid.*, hoja 5 reverso.
366　*Ibid.*, hoja 5 reverso–6.
367　*Ibid.*, hoja 14.

図Ｉ-4-10　セルナの説教集に添えられた聖フェリーペ・デ・ヘススの磔姿の版画

図Ｉ-4-11　説教集の３ページ目に添えられた版画（メキシコ国立図書館UNAM内）

にあたり、最も適した要素となった。

　この説教録は、セルナの考えを視覚からも理解できるように、工夫されている。それは説教録に添えられた聖フェリーペの磔姿に伴うひとつのモチーフに見られる[368]（図I-4-10）。モチーフを説明する前に、版画全体を解説しておく。

　中央では聖フェリーペが十字架刑に処せられており、その手前には二人の死刑執行人がいる。これはサンチェスの説教録の表紙の版画と同じ構図である。ひとりはまさに槍で胸を突いている姿勢で、もう一人は、したたり落ちる血から、胸を突き終えた槍を両手で持っている姿と言える。

　ところで、この版画にはサンチェスの作品には含まれていない要素が見られる。十字架の上部両側には殉教のシンボルである王冠とシュロの葉を手にした天使が二体描かれているのだ。サンチェスの説教に添えられた版画（図I-4-7）では、シュロの葉と王冠は十字架に直接置かれていた。このように新たに天使が加えられ、聖なる要素が加えられたことは、作品に一層高い聖性を与えようとする意図が見られる。それは殉教者フェリーペのそれをさらに強調する

368　説教録の三頁目に別の紋章図（図I-4-11）が添えられている。そこに記された文言からすると、この紋章は、セルナがこのミサの説教を捧げたミチョアカン司教マルコス・ラミーレス・デ・プラード家のものと思われる。その図柄には、盾型の枠の上半分の左右の空間に二本足で立ち上がったライオンがそれぞれ一頭描かれている。向かって右のライオンは一本の木に両前足を当てている。下の方の二つの空間は、向かって右は格子柄で埋め尽くされ、左側の中央には横に並んだ三個の黒い丸が四段あり、五段目には一個描かれている。その周りには太い枠が作られ、その中に七つのXが書かれている。盾の周囲は豪華な羽と綱模様で飾られている。この紋章の図柄の要素は、サンチェスの説教録に添えられた紋章の要素と共通のものが多いが、それぞれの配置が異なる。*Ibid.*, hoja 2.

図Ⅰ-4-12　副王領時代前半、メキシコ市ソカロにあった「サボテンにとまった鷲が蛇を食らう」図像　(Florescano, 1998, p. 39)

ことである。

この作品の下部に並んでいる二つの紋章は、共に聖フェリーペに関連している。ひとつは、十字架の前で両腕を交差させた図柄で、フェリーペが所属したフランシスコ修道会のシンボルである。もうひとつが先に述べたモチーフで、[369]サボテンにとまった鷲が蛇を喰らっている図柄である。この紋章はフェリーペがメキシコ市生まれであることを示す。これがセルナの見解を視覚化する媒体となっている。

アステカ時代の表象の図柄、「鷲とサボテンと蛇」の由来は明らかではないが、十六世紀の後半に書かれた絵文書では、鷲とサボテンの図柄がアステカの中心都市テノチティトランの表象として使われていた。それにいつ頃からか蛇が加わるようになった。そして、その図柄がテノチティトランの上に築かれたメキシコ市在住のスペイン系の人々によって使われるようになり、市内でも目にするようになっていった。

興味深いことには、この紋章の使用が一六四二年に突然禁止となった。禁止令を出したのは、同年着任した第十八代副王ファン・デ・パラフォックスである。ペニンスラールであるパラフォックスは、メキシコ市で好んで使われていたこれらの図柄の紋章を先住民の「偶像崇拝のシンボル」と解釈し、メキシコ市内からすべて取り外させた。その際、征服者エルナン・コルテスが建てた宮殿《palacio》の前にも置かれていたこの図柄の石の細工も例外とはならなかった（図Ⅰ-4-12）。

そのわずか十年後、説教録の中でセルナは敢えて、パラフォックスが使用を禁止したこの紋章に言及したのだ。クリオージョ意識が高まり、クリオージョたちが自分たちのアイデンティティとなるシンボル探しに励んでいた時期のことであった。既にパラフォックスは副王の職から離れていたとはいえ、このセルナの行為は元副王が出した禁止令に反するものであることは明らかだ。

セルナは紋章とは別に、フェリーペの生涯についても独自の解釈を加えながら説明する。それはセルナの手による新たなフェリーペ像の創造である。たしかに、後述の一六八三年に書かれたメディーナ神父の手によるフェリーペ物語ほどには詳細に記されていない。とは言え、先に述べたサンチェスの説明と比べると、セルナのそれは、フェリーペが遭難し処刑されるまでの過程を聖書の要素で説明するなど、その時点に於いては画期的なものであったと言える。

さらに指摘できる点は、セルナは、聖フェリーペの生涯は神の意志によって定められたものと理解し、その摂理主義的な考え方に基づき、サンチェスとは比較にならない程丁寧に、聖書の内容に照らし合わせていることである。セルナによれば、切るための道具、すなわち「刃物」ではなく、分別をつけるための道具、すなわち「聖書」を神から与えられたフェリーペは、必然的に両親と別れ、修道院へ入ったのであった。[370]

また、聖書が語る奇蹟と同じ奇蹟がフェリーペの身に起きていたことを強調する。先述のサンチェスの場合は、クジラが流れ星に驚き、預言者ヨナを飲み込もうとしたこと、風と海が静まらず、フェリーペの乗った船が日本へ運ば

369　これは、メキシコで現在一般に「メキシコ紋章《Escudo mexicano》」と呼ばれている紋章で、「鷲・サボテン・蛇」の三要素が三点セットとして図柄に用いられている。その形成の歴史は正確には分かっていない。一六〇四年に印刷されたベルナルド・バルブエナ著『メキシコの素晴らしさ』の中で、例えば、「鷲とサボテン」の要素が旗となっているという文がある。それ以外にも、十六世紀の記録書に紋章の図柄の基となった伝説などが記されているが、その内容は一定ではない。拙稿「メキシコ紋章《鷲・サボテン・蛇》」『言語文化論集』第二一巻第二号（共同研究・二村久則）、名古屋大学言語文化部・国際言語文化研究科、二〇九－一三二頁及び Reiko Kawata, "Dos escudos en México, El Escudo Nacional y el Escudo de la ciudad de México", en *The Jornal of Intercultural Studies*, no. 28, pp. 42-67 参照。

370　Serna, *op. cit.*, hoja 9 reverso.

れたことを記しているが、それをフェリーペと結びつけてはいない。他方、セルナは聖書のヨナ書の場面を引用し、フェリーペを日本へ運ぶために、神はサン・フェリーペ号をクジラに誘導させたとする。

セルナの記述によれば、

ガレオン船サン・フェリーペ号が波を切り、この王国へ向かい始めたとき、海は神の意志と意向を擁護するものとなった。海はひどい嵐となった。そこで見たもの、それはまるで世界が終わるかのような光景だった。ガレオン船は折れ、粉々になった。それはヨナが経験した嵐のようであった。クジラという兆候も神はお忘れにならなかった。変わった形をした大きなクジラが彼らの後を追った。クジラはフェリーペを捜しているようだった。（従順ではなかったが）クジラの胃にフェリーペを入れて日本へ運ばせようと、神によって用意されたかのようであった。このクジラをヨナのクジラとして理解しよう。[371]

そして、この嵐こそが神が聖人に与えた十字架への道であったのだ。ここではフェリーペを巨人ゴリアテと闘うダビデに喩えて説明している。

……帽子を深くかぶり、スペイン的気品とメキシコの息吹を漂わせ、時には手を使い、敵と闘い、打ち負かす訓練をする。しかし、これらすべてに満足しなかった。そこには闘う敵がおらず、使うべき武器もなかった。故に清貧を重んじるフランシスコ会修道院が懐かしかった。フランシスコ会の見習い修道士であった時に修道院を飛び出してしまった。ふらふらしていた。心の問題といっていたが、それは精神力という敵との闘いであった。感じていた。懐かしかった。サウル王が、巨人ゴリアテと闘わせるために武将ダビデを呼んだとき、杖と投石の道具を地面に置かせた。そして王の用意した武器で身を固めさせ、しっかりと武装させた。しかし、ダビデにはこの装備はあまりにも窮屈だった。これでは闘うどころか動くこともままならなかった。そして言った。これらの武器は使ったこともなく、なじまない。故に、それらを脱ぎ捨て、いつもの自分の慣れ親しんだ身なりとなった。そして川へ行き、きれいに磨かれた丸い形の五つの石を拾った。投石の道具と杖を持って巨人との闘いに向かった。修道院長フランシスコは言う。これらの石は神の手で細工され、磨かれたものだ。神ご自身の手で聖なる名前が刻まれた石だ。ダビデが巨人に勝つために投げた石には、響きの良いヘススの名前が神の手によって刻まれていた。（中略）神は、ダビデが巨人に打ち勝ったように、日本で死をもって、野蛮で凶暴な太閤様に打ち勝つことを、我らが聖人に望まれた。こうして、闘いの武器を放棄するあの精神を御与えになり、フェリーペをフランシスコ会に戻らせたのだ。[372]

日本到着後のフェリーペについては、

浦戸に着いた後、修道院がある都へ行ってみると、聖職者の悔悛の苦しみを求めた太閤様の迫害が既に始まっていた。とげのある大地は裸足で踏みつけるためにあるので、フランシスコ会の修道士たちはそれ以外では［裸足でしか大地を］踏まなかった。聖人が足を踏み入れるや否や、神は、彼を選んだ証をお示しになった。（中略）神は聖人がこの地でモーゼとなることを欲せられた。[373]

そして十字架刑に処せられたことについては、ダビデに喩えて話を進める。

371　*Ibid.*, hoja 12 reverso.
372　*Ibid.*, hoja 10–11.
373　*Ibid.*, hoja 13 reverso–14.

太閤様を前にして、聖人たちの先導者となるよう、神はフェリーペを選ばれた。フェリーペは、巨人と闘うダビデのように、あの残虐な太閤様との闘いに、最初に立ち上がったのだ。フェリーペは、神が求めるところへ最初に出ていった。十字架の足元へ。[374]

聖書に記されたダビデの話には五つの聖なる石が出てくる。セルナはそれを聖フェリーペの聖性を説明するために使うことを考えた。こうしてセルナが描くフェリーペは、十字架刑に処せられ、キリストと同じように「五つの傷跡」を持つことになる。カトリックでは数字が重要な意味を持つ。既に見てきたように、「三」という数字がそれに当たる。その「三」という数字以外に、イエスの五か所の傷跡から、「五」という数字も神聖な意味を与えられている。セルナはそれを利用したのである。それは次のような言葉で綴られている。まず、「聖ベルナルドはいつものように優しく言う。我らがキリストは五つの傷口を持った。川にあった五つの石が、キリストが磨きあげたダビデの五つの石に重ねられ、この立派なフランシスコ会士にも五つの傷を作った[375]」。そして、「他の聖人に四つの傷跡があるとすれば、我らが聖人には五か所ある。他の聖人が槍で二回突かれたとすれば、我々の聖人は三回だ[376]」と説明している。この五か所の傷跡に関しては、キリストの場合と、聖フェリーペの場合ではその数え方が異なる。後述するホセ・デ・トレス・ペセジンの場合も同様であるが、つじつま合わせを思わせる一面がある。[377]

これとは別に、フェリーペの名前についても言及し、「栄光ある殉教の準備がすべからく行われるために、ヘススの名前が付け加えられた。彼はフェリーペと呼ばれていた。キリスト［ヘスス］ではないが、十字架刑に処せられ、聖フランシスコではなく、キリストに似るように。キリストと同じような傷を持ち、彼の息子となるように[378]」と記している。既に紹介してきたように、この点についてはサンチェスも述べていた。

この説教録でセルナは、カトリック的イメージや図柄を巧みにフェリーペのイメージに結びつけ、人々の関心を高め、クリオージョである聖フェリーペの崇拝を普及させようと試みたのである。この聖フェリーペの聖性を高めることは、クリオージョの誇りをより崇高なものにすることであった。それは彼らが自信を持って、彼らの意識を高めることに繋がるのである。

サンチェスは、フェリーペとキリストの類似点を強調し、そしてそれを聖フェリーペの最初のイメージとしてヌエバ・エスパーニャ社会へ伝えた。サンチェスに続くセルナは、フェリーペと関連する要素のひとつひとつを、聖書に基づいたカトリック的な解釈で説明し、フェリーペのイメージを一層崇高なものとした。セルナにとってフェリーペは「勇敢なメキシコのスペイン人」[379]、即ちクリオージョであった。

セルナはさらに、かつてアステカ人の中心の地であり、当時ヌエバ・エスパーニャの中心都市でもあったメキシコ市を「鷲とサボテンと蛇の紋章」を用いてカトリック的に説明し、フェリーペの要素と重ねた。同時に、エリート・クリオージョが、メキシコ市の出身であるフェリーペに、自分たちのイメージを重ね合わせるように仕向けた。セルナは、サンチェスとは異なる視点で、ヌエバ・エスパーニャ社会を解釈したのである。

その他に、サンチェスが語っていない新たな奇蹟も付け加えている。そのひとつが、フェリーペが今にも息絶えようとしている母親の前に出現するという話である。


親孝行をするために栄光を手にした聖人はやって来た。母の最期のときに枕元に現れ、死に行く母を見守った（彼女の前には頻繁に出現した。これは疑いのないことである）[380]。

374　*Ibid*., hoja 11.
375　*Ibid*..
376　*Ibid*., hoja 17.
377　第Ⅰ部第五章三節二四五―二四六頁参照。
378　*Ibid*., hoja 11 reverso.
379　*Ibid*., hoja 13 reverso.
380　*Ibid*., hoja 14 reverso.

本章で見てきたように、新メキシコ市大聖堂内における聖フェリーペの名を冠する礼拝堂の設置は崇拝のゆるぎない礎となった。フェリーペをクリオージョの中で最も成功したものとして明示したサンチェスと、その聖性をいっそう高めたセルナ、これら二人のクリオージョ聖職者の思いが込められた聖フェリーペ崇拝は、新たな段階に入っていった。

第五章　聖フェリーペ・デ・ヘスス崇拝の定着過程

1　カプチナ修道院と崇拝の定着過程

殉教しか語るものがなかった聖フェリーペのイメージをより崇高にするために、サンチェスとセルナという、二人の高名な説教者がそれぞれに独自の言葉を重ねた。こうして付加されたイメージは、その先にどのような崇拝の展開をもたらしたのであろうか。本章では十七世紀後半から始まる聖フェリーペ崇拝のさらなる普及の状況に関して、いくつかの歴史的事象をもとに展開させていく。第一節では、聖フェリーペの磔刑姿を正面入口にレリーフで彫り込んだカプチナ修道院の建立に至るまでの過程とその改築及び設置された祭壇と、その後の聖フェリーペ崇拝の普及について考察する。

セルナが説教録を残してから十四年を経た一六六六年、メキシコ市の中心部に建設中のメキシコ市大聖堂から南へ一筋入ったところに、カプチナ修道院が建設された。[381] メキシコ市大聖堂に聖フェリーペ・デ・ヘススの名を冠する

381　Guillermo Tovar de Teresa, *La Ciudad de los Palacios, crónica de un patrimonio perdido*, tomo I, pp. xxii–xxiii; Francisco de la Maza, y Luis Ortiz Macedo, *Plano de la ciudad de México de Pedro de la Arrieta*, 1737, pp. 147–155.

礼拝堂が設置されて二十八年後のことである。そして同修道院の入口上部に聖フェリーペの十字架姿がレリーフで添えられた。

メディーナによれば、

この教会堂の建設は、はるばる大西洋を越え、スペインからヌエバ・エスパーニャへ渡ったアロ［シモン・デ・アロ］と妻イサベル・デ・ラ・バレラの遺言により実現する運びとなった。アロは銀商人で敬虔なカトリック信者であり、コンセプシオン修道院の後援者でもあった。彼は、自宅跡にカプチナ修道会のために修道院を建てるよう、遺言書をしたためていた。そして、息を引き取る際、その遂行を妻の手に委ねた。妻のイサベルは夫の遺言を果たせずに世を去るが、さらに詳細な指示を加えた自身の遺言書を残していった。この夫人こそが、カプチナ修道会の修道女たちがスペイン本国からヌエバ・エスパーニャへ渡るよう手配し、修道院を建設した人物である。彼女はさらにその院内の教会堂を聖フェリーペ・デ・ヘススに捧げるよう、お膳立てをした。

修道女たちは、一六六五年五月十日トレードの修道院を出発した。この一団はフェリーペ・デ・ヘススの名に因んで「フェリーペ・マリア」と呼ばれたという。これはアロ夫人イサベルに対して敬意を表したものである。七月二日に出航し、九月八日にヌエバ・エスパーニャのベラクルス港に到着した。メキシコ市へ辿り着いたのは十月八日である。アロ夫妻がコンセプシオン修道院に建てられた新しい教会堂の後援者であったことから、彼女たちは一旦同修道院に宿泊し、その後一六六六年五月二十九日に、聖フェリーペ修道院［建築完成後のカプチナ修道院］へ引っ越し、翌日祝典をあげた。[382]

このメディーナの言葉から、院内に建てられた教会堂を聖フェリーペに捧げたのがイサベルであることは分かるが、その理由は把握できない。フェリーペの父親アロンソが銀細工職人や銀商人と関わりがあり、夫シモン・デ・アロが銀商人であったことが影響を及ぼしたのであろうか。この頃、聖人フェリーペがかつて銀細工の世界で働いていたという話が既に人々の話題に上っていたようだ。それが影響したとも考えられる。

次にアロ家跡地に建てられた修道院の改築についてである。あまりにも狭く、実用的ではなかったようで、直ちに拡張工事が決定された。七年後の一六七三年六月に新修道院完成式が執り行われた[383]。

その完成式を記念して、司祭ディエゴ・デ・リベーラが『気高いメキシコ市でカプチナ〔修道院内〕の誉れ高い殉教者聖フェリーペ・デ・ヘススのための教会堂完成式を祝う荘厳な行列と心からの歓喜に関する概略』と題する印刷物で教会堂を紹介した。そこには式典の様子についても書かれている。

それによれば、式典は一六七三年六月十日に始まった。「九日間の祈り《noveno》」の初日は当時のメキシコ大司教パージョ・エンリケス・デ・リベーラが、最終日はメキシコ市大聖堂参事会長フアン・ポブレッテが担当した[384]。中七日間の担当者に関しては、関係者のなかで選ばれた人物と記されるのみで名の記載はない。

その祝典の始まりとして、馬上に説明書きを掲げた祝いの行列が出て、教会堂の完成が町中に報告されたとあり[385]、この式典がいかに盛大に催されたかが窺われる。教会堂の中では、まず、大司教が関係者を前に教会堂完成の祝福をしたという[386]。

後述するが、このカプチナ修道院は、十九世紀の自由主義政権による改革政策で完全な取り壊しの対象となったため、現存していない。しかし、その外観についても、簡単ではあるが、同書で司祭ディエゴ・デ・リベーラが語っている。

382　Medina, *op. cit.*, pp. 148–150.
383　*Ibid.*, p. 149.
384　*Ibid.*, hoja 6.
385　*Ibid.*, hoja 5–reverso–6.
386　Diego de Rivera, *Breve relacion de la plausible pompa, y cordial regocijo con que se celebró la dedicacion del templo de inclito martir S. Felipe de Jesús, titular de las religiosas capuchinas en la muy noble, y leal ciudad de Mexico*, hoja 5–reverso.

図Ⅰ-5-1　1673 年に拡張されたカプチナ修道院の教会堂正面入口・解体前（Tovar de Teresa, 1992）

正面は大通りに面しており、入口は二か所ある。一か所は石造りで［上部が］二つのアーチ状の入口となっている。（中略）もう一か所は、端に装飾が施されるイオニア式で最高級の鉛が使われている。中央には額型のような細工が施された部分があり、気高いメキシコ市出身であり、同市の守護聖人で、栄えある最初の殉教者聖フェリーペ・デ・ヘスス像が彫られている。[387]

また幸いにも、これを裏付けることができる写真（図I-5-1）が一枚残っている。解体直前に写されたと思われる入口部分の写真で、ファサードを飾る磔刑の姿の聖フェリーペ像も知ることができる。

外観に続いて教会堂内の祭壇部分である。ディエゴ・デ・リベーラの記述によれば[388]、主祭壇に置かれた祭壇飾りの最上段に、雲に乗り、右手で大きな十字架を支えているフェリーペの像が置かれていた。その右側には、カプチナ修道女らが崇拝していた聖女クララ像が配置され、反対側には、聖フランシスコ・デ・アシス[389]像が納められたとある。

この祭壇を描いた版画も残されている[390]（図I-5-2）。これは一八五五年の作品で、祭壇飾りのさらに詳細な状況が分かる。それによれば、祭壇上部には、身の丈を十分に越える大きな十字架を左手に持ち雲に乗った聖フェリーペがいる。その右側に聖女クララが小ぶりの十字架を両手で抱きかかえるような中腰の姿勢でおり、左側には聖フランシス

387　*Ibid.*, hoja 3.
388　*Ibid.*, hoja 4-4 reverso.
389　フランシスコ・デ・アシスという名は、日本語では「アッシジのフランチェスコ」というのが一般的であるが、本書ではスペイン語の Francisco de Asis の発音をカタカナ表記する。
390　この二枚は同じものであるが、一枚は一八五八年七月一日付のラ・クルス紙に掲載されたもので、新聞の保存状況が悪く、版画の細部が不鮮明になっている。ラ・クルス紙は一八五五年に発刊されたばかりの新聞であった。もう一枚は、ギジェルモ・トバル・デ・テレサ著『宮殿の都市――失われた歴史的遺産』に紹介されている版画である。トバル・デ・テレサによれば、一八五五年制作の銅版画である。作者不詳。Tovar de Teresa, *op. cit.*, tomo II, p. 127.

図Ⅰ-5-2a
新聞に掲載されたカプチナ修道院内聖フェリーペ・デ・ヘスス教会堂祭壇（Periódico *La Cruz*, 1857-17-01. メキシコ国立図書館 UNAM 内）

図Ⅰ-5-2b　カプチナ修道院内聖フェリーペ・デ・ヘスス教会堂祭壇（Tovar de Teresa, 1992）

コが跪いている。フェリーペが乗っている雲の部分には二人のケルビムが見える。また、祭壇下部向かって右側に、小ぶりの十字架を手にしたもう一体のフェリーペ像が置かれている。[391]

メキシコ市の歴史を専門とする郷土史家ギジェルモ・トバル・デ・テレサによれば、この版画で描かれた祭壇は新古典主義《neoclásico》を代表する作品で、その制作者はスペイン人マヌエル・トルサである。[392] トルサは、一七九一年から一八二五年にかけてヌエバ・エスパーニャに滞在し活躍していた。トルサが制作者であれば、彼の滞在中にカプチナ修道院内の教会堂が修復・改築されたことになる。但し、ディエゴ・デ・リベーラが一六七三年に記した概説で紹介している祭壇と、一八五五年の版画に描かれた祭壇がほぼ同じ形状であることから、当時、既に出来上がっていたものと考えられる。つまり、トルサが関与したとされる祭壇改築は部分的なものであったことになる。

この式典に関するディエゴ・デ・リベーラの概略書には、関係者の何人かが詠んだ聖フェリーペに捧げるための十行詞（Déximo）も記録されている。そこでは、フェリーペを「インディアーノ」と形容しているが、文面からすると、フェリーペがメキシコ市生まれであることに固執しており、これはヌエバ・エスパーニャ生まれという意味で使われていると考えられる。また、この十行詞では、フェリーペを鷲になぞらえて表現するなど、前述の一六五二年のセルナの説教録の影響と思われる部分が何か所か見られる。

ここにその一部を紹介する。

インディアーノ、フェリーペは
模範の一例となり
忠誠心が深い守護神として
その肩に天国の鍵を担いだ
その手で得た勝利
その真摯な信仰心で

勇敢な勝者《campeón》は日本へ辿り着いた
驚きを感じながら
フェリーペは聖人になるために
槍の先を（胸に）受けた[393]

別の部分では

寛容な町の
誇り高い鷲が
メキシコの町に代わり
フェリーペを介して得るものを
慈しみ深く示したかった
それ程の喜びを
私は知らない
まったく想像すらしなかった喜び
叡智はそれを隠さなかった
ひとつの苦悩が喜びとなる[394]

391　Diego de Rivera, *op. cit.*, pp. 3–4; Periódico *La Cruz*, primero de junio de 1858, p. 29.
392　Tovar de Teresa, *op. cit.*, p. 127.
393　Diego de Rivera, *op. cit.*, hoja 7.
394　*Ibid.*, hoja 8.

カプチナ修道院の改築から八年を経た、一六八一年二月五日の聖フェリーペの日には、例年通りの盛大な祝典がメキシコ市大聖堂で執り行われた。その時の説教が『メキシコの守護聖人でありクリオージョ　栄光ある殉教者聖フェリーペ・デ・ヘススのための説教』と題して活字印刷されている。説教者は聖フランスシコ修道院の修道士ファン・デ・アビラで、説教録の題にも「クリオージョ」という言葉が用いられたことからも、その聖性が賞賛されただけではなく、同時に、クリオージョであることを、誇りを持って語られたことが推察できる。

アビラにとってフェリーペは「多くの偉業が重なって生まれたクリオージョ聖人」[395]であった。その第一頁で、この説教を行う際の意気込みを次のように語っている。

私はフランシスコ会が経験した信仰心の高揚と愛ある純粋な意志と特別な思いを、フランシスコ会の息子たちを通して紹介する。彼らはそれ［処刑］に喜びを見いだし、その結果を受け入れた。これが、私がこの度フランシスコ会の名のもとに筆をとる理由である。こうして私は私のなすべき仕事として、慈愛に満ちたひとりのクリオージョ聖人に賞賛の言葉を捧げるのである。[396]

この言葉通り、アビラは、フェリーペが誰よりも優れたクリオージョであることを強調し、「クリオージョ聖人」「殉教したクリオージョ」という表現を繰り返し、クリオージョの代表として強く印象づけようと取り組んでいる。先に紹介した一六七三年の新教会堂完成式典についてディエゴ・デ・リベーラが書いた印刷物でもアメリカ大陸生まれを力説する表現が使われていたが、アビラの説教ではリベーラ以上にそれを意識させようとする印象を受ける。アビラは、聖フェリーペがクリオージョである点を強く主張すると同時に、メキシコ市やヌエバ・エスパーニャという言葉に代えて、パトリア［祖国あるいは生まれ育った土地］という言葉を繰り返し充てている。それはパトリオティスモ［祖国愛すなわち生まれ育った場所への愛着の主張］の始まりを思わせる程である。

その他、捕縛された時逃げようとした、というフェリーペに対する相変わらずの悪評を否定する。

> フェリーペよ、目を開《あ》けよ。お前のために言葉を記そうとしているところだ。だから恐れてはいけない。お前は、［神が］お前を待ち望んでいた殉教からどうして逃避できようか。ある者たちはそう言うが、とんでもない。逃げたという噂でフェリーペを罪に陥れ、クリオージョの熱い思いを消さないでくれ。フェリーペの逃亡などない。それは聖性を汚すことである。[397]

アビラは、フェリーペの「逃亡説」を消し去るために、聖書の中に描かれた「逃亡」という言葉が持つ本来の意味を説明するところから始めている。[398] そのために、聖マルコス（聖マルコ）が、仲間の使徒たちが最も彼を必要としていたときに彼らから離れたことを例に出した。その上で、逃亡した人物は、マティアスという名に改宗したばかりの日本人信者であるとした。[399]

一方、一六八三年のメディーナの説明では、フェリーペの逃亡そのものが否定されている。

> 十二月九日［十二月八日］に警備の者が配置された。軟禁はその月の終わりまで続いた。その後修道士と日本人信徒は牢へ運ばれた。幾つもの牢に入れられ、死刑囚として監視された。皇帝に贈り物を献上した者のひとり

395 Juan de Avila. *Sermón del el glorioso mártir S. Felipe de Jesús, patrón y criollo de México*, hoja 1.
396 *Ibid.*
397 *Ibid.*, hoja 9. 新約聖書に記された「ペトロの逃亡」を念頭に置いた説明である。死を恐れたペトロは嘘をつくことにより現実から逃げた。しかしこれを悔いることにより、罪深い己を知ることができた、とし、逃亡を悪としていないことを諭す説明である。
398 *Ibid.*
399 *Ibid.*

であるという理由で、フェリーペを放免しようとした。外交的特権を考えたのである。また、実際に捕縛リストに名前が記載されていないことを理由に、彼を牢から出すよう求めたのは、フェリーペを気遣ったスペイン人や遭難船の船長たちの心配りであった。皆がフェリーペにこの思いを汲み取るよう勧めた。[400]

文面からすると捕縛する側も捕縛される側もフェリーペを自由の身にしようとしたが、当人は外に出ることを拒んだようだ。

アビラはさらに、三か所の槍の突き傷についても語っているが、これは列福直後に書かれた詩で謳われて以降、幾度も語られてきた聖フェリーペの処刑の特徴である。

以上は、聖フェリーペに捧げた教会堂を持つカプチナ修道院の建立から始まり、その外観と内部及び、改築された教会堂献堂式の日とその八年後の一六八一年の聖フェリーペの祝日に行われた説教についてである。

銀商人アロの遺言から始まったこの修道院の建設は順調に進んだようである。版画からみる祭壇は、メキシコ市大聖堂の主祭壇には劣るが、地方の司教座聖堂のそれに匹敵するほどの立派さである。ここで毎年祝日には盛大な祝いが行われ、人々は、クリオージョ説教者の思いが詰まった説教を聞くことができたのである。とりわけ、メキシコでは、大都市を除き、教会堂で説教をする神父は今なお、欠かすことができない、敬愛される存在である。彼らの説教に耳を傾ける人たちは多い。副王領時代は、なおのこと説教者らの言葉は教会堂から自宅に戻った信者によって広く人々に伝えられたと考えられる。それらは、十七世紀後半の聖フェリーペ崇拝の普及に大きく影響したことであろう。

こうして聖職者たちの努力により、フェリーペのイメージは次第に崇高さが高まり、人々の口に上るようになる。次節で見ていくように、その殉教物語が活字化され、新たに聖フェリーペ像を設置する教会堂も増え、次なる展開を迎えることになる。

2　バルタッサール・デ・メディーナの聖フェリーペ殉教物語、そして地方への崇拝の広がり

カプチナ修道院の正面入口上部に聖フェリーペの姿が彫られ、既に聖フェリーペ崇拝もメキシコ市を中心に一定の普及を成し遂げていた頃のことであった。一六八三年、バルタッサール・デ・メディーナが聖フェリーペ殉教物語を活字にした。メディーナは、できる限りの史料を集め、フェリーペの生い立ちから殉教までを書き上げた。これは、聖フェリーペ殉教物語としては最初の印刷物と言える。本節ではこの著書を考察し、それに続く崇拝の様子を述べていくが、その前に、著者メディーナに関する簡単な説明をしておきたい。

メディーナは一六三〇年頃にメキシコ市で生まれたクリオージョである。聖ディエゴ管区《Provincia de san Diego》に所属するフランシスコ[401]会に入会し、神学及び哲学の大学教官となった。一六七〇年には巡察師としてフィリピンへ渡っている[402]。かつてフェリーペが住み、聖職者を目指した町に滞在したメディーナは、殉教事件を身近なものに感じたのではないだろうか。

帰国後の一六八二年にまず、『ヌエバ・エスパーニャの清貧フランシスコ会系メキシコ聖ディエゴ修道会の歴史――素晴らしい美徳あふれる賢人たちの人生[403]』を書いた。これは、一五九七年に長崎で殉教したフランシスコ会殉

400　Medina, *op. cit*., pp. 60–61.

401　副王領時代から修道会もいくつかの管区に分けられており、そのひとつが聖ディエゴ管区である。

402　Editorial Porrúa (ed.), *Diccionario Porrúa, Historia, Biografía y Geografía de México*, III tomos を参照。この時代のカトリックにおける巡察師は、布教状況を調べる調査官である。

403　原書題名 *Chronica de la Santa Provincia de San Diego de Mexico, de Religiosos Descalços de N. S. P. S. Francisco en la Nueva-España. Vidas de ilustres, y venerables varones, que la han edificado con excelentes virtudes.*

図Ｉ-5-3a　バルタッサール・デ・メディーナ著『ヌエバ・エスパーニャの清貧フランシスコ会系メキシコ聖ディエゴ修道会の歴史――素晴らしい美徳あふれる賢人たちの人生』の中表紙（メキシコ国立図書館古文書館 UNAM 内）

右・図Ⅰ-5-3b　聖フェリーペ・デ・ヘススの磔姿（拡大）／左・図Ⅰ-5-3c　聖ペドロ・バウティスタの磔姿（拡大）（メキシコ国立図書館古文書館UNAM内）

教者二十三名のうちの六名の外国人殉教者の生涯を扱ったものである。メディーナは、この本の中表紙の前の頁に、その胸を脇腹から肩へ抜けた二本の槍で射抜かれた六人のフランシスコ会士の殉教時の姿を載せた（図Ⅰ-5-3a）。その中の一人は、もちろん、フェリーペで、彼だけが胸の正面で三本目の槍を受けている（図Ⅰ-5-3b, Ⅰ-5-3c）。

翌年メディーナはフェリーペのみをテーマにした一冊の本を書き上げた。それが聖フェリーペ・デ・ヘスス殉教物語、『新世界の帝国ヌエバ・エスパーニャと呼ばれる祖国メキシコの守護聖人、日本で最初に殉教した高名なる者、聖フェリーペ・デ・ヘススの生涯と列福』[404]と題された作品である。これが、全編がフェリーペ・デ・ヘススについて書かれた、説教録以外では最初の書物であり、本節で扱う著書である。

この中に描かれたフェリーペの人生と殉教事件に関しては、リバデネイラの記述が基になっている。とは言え、可能な限りの調査の上に綴られた作品である。さらに、著者メディーナの時代も含めて、それまでに生じた関連する出来事も記されており、この本は現在もなお、フェリーペ崇拝研究にとって貴重な史料であ

404　原書題名は序章二五頁に記載されている。また、本書「史料集」の四七八頁でこの著書の表紙を紹介している。

る。

まず、その構成が二十章全一七六頁という大著である。第一章はフェリーペの誕生と家族に関して、第二章が幼少時代からプエブラ市のフランシスコ会修道院に入るまで、第三章は還俗後の状況とフィリピン渡航について、第四章はフィリピンでの様子、第五章は生国への船旅について、第六章は遭難の様子、第七章は殉教前に生じたいくつかの自然界の奇蹟を扱い、第八章から第十章は日本漂着から殉教するまでの話である。第十一章で殉教者の死に際しての奇蹟について語り、第十二章では遺体に関して述べている。第十三章及び第十四章では聖フェリーペの軟禁にまつわる疑惑について検証し、第十五章は列福に関して、第十六章は母親の死に際しての奇蹟、第十七章はメキシコにおけるフェリーペの聖遺物の行方について、第十八章は年祭の決定と大聖堂内に礼拝堂を設置したこと、第十九章は聖フェリーペに捧げられたカプチナ修道院の教会堂完成までの過程を説明している。最終章は参考文献の紹介で、ルイス・フロイスの著書を筆頭に、一六八一年のファン・デ・アビラの著書まで、基本となる史料十七冊が挙げられている[405]。

このフェリーペ殉教物語は、メディーナにとってフェリーペがどのような存在であるかの説明から始まる。まず、プロローグにはヌエバ・エスパーニャ出身という同胞意識を示した言葉が並んでいる。例えば、その書き出しは、「聖フェリーペ・デ・ヘススは我が同郷の同胞であります。（中略）二月五日に十字架刑となった日本の二十六人の殉教者の中に三人のイエズス会修道士［hermanos］、フランシスコ修道会第三会に属す十五人、これらの殉教者にさらに日本人二人［受刑者の道中の世話をした二人の日本人］が聖アダウクトのように加えられました。六人のフランシスコ会の修道士、（中略）そのうちの一人が我が祖国出身の聖フェリーペ・デ・ヘススであります[406]」となっている。メディーナにとってフェリーペは、「カーネーションである。メキシコの花であり実である。パトリア［祖国あるいは生まれ育った土地］を代表するもの。彼の命はまさに花であり、殉教という果実[407]」であった。

また、別の一節では、同書を書く目的を次のように述べている。

聖フェリーペの勇気ある行いについて書くのは、［人々が］メキシコの偉大さを忘れているからである。（実際、偉大な著者の作品を参考に）私は聖フェリーペの価値ある生涯を書く。彼は家族、親戚、富、生国を捨てた。それらが聖フェリーペ・デ・ヘススの英雄的行為や出来事にどのように役立ったのか［を伝えたい］。

聖フェリーペ・デ・ヘススの崇高さが私を魅了する。そして筆を進める理由は他でもない、彼の一生を書き記すことへの私の思いである。この聖人の輝く精神と高潔な志が、一度は世に紹介されたが、その後ほぼ忘れられてしまったことが気がかりである。惰性に襲われ、崇拝に対する熱意の衰えを感じる。このような状況であるが故に、聖フェリーペ・デ・ヘススは［捕縛されることが］恐ろしくなり牢から逃げたという嘘で塗り固められた記憶や、思いもよらない間違いを否定し、助祭であったという言い伝えを改め、実際にはまだ神父ではなかったことを明らかにしようと思う。しかし、新たなものを活字で示すことへの不安に包まれている。[408]

この文章から、生国であるメキシコにとって価値ある人物であるにもかかわらず、聖フェリーペは時とともに人々に忘れられたとし、メディーナが悲観的になっている様子が窺われる。同時に、物語を書き上げようとする彼の意気込みが感じられる。

しかし、毎年二月五日には聖フェリーペを祝する盛大な祝典が開催され、その際、メキシコ市内全域を練り歩く宗教行列も出されていた。当時のメキシコ市の広さ（図I-5-4）を考えると、これほど大規模な式典に気付かない者は

405　Medina, *op. cit.*, pp. 151–161.
406　*Ibid.*, Prólogo, s.p. 聖アダウクトとは、四世紀のキリスト教迫害に際し、信者を守り通し殉教した司祭フェリックスの没後の呼び名である。
407　*Ibid.* この引用文はプロローグ一頁目にある。因みに、現在のメキシコの国花はダリアである。
408　*Ibid.* プロローグ三頁目にある。

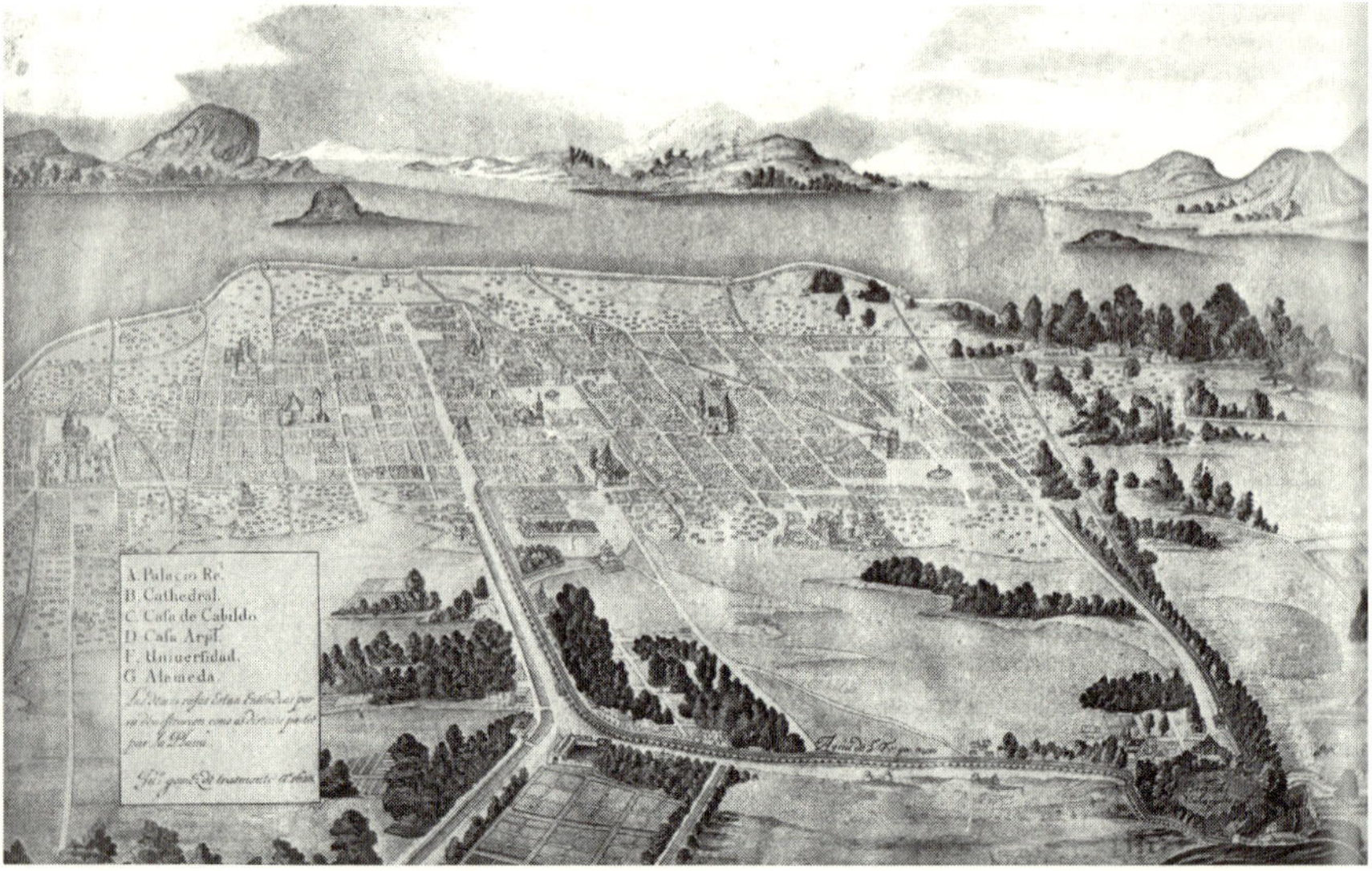

図Ⅰ-5-4　フアン・ゴメスが描いた1628年のメキシコ市地図（Roberto Moreno, 1986）

いなかったはずで、[409]メディーナの悲観的な思いには容易に賛同できそうにない。そこで、先の引用文中の「忘れられている」という言葉の意味を考えてみたい。

当時の他の崇拝の状況を見てみると、例えば、この時期、グアダルーペの聖母崇拝に新たな出来事が生じている。それはグアダルーペの聖母の絵姿の模写が許されたことである。それにより、この聖母崇拝はテペヤックの丘から外へ広がっていった。この点に関するフランシスコ・デ・ラ・マサの説明によれば、一六四八年に書かれたミゲール・サンチェスの著書『グアダルーペの聖母出現物語』に端を発して、十七世紀中頃になると、その姿がヌエバ・エスパーニャの一部の地方でも見られるようになった。[410]これはグアダルーペの聖母崇拝のより広い普及を意味するものである。

例を挙げれば、一六六六年には、グアダルーペの聖母の出現や奇蹟に関する聞き取り調査が行われ、[411]さらに、フランシスコ・デ・フロレンシアがグアダルーペの聖母を題材とする『メキシコの北の星』[412]を世に出している。また、既に指摘してきたが、一六六七年にはローマ教皇の勅書という形で、グアダルーペの聖母の祝日が聖人暦に組み込まれている。

以上のことから、この時期には、グアダルーペの聖母崇拝の普及に公的な認証がひとつ、またひとつと加わっていることが分かる。また既に触れたが、ペルーの聖女ロサの崇拝もヌエバ・エスパーニャに広まりつつあった。

　このような状況の中で、聖フェリーペ・デ・ヘスス崇拝の普及が期待通りではないことに対し焦りがあったのかもしれない。先にも述べたプロローグのメディーナの言葉から、高まらない人々の崇拝への関心をなんとかしてかき立てたいという気持ちに溢れていたことが伝わってくる。

　そういった思いで書き始めた著書の最初の話題が、フェリーペの誕生についてである。第一章で見てきたように、この点に関しては不明瞭な部分が多かった。それを補おうと、メディーナは可能な限り一次史料を探し求めている。しかし既述の通り、思い通りの成果を得ることができなかったようだ。

409　一六二八年のメキシコ市を描いた絵が当時の町の広さを物語っている（図1-5-4）。その規模は現在旧市街とされる区域に該当し、二〇キロ平方メートル弱ほどである。メディーナがこの著書を書いた年が一六八三年で、この地図が描かれた五十五年ほど後のことであるが、さほど変わらない広さであったと思われる。尚、この地図は旧メキシコ市参事会資料館に保管されている。*Historia de México*, vol. 8参照。十八世紀にもメキシコ市を展望した作品が何点が残っており、埋め立ては進んでいるが、街の規模は急激に広がっていない様子が分かる。例えば、その一例として次の作品が挙げられる。題名*Plano iconographico de la Nobilissima ciudad de Mexico*. 作者Ignacio Castera　制作年一七七六年である。但し、一七七八年に一部描き加えられたことが作品上部に記載されている。メキシコのBellas Artes, Mexico所蔵。

410　De la Maza, *op. cit.*, p. 48.

411　一六六六年に、グアダルーペの聖母の出現に関する大々的な調査が行われ、スペイン系の人々、先住民も含め、多くの人々に対し聞き取りが行われた。百歳を超える者もインタビューに協力したとある。Ana María Sada Lambretón, *Las informaciones jurídicas de 1666 y el beato indio Juan Diego* 参照。これ以前では、一五五六年に行われたテペヤックの丘でのミサに関する調査があり、グアダルーペの聖母についても証言がなされている。それはグアダルーペの聖母に関する調査が主たる目的ではないが、関連する問題となり、話題に上がっている。拙稿「メキシコの聖母グアダルーペ崇拝に関する『一五五六年の調査報告書』について」『名古屋短期大学紀要』三十五号、名古屋短期大学、六七－七八頁参照。

412　スペイン語原題は*Estrellas del Norte de México*である。

メディーナの語りは、殉教事件に関わる奇蹟の話へと移る。[413] 例えば、京都にあったフランシスコ会の教会堂で、聖フランシスコ像とともに置かれていたキリスト像が、まさに殉教の時刻に血の汗を流したこと、その他、処刑後の奇蹟についても書いている。さらに、三月十四日の金曜日に、十字架刑に処せられた場所に三つの小さな火の柱が見え、それは火花が散るようだったこと、また、毎週金曜日になると、通常のものとは思えない様々な色合いの星が、聖人たちが処刑された場所で輝き、これは暫くの間続いたとも記している。[414]

ここで、メディーナは処刑が金曜日に行われたとしているが、これは、殉教の日を金曜日としたサンチェスの見解を尊重してのことであろう。これに対して、証人のリバデネイラが、処刑が行われた日は水曜日であったと述べていることは既に記したとおりである。[415]

フェリーペが捕縛の手から逃げようとしたというこれまでの噂話については、一章分を割き、きっぱりと否定している。否定するだけではなく、実際の捕縛の難を逃れたのはヘロニモ・デ・ヘススであると敢えてその名を挙げている。[416]

ところで、書き出しで明示しているが、彼は聖フェリーペ崇拝の普及を促すために銀細工職人に関心を持つよう、呼び掛けた。これは、フェリーペの父親が貿易商として銀商人たちと関わっていたことを念頭においた試みと思われる。既述のように、これより十七年前に、銀商人のシモン・デ・アロと妻イサベルの遺言で聖フェリーペに捧げる教会堂が建設されたことも、メディーナが銀細工関係者に大きな期待を寄せる一因であったと考えられる。第一章でも触れてきたが、メディーナは、聖人クリオージョと銀細工との関連を必然性のあるものにしようと、次のように語っている。

同胞であるが故に、スペイン人であるが故に、銀細工技術を学んだ故に、その聖性と殉教故に、銀細工職人たちは聖フェリーペ・デ・ヘススを崇拝すべきである。メキシコの銀細工職人たちは、コンセプシオンの聖母を崇拝しており、メキシコ市大聖堂内の礼拝堂［コンセプシオンの聖母の礼拝堂］には見事な銀の細工や像が奉納されている。高名な芸術の聖なる巨匠、聖エリヒオもまた崇拝している。新たに聖フェリーペを崇拝せよ。銀細工の［店が並んだ］通りで学んだのだ。聖エロイ［聖エリヒオの別名］の冠で輝かせよ。[417]

こういったメディーナの思いが、銀細工職人たちが聖フェリーペ崇拝により力を入れていく直接的なきっかけのひとつとなったことは間違いなかろう。時間はかかったようだが、銀細工職人たちの間に聖フェリーペ崇拝は浸透していった。実際、メディーナの書の再版に一役買ったのは彼らであった。[418]一七五一年の再版にあたり、言葉を添えたのは、フランシスコ会主任司祭フアン・ミゲール・デ・アルカラスであった。「信心深く気高く高潔なメキシコの銀細工職人たちへ」と題した呼びかけをしている。彼はそこで次のように、銀細工職人たちとフェリーペの関係を説明する。

この献辞で、気高いメキシコの正義が明らかになる。メキシコはフェリーペに自由を与えた。私は、わが愛すべき、メキシコ市の聖ディエゴ教区が持っている寛容さを知っている。彼らはフェリーペを受け入れた。そこで

413　Medina, *op. cit.*, p. 54.
414　「第十一章フェリーペと仲間の死後に起きた謎めいた現象と奇蹟」に記されている。Medina, *op. cit.* pp. 75–79.
415　第Ⅰ部第四章三節一八四―一八五頁参照。
416　Medina, *op. cit.*, p. 100. 逃亡に関連する説明として、アビラ・ヒロンが、管区長が修道士ヘロニモ・デ・ヘススに対し、捕らえられないよう、身を隠すことを命じる手紙をしたためたと記している。ヒロン、前掲書、二四一―二四三頁。もうひとり、別に逃亡した者がいることを指摘したフランシスコ会士フアン・デ・アビラの見解については、本章一節二一五頁を参照。
417　Medina, *op. cit.*, p. 19.
418　筆者が入手した再版本は二種類で、一冊は一七五一年に印刷されたもので、これには版画は添えられていない。もう一冊は、一七五一年再版という活字が見られるが、半世紀も後の一八〇一年のモンテス・デ・オカの版画が添えられている。これは版画の挿入状況からして、一八〇一年以降に再々版されたと思われる。但し、再々版された年は不明である。

フェリーペが、自らの気まぐれな思いで、堕落するまで過ごさせた。私はフィリピンの聖グレゴリオ教区が素晴らしいことを認めよう。まさに格好の機会をフェリーペに与えたのだ。神は熟した実をお与えになられた。最後に、高潔な銀細工職人たちの立派な行いを、感謝を持って受け入れよう。素晴らしい芸術の学びは、フェリーペにふさわしいものであった。[419]

しかし、実際問題として、フェリーペがそういった職人として学び、働いていたかどうかについては後世の記述があるのみで、それを立証する同時代の史料は見つかっていない。この点については、ピチャルドが、「これらの資料はあまりにも新しいもので、聖フェリーペが銀細工職人のところへ弟子入りしたことを明らかにするための信憑性はない」[420]と述べている。

実際にフェリーペが銀細工職人を目指したか否かはどうであれ、彼らの間で聖フェリーペ崇拝は広がっており、メディーナやアルカラスの努力は、少なからず実を結んだと言える。この繋がりは、後世まで続いている。メキシコ独立後も、一八五二年には銀細工職人から成る信徒団が、聖フェリーペの一生をまとめた小冊子を出している。[421]さらに現在も引き続き、一部職人は聖フェリーペを崇拝している。

聖フェリーペ崇拝普及のためのこういったメディーナの尽力とは別に、この時代に聖フェリーペ崇拝は新しい公的認証を得ている。フェリーペの生涯を人々に紹介したメディーナの本が世に送り出されてから六年を経た一六八九年、フェリーペの祝祭に関して新たな決定が下された。スペイン国王カルロス二世の指示で、副王の正式な参加が義務付けられたのである。[422]先にも触れたが、一六二九年の年祭の決定とほぼ時を同じくしてメキシコ市参事会のそれへの出席は正式に定められたが、その際、副王の祝典参加は課されなかった。しかし、副王は市参事会員とともに、義務化云々とは関係なく当初から式典に参加しており、この度の年祭参加の決定は更なる権威付けといった見方もできる。

これらの事象とは別に、この時期のヌエバ・エスパーニャを調査した、興味深い記録書がある。一六八〇年、この地域の地理、崇拝の状況等を調べるよう命じた当時のミチョアカン司教区の司教フランシスコ・アギラール・セイハスに提出した報告書である。[423]

筆者が注目したのは、この記録書の聖フェリーペ崇拝に関する記述である。それによれば、その頃、リオ・ベルデという地域にサン・フェリーペ・デ・ヘスス・デ・ロス・カモーテと呼ばれる八十家族程の先住民集落があったことが書かれている。[424] その名前からすると、村には聖フェリーペが祀られていた可能性がある。

実際に現地に行ってみると、確かに、現在もサン・ルイス・ポトシ州にリオ・ベルデといわれる村はあるが、この村の教会堂には聖フェリーペは祀られていなかった。そこで、近隣の村々の住民に筆者が聞き取り調査を行ったところ、そこから車で一～二時間かかる山奥の小さな集落に聖フェリーペが祀られている礼拝堂があることが分かった。この場所の調査はまだ実施できていないが、近隣の村での聞き取り調査から、かつて山頂に住んでいた人々がある時村を捨てることを決意し、その際、聖フェリーペを祀った礼拝堂はそのまま残してきたということが明らかになってきた。[425] 村の名称がどのような過程を経てつけられたかは不明であるが、実際にフェリーペ像が拝まれていることか

419　Medina, *op. cit.*, hoja 1-1 reverso.

420　Pichardo, *op. cit.*, p. 309.

421　この小冊子の編者が銀細工職人信徒団となっている。Congregación de Artífices Plateros de México (ed.), *op. cit.* 参照。

422　*Cédulas y Reales Ordenes*, tomo I, núm. 2977, exp. 9, el 25 de mayo de 1689. この史料はメキシコ市歴史地区（El Centro Histórico de la ciudad de México）にある旧メキシコ市参事会資料館に保管されている。

423　Alberto Carrillo Cázares, *Michoacán en el otoño del siglo XVII*, p. 8. この記録書は一九九三年に、編者アルベルト・カリージョ・カッサレス『十七世紀秋のミチョアカン』として出版された。原本が現在モレリア市の歴史資料館モレーロス邸（Archivo Histórico Casa de Morelos）に保存されている。

424　*Ibid.*, p. 308.

425　筆者は、二〇一〇年夏の調査でリオ・ベルデ村まで辿り着き、幸いにもその村で山頂の礼拝堂の関係者と連絡を取り合うことができた。現在はリオ・ベルデ村の主任司祭が随時ミサを挙げに出向くということであった。詳細に関しては、今後さらなる調査が

ら、聖フェリーペ崇拝がこの時期、クリオージョの間だけではなく、先住民の間にも少なからず広まっていたことを物語っている。

その他、太平洋岸に位置するコリーマ市[426]では現在も大聖堂に聖フェリーペ像が祀られており、さらに、聖フェリーペ・デ・ヘスス教会堂もある。ここではどのような過程を経て、聖フェリーペが崇拝されるようになったのであろうか。

コリーマ市の郷土史家ヘナーロ・エルナンデス・コローナが一九九七年に殉教四百周年を記念して現地コリーマ市で出版した小冊子の中でそれを説明している。記録によれば、同市は、十六世紀に入り火事や地震など一連の災害に悩まされ続け、それは十七世紀に入っても続いた[427]。そうした中、一六六八年の五月から一六七〇年八月にかけて市長職にあったフランシスコ・アルバレス・デ・エレーラが、地震対策として守護聖人を選ぶことを決意した。この件の直接のきっかけとなったのは、一六五三年に起きた火災で、当時の記録には、火元の住居の他に近隣の家屋、大聖堂やメルセーの聖母修道院とその教会堂及び内部の祭壇や礼拝堂、修道士住居や、町の有識者らの家々がすべて焼け落ちてしまったと記されている[428]。

言い伝えによると、その選択方法は抽選であった。実際、どういった聖人が選択の対象であったのかは明らかではないが、抽選を三回行い[429]、その結果に従い決定することになった。抽選では三度とも聖フェリーペの名が挙がったという。

コリーマ市と聖フェリーペとの関係については、他に、一九一二年にアントリン・ビジャヌエバが紹介している。彼はフェリーペの列聖五十周年を記念して首都メキシコ市で出版した著書の中で、フェリーペがどのように、地震対策の聖人として選ばれたかを語っている、それによれば、

一七〇〇年から一七九〇年にかけて〔正しくは、一六〇〇年から一六九〇年にかけて〕、コリーマ市では強い地震現象が続いて起きていた。コリーマの住民は、地震の揺れで物が落ち、食べる物も無くなるので、家族が食に困

ることがないように、食事を作る鍋や食器を天井から吊るすようになった。住民のパニックはそれほどにもひどく、責任ある者たちは、どのように対処すべきか討議するために参事会に集まった。誰かがひとりの聖人に任せることを思い立った。地震対策のための守護聖人を選ぶというのである。その時、人々は青い服を着た修道士を見たように思ったという。そしてその修道士が聖フェリーペ・デ・ヘススの名をその選択肢の中に入れるよう、言いおいて立ち去ったという。

この時集まっていた人々が、その［青い修道服を着た］修道士を見たと証言したことから、聖人［フェリーペ］に運命を託すことにした。くじ引きで、聖フェリーペの名が当った。その時から、コリーマ市では、［聖フェリーペを］特別な守護聖人として敬い始めた。[430]

守護聖人決定後の状況については、先のエルナンデス・コローナが公文書を紹介している。それによれば、

必要であろう。今回の証言者には、近隣の村に在住する Alfredo Ramos Ramos 氏である。因みにリオ・ベルデは、ベルデ川という意味で、現在もサン・ルイス・ポトシ州南部には同名の川が流れている。

426　コリーマ市はコリーマ州の州都である。コリーマ州はメキシコ市の西方に位置し、大半をハリスコ州に囲まれ、南部側でミチョアカン州と隣接している太平洋に面した小さな州でその面積（五六五七平方キロメートル）は、ミチョアカン州の十分の一弱で、愛知県（五一五一平方キロメートル）とほぼ同じ大きさである。

427　当時の状況については、Genaro Hernández Corona, *San Felipe de Jesús en la historia de Colima* や Abelardo Ahumada, *La cara oscura del coloniaje: Colima, siglos XVII y XVIII* や Alfonso De la Madrid Castro, *Apuntes históricos sobre Colima Siglos XVI-XX* 他参照。

428　*Ibid.*, pp. 3-5.

429　一般に聖人と言われる数人を対象に抽選を行ったと思われる。

430　Villanueva, *op. cit.*, pp. 104-106.

一六六八年九月一日にグアテマラから聖フェリーペ像が届き、奉納式が行われた。[431] それ以降、例年催される二月五日の祭典は盛大で、大勢の住民が参加することになった。

催しがあまりにも大々的であったので、人々の中にはこういった祝典を行うことに賛同しない者もいたという。それが原因であろうか、一七二〇年に、フランシスコ・フェリックス・イダルゴが、コリーマ市参事会の名のもとに、聖フェリーペの日の祝典のために闘牛場や市内の通りを使いたいので、使用を妨げないようにして欲しいという請願を当時の副王バルタッサール・デ・スッニガ・グスマン・ソトマジョール・メンドーサに申し出ている。[432]

この回答として副王は、何ら支障がないようにするよう、市参事会に対し言い渡している。[433]

この請願書には「行列、花火、灯り、花火車《carros de luces》、演芸、さらに、闘牛場でいつも行われている闘牛を楽しむ」と祝祭の様子が記載されており、毎年盛りだくさんの催しが開かれていた様子が伝わってくる。その催しは現在も二月五日の祝典として受け継がれている[434]（図Ⅰ-5-5, Ⅰ-5-6）。

先に述べたグアテマラから運ばれてきたといわれる聖フェリーペ像は、現在コリーマ市大聖堂（図Ⅰ-5-7）の正面入口を入った左側に位置する礼拝堂の、祭壇に向かって右側の壁龕《へきがん》の中に納められている（図Ⅰ-5-8）。この像は青い修道服を着ている。

因みに、現在、この礼拝堂の中央には二〇〇〇年に列聖された神父ミゲール・デ・ラ・モラの絵姿が祀られている。彼は二十世紀初めのクリステーロの反乱の際に殉教した人物である。

また教会堂の入口上部を内側から仰ぎ見ると、ステンドグラスに十字架を抱えた聖フェリーペ像が浮き上がっている（図Ⅰ-5-9）。やはり青色の修道服姿で、頭部には光輪を戴き、大型の十字架と三本の槍を左手に抱えている。

コリーマ市では、今なお、フェリーペに青色の修道服を着せる習慣が続いている。市内の聖フェリーペ・デ・ヘスス教会堂[435]（図5-10, Ⅰ-5-11）の正面祭壇右に置かれている聖フェリーペ像も青色の修道服姿である（図Ⅰ-5-12）。同教会堂には茶色の修道服姿の聖フェリーペ像も見られるが、市内で行われる聖フェリーペの日の祝祭を知らせるポスターにも例年、青色の修道服姿を載せる習慣となっている（図Ⅰ-5-13）。

青い修道服と聖フェリーペとが結びつく事例は他の地域にも見られる。例えば、プエブラ州アメカメカにあるラ・アスンシオンの聖母教会堂の主祭壇の像（図I-5-14, I-5-15）がそれである。同教会堂は十六世紀半ばに建てられたもので、ここはかつてフランシスコ会修道院が所有していた。[436] 現在の教会堂付き司祭アドルフォ・セルバンテス・サラサールによれば、この祭壇及びそこに納められている像は十八世紀のバロック様式で、先住民が制作したものと考えられる。[437] しかしながら、このフェリーペ像は像を納める祭壇の飾り棚と大きさが合わないようで、祭壇と像の制

431　Hernández Corona, *op. cit.*, pp. 5-6. さらにヘナーロ・エルナンデス・コローナは、「次の公文書に記されているように、守護聖人像の到着のためにコリーマ市では盛大な祝いを催す」と書いているが、こちらの文書も出典は記載されていない。また、グアテマラから像を取り寄せた理由についても明記されていないが、当時グアテマラでは、こういった像や聖画が多く制作されていたと言われており、同地で作られた像がヌエバ・エスパーニャへ持ち込まれていたと考えられる。一方、コリーマ市で普及した聖フェリーペ・デ・ヘスス崇拝に関しては、簡単ではあるが、同市在住の郷土史家アベラルド・アウマーダが紹介している。また、コリーマ郷土史家アルフォンソ・デ・ラ・マドリードも自身の著書でコリーマ市守護聖人に関して触れている。Ahumada, *op. cit.* や De la Madrid Castro, *op. cit.* を参照。

432　Hernández Corona, *op. cit.*, pp. 6-7.

433　*Ibid.*, p. 8.

434　筆者は二〇一四年二月五日に「タペテーラ」と呼ばれる、闘牛場で行われるミサ付の祝典に参加した。人々が闘牛場を埋め尽くし、盛大なイベントが夜遅くまで続いていた。これは毎年行われるという。ここに記載されている「花火車《carros de luces》」は、ネズミ花火のようなものをつけた木製の小さな箱を人が担いで、町を練り歩き、適時発火させる見せ物で、現在も独立記念日など盛大に祝う時によく使われる。

435　正式には Parroquia de San Felipe de Jesús という名称であるが、住民たちは親しみを込め、El Beaterio と呼んでいる。

436　この教会堂の一室の床にドミニコ会の紋章がはめ込まれているので、一時期ドミニコ会が所有していたと思われる。

437　二〇一六年八月に筆者はアメカメカのラ・アスンシオンの聖母教会堂を訪問し、司祭アドルフォ・セルバンテス・サラサールとのインタビューを実施した。同司祭によれば、ラ・アスンシオンの聖母教会堂を含めた、アメカメカ近隣市町村の教会堂史を調査するプロジェクトが実施されていた。このプロジェクトは二〇一六年度内には終える予定であったが、二〇一七年三月の段階ではまだ終了していなかった。

図Ⅰ-5-5a
コリーマ市にある闘牛場の一部
(2011年撮影)

図Ⅰ-5-5b
ミサに与かっている参加者たち（以下、2014年撮影）

図Ⅰ-5-5c
馬とともに参加する人たち

図Ⅰ-5-5d　説教を行うコリーマ大司教と聖フェリーペ立像後ろ姿

右・図Ⅰ-5-5e　正面から撮影した姿、舞台の上の聖フェリーペ立像／左上下・図Ⅰ-5-6a, b　コリーマ市に隣接するバジェ・デ・アルバレス地区の聖フェリーペ・デ・ヘスス教会堂信徒団が用意した式典記念Tシャツと図柄の拡大

上・図Ⅰ-5-7　コリーマ市大聖堂
下・図Ⅰ-5-8a　同大聖堂の聖フェリーペ像が納められた礼拝堂　礼拝堂壁龕の聖フェリーペ像と祭壇中央に置かれた聖ミゲール・デ・ラ・モラの聖画

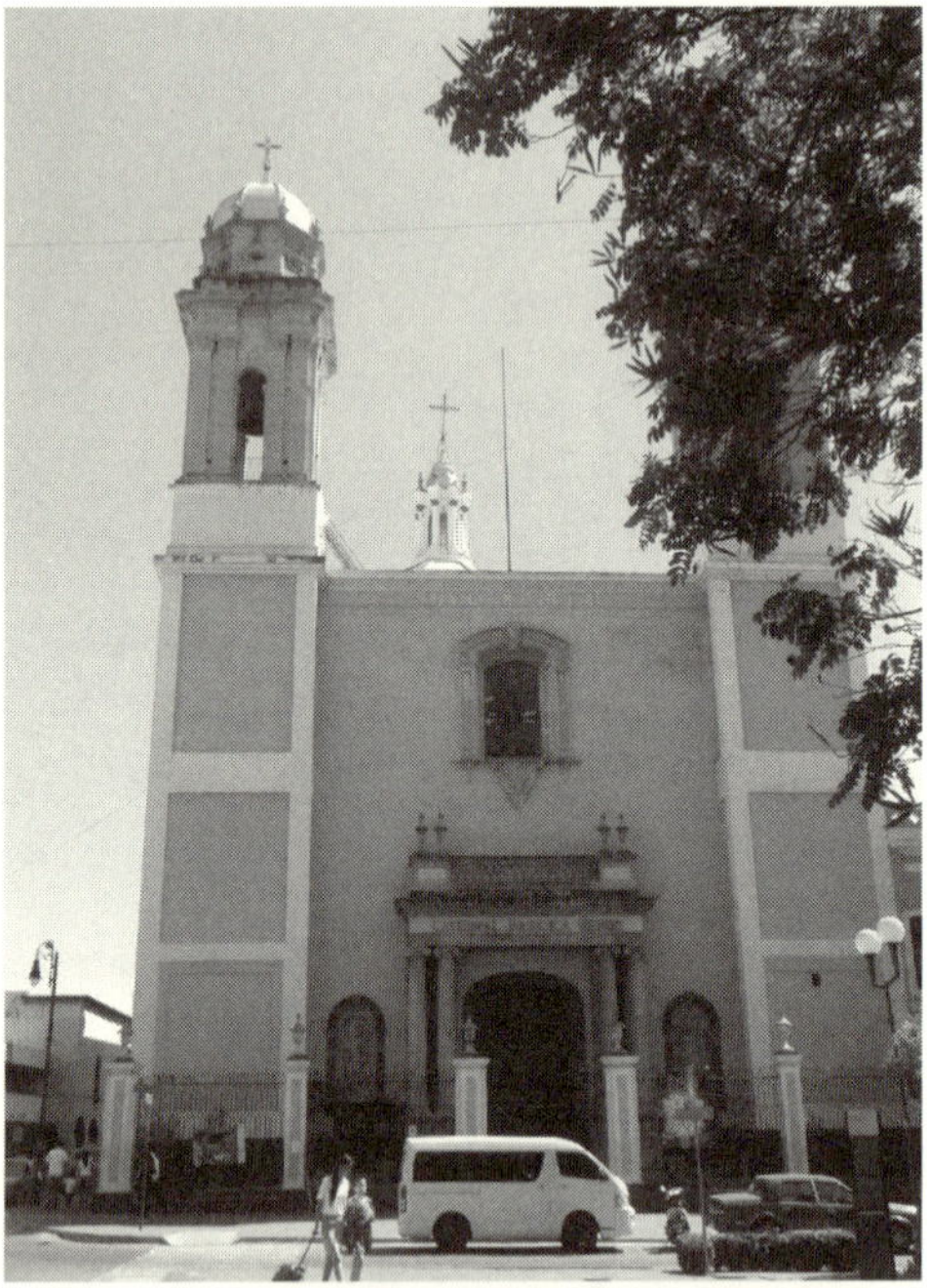

図Ⅰ-5-8b　聖フェリーペ像

図Ⅰ-5-9　同大聖堂入口上部にあるステンドグラス

図Ｉ-5-10a
コリーマ市の現在の聖フェリーペ・デ・ヘスス聖堂　一般にはエル・ベアテリオ（El Beaterio）と呼ばれている。

図Ｉ-5-10b　建て替え前の聖堂
（古写真提供ラモン・サンチェス・レイーナ）

図Ⅰ-5-11a　現在の聖堂入口

図Ⅰ-5-11b　中央祭壇

図Ⅰ-5-12　主祭壇近くの前方向かって右に置かれた聖フェリーペ立像

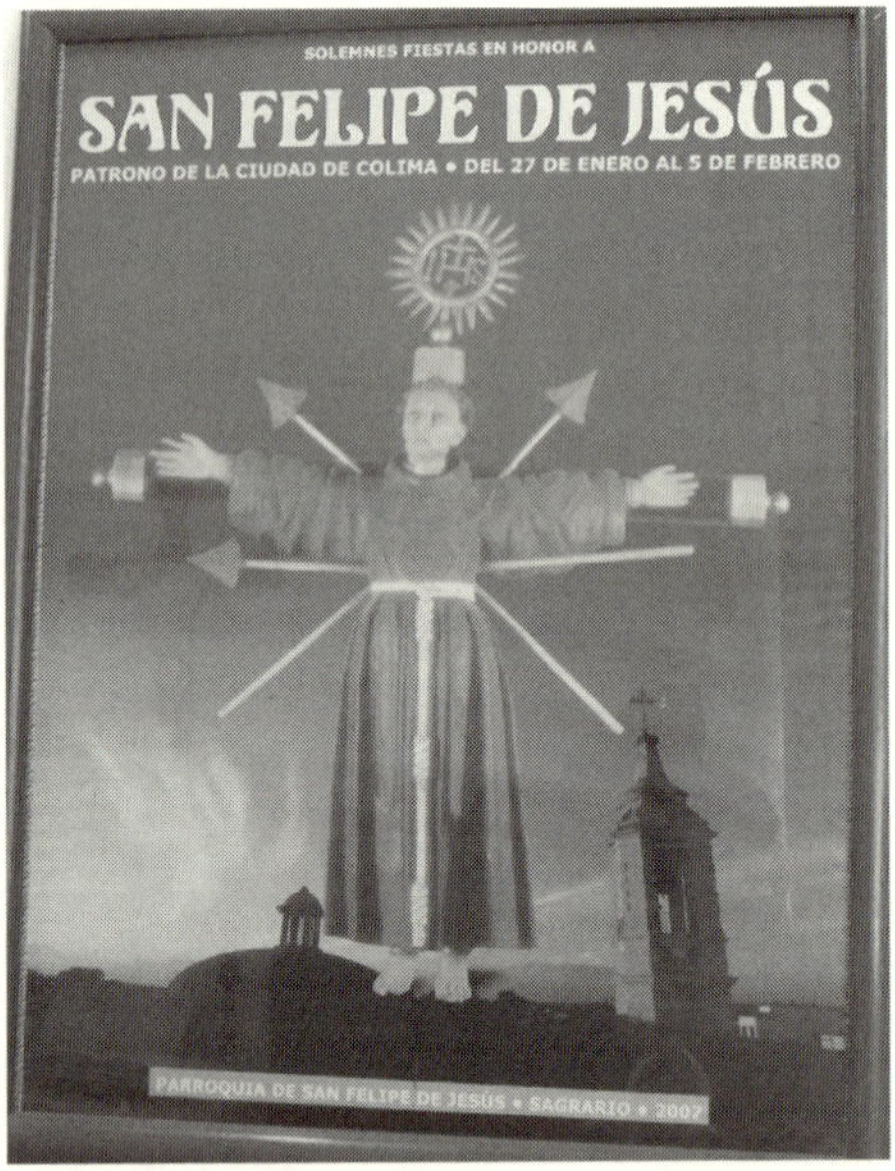

右・図Ⅰ-5-13a　コリーマ市の聖フェリーペ・デ・ヘスス聖堂内に貼られていた2006年の聖フェリーペ・デ・ヘススの日のポスター／左・図Ⅰ-5-13b　2011年の聖フェリーペ・デ・ヘススの日の布製のポスター

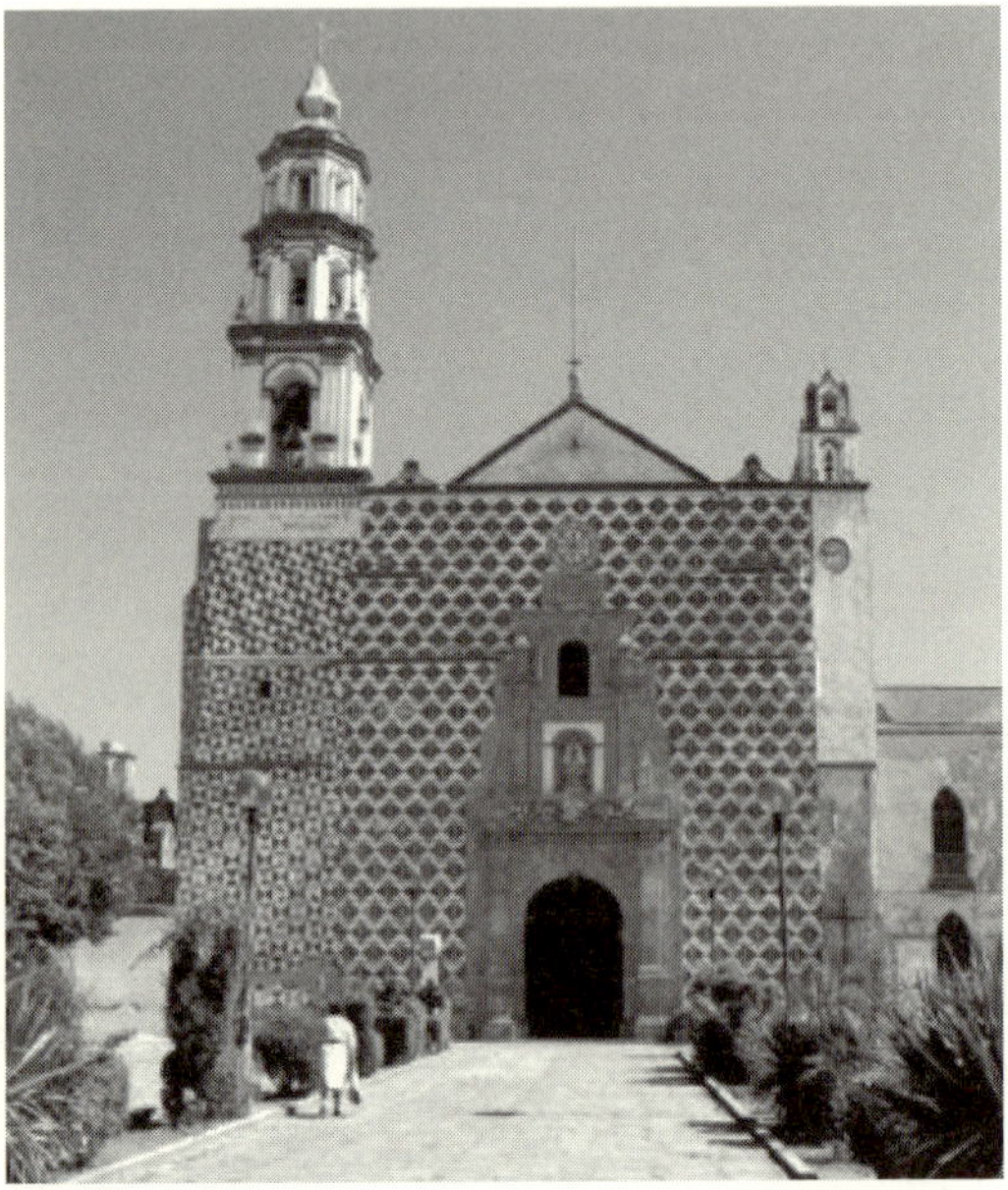

図Ⅰ-5-14
アメカメカ市のラ・アスンシオンの聖母教会堂

図Ⅰ-5-15a　同教会堂内祭壇

図Ⅰ-5-15b　同教会堂内祭壇左下の聖フェリーペ像

作時期は異なると思われる。

この青色の修道服に関しては、歴史学者ソランヘ・アルベーロが詳細な説明をしている。ソランヘによれば、フランシスコ会士たちは当然のことながら伝統的な茶色の修道服を着用しヌエバ・エスパーニャへ渡った。そして、時が過ぎ、服が古くなり新調せざるを得なくなった際に、先住民に織らせようとしたところ、当時のメキシコには茶色の布地を織る糸がなかった。そこで先住民が織る青色の布地を用いることになり、十八世紀までこの青色の平服の着用が続いたという[438]。

修道服の色はさておき、先にも述べたように、コリーマから四百キロメートルほど離れた、現サン・ルイス・ポトシ州に位置するリオ・ベルデ村でも崇拝が見られたことが記された十七世紀後半の旅行記が見つかっていることから、聖フェリーペ崇拝がそれらの地域まで広まっていた事実が把握できる。

このように、メキシコ市を中心に始まった崇拝であったが、十七世紀後半には、その普及は地方へと広がり始めた。これは、修道士はじめ、とりわけ、教会堂を管理しながら日々人々と接する司祭たちの尽力によるものであろう。しかし、聖フェリーペ崇拝は、そもそも、単に聖人を顕彰するという純粋な信仰心によるものではなかった。メディーナはじめ、クリオージョ意識の高い人々にとって、その崇拝は、むしろ、スペイン、あるいは、ペニンスラーレスに対し、聖人フェリーペの偉大さを主張するためであり、即ち、自分たちクリオージョがいかに優れているかをスペイン人に認めさせるための手段であった。このクリオージョ聖職者らの努力によって、崇拝はその後も途切れることなく続いていくが、聖フェリーペ崇拝がメキシコにおける純粋な崇拝のひとつとなるには、二十世紀の到来を待たねばならないのである。

438　Solange Alberro, *Del Gachupín al Criollo. O de cómo los españoles de México dejaron de serlo*, pp. 28–29.

3　十八世紀の説教録及び関係史料から見た崇拝の広がり

十七世紀中頃、サンチェスやセルナによって、その聖性を高め、十七世紀後半には、カプチナ修道院の入口上部にその磔刑姿を見せた。さらにその後、殉教物語までもが活字となった聖フェリーペ崇拝であったが、十八世紀になっても、引き続き、祝日の説教でフェリーペに関わる奇蹟が創作されていく。そこで、聖フェリーペの新しいイメージがどのように形成されていったのかを探っていく。

まず、十八世紀に印刷された聖フェリーペの日の説教を中心にその様子を辿ることにする。対象となる史料は一〇点、内、説教録が五点、祈りが一点、詩が一点、さらに版画が二点である。その他、関連著書を一点加える。

五点の説教録は次のものである。一七〇七年二月五日のフランシスコ会第三会《Tercer Orden de la Penitencia》の修道士ホセ・デ・トレス・ペセジンの説教、一七一五年のフランシスコ会士アロンソ・マリアーノ・デル・リオの説教、一七三三年のドミンゴ・デ・フェルフィーノ神父の説教、一七八一年の聖フェリーペ・ネリ会管区長ホセッ・マルティーネス・デ・アダメの説教、一七八二年の聖ディエゴ修道院のホセ・フランシスコ・バルデスの説教である。

祈りは、一七一一年に聖フェリーペ・ネリ会修道士アントニオ・ビダル・デ・フィゲロアが記した『九日間の祈り』である。詩は作者不詳で、一七八〇年に発表されている。また、関連著書は、フランシスコ会修道士ホセッ・マヌエル・ロドリーゲスの『幸いなる国』である。

こういった印刷物の中では何が語られているのであろうか。年代順に考察していくことにする。

最初は、一七〇七年二月五日にメキシコ市大聖堂で行われた説教である。説教者である修道士ホセ・デ・トレス・ペセジンは、所属する修道会の管区長にまで上り詰めた人物で、この説教を捧げた時、巡察師の長であった。

活字化された説教は『この名前を持つ五人目の聖人で、殉教の傷跡が五つあるフェリーペ——気品あるメキシコ市出身のクリオージョ、日本における最初の殉教者、聖フェリーペ・デ・ヘススに捧げる説教』と題された。この題から分かるように、トレス・ペセジンは「五」という数字に関心を寄せており、この数字にまつわる話を熱心に述べている。

「五」という数字に関しては、前述のセルナも扱っていた。セルナは、フェリーペと「五」という数字が関連する点は五つあるとした。しかしそのうちの二点のみ、すなわち、旧約聖書中のダビデの五つの石と、新約聖書の五つの傷跡について言及している[439]。因みに既に述べてきたように、サンチェスは、これらの傷跡を「三つの傷跡」として説明していたが、本節で扱うペセジンはセルナと同様に、「五つの傷跡」としたことになる。ここでペセジンの見解を考察すると、次のようになる。

彼はまず、「『第五』という数字は王家を指す数字であり、最も純粋なものという意味を持つ[440]」という考え方を示した。その上で、「五」という数字と聖書との関連に注目し、フェリーペの殉教を「五」という数字に絡め、独自の考えで、その五つの側面を説明した。ひとつ目は「巨人との闘いの場に立つためにダビデが浅瀬の五つの石を手に取った[441]」ことであるが、これはセルナと同様の理解で、太閤秀吉を巨人ゴリアテと、フェリーペをダビデと重ね合わせている。二つ目となる五か所の「傷跡」については、聖フェリーペの殉教をキリストのイメージになぞらえ、丁寧に語っている。

> よく知られているが、殉教［処刑］では一本の槍がフェリーペの胸の辺りを一突きした。他の殉教者は二本の槍で脇から肩へと刺された。こうして他の殉教者は四つの傷、つまり、四か所の傷口を持った。これ（二本の槍）はフェリーペも同じである。聖フェリーペの胸に「五」という意味を示す五つの傷口

439　セルナによる「五つの傷跡」の説明に関しては第I部第四章四節二〇二頁参照。

440　Ioseph de Torres Pezellín, *Philipe Quinto de los santos de este nombre, y quintado por las heridas del maryrio. Sermón que a S. Phelipe de Iesús proto-mártir del Japón, criollo y natural de la muy noble, y leal ciudad de México*, folio 3 del texto.

441　*Ibid.*, Folio 4-4 reverso del texto.

がつくよう、十字架のキリストを真似て、「五」という数字を持つよう、フェリーペは三本目の槍でひとつ多い突き傷を胸に持った。[442]

この文章で分かるように、ペセジンの説によれば、フェリーペの五か所の傷跡のうちの四か所は、他の殉教者と同様に、槍が胸の下から反対側の肩へ抜け出たことによってついた傷口であった。最後のひとつは、他の殉教者が与えられなかった五か所目の傷である。この傷は、正面から突かれた槍の傷で、もちろん、この槍は背中へ抜けていない。この胸の傷がフェリーペと他の殉教者を差別化する。ペセジンはキリストの手足にそれぞれ一か所ずつある傷跡と胸のひとつの傷跡を、フェリーペの身体についた傷口の数と一致させようとしたのである。一般に聖痕とされるキリストの傷は五か所で、それは手足を固定するために打ち込まれた釘の傷跡と脇腹の傷跡である。ここでは釘が手足を抜け出ていることは考慮されておらず、ペセジンの計算はかなり都合の良い計算と言える。

三つ目として、フェリーペを五人目の聖なるフェリーペと考え、次のように語る。

> 我らがフェリーペ・デ・ヘススは、五番目の聖人フェリーペである。一番目は使徒フェリーペ、二番目はフランス人でソルダンの時代に亡くなった聖フェリーペ殉教者、彼は誕生が預言された人物であり、［かつ］私の崇拝する修道士、我が修道会の殉教者聖アントニオ・デ・パドゥアであった。三番目は聖フェリーペ・ネリ、四番目は聖フェリーペ・ビニシオ、五番目となるのが、我らが聖フェリーペ・デ・ヘススである。[443]

この「五番目のフェリーペ《Felipe Quinto》」という表現は、スペインの国王フェリーペ五世《Felipe Quinto》と重複させたものである。フランスに生まれながら、一七〇〇年にスペインの王位に就いたばかりのフェリーペ五世と聖フェリーペの共通項として、双方の「五」という数字との関連を模索した結果である。そして続ける。

聖人名を持つ、我らが五番目のフェリーペは、篤信家の我らが国王、フェリーペ五世をまねるかのように、両親、兄弟姉妹、祖国を捨てた。それは、我がカトリック王フェリーペ五世の先祖である代々のカトリック王フェリーペの名に因んで命名されたフィリピンに住むためであった。なぜなら、聖フェリーペ・デ・ヘススが殉教という嵐の後に冠を戴くかどうかは、この別れが大きく影響していた。幾多の戦いの後に、我らがスペイン王家の王になったフェリーペ五世のように。[444]

このように、ひとりは国王に、そしてもうひとりは聖人の地位に辿り着くために、幾つもの障害に打ち勝たねばならなかったことを指摘している。

さらに四つ目は、スペイン語では五つのアルファベットで書く「ヘスス（J・E・S・U・S）」という名前の文字数についてである。曰く、「ヘススという名字を与えられた。この名前は五文字で書く。キリストにつけられた五つの傷跡に該当する」[445]と述べている。これまでは、フェリーペの修道名ヘススの意味、即ち、イエスのスペイン語名であるヘススという名前がつけられたこと自体が、キリストと同じ殉教の道へ進むべき預言である、という点だけが示されてきた。従って、ペセジンのそれは異なる視点での説明と言える。

最後に、五つ目として「五」という数字が偉大な王の御印であることを解説する。[446]その根拠として、キリストが処刑された十字架は「樫《かし》、楢《なら》、オリーブ、樅《もみ》、松」という五種類の木で作られていることを挙げている。

これらの五つの側面の他にも、聖書の言葉を修辞的に引用し随所にちりばめている。例えば、太閤秀吉はダビデ

442 *Ibid.*, folio I reverso del texto.
443 *Ibid.*, folio I reverso.
444 *Ibid.*, folio 2.
445 *Ibid.*, Folio 4.
446 *Ibid.*, Folio 3 reverso.

図Ⅰ-5-16　アントニオ・ビダル・デ・フィゲロアの説教集に添えられた十字架姿の聖フェリーペ・デ・ヘスス（Vidal de Figueroa, 1711）

と闘った巨人ゴリアテのようであったとした。[447]また、キリストと星が関係する東方の三賢人の話と関連させて、フェリーペと星の関係についても語っている。[448]

それ以外にも、フェリーペを、キリストの永遠の愛の象徴とされる聖体ランプ［聖体が安置されているところに置かれ、常に灯されているランプ］と述べている。[449]

これまで綴られてきた預言的伝説として、船中の人々はフェリーペのことを「聖人」という呼び名以外では呼ばなかったこと、そして声高に「サン・フェリーペ号はどこへ行く、サン・フェリーペ号が欲する聖人」というかけ声をかけていたことなども合わせて記している。[450]

トレス・ペセジンのこれらの試みは、聖フェリーペの「死」の意義を可能な限り神聖なものとし、この聖人に対する崇拝を尊いものにしようとする姿勢から来るものである。

次に、一七一一年、聖フェリーペ・ネリ会の管区長アントニオ・ビダル・デ・フィゲロアが書いた『聖フェリーペ・デ・ヘスス――栄光ある日本における最初の殉教者の栄誉のための九日間の祈り』である。この冊子には許可や批評文が添えられておらず、印刷許可に関する詳細は不明である。したがって、これが書かれた目的についても判然としない。

まずこの『九日間の祈り』に添えられた版画から見ていく。これは十字架刑に処せられたフェリーペの姿（図Ⅰ-5-16）で、ミゲール・サンチェスの一六四〇年の説教録の版画に似せたものと思われる。二つの版画を較べると、ビダルの『九日間の祈り』の版画に描かれた人物は、サンチェスのそれに描かれた人物の像より幼顔で、異常に目が大きく描かれており、二人の処刑人の姿も丸みを帯びている。しかし、シュロの葉と王冠の位置は同じで、全体の構図自体は双方よく似ている。

既に紹介してきたように、サンチェスの版画以降一七一一年までに聖フェリーペの十字架姿を描いた版画は他にもいくつかある。それにもかかわらず、サンチェスの説教録表紙の版画が選ばれている。そしてさらに、これほどまでに真似た理由としては、次のような点が考えられる。すなわち、列福の知らせの到着時に沸き立ったクリオージョらのこの上ない喜び、殉教の真の意義に対する歓喜、一六三八年の大聖堂内に礼拝堂を得た誇りへの回帰である。

それ故に、ビダルは、本文を書くにあたり、次に紹介するエスコバル神父[451]の言葉を敢えてこの祈りの書に添えたのではないだろうか。人々の崇拝に対する考え方が間違っていることを嘆くエスコバル神父の言葉を見ていく。

パトリア［祖国］に多くの崇拝や神聖なる神話への喝采が巻き起こることは常にある。よそ者からの贈り物に心を奪われる人々も多い。想像を絶する世界や特別な行為は確かに人々の関心を得る。反対に、自分たちの祖国のことには関心を持たない。活字にもせず、拍手喝采もせず、恩知らずで不信心である。そういった人々は、神が彼らのために素晴らしいことをしても信じない。古いことであれば、単に預言者が言ったことと思い違いを

447　*Ibid.*, Folio 4 reverso.
448　*Ibid.*, Folio 3.
449　*Ibid.*, Folio 4 reverso.
450　*Ibid.*, Folio 3 reverso. これは、ルイス・フロイスから始まり、セルナやメディーナも語ってきたことである。
451　エスコバル神父については、「クラウスーラ［修道院内にある禁域］で行われた談話会で話した人物」という説明があるが、それ以上は不明である。Vidal de Figueroa. *op. cit.*, p. 1.

し、祖国がそのような立派な出来事を手にしていたことすら気付かない。[452]

ビダルもエスコバルと同様に、聖フェリーペの偉業の真の意味が人々にしっかり伝わっていないことに苦悩していた。

ここに書いてあることは文字通り聖フェリーペ・デ・ヘススに関することで、このメキシコの町の愛国者たちがしてきたことや、［今］していることである。彼は我が祖国の出身であり、我がメキシコの町にキリスト教徒としての品格をもたらした。それにもかかわらず、我々は、聖人に対し持つべき特別な義務を忘れている。聖人の徳を常に賞賛せず、道徳的偉業を語ることもなく、さらにその聖性、驚くべき出来事を人々に広めようとはしない。我々はすべきことを放棄してしまった。崇拝のためにその姿を描いた版画を添えるという行いは素晴らしいものだが、さほど手がかかっているものではない。また、この請願はこの町とは関係のない人たちが出したものである。その勇気ある栄光を言葉にし、それを形にし、［その思いに対する祝福を］義務づけなければならない。我々はカトリックの信徒であり、ローマと結ばれている。ローマは儀式［列福］で我々にお示しになられた。[453]

ここでいうこの町とは関係のない人たちの請願とは、スペイン本国の人々による列聖の申請という意味であろう。実際、副王領からはなんら請願はなかったようだ。ビダルは、フェリーペの生国であるヌエバ・エスパーニャの人々からの申請がないことを嘆き悲しみ、彼等が列聖の申請を行うことを切望しているのである。そして、その無念な思いから一層広く深い聖フェリーペ崇拝の普及の必要性について次のように述べている。

聖人を祝う年祭の日にのみ、生まれ育った土地への意識や故郷愛を持つなどということを我々はすべきではない。日常生活の中で決められた儀式で聖人を思い出し崇拝する、という厚い信仰心を持つべきである。栄光ある最初の殉教者の美徳に対し喜びを表すよう努めなくてはいけない。これは義務などではない。我々にとって有意義なことであり、我々の守り人が［正式に］聖人となるために必要な条件である。なぜなら、［美徳とは］その美徳を真似ない限り、手に入れることができないものであるからだ。[454]

もうひとつここで注目すべき点は、ビダル自身、聖フェリーペの日の祝典がヌエバ・エスパーニャ全体を対象とすると考えていることである。実際、この時代における聖フェリーペの祝典は以前同様に大規模であった。一七二八年二月五日の『ガセータ』紙に掲載されている予定から明らかである。[455] 祝祭日の前日からソカロを利用して行われる盛大な祝典となっている。

記事によれば、それは前日から夜通しで行われた。大聖堂内礼拝堂に納められている聖フェリーペ・デ・ヘスス像は聖フランスシコ修道院まで予め宗教行列をして運ばれ、祝典の日の最初の晩課のために、前日の午後に大聖堂内に納められる。また、同夜は町全体で一晩中灯りがともされるのである。当日は、宗教行列で、同修道会を出て、音楽隊が街のあちらこちらに配備された市内を練り歩き、その後大聖堂へと運ばれ、ミサが執り行われる。

この記事から、宗教行列で担がれたのが、聖フランシスコ修道院に奉納されている像と、大聖堂の礼拝堂内の像のどちらか、という点に違いはあるようだが、その他は、十七世紀前半から例年行われてきた祝典と同様の盛大さで催されていたことが分かる。[456] 式は大聖堂の主催で行われ、もちろん、副王はじめ、アウディエンシアやメキシコ市参

452　*Ibid.*, pp. 1-2.
453　*Ibid.*, pp. 2-3.
454　*Ibid.*, pp. 3-4.
455　*Gazeta de Meexico*, pp. 76-77. ガセータについては注二二一参照。
456　十七世紀半ばの祝典の様子については、第Ⅰ部第三章三節一三一頁参照。

事会など行政・司法の関係者も参加した。先述したように、副王の参加は一六八九年に正式に定められていた。従って、これは盛大であるだけでなく公的なものであった。

ここでビダルが指摘しているのは、聖フェリーペを真摯に理解し、日々祈ることである。ビダルは『九日間の祈り』で聖フェリーペについて日毎の解釈を提唱している。各祈りには、以下のように、それぞれ小題がつけられた。初日は「聖フェリーペは、自由に敵と闘うために、すべてを捨て、キリストの御心にしたがう」、二日目は「聖フェリーペは、修道院にその身を委ねようと、祈りを持って準備し、キリストに真似る」、三日目は「聖フェリーペは、公衆の面前で屈辱を受け、キリストを真似る」、四日目は「聖フェリーペは自由になることを拒み、殉教に身を投じ、キリストを真似る」、五日目は「聖フェリーペは、特別なものになることを拒み、皆と同じ道を進み、キリストを真似る」、六日目は「聖フェリーペは、十字架の上でその身体を粗雑に扱われ、骨の髄までキリストを真似る」、七日目は「聖フェリーペは、金曜日に血を流し、キリストを真似る」、八日目は「聖フェリーペは、死ぬ瞬間もキリストを真似る」、九日目は「聖フェリーペは、十字架の上で、より熱い思いで、神の愛を願い、喜びをもって死を求め、キリストを真似る」という小題である。これらが意味するのは、聖フェリーペのイメージをできる限りキリストに重ねることである。

ビダルの祈りに続いて紹介するのは、フランシスコ会士修道士アロンソ・マリアーノ・デル・リオの一七一五年二月五日の説教である。デル・リオはメキシコ市大聖堂で行ったこの説教で、フェリーペのイメージをさらに崇高なものにしようとした。彼は、一七一一年の説教を行った修道士ビダルの弟子である。師と同じような考えを持ち、師と同様に聖フェリーペの聖性をより高めるよう努めている。

また彼は、メキシコ市の聖フランシスコ修道院の神学の師を務めた人物であった。さらにヌエバ・エスパーニャの異端審問官であり、フランシスコ会巡察師かつ日本二十六殉教者列聖の審問官でもあった。このような人物が一七一五年二月五日のメキシコ市大聖堂での説教担当者となったのである。教会において権威を持つだけではなく、さらに列聖申請の関係者が説教をしたという事実は、フェリーペの列聖の実現を待ち焦がれている人々に大きな期待を与えたことであろう。

当日の説教は『説教　日本における最初の殉教者たちとの比較を通じて語るメキシコの守護聖人、インディアーノ、高名な人、聖フェリーペ・デ・ヘススの乖離性と特殊性』という題で活字印刷された。この説教録の審査は、イエズス会士アントニオ・フィゲロア・バルデスが行った。そして、承認文はアウディエンシアの異端審問所囚人のための弁護士フアン・ホセッ・デ・ラ・モタ[457]が書いた。もうひとり、異端審問官を退職したフランシスコ・ハビエル・ヒロンも、デル・リオの洗練された説教に賛辞の言葉を添えている。ヒロンは、同時に、かつては請願をすれば認められた列聖も、この時期には既に手続きが難しくなっていたことに言及するが、是非列聖を実現させたいと積極的な意見を述べている。[458]

デル・リオは、最高の栄誉である列聖が必要不可欠であることを重ねて述べている。彼は、フェリーペが列福されている事実は、もちろん、光栄なこととしている。しかし、「日本における聖なる最初の殉教者たちは列聖に向け手続きがとられることもなく、ましてやそれを記録されることもないまま、八十四年の年月を経た状態にある。それについてミサで述べたが、繰り返そう」[459]と言葉を続けるのである。

さらに、列聖されない理由をローマの意向ではなく、自分たちの態度に起因するとし、自戒の念を示している。列聖されるための条件がフェリーペに不足しているのではない。率先して実現させようとする力、その実現を願う気持ちが足りないのだと後に厳しい口調で述べている。[460] そこで、短期間で列聖された例として、説教録の中で次のような言葉で、聖女ロサも引き合いに出して語っている。

457　モタは、この他にも、いくつもの社会的に重要な役職に就いた経験を持つ。Alonso Mariano del Rio, *Separación y singularidad entre veinte y seis protomártires del Japón de San Felipe de Iesús, indiano, patricio, y patrón de México. Sermón*, Folio 7.

458　*Ibid.*, folio 11-14 reverso.

459　*Ibid.*, folio 3 reverso.

460　*Ibid.*, folio 26-26 reverso.

リマ［市］には聖女ロサを列聖するための寛大さがあった。ずたずたにされたメキシコの赤紫の花のために、［そのような寛大さが］メキシコでは見られない。メキシコよ、私は何といったらいいのだろうか。ああ、我が祖国よ。[461]

実際「聖女ロサ」に関しては、後述するように、列福後わずか三年で列聖されている。これはロサが入会していたドミニコ会の努力によると言われる。

同時に、当時ヌエバ・エスパーニャでますます広がりつつあったグアダルーペの聖母崇拝の存在も当然のことながら意識していたのではないだろうか。先に触れたように、一七〇六年にはテペヤックの丘には新しい教会堂が建てられ、グアダルーペの聖母の信奉者は社会階層の枠を越えて広がっていた。

ところで、デル・リオは、この説教録の中で殉教者全員の名前を記している。これは、彼が二十六人の列聖のための委員会の長の任務を受けていることからすれば当然である。[462] しかし、「自国」出身の殉教者であるフェリーペ・デ・ヘススに対してはやはり特別な意識を持っていた。

例えば、デル・リオは、列聖されるための条件を「ひとつには、聖人と呼ばれること。二つ目に、賞賛し、祈願し、引き立たせること。三つ目に、寺院を建てること。四つ目、聖なる時に祝福をすること。五つ目、祝日を持つこと。六つ目、絵姿や像をもつこと。七つ目、聖遺物を崇拝すること。八つ目、守護聖人であること」と具体的に列挙し、敢えてフェリーペがこれらのすべての条件を満たしていることを断言している。[463]

しかしこの八つの項目のうち、三つ目の寺院を建てることについては、事実との齟齬がある。何故なら、この時点では大聖堂内の礼拝堂とカプチナ修道院内の教会堂は聖フェリーペに捧げられてはいるが、その名を冠してはなかった。つまり、メキシコには聖フェリーペの名を冠する教会堂はまだ建設されていなかった。従って、デル・リオは、実際には聖フェリーペの名を冠していないにもかかわらず、聖フェリーペ・デ・ヘススの教会堂とするなど、かなり都合よく解釈をしていると言える。

その上、デル・リオは、フェリーペを殉教仲間から切り離し、特別な人物として強調している。それは処刑場面の説明に見られる。例えば、十字架の位置である。リオは、「東から西に向かって数えて十三番目で、西から数えると十四番目であるが、ペドロ・バウティスタが十字架に磔けられると、二人が全体の中央に位置した」[464]とした。フェリーペの十字架の位置は管区長であるバウティスタの横であり、バウティスタを除いて数えると、ちょうど全体の中央に当たるとし、それによりフェリーペを特別な存在としたのである。これもかなり恣意的な解釈とも見える。

また、「三」という数字に強く固執している。彼は、その十字架の位置以上に価値があるものとして、三つの槍の傷について指摘する。これはサンチェスと同様である。さらに、「三」に関連する別の要素も挙げている。それはガレオン船サン・フェリーペ号を襲った三度の台風である。[465] それらとは別に、巨大なクジラやサン・フェリーペ号との名前の一致などこれまでに述べられたことも忘れずに語っている。

ただしここで注目すべきは、説教者アロンソ・マリアーノ・デル・リオは、フェリーペの超越性を単にメキシコ市のものではなく、ヌエバ・エスパーニャやスペインも含めた、広い意識でとらえているという点である。

聖フェリーペ・デ・ヘススはあらゆるところと繋がっている。スペイン人の血を受けているのでスペイン、インディアーノであることからアメリカ〔ヌエバ・エスパーニャ〕、故郷という意味でメキシコ〔市〕、そして、宗教界、銀細工職人の世界、商売人、兵隊の世界。というのも、彼の生涯を見れば分かるように、これらは青年時代

461　*Ibid*., folio 26–26 reverso.
462　*Ibid*., portada.
463　*Ibid*., folio 5 reverso.
464　*Ibid*., folio 16 reverso.
465　*Ibid*., folio 18.

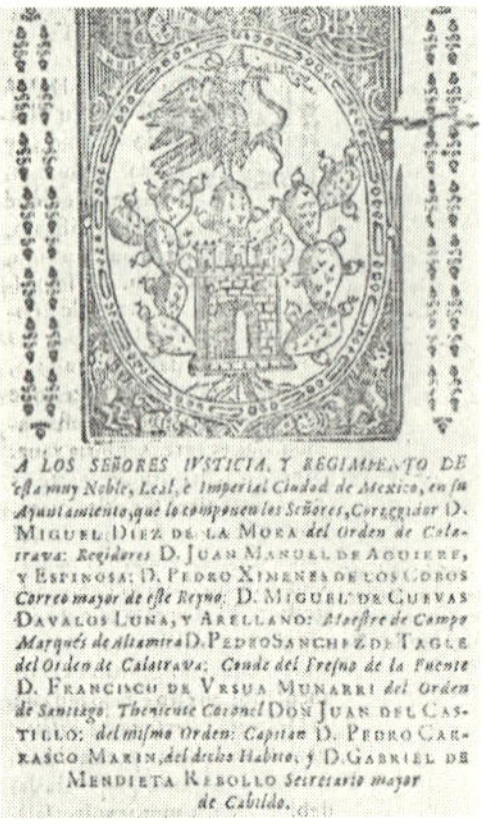

右・図Ⅰ-5-17a　アロンソ・マリアーノ・デル・リオの説教集に添えられた紋章／左・図Ⅰ-5-17b　紋章拡大図（Mariano de Río, 1715, 挿絵。メキシコ国立図書館古文書館　UNAM 内）

の職である。これらすべての職についたのである。[466]

もちろん、デル・リオにとって、フェリーペをシンボルとして掲げようとしていたヌエバ・エスパーニャの人々はスペイン系であった。

我らの聖人がそうであるように、メキシコの町も、あちらから［スペインから］渡ってきた人々、そして、ここで生まれた人々、すべてのスペイン人、気高い人々の集まりである。ガチュピンもクリオージョも、同じ血筋であり、同じ土地の人々であるにもかかわらず、彼のための列聖の手続きをしない。（中略）その出生により、スペイン人の両親を持ち、そのインディアーノの大地で生まれ、あちらの呼び名とこちらの呼び名［がある］。あちらではカスティージャの人、こちらではクリオージョ。[467]

ところで、この説教録にはひとつの紋章が版画として添えられている（図Ⅰ-5-17）。紋章には小ぶりの三つの塔を持つ城が描かれ、その城全体から大きなウチワサボテンが生えている。翼を広げた鷲が城の上部中央のウチワサボテンの上に右足で止まり、くちばしで蛇を喰らい、左足で蛇の尾に近い部分を摑んでいる。その頭上に冠り物を載せているように見えるが、識別は難しい。またそこに描かれている城と鷲は楕円形の縁取りで囲まれている。その楕円形の外側下部両側には後ろ足で立ち上がったポーズをとるライオンがそれぞれ一頭ずつ見える。上部は羽根のようなもので飾られ、FとRの文字が読み取れる。

ここに見られるスペインの権威を象徴する「塔を持つ城」や「後ろ足で立ち上がったライオン」は、一五二三年に当時のスペイン国王カルロス一世が、メキシコ市の紋章として用いるよう、エルナン・コルテスに授与した図柄[468]（図I–5–18, I–5–19）の要素で、そのスペイン性を意識させるものである。そこに、領主であるスペイン国王、すなわち、王家を意味する王冠が添えられると、一層スペイン性が増す。[469]

紋章が描かれる場合、どの要素を用いるかは、版画家の意図を計り知るための指針となる。そこで、鷲・サボテン・蛇の紋章について簡潔に説明しておきたい。一七二二年から発刊が始まった新聞『ガセータ・デ・メヒコ』でも、図柄に多少の相違は見られるが、カルロス一世がメキシコ市の市章としてデザインさせたスペイン的要素の城とライオンが中心に描かれた紋章、ときには王冠のみを付した場合もあるが、鷲・サボテン・蛇の図柄の紋章が合体したような構図のメキシコの表象、すなわち、メキシコ市章が、シンボルとして使われた（図I–5–17b, I–5–20, I–5–21, I–5–22, I–5–23）。当時ヌエバ・エスパーニャでは、こういったスペイン性を結合させた図柄の紋章がいろいろな場面

466　*Ibid.*, folio 5.

467　*Ibid.*, folio 24–24 reverso.

468　この紋章には王冠が添えられているが、スペイン国王カルロス一世がメキシコ市に授与した勅令には、王冠は紋章の要素としては書かれていない。*Cedulario de la Metrópoli Mexicana*, con la presentación de Baltazar Dromundo selección y notas de Guadalupe Pérez San Vicente, p. 21.

469　王冠とスペイン性の関係については、独立運動時代に使われた団旗に関する研究を行ったマルタ・テランが詳細な分析をしている。Marta Terán, “La relación del águila mexicana con la virgen de Guadalupe” en Mario Acevedo Andrade (ed.), *Historias*, núm. 34, pp. 51–70.

右・図Ⅰ-5-18　スペイン国王カルロス一世がエルナン・コルテスに授けた図柄に従って作られたメキシコ市章のデザイン入りエスタンダールテ（団旗）(Gómez Tepexicuapan y González-Hermosillo, 1997.)／左・図Ⅰ-5-19　現在のメキシコ市章のデザインのひとつ　とりわけ1980年代によく使われたデザイン。これはメキシコ市が配布したパンフレットのひとつに印刷された紋章

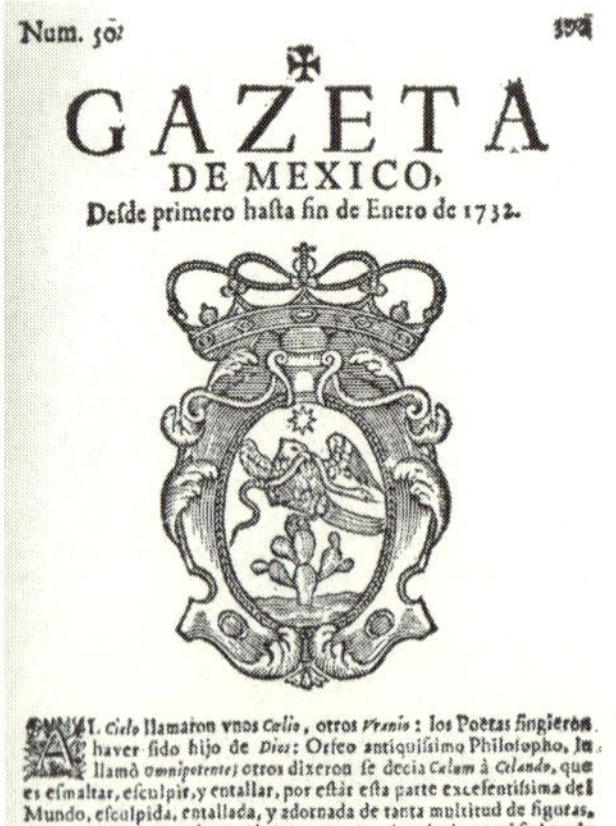

Num. 50.　394

GAZETA
DE MEXICO,
Desde primero hasta fin de Enero de 1732.

AL Cielo llamaron vnos *Celio*, otros *Vranio*: los Poetas fingieron haver sido hijo de *Dios*: Orfeo antiquissimo Philosopho, lo llamò *omnipotente*; otros dixeron se decia *Cœlum* à *Celando*, que es esmaltar, esculpir, y entallar, por estàr esta parte excelentissima del Mundo, esculpida, entallada, y adornada de tanta multitud de figuras, como *Estrellas*, que (segun el tiempo, que es igual, el que el Sol tarda desde que apartandole de vna Estrella fixa, hasta que à ella buelve), constituyen el Año Sidereo, ò Estrellar: Dividen el Cielo vnos Autores, en ocho, y los mas graves en onze, como se verà en los Meses futuros,

Mexi-

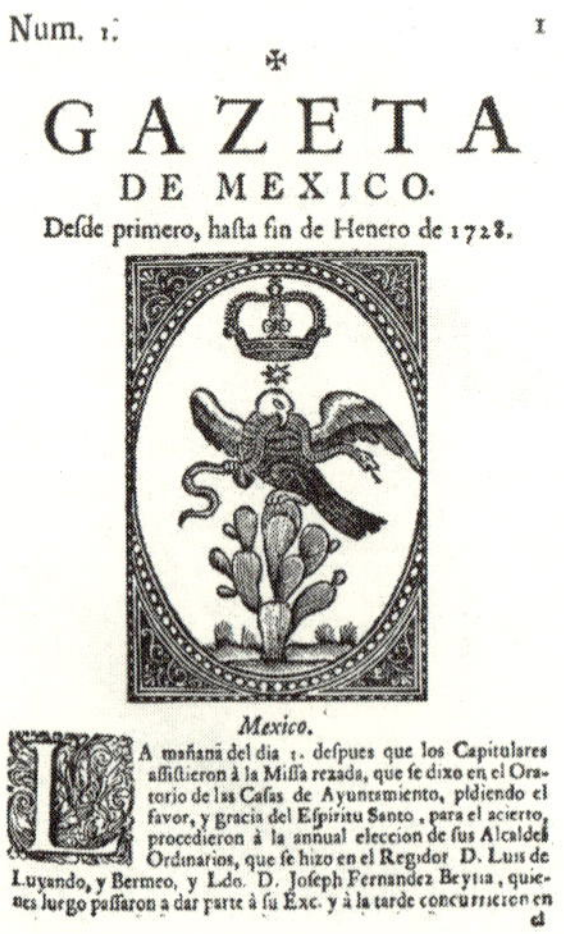

Num. 1.　1

GAZETA
DE MEXICO.
Desde primero, hasta fin de Henero de 1728.

Mexico.

LA mañanà del dia 1. despues que los Capitulares assistieron à la Missa rezada, que se dixo en el Oratorio de las Casas de Ayuntamiento, pidiendo el favor, y gracia del Espiritu Santo, para el acierto, procedieron à la annual eleccion de sus Alcaldes Ordinarios, que se hizo en el Regidor D. Luis de Luyando, y Bermeo, y Ldo. D. Joseph Fernandez Beytia, quienes luego passaron a dar parte à su Exc. y à la tarde concurrieron en el

右・図Ⅰ-5-20　1728年1月の『ガセータ・デ・メヒコ』に挿入された紋章 (Gonzalez de Cossio, vol. I, 1949)／左・図Ⅰ-5-21　1732年1月の『ガセータ・デ・メヒコ』に挿入された紋章 (Gonzalez de Cossio, vol. II, 1950)

図Ｉ-5-22　1687年にマヌエル・マルティーネス・エレーラが申請した左官業の許可証に使われたメキシコ市章
(Cedulario de la Metrópoli Mexicana, 1960, 裏表紙)

図Ｉ-5-23　1768年のグアダルーペの聖母に捧げられた賛辞の祈りを印刷した冊子に添えられた紋章
(Rodriguez, 1768, 口絵)

で利用されており、[470]これらの図柄は、十八世紀のクリオージョの意識が前世紀のそれとは変わっていることを示していると考えられる。

　この前世紀の意識、すなわち「十七世紀のクリオージョの意識」とデル・リオの時代の「十八世紀のクリオージョの意識」の違いは求めるものの違いである。前者は、本来、自分たちを「スペイン」から切り離し自立する手段を探る意識でもあった。だからこそ、グアダルーペの聖母の祝日をスペインの聖母の祝日から切り離し、その崇拝を土着化し、メキシコ性を求めた。一方、十八世紀のデル・リオの時代になると、むしろスペイン性への固執が見られる。これは「メキシコ的要素」だけで示すのではなく、むしろ「スペイン的要素」を併用することに意義を見出そうとする新しい「クリオージョの意識」と考えられる。

　デル・リオが持つ「クリオージョ意識」はまさにこの後者の「十八世紀のクリオージョ意識」である。メキシコ生まれのスペイン人であり、それはスペイン性なくして語れなかったフェリーペのイメージと重なる。だからこそ、デル・リオは、聖フェリーペを描いた版画に、ライオンが後ろ足で立ち上がり湖上の城の塔を支えるカルロス一世による紋章を加えさせたのであろう。それは、一六五二年のハシント・デ・ラ・セルナの説教録に添えられた版画の中の紋章、[471]鷲とサボテンと蛇の三点を用いたアステカの表象だけでは表現できないものであった。セルナが用いた紋章は、カトリックの視点から解釈したメキシコ市の表象であったが、それはメキシコ性を強調していた。

　ところで興味深い点は、デル・リオがフェリーペを鷲と関連させて説明する記述である。

> その鷲は祖国の紋章の鷲である。鷲がいて、豊かな水に恵まれた場所。メキシコは棘だらけだが、まさに棘にとまった鷲である。……次に、その鷲は空を飛ぶ時、すべての鳥がそうであるように、十字架の形をとる。聖フェリーペは、サカリアス《Zacarias》の詩にあるように、じぶんの十字架の上にいた。宙に浮き、空と大地の間に。[472]

デル・リオはフェリーペを鷲に喩え、続けた。

……そのようなわけで、フェリーペは祖国故に鷲であり、気品故に鷲であり、信仰故に鷲であり、愛故に鷲であり、その傷跡故に鷲であり、嘆き故に鷲であり、殉教故に鷲であるフェリーペは、澄み切った湖に示される紋章の鷲とサボテンに自分自身を見る。[473]

デル・リオが聖フェリーペを説明するために登場させる鷲は先住民が崇めてきた鷲であるが、同時にそれはカトリックの善の表象として登場する鷲でもあった。彼はフェリーペがメキシコ生まれであり、実在のクリオージョであることを強調しながら、フェリーペを鷲に例え、グアダルーペの聖母崇拝と同じ程に聖フェリーペ崇拝を根付かせ、広めようと努力を重ねたのである。

続いて、三つ目の説教である。これは一七三三年、哲学主任教師ドミンゴ・デ・フェルフィーノ神父によるものである。その年の二月五日にメキシコ市大聖堂で行われ、のちに『聖フェリーペ・デ・ヘスス――日本における最初の栄光ある殉教者の人生　その聖人の栄光故に賛辞の説教』として活字にされた。このフェルフィーノの説教録の検閲はアウグスティヌス会のグレゴリオ・デ・アギラール・イ・ピントが行い、最終的な許可は、聖フランシスコ修道院の元哲学兼神学主任ホセッ・カストロが出している。フェルフィーノはこの説教録のなかで当時の聖フェリーペの祝日の様子についても次のように綴っている。

今日神の家では、すべてのカトリック信徒のために素晴らしい一日が始まった。メキシコ人にとって喜びに満ちた日である。なぜなら、今日という日にこの高邁な都市は、高名な尊敬すべき市参事会と大変博識な宗教家の

470　教会堂の壁や祭壇にも使われていた。第I部第五章図I-5-32e, I-5-32f参照。
471　第I部第四章図I-4-10参照。
472　*Ibid.*, folio 25-25 reverso.
473　*Ibid.*, folio 26.

気高い代表者たちの出席のもと、守護聖人として祝福された、我らが愛する同郷の者の栄光を盛大に祝うのである。[474]

そしてフェリーペとモーゼを比較し、「皆が知っているようにあのモーゼやアアロンの奇蹟を起こす杖を、「フェリーペは」自身の中に持っている。それは、我らの聖人の特筆すべき姿である」[475]と説明する。フェルフィーノは「フェリーペは、キリストの偉大な歩みに続き、その肩に十字架を担いだ」[476]と、フェリーペがキリストの苦難を見倣ったことを主張する。フェルフィーノにとって「我らが敬愛すべき同胞」[477]であるフェリーペが、どれほど素晴らしいのかを説明しようとしたのだ。

それとは別に、聖パブロ（パウロ）とフェリーペの人生も比較する。フェリーペがいたずらっ子としての幼少期を過ごしたことや一度入会した修道会から出て俗人となったことを、初めはキリストを迫害する側に与《くみ》していたが、後にキリスト教徒として殉教した聖パブロの行動と重ねた。

また、フェルフィーノは、フェリーペの人生を「子供、天使、キリスト」という三つに分けて説明している。既に見てきたように、一六二九年（推定）に詠まれた詩で、フェリーペの胸の三つの傷跡という解釈が示されていることから、これは「三」という数字にこだわった、しかし、新しい解釈である。つまり、フェリーペを「三位一体」論を基に説明したものである。但し、「父、子、精霊」を「キリスト、子供、天使」と置き換えている。

この説教録で紹介文を担当した修道士アントニオ・ホセッ・ペレスもまた、「三」という数字へのこだわりを見せ、「あの日、三度輝いた、つまり、預言者は三度光った月を見た。そして、十字架から血が流れるのを見た」[478]と語っている。

そのほか印刷許可書では、メキシコ（王立）大学教授で神学主任担当のメルセーの聖母会修道士、マヌエル・デ・ボカネグラ・イ・カンタブラーナが、フェルフィーノの言葉を受け、やはり、「三」という数字を意識し、「三位一体でキリストが存在するという教えに基づいて考えてみると」という書き出しで、フェリーペについて次のように記している。

　三つの異なる生、つまり人間、天使、キリストの生が聖フェリーペ・デ・ヘススの中に見いだされる。これらの生があの「勇敢さ」にすべて凝縮されている。それらを持つが故にこの聖人は十字架についた。それは信仰を意味する白である。聖フェリーペが三つの生を持つ必要があったのは明らかである。なぜなら十字架にかかったのだから。[479]

　このように、ボカネグラも、キリストの「三つの生」を基に、「フェリーペの生」を三段階に区分し、「聖フェリーペの人生は、幼児のキリストのそれであり、天使のそれであり、つまり、［フェリーペは］キリストであった」[480]と著者フェルフィーノの見解を擁護した。

　続いて、一七六八年に出版された、ホセッ・マヌエル・ロドリーゲス神父の著書『幸いなる国』の紹介文を見ていく。この紹介文はバジェ・デ・ラ・コリーナ公爵ホセ・アンヘル・デ・クエバス・アギーレ・イ・アベンダーニョが担当した。この著書は、グアダルーペの聖母に捧げられたものであるが、当時重要とされた聖人たちについても言及しており、特に聖フェリーペに紙面を割いて、次のように述べている。

474　Domingo de Ferrufino, *Vida de el glorioso proto-mártyr de el Japón San Phelipe de Jesús, Sermon panegyrico, que en glorias de disho Santo*, p. 1.
475　*Ibid*., p. 2.
476　*Ibid*., p. 3.
477　*Ibid*., p. 1.
478　*Ibid*., folio 2.
479　*Ibid*., folio 5.
480　*Ibid*., folio 5-5 reverso.

図Ｉ-5-24　1774年のホセ・デ・ビジャ・ビセンシオの聖フェリーペ磔姿（Romero de Terreros y Vinent, 1948）

彼を特別な存在とする点は一体どのようなものでありましょう。心の弱いものであったということや、栄光［天］からメキシコを見つめていることでしょうか。世俗で生きたことだけではなく、最も幸せな二度目の洗礼［殉教］を経験したことでありましょうか。我が同胞、日本における最初の殉教者、栄光ある聖フェリーペ・デ・ヘススについて説明させていただいていることは閣下もお気付きでありましょう。こちらでは［世俗の人として生きていた時は］我々の熱い思いを翻弄し、あちらでは［殉教者となってからは］主よ、あの素晴らしい摂理から生まれたように、それほどまでに賞賛すべきことと、私どもは理解しております。それは［閣下が］あの幸せなる出来事に愛徳を感じ、御応えくださるに値することでございます。[481]

さらに、洗礼の記録が所在不明であるという理由で、聖フェリーペがメキシコ出身であることに対する疑いが流れているのはいたって俗な話である、とした。[482]

次に、聖フェリーペを描いた版画である。[483] 一七七四年のホセ・デ・ビジャビセンシオの作品で、この版画は二対一の割合で画面が上段下段に分けられている。上段では中央に磔刑にされているフェリーペの姿が描かれている（図1-5-24）。その横を、天使が左右それぞれ一人ずつ飛んでいる。向かって右の天使はオリーブの王冠を、左側の天使は殉教者を意味するシュロの葉を手にしている。これまでの聖フェリーペの版画と較べると、シュロの葉が、とりわけ大きく立派に描かれている。頭部には光輪をつけ、殉教者がいかに聖なる存在であるかが強調されている。

作品の下段には、翼を広げ、舞う鷲と大きな教会堂が描かれている。そのファサードなどから、メキシコ市大聖堂を描いたものと考えられる。左奥にはドームを持った教会堂のような建物が見える。大聖堂の左前には四角い大きな石造りの建物も描かれていることから、メキシコ市のソカロに間違いなかろう。そこでは、巨大な教会堂に向かって大群と言っても過言ではないほど多くの人々が列をなしている。これは聖堂内に入っていく宗教行列を描いたものと考えられる。さらに上空では、天使が巻物を両手で広げ、その横を大鷲が翼を大きく広げて空を舞い、巻物には、その下部に描かれている建物の名称、つまり、副王邸宅、聖ドミニコ修道院とその付近や大聖堂と小礼拝堂の名称が記されている。

481　Joseph Manuel Rodríguez, *El país afortunado. Oración panegírica, que en la annual solemnidad con que celebra la nobilíssima ciudad de México la maravillosa aparición de nuestra Señora de Guadalupe*, hoja 17.

482　*Ibid.*, hojas 17 reverso–18.

483　一九四八年に出版されたロメロ・デ・テレーロ著『ヌエバ・エスパーニャ時代の版画と版画家』で紹介された作品である。そこでは版画家の名前は、ホセ・デ・ビジャビセンシオとなっている。ロメロ・デ・テレーロは版画の所在については言及していない。他方、同じ作品をエストラーダ・デ・ヘルレーロも「ヌエバ・エスパーニャ聖人名簿に記載されている日本の最初の殉教者」という論文で扱っており、版画家の名前をエマヌエル・ビジャビセンシオとしている。また、版画の所蔵先に関してはマドリード国立図書館の名前を挙げている。Manuel Romero de Terreros y Vinent, *Grabados y grabadores en la Nueva España*. México. Ediciones Arte Mexicano, p. 373; Estrada de Gerlero, *op. cit.*, p. 87.

一見して明らかなように、これは二月五日のフェリーペの日の祝いの様子を表したもので、聖フェリーペに関する意識は時代によって異なるが、その祝典は世紀を問わず、盛大なものであったことが伝わってくる。

次いで詩を紹介する。これは一七八〇年二月五日の祝典の知らせが回覧された際に添えられた作者不詳の詩である。栄光をより栄えあるものとするために、フェリーペと彼の祖国とフェリーペの繋がりを詠い、例年の祝日が粛々と続けられている当時の様子を伝えようとしている。

拍手喝采せよ（ああ、メキシコよ）
日本の［で亡くなった］偉大な殉教者の
尊いゆりかご［始まり］となるという
幸運に恵まれた
しかしあなたに敬虔な気持ちをもたらした
務めについて考えよ
［あなたが］勝利をもたらした祖国に
充ち溢れる名誉
それ以来、止むことのない崇拝

隣人［同胞］の喜びは
明らかで
その日
勝利があなたの勇敢さを思い出させる
あの幸せな日

その日、あなたは天に昇った
そこで神はあなたを祝福なされた
あなたに加護をお与えになる
［皆が］気高く喝采し始める
［あなたは］その素晴らしさに値する

崇拝を歓待する気持ちは証である
今日の讃歌は殉教した息子のためである

［それは］当然のことだ
花火、大砲、薪で祝う
賑やかに祝う
もちろん、キリストのために死ぬことを望んだのだから[484]

この詩が詠まれた前年の一七七九年に、儀式用のラテン語の典礼文が聖フェリーペのために正式に用意されたことを付記しておく[485]。

ここで、説教録としては四点目となる聖フェリーペ・ネリ会管区長ホセッ・マルティーネス・デ・アダメが一七八一年二月五日の祝いの際に行った説教を見ていく。これは『ローマが聖人に授けた新しい典礼の言葉が読み上

484　Millares Carlo y Calvo, *op. cit.*, núm. 241.
485　Pichardo, *op. cit.*, p. 158.

図Ⅰ-5-25　1781年のホセ・マルティーネス・デ・アダメの説教集に添えられた磔姿の聖フェリーペ　サボテンに止まった鷲の図像の上に描かれた（Martinez de Adame, 1781. メキシコ国立図書館古文書館　UNAM内）

げられた一七八一年二月五日の聖フェリーペ・デ・ヘススのための説教』という題で活字にされている。

この説教録のための意見書を書いた人物は、メキシコ市大聖堂の司祭アンブロシオ・デ・メアベであった。そこには二年前の一七七九年に聖フェリーペの祝日用に授与された典礼文がラテン語で書かれていることへの批判的意見が記されている。本来、典礼文が授与されること自体は、特別に行われることであり、大変名誉なことである。メアベによれば、その典礼文の授与は、フェリーペが列聖されていないことの代償とも言えるほどのことであった。しかし、それはラテン語で書かれており、ミサで読み上げてもその内容が人々に伝わらなかった。そこで、彼は、すべての人々に分かるよう、典礼文をスペイン語に訳し読み上げるべきであると主張したのだ。[486] これは、聖フェリーペ崇拝がより身近な存在となるようにと願う気持ち故のことであろう。

当の執筆者であるマルティーネス・デ・アダメは、典礼文については、メアベほど悲観的ではない。むしろ、聖フェリーペのための典礼文にも同様な効果があることを期待している様子が窺われる。[487]

実際、アダメが固執していたのは列聖であった。フェリーペに最高の称号が与えられず、それどころか、何の称号も持たない殉教者のように扱われていると心を痛める。[488]フェリーペは「イエス・キリストに忠実にしたがう誇り高き殉教者」[489]であった。にもかかわらず、「聖人は同胞から無視されている。恐らくその血縁者からも同様に無視されていた」[490]という。

注目すべきは、この説教録に添えられた版画の構図である（図I-5-25）。十字架刑に処せられたフェリーペの姿がサボテンの上にとまった鷲の上に立っているのだ。この鷲は蛇を喰らっていない。この版画の作者は不詳である。

既に触れてきたが、一六五二年のハシント・デ・ラ・セルナの説教録に添えられた版画が、聖フェリーペと、鷲、サボテン、蛇が描かれた紋章がひとつの作品に同時に描かれた最初の作品として挙げられる。その意味では、筆者の知る限りでは、蛇は見られないが、アダメの説教録に添えられた版画は二点目の作品と言える。

この二つの作品には違いが見られる。セルナの版画では、紋章は十字架姿の聖フェリーペとは離されて作品の下部に置かれていた。しかしアダメの版画では、鷲とサボテンの図柄で描かれた紋章の上にフェリーペが立っている。それは、後述する十八世紀に入り描かれた一連のグアダルーペの聖母聖画の構図[491]と類似するものである。但し、それらと比較すると、アダメの説教録の紋章は、モチーフとして独立しておらず、十字架の足元に添えられるくびきと同化するかのような控えめな印象を与える。

ところで、聖フェリーペの姿とともに、後にメキシコ紋章と呼ばれる、いわゆる「鷲、サボテン、蛇」の紋章が描

486　Joseph Martínez de Adame, *Sermón de San Felipe de Jesús*, folio 2 y 3-3 reverso.
487　*Ibid.*, p. 4.
488　*Ibid.*, p. 1.
489　*Ibid.*, s.p.
490　*Ibid.*, p. 2.
491　第II部第一章図II-1-4, II-1-5参照。

図Ⅰ-5-26　バルタッサール・デ・メディーナ著『聖フェリーペ・デ・ヘスス殉教物語』（1683 年）の 1751 年再版本に貼られていた版画　国立人類学博物館図書館に保管されている。これはこの再版本を再製本する際に差し込まれた可能性が高い（Medina, Vida, 1683. 製本時添付資料）

かれた作品は他にもある。ひとつは、国立人類学博物館付属図書館が所蔵する、再版されたバルタッサール・デ・メディーナの『聖フェリーペ・デ・ヘススの生涯と列福』に差し込まれた作品である（図I-5-26）。この版画の中心の図柄の両横にはバロック調の縁飾りが二枚の花びらのように付けられている。その豪華さや、敢えて福者という肩書きを用いていることからすると、制作時期は十八世紀の終わりに近い頃だと思われる。

こちらの版画は、一七八一年のアダメの説教録に添えられた版画と共通の要素はあるが、その構図の詳細は異なっている。中央に十字架姿の聖フェリーペが描かれ、背景には西欧的な家々が見える。聖フェリーペの姿の下部前方に飾り板があり、その中央に大型の紋章が置かれている。独立後早々に国章として定められることになるサボテンに止まり蛇を喰らう鷲の図柄である。

作品の下部には「福者フェリーペ・デ・ヘスス」と書かれている。そのことから未だ「聖人」となっていないことを意識しているのが伝わってくる。これはアダメの版画にも共通する点である。また、十八世紀も終わりに近づいたこの時期に「パトリア［ここでは祖国と捉える］のパトロン」という言葉が見られることから、当時の宗主国スペインと対峙する祖国への思いを意識していると考えられる。[492]

ここではスペイン性を否定するのではなく、むしろ肯定しているように思える。この作品の鷲は正面を向き、翼を広げ、そしてその頭上には星が輝き、星の上には大型の立派な王冠を戴いているのだ。王冠はスペイン王家の象徴のひとつと言われており、[493]紋章のスペイン性、即ち、聖フェリーペのスペイン性を示すものである。その上、この紋章は、その豪華さ、鷲の凛々しさなどから、上述のアダメの説教録に添えられた紋章と較べるとその存在感が強い。

492　十八世紀後半のクリオージョは、スペイン本国の中央集権体制により、厳しい政治経済状況に置かれていた。そうした中で、スペイン本国に翻弄される自分たちと祖国ヌエバ・エスパーニャを思う愛国心が次第に強くなっていた。こういった意識を一般に「パトリオティスモ」と称している。本章一節二一四頁参照。

493　王冠に関しては、第I部第五章三節二五七頁及び注四六九参照。

さらに、後述するトマース・デ・スリア作一七九九年の版画[494]（図II-1-1）でもやはり紋章が置かれている。これは、先に紹介したメディーナの再版された著書に差し込まれた版画の紋章とほぼ同じ位置にある。しかしスリアの紋章は、カルロス一世がメキシコ市に授与した図柄の市章であり、湖に浮かぶ島にある城と、後ろ足で立ち上がった二頭のライオンが描かれたものである。その紋章の横で鷲が、大切なものを守るかのように寄り添っている。但し、蛇とサボテンが図柄として使われているかどうかの識別は難しい。

鷲とサボテン及び蛇のモチーフが添えられている作品は、後述するものも含め、筆者がこれまでに収集した聖フェリーペの絵姿で、鷲とサボテン及び蛇のモチーフが添えられている作品は、全部で五点である[495]。このような「鷲とサボテンと蛇」の三点を用いた紋章が添えられた美術作品は、グアダルーペの聖母を描いた作品でもさほど多くはない[496]。しかしそれはアイデンティティを示す重要な要素となっている。

さて、紹介する説教録の最後となるのが、異端審問所の名誉審問官兼聖ディエゴ修道会の修道院長《custodio》ホセ・フランシスコ・バルデスが一七八二年二月五日にメキシコ市大聖堂で捧げた説教である。この説教は『説教録　栄光あるメキシコの聖人、聖フェリーペ・デ・ヘススの祝日において』と題され、印刷された。

その一頁目に、国王カルロス三世に宛てた同年十二月十一日付の文書が添えられている。これには四人の署名[497]がある。そこではこの聖フェリーペの祝典について、次のように説明されている。

> この素晴らしい喜び、（中略）フェリーペがウルバノ八世によって真の殉教者として認められたという喜ばしい知らせが、一六二八年に届いて以来、荘厳な祝いで［喜びが］示されてきた。祝いの行列、盛大な花火、役所や通りに取り付けられる豪華に飾られた祭壇、この素晴らしい行事を祝うために、必ず準備される宗教行列や八日間の祝い［一般には「ノベーノ」と呼ばれる「九日間の祈り」のこと］は、人々がこのような形で祝われる者に誇りと希望を見いだしている証であり、アメリカの美徳であり、幸福を意味するものである。[498]

この文面からは、聖フェリーペ崇拝が変わることなく盛大に且つ人々の関心に支えられながら、続いてきたことを感じ取ることができる。[499]

またこの書簡では、「恐ろしい迫害が生じ、その最初の犠牲者がメキシコ人フェリーペ・デ・ヘススでございます。メキシコ人フェリーペ・デ・ヘスス。スペイン国王にとって誇らしい栄光でございます」とスペインの誇りともなる偉業を成し得た「メキシコ人すなわち、ヌエバ・エスパーニャ生まれのスペイン人、いわゆる、クリオージョ」とし

494　スリアに関しては、第Ⅱ部第一章一節三〇八―三一三頁参照。

495　一点目はハシント・デ・ラ・セルナの説教録に挿入された作品である。二点目は一七八一年のホセ・マルティーネス・デ・アダメの説教録に添えられた磔姿の聖フェリーペ（図I-5-25）、三点目はバルタッサール・デ・メディーナの一六八三年の『聖フェリーペ・デ・ヘスス殉教物語』の一七五一年再版本で、国立人類学博物館図書館に保管されているものに貼られていた版画（図I-5-26）である。以上三点の版画家は不詳となっている。四点目は一七九九年にトマース・デ・スリアが描写した福者フェリーペ・デ・ヘススの磔姿（図II-1-1）、五点目は一八〇一年作のモンテス・デ・オカの版画集。この版画集では紋章が二つ描かれている。ひとつは表紙で、但し、聖フェリーペの姿はなく、他の関連要素のみが描かれている（図II-1-2）。もうひとつが、聖フェリーペ・デ・ヘススがメキシコ紋章の上に高々と立つ姿（図II-1-3）である。

496　グアダルーペの聖母と紋章が同時に描かれた聖画に関しては、メキシコの美術史学者ハイメ・クアドゥリエージョはじめ、何人かの研究者が分析をしている。クアドゥリエージョによれば、この紋章（メキシコ紋章とも言われる）の上に立つグアダルーペの聖母の聖画は十点程みつかっている。Jaime Cuadriello, "Visiones en Patmos Tenochtitlan. La mujer águila", en *Artes de México, Visiones de Guadalupe*, núm. 29 を参照。

497　D. Francisco Antonio Crespo. D. Antonio Rodriguez de Velasco, D. Francisco Maria de Herrera, D. Felipe Antonio de Teruel. Joseph の連名となっている。Joseph Francisco Valdes, *Sermon, que en la festividad del glorioso martyr mexicano san Felipe de Jesus*, hoja 5 reverso. Don の称号がついたこれらの署名者について、その立場や身分がはっきりしないが、説教集に添えられたものであり、聖職者であると考える。

498　*Ibid.*, hoja 2-2 reverso.

499　*Ibid.*, hoja 2 reverso.

て、フェリーペの偉大さが公言されている。[500]

次に説教者バルデスの言葉を見ていく。ここに記されたバルデスの典礼文に関する見解は、先に述べたメアベやアダメの悲観的な見方とは異なる。彼は、三年前に正式にラテン語の典礼文が授与された効果は小さくはなく、聖フェリーペ崇拝に対する関心が確かに高まったと考えている。[501]しかし、それがフェリーペの列聖実現を可能とする力にまではなっていないことも感じている。

バルデスには、聖人の称号の授与が引き延ばされる理由は見当たらなかった。[502]それ故に、彼はフェリーペのための列聖の請願が出され、祝典が執り行われることを切望し、聖女ロサの場合と比較し、フェリーペの列聖の遅れを強調する。「ペルーのあの栄光ある聖母［聖女］ロサのように、ローマのために奉仕し、その結果、功績が記される部屋にロサの名があるように、このメキシコ人殉教者フェリーペにその偉業が認められることを神がお許しになれば」[503]と。

このように、説教録の中でバルデスは、関係者の心を動かし、フェリーペの列聖を実現させようと努力する。その殉教をこの上ない偉業としてほめ讃え、さらに、まるで後述する現代の聖フェリーペのイメージを先取りするかのような形容であるのだが、殉教したフェリーペを「メキシコの若者」「アメリカの若者」と呼び、一層印象付けることを試みたのである。[504]

以上見てきたように、十八世紀のクリオージョ聖職者たちは聖フェリーペ崇拝を普及させるために、この殉教に新たな意味をつけ与え、聖フェリーペがメキシコ市の守護聖人であることを再認識させる必要があった。さらには、キリストとの類似性を持つ聖人であることを真摯に示し、その上で、新たな聖性を付加することが不可欠であった。そのために、それぞれが彼を一層賞賛しようと聖書の中の要素を探し出し、独自の解釈を展開した。それは崇拝をより浸透させようとする彼らの努力であるとともに、聖フェリーペの聖人としての価値がスペインの聖人に劣らないことを示そうとするものでもあった。

これらの試みを実践した人々が意識せざるを得なかったのが、既に触れてきたように、十八世紀に入り、グアダルーペの聖母に対して行われた一連の公的肩書き授与であったと言えよう。グアダルーペの聖母は褐色の肌で、スペイン人と先住民との混血であり、一七五四年にはその出現が公的に認められた。同時に、蛇を喰らう鷲がサボテンに止まる図柄の紋章が添えられた絵姿も描かれ、グアダルーペの聖母は代表的な「クリオージョのシンボル」となっていた。

一方、聖フェリーペ崇拝もまた、十七世紀最初の四半世紀に始まり、一世紀以上の年月を経て、確かに定着していた。聖フェリーペを崇拝する者にとって、フェリーペは公的に認められた「クリオージョのシンボル」であった。しかし、その始まりから盛大な年祭が開かれ、順調に広がるかと思われた崇拝も、列聖はされないままで、さらなる普及への道は険しいかのように感じていたのであろう。両崇拝の普及の程度に既に大差が見られたとはいえ、直面するグアダルーペの聖母に対する一連の出来事から来る焦りの気持ちが、普及のためのたゆまぬ努力へと向かわせたのではないだろうか。その具現化は、様々な視点で、聖フェリーペの聖性をより高めるという形で行われた。

4　十八世紀に教会堂に奉納された聖フェリーペ像

ここまで見てきたように、十七世紀には、「三」という数字と絡めてキリストとの類似性を突き詰め、フェリーペ

500　*Ibid.*, hoja 4 reverso.
501　*Ibid.*, hoja 3.
502　*Ibid.*
503　*Ibid.*, p. 15.
504　これらの言葉が使われた前後の文章から、この「メキシコ」や「アメリカ」という言葉が、生まれた場所、すなわち、メキシコ市を示すと同時に、クリオージョ階層という意味も含んでいることが推察される。

右・図Ⅰ-5-27a　メキシコ市大聖堂の東の塔／
左・図Ⅰ-5-27b 同大聖堂東塔に飾られた聖フェリーペ立像（左の像）

の聖性は高められてきた。十八世紀には、「五」という数字に絡め、聖書の中の場面と聖フェリーペのイメージを重ね、その聖なる意味を加えていった。同時に、聖フェリーペの図像にもまた変化が見られる。磔刑姿で描かれるところから始まったその図像にも、立像が見られるようになる。本節では十八世紀に教会堂に納められた聖フェリーペ像を中心にその姿を確認し、崇拝の様子を明らかにしていきたい。

まず、メキシコ市大聖堂東塔に設置されたフェリーペ像から始める。メキシコ市大聖堂完成に向けた大工事が始まったのは、一七八七年であった。[505] この工事で東西の二本の塔が建てられ、最終的に大聖堂が完成したのは、独立運動（一八一〇－一八二一）さなかの一八一三年のことであった。

完成した二つの塔は、それぞれが三段で組まれ、最上段の四つの角に異なる聖人の像が置かれている。[506] それぞれが二体ずつとなっており、合計十六体である。それらの聖人の一人として、聖フェリーペの立像も聖アンブロシオの像の横に設置された。その位置は、東の塔の鐘状の装飾天井の下部で、中央ドーム側のファサードよりの角である（図Ⅰ-5-27）。

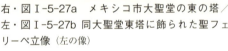

二つの塔を飾った、聖イポリト、聖アウグスティヌス、聖女バルバラなど、これらの高名な聖人聖女とともにその姿が設置されたことは、メキシコの教会が、当時まだ正式には聖人ではなかった聖フェリーペを、聖人の価値がある者として公的に認めていたことを示唆する。

　その他、十八世紀には数多くのフェリーペ像が副王領内[507]のあちらこちらの教会堂に奉納されている。ここでは、これまで紹介してこなかった聖フェリーペ像を列挙しておく。

　メキシコ市と隣接する現メキシコ州に位置するテポツォトランに、旧イエズス会修道院（図I-5-28）がある。この修道院の建設は一六七〇年頃に始まり、院内にある教会堂の主祭壇（バロック様式）（図I-5-29a）の完成は一六八二年と言われる。[508]この修道院は現在ミュージアムとなっており、そこに磔姿の聖フェリーペ像が一体ある（図I-5-30）。頭部に光輪が見られ、背後には交差した槍がある。この像の出自は不明であり、カトリック美術の専門家による制作年の鑑定を待たざるを得ないが、その顔立ちと材料の質感及び十字架刑に処せられている姿から、十八世紀あるいはそれ以降の作品であることが推測されよう。

505　この工事を任された建築家はホセ・ダミアン・オルティス・デ・カストロであったが、工事半ばに他界した。そこで、マヌエル・トルサがその遺志を継ぐことになった。トルサは、大聖堂中央の丸天井を手がけた建築家である。メキシコ市大聖堂の歴史については注三三及び注三一六参照。

506　Carlos Vega Sánchez, et al., *Cómo vemos la Catedral metropolitana de México a principios del siglo XXI* に、二十一世紀初めのメキシコ市大聖堂の建物及び内部の祭壇に関して詳細に書かれている。そこには聖人たちの名称も記されている。但し、内部に関しては、その後も微細な改装が行われている。

507　十八世紀にもなると、副王領は、北は現アメリカ合衆国の西半分を、南は現中米地域及びカリブの島々、フィリピン諸島までを含む広大なものとなっていた。ここでは主に、現在のメキシコに該当する地域を考察対象としている。

508　この教会堂は、主祭壇の下部の文字盤に完成年が記されている。因みに、テポツォトラン市はメキシコ市の北東四十数キロに位置する。この教会堂の名称は聖フランシスコ・ハビエル教会堂である。旧イエズス会修道院の歴史に関してはGuillermo Tovar de Teresa, *La iglesia de San Francisco Javier de Tepotzotlán: eco de la vida artístico de la ciudad de México en los siglos XVII y XVIII* を参照。

図Ⅰ-5-28　テポツォトランの旧イエズス会修道院聖フランシスコ・ハビエル教会堂外観（現ビレイナル美術館）

図Ⅰ-5-29a　同修道院聖フランシスコ・ハビエル教会堂主祭壇

図Ⅰ-5-29b　主祭壇中央に祀られた聖フランシスコ・ハビエルの像　聖ハビエル像の下には十字架と槍を抱えた日本人殉教者がひとりいる。

図Ⅰ-5-29c　祭壇中段に水平に並んだ十字架を抱えた殉教者の盾型レリーフ
祭壇説明文に長崎で処刑された３人の日本人キリシタンと記されている

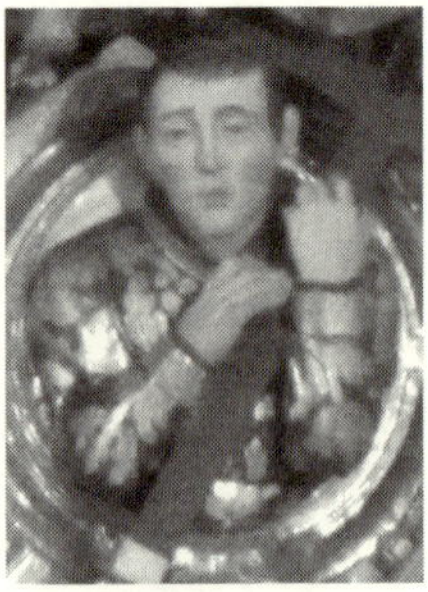

右・図Ⅰ-5-29d　祭壇向かって右側の殉教者／中・図Ⅰ-5-29e　祭壇正面のハビエル像の下の殉教者／左・図Ⅰ-5-29f　祭壇向かって左側の殉教者

テポツォトランのイエズス会旧修道院から車で数十分離れた、メキシコ州クアウティトラン・サン・ロレンソ・リオ・テンコ村のサン・ロレンソ・マルティル教会堂の主祭壇（図I-5-31, I-5-32a）にも聖フェリーペの姿が見られる。ここの祭壇もバロック様式で、一七六〇年前後に作られたと考えられる。[509] その中央にはグアダルーペの聖母が祀られており、聖母を挟んだ左右の装飾柱の中央部に、それぞれ円形盾型枠の深彫レリーフがある（図I-5-32b）。中央向かって左寄りの装飾柱にあるのはペルーの聖女ロサ（図I-5-32d）で、右寄りに、十字架と槍を抱えた、半身の姿もある（図I-5-32c）。これが聖フェリーペである。[510]

これと似た図像が先に紹介したテポトォトランの旧イエズス会修道院教会堂主祭壇にある。三体の十字架と二本の槍を抱えた胸像である。しかしこれは聖フェリーペ像ではない。祭壇前の金属板に書かれた説明によれば、この三体はイエズス会修道院に通っていた三人の日本人殉教者のレリーフである。つまりこれらは、イエズス会が、列福直後にその祝典を挙げるよう申請していた殉教者である。[511]

この三人のイエズス会系日本人殉教者の姿は、メキシコ市歴史地区にあるオラトリオ・デ・サン・フェリーペ・

509　Francisco Arturo Schroeder Cordero, "Nuestra Portada. Retablo Mayor del Templo de San Lorenzo Río Tenco. Cuantitlan, Estado de México", en *Artes de México*, núm. 106, p. 4.

510　同様の円形盾型紋章の中で十字架と槍を抱えた半身のフェリーペの姿が、フィリピンのフランシスコ修道会教会堂祭壇でも見つかっている（図I-5-33）。

511　一体は、中央に置かれた、修道院教会堂の名称となっている聖フランシスコ・ハビエルの像（図I-5-29b）の真下にある。日本では一般に、フランシスコ・ザビエルと呼ばれているが、スペイン語の音を尊重し、フランシスコ・ハビエルと記す。その他の二体は、そのハビエル像の両側に設置された飾柱のちょうど真ん中辺りの高さにひとつずつ置かれている。これらの形態は紋章型レリーフが用いられている。その姿は、幼さが残る顔立ちをした、坊主頭の青年の姿である（図I-5-29c, I-5-29d, I-5-29e, I-5-29f）。この祭壇は、教会堂が建設される時、つまり、十七世紀最後の四半世紀に作られたものであり、これらの三体は、当初からその姿が見られたものと考えられる。この教会堂には、彼らの十字架姿の絵画も奉納されている。こちらの作品が描かれた時期は検証されていないが、十字架姿やその筆使いなどから、十八世紀の作と思われる。

図Ⅰ-5-30　修道院付属美術館（現ビレイナル美術館）に展示されている聖フェリーペ像

ネリ・ラ・プロフェーサ教会堂内（図Ⅰ-5-34）ギャラリーにも、絵画で展示されている。[512] このギャラリーの作品は、十字架姿二枚と、胸部までの半身の姿一枚の計三枚である（図Ⅰ-5-35）。

その他、メキシコ北部に位置するサカテカス市近郊にあるグアダルーペ市の旧修道院美術館にも聖フェリーペ像が納められている。この美術館は、もともとはフランシスコ会修道院で、一七〇四年に建設されたと言われている。[513]

館内の教会堂（図Ⅰ-5-36）身廊の正面に向かって左側の主祭壇からさほど遠くない位置に、聖フェリーペ立像がある（図Ⅰ-5-37）。ここでは、左腕《ひだり》で等身大の十字架を抱え、右手に槍を一本持っている。この他、教会堂内の聖歌隊室にも聖フェリーペの姿が見られる。室内に設置された椅子の背には、歴代のフランシスコ会の聖人が彫られている（図Ⅰ-5-38a）。その中の一人が殉教者のシンボル、王冠とシュロの葉が十字架に添えられた聖フェリーペの磔姿である（図Ⅰ-5-38b）。これは教会堂建設時に設置されたものと言われる。

それらとは別に、聖フェリーペをテーマとした絵画作品も一点ある。図柄の構図から、これは十七世紀後半から十八世紀前半の作であろうと思われる。全体の構図はミゲール・サンチェスの説教録の表紙に添えられた版画のそれと似ているが、その詳細は異なる。中央に十字架上の聖フェリーペの姿、そのそばに二人の処刑人が描かれている（図Ⅰ-5-39）。この作品では、聖フェリーペの右耳付け根あたりから血が流れ出ている。[514] 処刑人は二人とも、見たところ、地位の低い役人風の髪型である。処刑人の一人は、背を向けたまま、顔だけ背後を見ている。その顔立ちは東洋人とも西洋人とも言えないものがあり、さらに、何か物言いたげな表情で印象的である。この作品では、処刑人の髪型や着物に似せた衣服の形や、柄を日本風に描こうとした絵師の思いが伝わってくる。

この美術館が所蔵している絵画と類似する作品が、別の場所で四点見つかっている。そこで、それらの絵画作品を紹介しておく。最初に紹介するのは、現サン・アントニオ・パドゥア教会堂（図I-5-40）が所蔵する作品である。既に本書で触れた、この教会堂は、かつて聖フェリーペが入会したプエブラ市のフランシスコ会系サンタ・バルバラ修道院の一部であった。この聖画は、教会堂の礼拝堂主祭壇に二〇一〇年まで祀られていた作品（図I-5-41, I-5-42）である。中央には十字架上のフェリーペ、その両側には、処刑人がおり、ともにこちらを向いている（図I-5-43）。その胸では二本の槍が交差し脇腹から肩へと突き抜かれている。向かって左側の処刑人は三本目の槍でフェリーペの胸を刺しているところである。胸から出血が見られる。この作品では、フェリーペの左耳の付け根に出血が見られる。処刑人の顔や服装については中国風と言ってよいであろう。作風からは十七世紀末から十八世紀始め頃の作と思われる。[515]現在は祭壇には置かれておらず、かつて洗礼用として使われていた部屋に保管されている。バウティステリオと呼ばれるこの部屋は現在倉庫として使われている。この作品はサンチェスの説教録に添えられた版画と似た構図で

512　一般にラ・プロフェーサとして知られている教会堂（現オラトリオ・デ・サン・フェリーペ・ネリ）で、かつてイエズス会士が住んでいた修道院カサ・プロフェーサ内に建てられた教会堂のひとつである。その建設は十八世紀始めといわれている。一七六七年にイエズス会が全スペイン領から追放された際に、サン・フェリーペ・ネリ修道会に引き渡された。現在の正式名称はサン・フェリーペ・ネリ教会堂《Oratorio de San Felipe Neri》である。

513　現在の美術館になる前は、フランシスコ会修道院であったが、現在はグアダルーペの聖母村ミュージアム（el Museo del pueblo de Guadalupe Zacatecas）である。

514　殉教者たちが耳を切られたことに関しては、当初から指摘されている。例えば、リバデネイラは「耳を切るよう命じた」という表現を使っている。

515　メキシコ国立人類学研究所プエブラ支部所長メルロ・エドゥアルドは、十七世紀の作品としている。Eduardo Merlo Juárez y José Antonio Quintana Fernandez. *Las Iglesias de la Puebla de Los Ángeles*, p. 32.

上・図Ⅰ-5-31　サン・ロレンソ・リオ・テンコ村のサン・ロレンソ・マルティル教会堂外観
下・図Ⅰ-5-32a　2012 年の教会堂主祭壇と朝のミサの様子

図Ⅰ-5-32b
主祭壇中央部のグアダルーペの聖母と向かって右に位置する十字架と槍を抱えた聖フェリーペ、向かって左はペルーの聖ロサ

右・図Ⅰ-5-32c　聖フェリーペ・デ・ヘスス像／左・図Ⅰ-5-32d　ペルーの聖ロサ

右・図Ⅰ-5-32e　祭壇下部向かって右に見えるメキシコ市章　蛇を喰らう鷲がサボテンに止まった図／左・図Ⅰ-5-32f　祭壇下部向かって左に見えるメキシコ市章　スペイン国王カルロス一世が1523年にエルナン・コルテスに授与したメキシコ市章の図柄（湖に浮かぶ城を2頭のライオンが後ろ足で立ち支える）に、蛇を喰らう鷲がサボテンの上に止まった姿が加えられた図柄で作られたメキシコ市章

図Ⅰ-5-33　フィリピン・マニラのフランシスコ会系修道院教会堂主祭壇の上部に見られる十字架と槍を抱えた聖フェリーペの盾型レリーフ

上・図Ⅰ-5-34　メキシコ市セントロにあるオラトリオ・デ・サン・フェリーペ・ネリ（教会堂）外観　一般にカサ・デ・プロフェーサと呼ばれている旧イエズス会修道院
下・図Ⅰ-5-35a　同教会堂内の展示作品

図Ⅰ-5-35b, 35c, 35d
イエズス会所属の日本人殉教者

上・図Ⅰ-5-36　サカテカス州グアダルーペ市の旧修道院の外観
下・図Ⅰ-5-37　同修道院教会堂に祀られている聖フェリーペ立像

上・図Ⅰ-5-38a　同旧修道院教会堂の聖歌隊室に並べられた椅子／下・図Ⅰ-5-38b　椅子の1つに彫られた聖フェリーペ磔姿

図Ⅰ-5-39　同旧修道院内廊下に展示されている絵画に描かれた聖フェリーペ磔場面

図Ⅰ-5-40
プエブラ市の聖アントニオ・デ・パドゥア教会堂（フランシスコ会系旧サンタ・バルバラ修道院）外観

図Ⅰ-5-41
この礼拝堂の祭壇に見られる聖画は２枚とも2010年までは写真に見られるように祀ってあった。向かって右側の飾り棚にはめ込まれているものが聖フェリーペの礫姿である。現在は２枚とも教会堂半地下に保管されている（プエブラ市の聖アントニオ・デ・パドゥア教会堂。1990年頃撮影）

図Ⅰ-5-42　2014 年の祭壇の状況
かつて聖画が置かれていたところに聖フェリーペ像が祀られている。この像は 20 世紀の作と思われる。

図Ⅰ-5-43a　サン・アントニオ・パドゥア教会堂所蔵の聖フェリーペ磔刑の絵

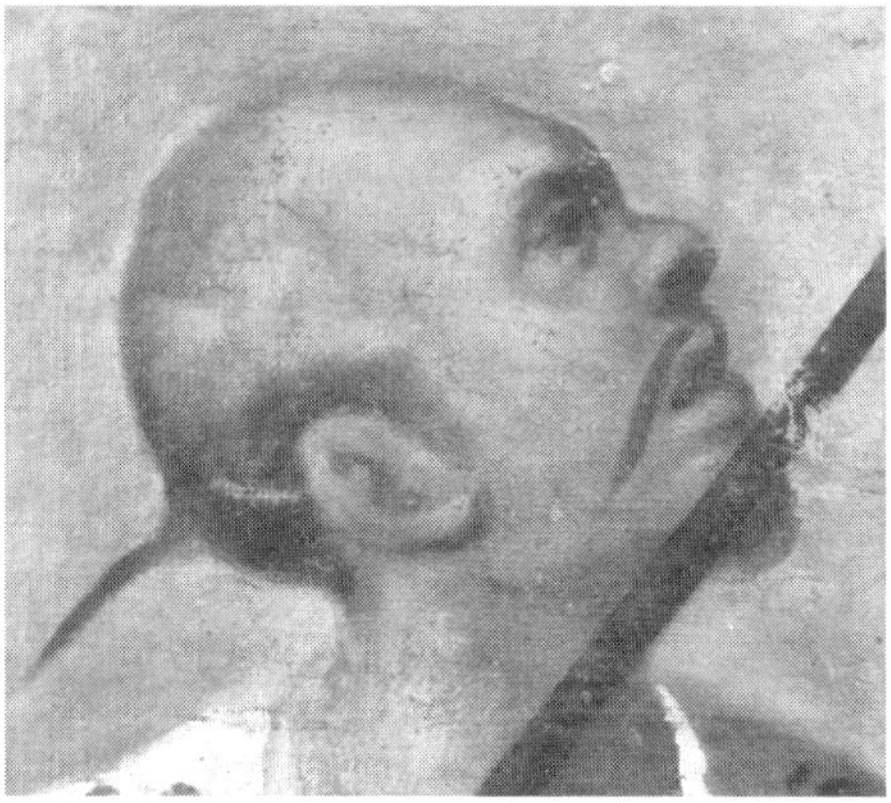

図Ⅰ-5-43b（右）、43c（左）　処刑人の頭部（拡大）

図Ⅰ-5-43d　槍が刺さったフェリーペの胸、右手にいばらの冠、左手にシュロの葉を持つ天使

図Ⅰ-5-43e　向かって左側の処刑人の着物

描かれており、サカテカスの作品との大きな違いは暗さや重々しさがないことである。

　二点目はケレタロ市郷土史美術館付属図書館資料室（旧フランシスコ会修道院）に保存されている作品である（図Ⅰ-5-44）。上述の二点とは少し異なる。中央に聖フェリーペの磔姿があり、その胸には三つの傷跡があるのみで、槍は見られない。処刑人は一人で、槍を右肩に担いでいる。その他に見物人が数人描かれている。こちらの作品も、左耳の付け根から出血している様子が見られる。注目すべきは、左手に小型の十字架を握っていることである。さらに天使が三人おり、ひとりは王冠を、ひとりは大きなシュロの葉を、もうひとりは小型のハープを手にしている。その他、十字架に寄り添うように無数のケルビムが顔を見せている。こちらはその作風から十八世紀の作品と思われる。現地の学芸員の話では、かつてこの作品が置かれていた場所は特定できていないとのことであった。この作品は先のグアダルーペ市旧修道院美術館の作品と似た雰囲気を漂わせている。

　三点目は、メキシコ市旧市街にあるラ・プロフェーサが所有する聖画である（図Ⅰ-5-45）。十字架姿のフェリーペが中央に描かれ、やはり、左の耳から血が流れている。二点目のケレタロの図書館資料室の作品と同様に、三つの傷跡は見られるものの、槍はささっていない。この作品では処刑人も登場していない。ここでは、ひとりの天使が十字の水平棒部分に身体を寄せ、左手にいばらの冠を、右手にはシュロの葉を持ち、今まさにフェリーペの胸に触れようとしている。背後の雲と後光の間にはやはり無数のケルビムが描かれている。この作品はイエズス会が副王領から追放された一七六七年以前に納められたと思われる。

四点目は、イグナシオ・アヤーラ作（図I-5-46）で、十八世紀の作品といわれている。[516]十字架姿のフェリーペが中央に描かれ、二人の処刑人が、フェリーペの胸を槍で突いている。耳を切られているかどうかは確認できない。[517]胸を刺した槍は肩から抜けて、穂先を見せ、頭部付近の縦と横の柱が交差している部分に天使がひとり描かれている。この作品では、天使は左手にシュロの葉を持ち、右手にいばらの冠を持っている。

サカテカスのグアダルーペ市旧修道院美術館の作品を含めた、これらの五点は磔刑の様子を具体的に伝える役割を持っている。それらはいずれも多くの人々の目に触れ、聖フェリーペ崇拝の普及の一端を担ってきたことであろう。

この他、絵画作品ではないが、ミチョアカン州モレリア市のサンタ・ロサ教会堂（図I-5-47）の丸天井を見上げると、それを支える柱の一本に、三本の槍を右手に抱えた聖フェリーペの姿が描かれている（図I-5-48）。この教会堂は十八世紀に修復されており、恐らくその際に、描かれた作品であろう。長い間老朽化することなく保たれていたフェリーペの姿が、近年湿気によるカビが原因でその姿を失いつつある[518]（図I-5-49）。

以上、概ね十八世紀に納められたと考えられるこれらの作品群を基に、聖フェリーペ崇拝の状況をまとめておく。ここでは、北はサカテカスのグアダルーペ市、そしてメキシコ市及びメキシコ市近郊に位置するテポツォットラン市、クアウティトラン・サン・ロレンソ・リオ・テンコ村、メキシコ市東部のプエブラ市、北部のケレタロ市、西部

516　Dirección General de Difusión Cultural. *La Muerte Espresiones mexicanas de un enigma*. p. 47. この著書の中でホルヘ・アルベルト・マンリケがイグナシオ・アヤーラの作品として紹介している。個人の所蔵で、アレハンドロ・クアドラの収集コレクションのひとつである。本来どこに設置されていたのかは不明である。
517　白黒写真で紹介されており、耳の付け根から血が流れているかどうか判断が難しい。
518　このカビ発生は、二十一世紀に入ってから行われた丸天井の修理後に始まったようで、天井修復工事が悪影響を及ぼした可能性が高い。

図Ⅰ-5-44　聖フェリーペの磔姿　処刑人はひとりで、後方には見物している人々が描かれている
（ケレタロ市郷土美術館付属図書館）

図Ⅰ-5-45　聖フェリーペ磔姿を描いた絵（オラトリオ・デ・サン・フェリーペ＝ラ・プロフェーサ［旧イエズス会修道院跡にある教会堂］）

図Ⅰ-5-46　イグナシオ・アヤーラ作『聖フェリーペの殉教』　アレハンドロ・クアドラ所蔵。18世紀（Dirección General de Difusión Cultural, *La Muerte Espresiones mexicanas de un enigma.*, p. 47）

のモレリア市（旧バジャドリー市）、その他、本章二節では、メキシコ市とプエブラ市の中間に位置するアメカメカ市や、太平洋岸に位置するコリーマ市にある教会堂に納められた聖フェリーペ像を紹介してきた。

それらの像がある教会堂の種類を見ると様々で、その位置も一定の条件があるようには見られない。実は、そのこと自体が、聖フェリーペ崇拝が十七世紀最後の四半世紀以降、ヌエバ・エスパーニャの広範囲に亘って定着しつつあったことを物語っていると言えるのではなかろうか。

図Ⅰ-5-47 モレリア市の聖女ロサ教会堂の外観

実際、ここで挙げた以外にも、ミチョアカン州やサン・ルイス・ポトシ州、グアナファト州など、クリオージョが多く住んでいた町の教会堂に聖フェリーペ像が納められていたことがこれまでの調査で分かってきた。これらの多くは作者不詳で、さらに調査・研究する必要があるが、十八世紀に作られたものが多いと考えられる。新たに加わった立像以外にも、版画、壁画など様々な形態の作品が制作されている。

この時期、新たに地方の司教座聖堂や修道院に数多く納められた作品や、相変わらず毎年副王はじめヌエバ・エスパーニャの高官たちが出席し[519]、盛大に祝われた聖フェリーペの祝日の式典はいずれも、崇拝の維持・普及のために役

519 十八世紀に出された *Gaseta de México*, 11 de febrero de 1784, 15 de abril de 1797 を参照。

図Ⅰ-5-48　聖女ロサ教会堂主祭壇前の天井（写真右下に見られる姿が聖フェリーペ）

右・図Ⅰ-5-49a　聖女ロサ教会堂主祭壇前の天井に描かれた聖フェリーペ像（1990年撮影。写真の画質は悪いが、30年近く前には鮮明に見ることができた）
左・図Ⅰ-5-49b　聖女ロサ教会堂主祭壇前の天井に描かれた聖フェリーペ像（2010年撮影。時とともにカビの侵食が進んでいることがよくわかる）

立ったことであろう。

注目すべきは、十八世紀も末になると、聖フェリーペの絵姿や関連する記述に変化が垣間見られることである。それは、ヨーロッパの近代化の波を受け、植民地社会にも独立へと向かう動きが見え始めた時期と重なる。それに関しては第Ⅱ部第一章で扱うことにする。

第Ⅱ部
独立国家における聖フェリーペ崇拝の変容

第一章　メキシコ独立前後の聖フェリーペ・デ・ヘスス崇拝

1　独立前夜と聖フェリーペ崇拝の変容の兆し

聖フェリーペ崇拝は、ヌエバ・エスパーニャにおいては十七世紀中頃から副王領時代を通じて、クリオージョのシンボルとして利用されてきた。その崇拝は様々な形で聖性を高められ、続いてきた。その受け皿であるヌエバ・エスパーニャ社会が、十八世紀末頃、スペイン支配からの離脱を求めて動き始めた。日毎に慌ただしさを増す、所謂、独立前夜の到来であった。その中心で時代を動かしたのがクリオージョだ。副王領から独立国家へ変わると、時代の変化とともに、長きに亘りクリオージョのシンボルであった聖フェリーペの役割も変容していった。

第Ⅱ部では独立後の新しい環境における聖フェリーペ崇拝の変容に関して、十九世紀から現在に至るまでの様子を検証する。変動の激しい時代であることから、独立直後の十九世紀前半、ラ・レフォルマ（自由主義的改革）時代の十九世紀半ば、ポルフィリオ独裁政権時代の十九世紀末と国家新生を図る革命を含む二十世紀、という三つの時代に分け、各時代に聖フェリーペ崇拝がどのような変化をするのか明らかにしていきたい。そこで、政治の動きとともに、聖フェリーペに関わる事象を中心に考察していく。

第一章では、独立直前及び、直後の十九世紀前半を扱う。第一節にあたる本節では、独立運動が始まる直前の聖フェリーペのイメージが、どのように考えられていたのかを見ていくが、この時期の聖フェリーペ崇拝の動静を、フェリーペを描いたいくつかの図像と一冊の書物から探る。まず、当時の社会情勢を把握する必要があるだろう。最初に注目すべきは、十八世紀半ばのスペインによる中央集権政策の強化である。十八世紀初めにスペインで始まった中央集権体制は、遅ればせながら副王領でも本格化し始める。それは、人々の間でよくも悪くも実感されていった。では、その政策は具体的にどのような結果をもたらしたのであろうか。その時代の社会の変化の影響を受けたであろう人々の立場や状況を確認していく。

ヌエバ・エスパーニャ社会は、十六世紀の初めには被支配者である先住民と征服者であるスペイン人の二種で構成されていた。そこに早い段階で奴隷として運ばれてきたアフリカの人々や、太平洋貿易のガレオン船で辿り着いたアジアの人々が加わり、新しい社会構成が誕生した。時が過ぎ十八世紀ともなると、カスタ層［メスティーソや黒人系などの混血］の分類は複雑を極めていた。[520]

メキシコの哲学者ルイス・ビジョーロによれば、その社会的地位区分は、基本的には大きくは次の三つに分類できる。上層部は、主にペニンスラールで構成される副王官僚と富裕な商人、クリオージョ特権階級に属する土地所有者と軍人である。中間層は、クリオージョ階層出身の聖職者や小商人、そして下層部は、重労働に携わる先住民やカスタ層［メスティーソや黒人系などの混血］[521]、アフリカ系奴隷などである。そしてこの三つの分類は、さらに細かい区分に

520　十九世紀初めにヌエバ・エスパーニャを旅したアレクサンダー・フォン・フンボルトによれば、ヌエバ・エスパーニャの人種は七種類で構成されていた。ペニンスラール、クリオージョ、メスティーソ（白人と先住民の混血）、ムラート（白人と黒人の混血）、先住民、サンボ（先住民と黒人の混血）、黒人奴隷である。佐々木博「Nueva España の歴史の証人としてのアレクサンダー・フォン・フンボルト」『人文学研究』第五号、目白大学、一二七頁。クリオージョの概念の誕生に関しては、本書第Ⅰ部第三章一〇七－一〇九頁参照。

521　Luis Villoro, *Proceso ideológico de la revolución de Independencia*, pp. 30-31. 二十世紀に始まったカスタ屏風絵研究に基づくカ

分けられる。

副王領時代後半にあたるこの時期、権力を掌握していたのが、官僚や富裕層で、その大半がペニンスラールと、所謂、「地方エリート」と言われるクリオージョの一部である。後者は経済的政治的条件に恵まれており、地方で社会的に高い地位に就く者たちであった。一方、同じクリオージョでも一般聖職者や小商人たちは、ある程度恵まれている場合もあれば、かなり厳しい経済状況にある場合も見られた。[522] 下層に属する人々は劣悪な労働状況に置かれていた。[523]

十八世紀半ばに具現化した王室による厳しい植民地管理に対し、ヌエバ・エスパーニャで生活していた右に挙げた「エリート・クリオージョ」も含む、すべての被支配者階層の人々は諸々の圧力を感じ始めた。この変化をうまく利用した人々がいれば、反対に、社会環境や生活環境が悪化した人々も多数見られた。この時期、先に述べた特権階級に属していた富裕層のクリオージョは自身の状況に敏感であった。学識のある者が多かった中間層は、自分たちが望む変化であれば、進んで擁護するようになった。その傍で、下層に属する人々はひたすら耐えるしかなかった。

もう一点特筆すべきは、この頃広がり始めたヨーロッパの啓蒙思想である。ヌエバ・エスパーニャ社会もその影響を受けていた。それは、中間層や労働者階層の意識変化の誘発、改革派自由主義者あるいは過激派自由主義者の誕生という形で現れた。独立前夜のヌエバ・エスパーニャ社会における政治的・経済的啓蒙思想の浸透である。

この時代に聖フェリーペが描かれた作品が、いくつか見つかっている。当時の社会的変化を念頭に、それらの作品の中に見られる聖フェリーペのイメージの変化を辿ってみたい。ここでは版画一点、版画集一点、殉教物語一点の合計三点の作品を紹介する。

最初に、十八世紀最後の年にあたる一七九九年に描かれた聖フェリーペの姿（図II-1-1）である。その制作の経緯は明らかではないが、この作品を紹介したマヌエル・ロメーロ・デ・テレロス・イ・ビネンツは、これを宗教版画《estampa religiosa》に分類している。

この版画の制作者はスペイン人トマース・デ・スリアである。スリアは若くしてヌエバ・エスパーニャへ渡り、植民地の中心都市メキシコ市にあったサン・カルロス王立美術学校[524]に入学した版画家である。同校を卒業したスリアは、一七八八年に「ヌエバ・エスパーニャ、カサ・デ・モネーダ」という名称の王立銀貨鋳造所併設の技芸工房銅版細工師として登録されていた。[525]

　スペイン人であるスリアが何故クリオージョ聖人の姿を描いたのかは不明であるが、そこに描かれたのは伝統的な磔刑姿であった。交差した二本の槍がその胸を貫き、フェリーペの両側に男が一人ずつ描かれている。向かって右側に立っているのが死刑執行人で、まさに手にした槍を聖人の胸に突き刺している。これは、一七世紀半ばに語られ始めた、「三」という数字に絡めたイメージ――三つの傷跡、三本の槍――を思い起こさせる、つまり、この槍は三本目の槍である。

　この作品が他と異なる点は、処刑人とは別に、膝をついた男の姿が描かれたことである。この男は手に布を持ち、流れ出る血を受け止めている。キリストの血を天使が聖杯で受け止める場面に似せたものであろう。またこの作品

スタの分類によれば、十八世紀にはカスタは五十以上に分けられ、それぞれが異なる名称で呼ばれていた。Castello Yturbie, *op. cit.*, no. 8, p. 79.

522　Timoty E. Anna, *La caída del gobierno español en la ciudad de México*, pp. 30-31.

523　フンボルトによれば、「罪を犯したわけでもないのに［黒人］奴隷やインディオを虐待し、死に至らしめている。（中略）判事がいるわけでもないのに、黒人奴隷やインディオは二五回のムチ打ちを喰らって死に至る場合も多く、希望のないまま、今日から明日へと生きているだけである」。佐々木博、前掲書、一二七頁。

524　スペイン語正式名称は Real Academia de San Carlos de las Nobles Artes de la Nueva España である。この学校は、カルロス三世治世下の一七八三年に設立され、主にヌエバ・エスパーニャの鋳造技術向上を目的としたスペイン色の強い技芸学校であった。

525　ロメーロ・デ・テレーロス・イ・ビネンツによれば、トマース・デ・スリアは一七六一年マドリード生まれである。彼の経歴を考慮すると、新天地ヌエバ・エスパーニャで活躍をしたことが推測されるが、ロメーロ・デ・テレーロスもスリアのメキシコでの活動については、明らかにしていない。Romero de Terreros y Vinent, *op. cit.*, p. 540.

図Ⅱ-1-1　トマース・デ・スリアが描写した福者フェリーペ・デ・ヘススの磔姿、1799年（Romero de Terreros y Vinent, 1948）

は、これまでの死刑執行人を伴う聖フェリーペの図像と較べると、膝を少し曲げ、より一層力を込めて殉教者の胸に槍を刺す姿勢の処刑人が描かれ、空には黒い入道雲があたかも暗雲のように描き出されている。それによって、残虐さがより生々しく表現されている。

その背景には、ヨーロッパ風あるいは中近東風にも見える町の景観が広がる。作品の下部には、「日本における最初の殉教者、祖国メキシコ［メキシコ市］の守護聖人、福者フェリーペ・デ・ヘスス。彼の列聖が請願され、素晴らしい列聖が実現されるよう、献金という形で協力するよう、人々に説き、勧める。それ［列聖式］はまだ行われていない」[526]という説明が記されている。

その説明文には盾型紋章が添えられた。この紋章は、いわゆる、メキシコ性を持つ「鷲とサボテンと蛇」の図柄ではない。それは、征服直後の一五二三年にカルロス一世がメキシコ市に贈った市章の図柄、すなわち、「塔を持つ城」と「後ろ足で立ち上がったライオン」が描かれた市章であった。これは第Ⅰ部第五章で紹介した、スペインを意識した図柄である。ここでは一羽の鷲が大切なものを守るかのようにそれに寄り添っている。

この紋章の上部には王冠が添えられている。十八世紀のグアダルーペの聖母の聖画に描かれた鷲の頭上にも多くの場合王冠が置かれたが、この王冠こそがスペイン性を示すものであった。[527]従って、スリアが描いた紋章は、二つのスペイン的要素、城とライオンの他に、さらに王冠を持っていることになる。

版画家スリアが、鷲・サボテン・蛇ではなく、城とライオンを用いて紋章を描いた理由は、スペイン本国から副王領へ渡ってきた人々のスペイン人意識、すなわち、メキシコ生まれのスペイン人である聖フェリーペのスペイン性に注目したからだと考えられる。その点に留意すると、制作依頼者にとってもスリアにとってもフェリーペは、スペイン人にかなり近いメキシコ人であったと言えるのではないだろうか。

526　*Ibid*., p. 349.
527　王冠に関しては、第Ⅰ部第五章三節二五七頁及び注四六八参照。

図Ⅱ-1-2　モンテス・デ・オカの版画集表紙（1801年作。メキシコ国立図書館古文書館UNAM内）

この作品の紋章以外の要素の特徴をまとめると、まず処刑人の衣服はスペイン的であるが、景色は先にも触れたように、スペイン的とは言い難い。しかし、副王領的でも日本的でもない。長い間聖フェリーペのイメージとして使われてきたクリオージョ性を強調する様子も見られないように思われる。また、フェリーペの名前にはこれまでのような「聖人」ではなく、「福者」の肩書きが付されている。この肩書きは未だ列聖されていない事実を強調する。

次に、一八〇一年に印刷されたホセ・マリア・モンテス・デ・オカの二十八枚の版画集を見ていく。[528] 制作者モンテス・デ・オカはメキシコに生まれたクリオージョで、トマース・デ・スリアと同時期に、サン・カルロス王立美術学校で学んだ版画家である。[529] この版画集は『日本における最初の殉教者、祖国メキシコの守護聖人である聖フェリーペ・デ・ヘススの生涯』と題された。

モンテス・デ・オカは、その表紙全体を版画で装飾した。それは「鷲」「サボテン」「蛇」「十字架」「三本の槍」「五か所の切り傷がある石盤」、そして殉教者を表す「シュロの葉」で構成されている。鷲は蛇を喰らっている（図II-1-2）。モンテス・デ・オカは、聖フェリーペを顕示しようと、関連する最も重要な要素を表紙の版画の中に盛り込んだのである。表紙を除いたすべての作品の下部には、場面に応じてフェリーペの生涯を物語る簡単な説明文が添えられている。[530] その内容は、既に紹介した一六八三年のメディーナの著書『聖フェリーペ・デ・ヘススの生涯と列福』と大筋で一致している。

528　この枚数は表紙に添えられた版画を含んでいない。

529　モンテス・デ・オカは一七八八年から一七九六年の間、サン・カルロス王立美術学校で学んでいたが、何らかの問題が生じ、学校を離れたといわれている。尚、モンテス・デ・オカについては以下を参照。*Diccionario Porrúa Historia, Biografía y geografía de México*, Editorial Porrúa, tomo II, p. 1957. 版画集に関しては以下を参照。*Nuevas aportaciones sobre los grabadores novohispanos.* escrito por Kelly Donahue-Wallace de la Universidad de North Texas (USA). http://www.upo.es/depa/webdhuma/areas/artep/actas/3cibi/documentos/022f.pdf.

530　「史料集」四七九―四八七頁参照。

以下にモンテス・デ・オカが添えた説明文を紹介する。[531]

一　これまでに見つかった資料からすると、幸運なるフェリーペ・デ・ヘススは、一五七四（五）年五月一日に生まれる。

二　これまでに見つかった資料からすると、幸運なるフェリーペ・デ・ヘススは、一五七五年五月一日に洗礼を受ける。

三　幸運なるフェリーペ・デ・ヘススは、サン・ペドロ・イ・サン・パブロ学校で、著名なペドロ・グティエレス神父のもとで文法を学ぶ。

四　幸運なるフェリーペ・デ・ヘススは、プエブラ市のフランシスコ修道院に入る。

五　幸運なるフェリーペ・デ・ヘススは、欲望に負け、修道士をやめ、俗世界へ戻る。

六　両親は、幸運なるフェリーペ・デ・ヘススを商人としてフィリピン諸島へ送り込む。

七　マニラ市のフランシスコ会系マリア・デ・ロス・アンヘレス修道院へ入る。

八　見習いを終えたフェリーペ・デ・ヘススは、信仰を誓い、デ・ラス・カサスという俗名を捨て、デ・ヘススという名の聖職者になる。

九　修道士、幸運なるフェリーペ・デ・ヘススの慎みと自己犠牲はそこまで到達する……。

一〇　慈悲に燃えた幸運なるフェリーペ・デ・ヘススは、患った修道士仲間の世話をする。

一一　幸運なるフェリーペ・デ・ヘススは、過去の過ちをぬぐいさるために、悔悛を行う。

一二　幸運なるフェリーペ・デ・ヘススは、祈りと日課に専念する。

一三　幸運なるフェリーペ・デ・ヘススは、祖国へもどるために［マニラを］出航する。［神は］空に不思議な十字架を出現させ、磔刑を預言し、嵐を起こし、彼を日本の海岸へ上陸させる。

一四　幸運なるフェリーペ・デ・ヘススが［京から伏見への移動の］途中宿に泊まると、宿の主人は彼を侮辱し、服をはぎ取る。
一五　幸運なるフェリーペ・デ・ヘススは、捕縛され、牢に入れられる。
一六　幸運なるフェリーペ・デ・ヘススと仲間の殉教を前に、不思議な現象が起きる。一、木こりが木を切ると、一本の木の真ん中に不思議な十字架がみつかる。二、長い尾を引いた流れ星が見える。三、幸運なるフェリーペ・デ・ヘススとその仲間が捕縛されたその時、聖フランシスコの像が血を流す。
一七　フェリーペとその仲間はひだり耳朶を切られる。
一八　幸運なるフェリーペ・デ・ヘススは、十字架を抱きかかえる。そこで慈悲深い言葉を叫び、殉教を果たす。
一九　幸運なるフェリーペ・デ・ヘススは、磔けられ、最初に亡くなる。彼は三本の槍で突かれ、それにより日本における最初の殉教者のなかで一番目の殉教者となる。
二〇　神は幸運なるフェリーペ・デ・ヘススと名高いその仲間の栄光をお示しになる。一、火柱が見える。それは三つに分かれ、きらめく稲妻となる。色のついた星が見える。二、殉教者たちは長い間十字架に放置された後も、色鮮やかな新鮮な血を流す。三、カラスの群れは殉教者の身体をつつくこともなく、その頭上を飛び交うこともなく、囲いの中に入ることもない。
二一　四、地面が何度も揺れ、寺や仏像が壊れる。しかし、カトリックの教会堂や修道院は無事である。五、日本人の着物に十字のしるしが浮き上がる。六、灰や血のような赤土が降る。
二二　殉教を経て、栄光という永遠の証をもって、フェリーペの祝福された魂が天に昇る。
二三　アウグスティヌス会のマテオ・デ・メンドーサ神父とディエゴ・デ・ゲバラ神父が四人の日本人キリシタン

531　既述のように、この版画集は初版・保存写真版・復刻版ほかがあり、それぞれ作品数や版画の内容が異なる。誕生年も一五七四年と一五七五年の二種類あり、ここで紹介する説明文はメキシコ国立自治大学内メキシコ国立図書館古文書館所蔵の（初版）版画集に従ったが、同大学美術研究所（ＩＩＥ）所有の保存写真版とメディーナの著書の再々版では、誕生年は一五七五年である。「史料集」四七九―四八七頁参照。注四四参照。

図Ⅱ-1-3　同版画集の一枚。聖フェリーペが、サボテンに止まり蛇を喰らう鷲の上にそびえ立つ姿（Montes de Oca, 1801. メキシコ国立図書館古文書館 UNAM 内）

の力を借りて、幸運なるペドロ・バウティスタとフェリーペ・デ・ヘススの遺体を特別に降ろす。それらの日本人に十レアル[532]ずつ与える。

二四　一六二七年九月十四日、教皇ウルバノ八世がフェリーペの列福の教書《Bula》を出す。

二五　幸いなるメキシコは、そこで生まれた幸運なるフェリーペ・デ・ヘススを［メキシコ市の］守護聖人に任じる。

二六　メキシコは大いに喜び、高名な息子、幸運なるフェリーペ・デ・ヘススの列福を祝う。

二七　敬虔なアントニア・マルティーネスが証人に遺言を渡し、死の入口に入ろうとする時、息子によって、つまりこのメキシコ市出身のクリオージョで、栄光あるフェリーペ・デ・ヘススによって、［死を］告げられるという、これまでどんな母親も受けたことのない幸せを味わう。

二八　幸運なるフェリーペ・デ・ヘススは、母親の死の直前に母の面前に出現する。

出生日や洗礼日、幼少期の記述については、第一章で述べたので、ここでは割愛する。ここで着目すべきは、モンテス・デ・オカが、この一連の版画の二十五枚目で、聖フェリーペを巨大な鷲の上に高々と掲げたことである（図II-1-3）。鷲は蛇を喰らい、サボテンの上に止まっている。

既に触れたように、これは副王領時代にクリオージョが好んで用いた紋章である。彼らのメキシコ性、即ち、彼らの生まれた場所を示すために選ばれた図柄である。その鷲の上に凛と立つフェリーペの姿はメキシコで生まれ育ったクリオージョの存在と意義を再確認するかのようである。天から力強く降り注ぐ光輪が神々しさを増幅する。

紋章の図柄の両側には二人の女性が描かれている。向かって右側は、膝立ちし、羽飾りの付いた冠をかぶり、左《ひだり》腕と左《ひだり》肩で杖を支えている。その足元には様々な花が入った花籠がある。こちらの女性は羽飾りの王冠と衣服から先

532　「レアル」は当時のスペインの貨幣単位である。

右・図Ⅱ-1-4　ホセ・デ・リビエラ・イ・アルゴマニス作『メキシコ市の守護聖母であるグアダルーペの聖母への誓い』（1778年。Cuadriello, 1999）／左・図Ⅱ-1-5　グアダルーペの聖母（18世紀）

住民と考えられる。左側の女性も、やはり膝立ちしている。王冠をかぶり、スペイン王家の紋章を思わせるかのように、立ち上がったライオンが描かれた盾を持ち、その足元には百合のような花が一本見える。百合は、聖母マリアの象徴であり、神聖な意味を持つ。こちらの女性はその王冠と紋章からスペイン人と言えよう。作品上部にはケルビムが二人描かれている。背景はメキシコ市のソカロ［現憲法広場《Plaza de la Constitución》］を思い起こさせる。

ここで、モンテス・デ・オカが描いたこの紋章について考察してみたい。それに際し、先に紹介したスリアの作品と、十八世紀にグアダルーペの聖母とともに描かれた紋章を比較する。スリアの作品では、カトリック的解釈を基としたスペイン性の表象として、フェリーペとともに同様の紋章が置かれた。それはクリオージョが住むヌエバ・エスパーニャの、すなわち、白人のアメリカ大陸の表象として使われた。一方、十八世紀後半に描かれた「紋章の上に立ったグアダルーペの聖母」の聖画（図II-1-4, II-1-5）のメキシコ紋章は、スペイン文化とアメリカ先住民文化が混じりあった、ヌエバ・エスパーニャの特性、すなわち、「混血」を印象づけようとするものである。

このスリアの紋章と右頁のグアダルーペの聖母とともに描かれた紋章の違いはグアダルーペの聖母像と聖フェリーペ像に対する本来の解釈、混血と白人の相違から生じるものである。かたや、混血のグアダルーペのシンボルとして、先住民文化から生まれた紋章、かたや、白人のフェリーペのシンボルとして、カトリック文化から生まれた紋章であった。これらに対し、モンテス・デ・オカが描いた巨大な紋章は、双方の意味合いを同時に持つ。つまり、聖フェリーペによってスペイン的要素を意識させ、他方ではスペイン人女性と先住民女性の間の紋章によって、混在の文化が存在するアメリカ大陸を意識させる。

最後に殉教物語についてである。モンテス・デ・オカのこの版画集が出された翌年の一八〇二年に、一冊の本が活字出版された。筆者が知る限り、これは説教録を除く一般書としては、一六八三年のメディーナの著書に次いで、二冊目の聖フェリーペ・デ・ヘスス殉教物語を扱った本である。

題名は『福者フェリーペ・デ・ヘスス——日本の最初の殉教者、栄えあるメキシコ人の生涯と殉教に関する要約』という。著者はその名を明かさず、「L・J・M・M」あるいは「Lic・D・J・M・M」とだけ記している。Lは学士《Licenciado》の意味で、Dがドン《Don》という敬称であるとすると、著者のイニシャルは「J・M・M」となる。メキシコの歴史学者エレーナ・イサベル・エストラーダは、ホセ・マリア・ムニーベ《José María Munibe》をその著者とした。[533]

尚、この本を書くよう委ねた人物についても名が伏せられており、記されているのはメキシコ市の高位聖職者から依頼を受けたということだけである。とは言え、「フランシスコ会への献辞」があることから、依頼者はメキシコ市

533　Estrada de Gerlero, *op. cit.*, p. 82; *Diccionario Porrúa, Historia, Biografía y Geografía de México*, p. 2001. ムニーベは、礼拝堂付き司祭であるが、作家でもあった。筆者が実施した二〇一六年八月の調査で、国立人類学博物館附属図書館の蔵書検索では既にホセ・マリア・ムニーベの名が著者として掲載されていることが判明した。現在のところ、筆者は同時代のJ・M・Mという名を持つ人物の調査をしておらず、ホセ・マリア・ムニーベを著者とすべきかの判断材料を持っていない。

のフランシスコ会管区長と考えられる。献辞には著者の確固たる思いが次のように綴られている。

後援者は、この著書の出版が認可されることに誇りを感じることでありましょう。この修道会［フランシスコ修道会］の最高の象徴であり、宗教の栄誉であり、祖国の誉れであるメキシコ人、フェリーペ・デ・ヘススの栄光を称揚する以外の目的を持たないのですから。本書を親愛なる尊敬すべきフランシスコ会に捧げるものであります。[534]

ところで、このように聖フェリーペの栄光を認め、賞賛しようとするこの本の題名には敢えて「聖人フェリーペ・デ・ヘスス」ではなく「福者フェリーペ・デ・ヘスス」が用いられている。十七世紀の列福の知らせの到着後、聖フェリーペ崇拝が始まると同時に、福者フェリーペを聖人と呼んできた。それが十八世紀半ば過ぎ頃から、たびたび福者という実際の称号でフェリーペを呼び始めたことはすでに触れてきた。著者J・M・Mもまた、フェリーペが列聖されていないことを問いただす意志を持った一人であったと言える。

この本の「推奨」[535]を書いたのが、アウディエンシアの司法官ラドロン・ゲバラである。彼は王立法学校の学長を務めた経験もあり、そのほか、メキシコ大司教区内のいくつかのパロキアの主任司祭を歴任した聖職者でもある。さらに、メキシコ大司教からの依頼で、フェリーペ・デ・ヘススの列聖調査請願の発起人のひとりとなった人物でもあった。[536]そのゲバラが次のような言葉で語っている。

これまで一般には、この高名で強靭な人はフェリーペ・デ・ヘススと呼ばれ、彼については日本で殉教したということだけが知られていた。彼の生涯について書かれた印刷物がないので、人々には伝わらないのだ。メディーナ神父が書いたものは、確かに誇れるものであるけれども、随所に間違いがある。しかし、彼の強い情熱、美しい愛、それらの思いを込めて世に出された著書であることに間違いない。古風な書き方は当時たいそう優雅であったであろうが、たびたび話がそれ、それは今日の文学の形態からすると、調子が狂い、いらだちを誘う。[537]

ここで彼は、十七世紀に出されたメディーナの『聖フェリーペ・デ・ヘスス殉教物語』を力作と認めつつも後世の視点から見れば、過誤があるとともに、文章が当世風でないと評価をした。同時に、聖フェリーペに関する印刷物が乏しいことを嘆いている。

この書には、作者J・M・Mに宛てた司祭ホセ・マヌエル・サルトリオの書簡も添えられているが、やはり、同様に、二月五日の祝典はさておき、聖人に関する活字情報の少なさを嘆き訴えている。[538]

このように、一部のエリート・クリオージョは、聖フェリーペの栄誉を広める記述が乏しいことを感じていた。そこで、フェリーペのイメージが持つ聖性を、以前にも増して強く印象付けようと新たな呼びかけをしている。それは著者の次のような言葉から窺われる。

他方、神は慕うものたちの美徳を決して忘れない。それ故、我々の強い思いを示すことができるように配慮し

534　J. M. M. *op. cit.*, p. 6.

535　この「推奨」はスペイン語 Aprobación の訳である。

536　*Ibid.*, p. 9. 推奨文につけられた題の中にメキシコ市参事会から列聖のための調査を委託されたことが記されているが、それがいつであったかについては記載されていない。

537　*Ibid.*, pp. 9–10.

538　*Ibid.*, pp. 11-12. 書簡の最初に、「筆者の友人であり、筆者を尊敬している私が……」という言葉が記されている。この言葉から著者J・M・Mとかなり親しく、意見を共有する姿勢が伝わってくる。サルトリオについては *Diccionario Porrúa, Historia, Biografía y Geografía de México*, p. 2695 を参照。

図Ⅱ-1-6　モンテス・デ・オカ作『栄光ある殉教者聖フェリーペ・デ・ヘスス』(1802年。メキシコ国立図書館古文書館　UNAM内)

てくださった。人々に恩恵を与えたフェリーペ・デ・ヘススに対し、その栄光を永遠に讃える教会堂を捧げていないことに神は気づいておられる。尊敬すべきカプチナ修道会の修道院内に建てられた教会堂が聖フェリーペ・デ・ヘススに捧げられてはいるが、人々はそれらをカプチナの名で呼んでいる。そのため、その教会堂が聖フェリーペ・デ・ヘスス教会堂であることを多くの人々は気付いていていない。神は、聖人たちの栄光を天や地に広めるよう、すべての栄誉のための準備をされている。まちがいなく、われらの栄えある守護聖人、福者フェリーペ・デ・ヘススの教会堂を建てるべき土地を決めておられる。一般的な呼び名によれば「聖フェリーペ・デ・ヘスス」となるが、ここで述べたような状況にあるのだ。しかし神の御意志がそのまま放っておかれるなどあり得ない。[539]

この文から分かるように、J・M・Mは、「聖フェリーペ・デ・ヘスス」の名を冠した教区教会堂がないことを嘆き、教会堂が建つまではフェリーペは列聖されないと語気を強める。[540]そして、この引用文に続いて、多くのクリオージョたちが、フェリーペ・デ・ヘススと同じ名前の聖人、イタリア人聖フェリーペ・ネリの崇拝を勧められていることも右の引用文に続いて語っている。[541]このJ・M・Mの著書には一枚の版画（図II-1-6）が挿入されている。その制作者は、前年にフェリーペの生涯を版画にした版画家モンテス・デ・オカであった。ここで描かれた聖フェリーペの姿は、長い間描かれ続けてきた磔刑姿ではなかった。前年の版画集で描いた鷲とサボテンと蛇の紋章の上に立った姿でもなかった。彼は、聖フェリーペを十字架から降ろし、雲の上に立たせたのである。それは教会堂の像に見ら

539　*Ibid*., pp. 18–19.
540　*Ibid*., p. 23.
541　*Ibid*., p. 19. フェリーペ・ネリはフェリーペ・ネリ会の創設者である。一五一五年にイタリアに生まれ、一五九五年に亡くなった。生前は、イエズス会を設立したイグナシオ・ロヨーラとも親しかったと言われる。死後、一六一五年に列福され、一六二二年にフランシスコ修道会の創設者フランシスコ・デ・アシスやイエズス会の創始者イグナシオ・デ・ロヨーラと共に列聖された人物である。今日においてもその知名度は高い。一方、二月五日の聖フェリーペの祝日にメキシコ市中心部で、かつてのような宗教行列が見られる盛大な式典が開催されなくなったのは十九世紀の最後の四半世紀である。それから一世紀以上が過ぎており、所謂一般的なミサが行われるに留まっている。その日が聖フェリーペの祝日といっても知らない者たちが多くなるのは自然の流れと言える。実際、メキシコ市では、「聖フェリーペ・デ・ヘスス」を知っているかとメキシコ市民に尋ねると、その殆どが「聖フェリーペ・ネリ」のことか、と聞き返してくる。

れる立ち姿である。右手で等身大の十字架と三本の槍を持ち、左手でシュロの葉を一枝持っている。その足元には天使たちが集い、そのうちの二人は手にフェリーペを讃える証、すなわち槍で受けた三つの傷跡を印した板と、オリーブの葉で作られた冠を持っている。他の天使たちは、花、聖書など、教会のシンボルを手に飛んでいる。頭部には光輪がさし、二人のケルビムが顔を見せている。聖フェリーペ・デ・ヘススを称賛するために必要な要素がふんだんに盛り込まれた作品である。

モンテス・デ・オカが描いたこの立ち姿が意味するものは何であろうか。一六四〇年のミゲール・サンチェスの説教以後、フェリーペとキリストの死との類似が指摘されてきた点や、またフェリーペの生涯がキリストの生涯になぞらえて語られてきた点に注目すると、「磔刑姿」「復活の姿」「十字架の道行き」の三種類のフェリーペの姿が必要となる。このJ・M・Mの著書に添えられた聖フェリーペの姿は、これらの三種類のうちの「復活」の姿に該当すると筆者は考える。

話は変わるが、この著書には次のような興味深い記述がある。

> それから正直に告白すべきである。（熱い思いは横においておいて）ヨーロッパ人もメキシコ人もどれほどの恩恵を感じてきたであろう、グアダルーペの聖母に次いでではあるが、それはメキシコ市の最初の主たる守護聖人、フェリーペのおかげである。[542]

これはグアダルーペの聖母の存在を意識する著者J・M・Mの言葉であるが、同時に、唯一のメキシコ聖人である聖フェリーペ・デ・ヘススのメキシコにおける存在をグアダルーペの聖母に続くものとして認識させようとしているとも言えよう。

既に何度も触れてきたが、グアダルーペの聖母の公的事象は聖フェリーペのそれより遅れて生じている。例えば、メキシコ市大聖堂内の礼拝堂設置は、フェリーペ・デ・ヘススに遅れること三十三年の一六七一年であった。しかしその後、やはりフェリーペに遅れること百八年の一七三七年にメキシコ市守護聖母になった。結果として、聖フェリーペ崇拝とは対照的に、その後、グアダルーペの聖母崇拝は急速に広がり始め、種族や民族、その混血の枠を超えメキシコのカトリック世界での立場を確固たるものにしていった。これに関しても既に述べた通りである。[543]

この頃、グアダルーペの聖母は、J・M・Mも指摘するように、既にフェリーペの手の届かないところにあったと言える。聖フェリーペ崇拝は、確かに先住民の間にも広まっていた形跡があるとはいえ、やはりその主な崇拝者はクリオージョ階層に限られたままの状態であった。そして社会は既にカスタが多数を占めていた。そういった状況のなかで、グアダルーペの聖母より先に公的に認められたものの、実際問題、その普及の広がりが限定されていた。何故なら、その出自であるスペイン性は、未だ消えていなかったからである。さらに如上のように、列聖もされておらず、相変わらず、本拠地となるべきその名を冠する教会堂は持っていなかった。

その事実に対する反応であろうか、この時期の聖フェリーペのイメージの特徴として言えることは、それまでの聖人の称号ではなく、福者の称号で呼んでいることである。列聖されていないことを意識させる表現である。そういった状況のなか、モンテス・デ・オカは、キリストの復活に聖フェリーペのイメージを求め、その上、メキシコの紋章とともに描かれたグアダルーペの聖母のイメージに重ねた。モンテス・デ・オカ自身がフェリーペのイメージを模索しているかのように思える。この章で触れてきたように、社会の変化とともに、この時期の聖フェリーペ崇拝の役割も変わりつつあった。副王領時代に望まれたフェリーペの価値とこの時代のそれとの隔たりが認識されはじめ、さらにはその姿にも変化が加えられようとしていた。それは崇拝の変容を暗示するものであった。

542　*Ibid.*, p. 25.

543　グアダルーペの聖母崇拝に関しては第Ⅰ部第四章一節一五八－一六三頁参照。

2　アントニオ・ピチャルドと聖フェリーペ研究

前節で見てきたように、聖フェリーペの社会的役割とそのイメージが変わろうとしていたこの時代、他にもうひとり、これまでとは異なる目線で聖フェリーペに強い関心を持った人物がいた。ホセ・アントニオ・ピチャルドである。彼は膨大な史資料を収集し、フェリーペの誕生からその後を書き上げようとしたが、時代はそれを許さず、自らそれを世に出すことは叶わなかった。しかし幸いにも、後世出版されている。そこで、本節では、ピチャルド自身についてと、その研究を簡単に紹介していくことにする。

ピチャルドについては、本書でもこれまで何度もその名を挙げてきた。彼にとって聖フェリーペは、「唯一のメキシコ聖人」であり、メキシコの誇りと言える存在であったのであろう。

まず、ピチャルドがどのような人物であったかを確認する。カルロス・E・カスタニェーダ[544]によれば、ピチャルドの出生年は明らかではない。しかし亡くなったのは一八一二年のことで、中産階級に属し、性格はいたって慎み深く、名声には頓着しない人物であったようだ。さらに、勤勉で、研究さえしていれば機嫌がよく、真の収集家のみが感じる快感を持って史料を収集し、大いに満足していたという。フランス語、英語、イタリア語、オランダ語、その他、ラテン語、ギリシャ語を含め、多くのヨーロッパ言語に長じ、また数学や天文学にも秀でていたとあり、秀才かつ努力家という面が窺われる。彼は、当時のヌエバ・エスパーニャの中では最新の知識や情報をも持った有識者のひとりであった。

実際、彼の時代のヨーロッパ社会では、新しい考え方（啓蒙思想）が広まっていた。教会の在り方にも変化が求められ、スペインの植民地であったヌエバ・エスパーニャにも時差こそあれ、これらの新しい思想が届いていた。

ここではまず、いつ何故《なにゆえ》に、ピチャルドが聖フェリーペに関心を持ったかについて考えたい。この点についてはカスタニェーダも記していない。そこでピチャルドの出身地から話を始める。

ピチャルドは、長崎の殉教事件を描いた壁画[545]があるクエルナバカの出身であった。第二章四節で見てきたように、この壁画は、一九五七年に始まった教会堂修復工事中に発見された。その際、壁画は漆喰で上塗りされていたが、それは十三層にも及んでいたと言われている。そのため、壁画の存在はかなり長い間人々の記憶から消えていた可能性が高い。従って、十八世紀半ば頃に生まれたピチャルドがこの壁画を実際に目にし、あるいは、それについて話を聞いていたとは考えにくい。

一七九七年二月五日の殉教二百年はもちろんのこと、後述するように、それを機に、フェリーペの列聖実現のための資金を集める計画が進められていた。[546]十七世紀以降、メキシコの教会が先頭に立って、機会ある毎にその実現が望まれた。その列聖に向けて、新たな働きかけが始まろうとしていたのである。ピチャルドが、この一七九七年の殉教二百年に関心を持ち、この時期に聖フェリーペの生涯に関する史料を収集し始めた可能性は十分にある。それはフェリーペの両親の出身地の調査から始められた。彼は膨大な資料を収集し、丹念に分析した。

その分析も進み、執筆が進んでいた一八〇八年、一旦、作業を休止せざるをえなくなる。短期間の在任ではあったが、第五十七代副王ガリバイが着任し、当時政治問題となっていたテキサス及びルイジアナの境界に関する調査を、ピチャルドに命じたのである。副王の命を受けたピチャルドは、委託された仕事に従事するためにテキサスに赴き、その後一八一二年に病死してしまった。そのため、彼の研究は出版に至らなかった。

ところが、ピチャルドの死後一世紀以上の時を経て、この手稿が人の目に触れることになる。これは、グアダラハ

544　カルロス・E・カスタニェーダは、一九三四年にピチャルドの遺稿が出版された際に、「ピチャルドについて」を寄せている。彼は一時期テキサス大学の図書館司書をしていた。本節で記すピチャルドの人となりについては、カスタニェーダの記述を参考にした。Pichardo, *op. cit.*, pp. V–XIV.

545　この壁画に関しては、第I部第二章四節八四－八七頁及び図I-2-3参照。

546　*Gaceta de México*, 15 de abril de 1797, p. 5. 第II部第二章四節三八七頁参照。ビジャヌエバによれば、教会は同年九月二十七日に資金集めのおふれを出している。Villanueva, *op. cit.*, p. 88.

ラ市大司教フランシスコ・オロスコ・ヒメーネス（在位一九一二―一九三六）の尽力によるものである。

発端は、一九三二年十二月、大司教が、アメリカ合衆国オースティン市のテキサス大学ヘナーロ・エストラーダ図書館を訪問したことにある。その際に行われた、テキサス史を専門に研究していた歴史学者カルロス・E・カスタニェーダとのインタビューで、その図書館に聖フェリーペについて書かれたピチャルドの手稿が保管されていることを耳にしたのだった。[547]

実は、大司教オロスコ・ヒメーネスは着任後早々に、聖フェリーペの名誉を讃え、大司教区内に教会堂を建てようと、既に動き始めていた。[548] そのきっかけについては明らかではない。推測されるのは、グアダラハラ市では、ヒメーネス大司教着任前から、聖フェリーペの像が祀られていたことである。例えば、作風から十九世紀の作品と考えられる聖フェリーペ立像が聖フランシスコ・デ・アシス教会堂の主祭壇に祀られている。[549] こういった状況が大司教の意向に影響していたのかもしれない。

聖フェリーペ崇拝に関心があった大司教は、ピチャルドの原稿が完成に近い状態にあることを知るや否や、出版を企画した。その際、当時テキサス大学に所属していたカルロス・E・カスタニェーダを責任者として迎え、実行に移した。

この著書は二十四の章で構成されている。一章から三章までがスペインにおけるカサス家の出自について、五章から八章までがカサス夫妻のスペインからアメリカ大陸への渡航について、九章から十三章までが、夫妻の息子たちの誕生について、十四章から十九章がフェリーペの青春時代、二十章から二十二章が、フィリピンへの渡航とそこでの生活、二十三章がフェリーペの風評への批判、二十四章がフェリーペのマニラでの品行方正な生活の様子となっている。手書き原稿の枚数は不明ということであるが、大作である。刊行された図書の最後にピチャルドが収集した関連資料が添付されており、その中に列福および列聖の資料も含まれているところをみると、恐らく、死による中断がなければ、さらに先が書き続けられていたことであろう。

一九三四年の『最初のメキシコ人殉教者の生涯と殉教――マニラのフランシスコ会修道士聖フェリーペ・デ・ヘス

ス』初版で、カスタニェーダは、ピチャルドの記述について次のように書いている。

著者［ピチャルド］は、我らの最初の殉教者の根拠のない否定的な言い伝えに関して、立証し得る事実を明らかにし、心地よいリズムを持った文章で筆を進める。鋭い目で情報の出典を調べ、それぞれの時代を把握し間違いを指摘し、推論を引き出す。この本を読み終えると、読者は聖人のその時々を実感し、あたかも十六世紀末のヌエバ・エスパーニャに生きているように感じるほどである。[550]

今回はピチャルドがいつどのような理由で聖フェリーペ研究を始めることを決意したのかを解明することはできなかったが、この著書がそれまで推察により描かれていた聖フェリーペの生前に関しても、可能な限りの史資料に基づき立証しようとしたものであることは間違いない。カスタニェーダが指摘するように、ピチャルドの著書は、聖フェリーペ・デ・ヘスス研究において欠くことのできない一冊である。

547　Pichardo, *op. cit.*, p. IV.

548　*Ibid.*, p. IV. 現在建っている聖フェリーペ・デ・ヘスス教会堂は、内部の壁に埋め込まれた表示によれば、一九三九年に建立されたものである。第Ⅱ部第三章図 II-3-9, II-3-10, II-3-11 参照。

549　第Ⅱ部第二章図 II-2-15, II-2-16 参照。グアダラハラには、この他、聖女アランサス教会堂にも、十九世紀末から二十世紀にかけて制作されたと考えられる聖フェリーペ像がある。第Ⅱ部第二章図 II-2-17, II-2-18 参照。

550　Pichardo, *op. cit.*, pp. XII–XIII.

3　国民の宗教の祝日となった「二月五日」

第一節で見てきたように、独立運動の始まる直前にもなると、聖フェリーペのイメージは多少の変化を見せていた。運動が終結し、メキシコが独立国家になると、そのイメージの変容は一層明白なものとなっていく。

それはまず、「国民の祝日」という形で示された。この祝日には「国民の宗教の祝日」として国教であるカトリックの祝典の日がいくつか選ばれている。その中の一日が聖フェリーペの祝日「二月五日」であった。本節では、新政権のもと、聖フェリーペの祝日が「国民の祝日（国民の宗教の祝日）」となる過程を当時の事象や公的記録から検証する。最初に、独立運動の武力抗争の時代から、新政権ができるまでの状況を簡単に辿りたい。同時に、その時々の聖フェリーペ崇拝に関連する出来事を時系列に沿って考察し、その後「祝日」となる過程を明らかにしていく。

一八一〇年九月十五日夜半にグアナファト州ドローレス村で反乱が起きた。[551] それは、先住民に対する差別や閉鎖的な社会、フランスのナポレオン皇帝によるスペイン本国への軍事介入事件に対する反発であった。自由主義に目覚めた中間層のクリオージョ聖職者を含め、当時の社会情勢に疑問を持った人々が中心になり、行動を起こしたのである。後に、独立の父と呼ばれることになるミゲール・イダルゴがその中心にいた。[552] 彼はイエズス会の学校で教育を受け、社会問題に対する意識が高く、さらに、生来自由奔放かつ人を惹きつける性格を持ち合わせていたと言われる。

この蜂起は、ヌエバ・エスパーニャの中央高原西部地域の住民を巻き込む大々的な運動へと向かっていった。イダルゴ率いる反乱軍が、グアダルーペの聖母を旗印に掲げた。当時イダルゴが住んでいたのは、グアナファト州のドローレス村であった。[553] 定説によれば、蜂起直後に、彼は近隣のアトトニルコという村を通過し、教会堂に立ち寄った際、香部屋に置かれていたグアダルーペの聖母の旗に気付き、それを手に取った。これは、イダルゴの瞬時の判断であったかも知れないが、これ以降、反乱軍の多くがグアダルーペの聖母の絵姿を手に戦いに向かっていった。

当時既に多くの人々に崇拝されていたグアダルーペの聖母は、その姿がアヤーテ［ナワトゥル語で竜舌蘭の繊維で織られた粗い布地を意味する］に浮かび上がったとされ、平面に描かれることが一般的であった。イダルゴが手にした旗はこういった絵姿のひとつと推察される。そしてこの旗を手にしたイダルゴのもとに大勢の人々が集結した。その数は数万人とも数十万人とも言われる。

戦況は反乱軍にとっても、厳しいものとなった。蜂起から七か月程で、イダルゴは副王軍の手に落ち、反乱軍の一部の指導者や大勢の兵士とともにメキシコ北部のチワワ州チワワ市まで連行され、処刑された。一八一一年七月三十日のことである。イダルゴの死後は、蜂起直後からイダルゴを支えたイグナシオ・ロペス・ラジョンやホセ・マリア・モレーロスが引き継いだ。[554]

騒乱が続く中で、翌一八一二年、メキシコ大司教の補佐役である司祭責任者ホセ・マヌエル・サルトリオが『［二月］五日のための信仰』と題する小冊子を書いた。これは、フェリーペの生涯に関連する主だったエピソードを語

551　この事件は、一八〇八年のナポレオンによるスペイン侵略として知られている。

552　この決起はイダルゴ個人の考えというより、ケレタロ市で集まっていた知識人らによるものと言うべきであろう。独立運動の詳細については既に研究成果が出されている。戦いの現場であったミチョアカン州では特に関心が高い。Carlos Juárez Nieto, *El proceso político de la Independencia en Valladolid de Michoacán 1808-1821*, Coord. Ana Carolina Ibarra y otros, *La insurgencia mexicana y la Constitución de Apatzingán 1808-1824*, Coord. Moisés Guzmán Pérez, *Guerra e Imaginarios políticos en la época de las Independencias, José Fabián Ruiz, La Conspiración de Valladolid de 1809 Morelia Insurgente* を参照。また、近年これまでタブー視されてきた、反乱軍関係者の見解の相違についても研究されており、独立運動に関する新たな側面について発表されている。Alfredo Ávila Rueda, “Disputas en la insurgencia”, en *Relatos e historias en México*, Año VI no. 69, pp. 40-43; María del Carmen Vázquez, “Allende e Hidalgo secreto a voces de un liderabo desleal” en *Relatos e historias en México*, Año VI no. 69, pp. 44-50; Moisés Guznán Pérez, “La pugna Rayón-Morelos disputar el poder sin declarar la guerra” en *Relatos e historias en México*, Año VI no. 69, pp. 51-57 参照。

553　アトトニルコは現ドローレス・デ・イダルゴ市と現サン・ミゲール・アジェンデ市の間に位置する。

554　モレーロスはメスティーソ（スペイン人と先住民の間に生まれた）で、クリオージョ出身ではない。

る十二の讃歌で構成されており、「聖フェリーペ・デ・ヘススの日」である二月五日の祝いのために書かれたものであった。サルトリオはその献辞で、多くの犠牲を払いつつ、生まれ変わろうとしている祖国の保護を、聖フェリーペに求めた。

そして君たち、思いやりの深い同胞たちよ、幸いなるフェリーペ・デ・ヘススの穏やかな様子を、あの優美な祖国への愛を、疑うことなどできない。至福の中に思い出せ。貴方が生まれた大地、享受した大きな栄光は、貴方が慎み深い同胞たちのことを忘れるためのものではない。天国で貴方に庇護が与えられるであろう。そして貴方がその庇護を我々にも与えることを信じよう。天は我らの守護聖人となることを貴方に御命じになった。教会は我々に栄光を約束した。それ故に、貴方を守護聖人として敬うのは当然のことである。故に、貴方が我々を同胞として、大切な者として、見つめることを信じよう。不和、騒動、どんな災いも、我らが祖国で生じることはないと信じよう。[555]

この年の二月五日の盛大な祝典の様子を伝える記事が、同年二月六日付『ガセータ・デル・ゴビエルノ・デ・メヒコ』に掲載されている。それによれば、同年の「聖フェリーペ・デ・ヘススの日」の祝典の飾り付けは例年以上に盛大なものであった。聖フランシスコ修道院の教会堂からメキシコ市大聖堂まで続く大通りには花のアーチが取り付けられた。その道をフェリーペの像を掲げた宗教行列がにぎやかに練り歩いて行ったのである。

この日、この同じ道を副王軍最高司令官フェリックス・マリア・カジェッハが軍隊を率いて行進した。イダルゴ他、反乱軍の者たちを処刑し終えたばかりの司令官カジェッハにとって、これは凱旋パレードであった。カジェッハに続いて副王がアウディエンシア関係者を引き連れ、宮殿から大聖堂まで隊列を組んで進んでいった。[556] 聖フェリーペの像が通ったばかりの道を、反乱軍から奪った戦利品を高々と掲げて行進する副王軍総司令官の姿を思い描けば、それがどのようにメキシコ市民の目に映ったか、想像するのは容易なことである。

この時代にも、カトリックの祝典は粛々と行われていた。ヌエバ・エスパーニャの中心都市メキシコ市は武力闘争の場とはならず、そこでは以前と変わらず平穏な生活が続いていたのである。もちろん、二月五日の聖フェリーペの祝典も大聖堂および聖フランシスコ修道院、ソカロを使い、引き続き行われた。[557]

その後、一八一五年にモレーロスが副王軍に捕縛・処刑されると、ゲレーロが反乱の中心となった。それが終結したのは五年後のことであった。一八二〇年に副王軍から寝返ったイトゥルビデが、特任でヌエバ・エスパーニャに派遣された最後の副王オ・トフブ（O'Donuj）との間で独立条約調印を行い、一八二一年にメキシコの独立が達成された。[558]

続いて、独立後、聖フェリーペの祝日が「国民の宗教の祝日」となるまでの過程を考察したい。その前に、当時の出来事を大まかに見ていくことにする。最初の事象は、イトゥルビデを初代皇帝として掲げた第一帝政時代の始まりである。一八二二年、皇帝となったイトゥルビデは、一旦は議会制をとるものの、強制的に議会解散の決定を下し、本来望んでいた立憲君主制を実現させた。それは共和制を望んでいた多くの元反乱軍の指導者の反発を買い、始まったばかりの帝政は直ちに終焉を迎えた。一八二三年三月、皇帝イトゥルビデは余儀なく退位させられ、その後最終的に処刑された。[559]

こうしてメキシコは共和国としての第一歩を踏み出した。新共和国政権は、初代大統領グアダルーペ・ビクトリア

555　José Manuel Sartorio, *Devoción para el día cinco*, pp. 4-5.

556　*Gaseta del Gobierno de México*, 06 de febrero de 1812, p. 9.

557　*Ibid.*, 09 de febrero de 1815, pp. 9-10.

558　独立運動の詳細な展開については、国本伊代『メキシコの歴史』一三六―一六一頁、二村久則他「ラテンアメリカ現代史三 メキシコ・中米・カリブ海域」『世界現代史』三五、二三―三八頁他、Carlos Juárez Nieto, *op. cit.* 参照。

559　イトゥルビデは皇帝退位後ヨーロッパへ亡命するも、その後一年も経たずに亡命先から帰国した。その結果、ベラクルス港で下船すると同時に捕縛され、正式な裁判を受けることもなく数日後に同州内のパディージャという町で処刑されてしまった。

と副大統領ニコラス・ブラボが中心となり、動き始めた。同時に、最初から反乱軍に属していた人々が求めた連邦制を掲げた自由派と、立憲君主制を望んだ保守派間の衝突は次第に激しくなっていった。保守派は、スペインと最初の独立条約を結んだ、亡きイトゥルビデの考えを支持し続ける人々で構成されていた。

このような政治的対立を背景に持ちながらも、共和国となったメキシコが、いち早く着手したのが国家のシンボルの決定である。一八二三年四月十四日、国章と国旗に関する法令が出され[560]、新国家のシンボルとなる国章と、それが中央に描かれた三色旗、即ち、国旗が誕生した。国章の図柄はかつてのアステカの中心地、テノチティトランの表象ともいわれてきた「蛇を喰らう鷲がサボテンの上にとまった図柄」であった。これまでにも何度も触れてきたように、副王領時代にメキシコ市の、同時にヌエバ・エスパーニャのシンボルとしても使用され、さらには、反乱軍がグアダルーペの聖母の姿とともに団旗に記したシンボルでもあった。

翌一八二四年十月四日には新憲法が制定され、国家としての形が一層明確になると、同年十一月二十七日には国民の祝日に関する法令も出された。「国民の祝日」は、独立記念日（イダルゴ反乱開始の日）にあたる九月十六日と二十四年憲法の制定記念日十月四日で、「国民の宗教の祝日」としては、聖木曜日と聖金曜日及び聖体の祝日、独立運動の際に反乱軍がシンボルとして掲げたグアダルーペの聖母の日（十二月十二日）が選ばれた[561]。

この祝日の決定に遅れること一年と二か月の一八二六年一月二十八日には、フェリーペ・デ・ヘススの日である二月五日も「国民の宗教の祝日」に加えられた[562]。

以下、聖フェリーペの祝日が「国民の祝日」となった過程に関して記述史料をもとに検証していく。実のところ、二月五日の祝日化の動きは、最初の「国民の祝日の法令の公布」から二か月にも満たない、一八二五年一月十八日の下院議会から始まっていた。一月十八日の議事録によれば、同議会で「フェリーペ・デ・ヘススの日」である「二月五日」を「国民の宗教の祝日」とする件についての論議が行われた[563]。

議事録には次のように記されている。

一八二四年十一月二十七日の法令で決められた国民の宗教の祝日に、メキシコ人殉教者聖フェリーペ・デ・ヘススの祝日二月五日を加えるべきだという意見が教会委員会《comisión eclesiástica》によって読み上げられた。

当然、ゴンサーレス・アングーロ氏は賛同するよう求める。

ベレス氏が以下のように発言した。この聖人の日を厳粛に祝うことに反対はしない。しかし聖フェリーペ・デ・ヘススはメキシコ市の守護聖人でしかないので、他州の関係者が祝いに集まるかどうかが問題である。前回の議会は国民の祝日を減らすことを重視し、聖トマースの日を祝日としなかった。これは国民にとって理解し難いことであったろう。今回の申請については、法令を許可するための確固たる理由がなく、［一部判読不能］承認しないよう求める、と。

ベガ《Vega》とルナ《Luna》両氏は、聖フェリーペの日は近々であり、この法令の可決を急ぐ必要があると述べた。後者［ルナ］がこの聖人は我が国で唯一の聖人であるので、国民にとってこの日が国民の祭典のひとつとなるのは大きな喜びである。メキシコ人としてこれほど素晴らしいことはなく、祝いの祝砲として火薬を使うことも全く問題がない。

採決が行われ、投票の結果、提案は可決された。[564]

560　Alfonso Macías García, *Bandera de México*, pp. 94-95.

561　議会議事録によれば、国民の祝日の内容を決定したのは一八二四年十一月三日に開かれた議会である。Juan A. Mateos, *Historia Parlamentaria de los Congresos Mexicanos*, tomo II, pp. 996-997; Periódico *El Sol*, 20 de enero de 1825, en el artícullo "Congreso general", p. 2.

562　Manuel Dublan y José María Lozano, *Legislación mexicana o Colección completa de las disposiciones legislativas*, tomo I (1824-1826), 28 de enero de 1826.

563　Periódico *El Sol*, 20 de enero de 1825, en el artícullo "Congreso general", p. 2.

564　Periódico *El Sol*, 20 de enero de 1825, "Congreso general", p. 2.

議事録が掲載された『エル・ソル』紙によれば、賛成議員が三十数人で、これは反対票のほぼ四倍である。[565]また、一月二十三日付の同紙に、下院の決議を経て上院で承認された記事が掲載されている。「一月二十一日の上院議会で下院の議事録が読まれ、『聖フェリーペ・デ・ヘススの日』を国民の祝日とすることについても意見が一致し、確認された」[566]のである。

ところが、翌月十日付の同紙の記事には、「聖フェリーペ・デ・ヘススの日を国民の祝日に加えることとした下院の決定を承認しない」点について、八日の上院議会で議論し始めたと記されている。C・モリーノスが「法令一一六条に従って、下院議会と上院委員会［上院が持つ機関のひとつ］に審理を戻し、［これ以上の］論議は止めるよう」申し出たのだ。

記事の内容は以下のとおりである。

討論を許され、モラーレス、ポサーダ、バラサ、ベアは次のように抗議した。急遽出された提案について、下院議会で［議論を申請するための］法的手続きを免除したのは理由があるからである。つまり、フェリーペ・デ・ヘススの祝日が近いということで議論がなされたのだ。この祝いを国民の祝典にしようと熱がこもっていたので、法的手続きの手順を短縮したのは大変結構なことであった。この件の目的は明らかであり、敢えて下院議会に差し戻すケースではなく、（C・モラーレス氏によれば）手続き上問題がないので、上院議会がこれに対する見解を示すことも必要なく、上院委員会は反対する義務を持ち合わせていない。

モリーノス、サバーラとマルティーネスは（サバーラとマルティーネスの二人は第二案件においてのみ）提案を続けた。上院委員会は、同法において提示された手続きのいずれかを省いたことに関して、その理由が適したものであるかどうか判断する権利を持つ機関である。今回のように、［影響力のある］上院議員の誰かが動いたからといって、［上院委員会は］その権利を放棄すべきではないと述べた。議題を担当している同委員会の言うことに耳を貸すべきである。この議題は差し戻すべきである。明白なことである。

二つの提案は承認されたが、下院議会に差し戻す件については却下された[567]。

下院議会への差し戻しは無くなったが、この日、聖フェリーペ・デ・ヘススの日を国民の祝日とするかどうかについて、上院での決議はされなかった。その結果、その後上院議会で最終的に決議されるまでに一年を要している。

翌一八二六年一月二十九日付『エル・アギラ・メヒカーナ』紙に、四日前の一月二十五日の上院議会議事録が掲載された。そこには、前年の下院議会でメキシコ人殉教者聖フェリーペの日を国民の宗教の祝日に加える件が承認された旨が紹介されている。その記事によれば、同日、祝日に関する議論が始まっている。

論争の内容は次の通りである。

「カニャード、コウト、アルプチェ、ゴメス・ファリアスは、今は散財できる状態ではない。暇つぶしの行事が社会の怠慢さに拍車をかけ、［それにより人々が］仕事に対して熱意を感じるようになるはずもなく、単に祝祭が増え、その間役所や裁判所が閉まるだけである。飲食店も工房も多くの人々は閉店せず、［人々は］酒を飲み、他の悪習に浸り、公的な仕事のみが遅れ、個人には迷惑がかかり、国家の利益も損なわれ、公的な場所における道徳心が保たれなくなる[568]」という反対があった。さらにコウトは「我が国は近代化を求めている。公務員の怠慢は避けるべきである[569]」と付け加えている。

565　*Ibid.* ここで挙げた議員数は新聞に掲載された議事録に記されている氏名を筆者が数えて出した数字である。
566　*Ibid.*, 23 de enero de 1825, en el artículo “Congreso general”.
567　*Ibid.*, 10 de febrero de 1825 en el artículo “Congreso general”
568　Priódico *El Aguila Mexicana*, 29 de enero de 1826, p. 2. この『エル・アギラ・メヒカーナ』紙は連邦主義の立場に傾倒する新聞である。
569　*Ibid.*

この反対意見に対し、ポサーダ、ベア、セバージョが、多くの祝祭日では労働を禁止していないことを指摘している。彼らによれば、「二月五日」は国民の祝日となるが、労働を禁じる理由や、娯楽に走る理由もなかった。必要ならばメキシコ市のみが教会の行事と宗教行列で聖フェリーペの祝典を祝えばよいことであった。[570] さらにポサーダは、「こういうものには規則などない。我々が祭壇に祀り崇拝する唯一のメキシコ人であり、宗教上の英雄である聖フェリーペに関して、上院議会は賛同し、受け入れるべきである。フェリーペの聖人という称号に値することであり、国民は下院議会で一致したことに賛同するであろう」[571] と述べている。

この国民の祝日に関する質疑応答の後、上院議会でも承認された。承認された理由についての記載はその記事になく、議決時の票の内訳についても記されておらず、何人の議員が賛成であったかについては不明である。

以上、議事録及び新聞記事から、この祝日の決定に関しては賛否両論があったことが分かる。この時期の議事録に見られる反対意見では特に指摘されなかったが、一八一二年二月五日の聖フェリーペの日の祝典に組み込まれた、独立運動の先駆者イダルゴを処刑した副王軍総指揮官カジェッハの勝利の大行進が、反対する人々の心情に影響していたことが推察される。事実、この論争から二十年後の新聞記事ではあるが、フェリーペのイメージが副王軍と強く結びついていたと考える人の存在を示唆する記事が見つかっている。

この式典［一八一二年二月五日の聖フェリーペの祝典］は、政治面での矛盾を含んでいる。これが一八二六年の議員たちの意識に影響したのである。三十六［三十四］年前の今日この日に、［副王軍］総指揮官フェリックス・マリア・カジェッハの指令のもと、軍の主力部隊がメキシコ［市］で凱旋行進をした。百台の大砲、敗者である反乱軍が掲げた旗を［戦利品として］ひけらかし、兵士の胸には、アクルコ、グアナフアト、カルデロンでの勝利という言葉が記されたメダルが付けられていた。[572]

二月五日とカジェッハの関係を指摘するといった反発は見られたであろうものの、一八二六年一月二十六日に聖フェリーペ・デ・ヘススの日である「二月五日」は、国民の祝日として正式に法令で公布され、同年二月五日に施行された。[573] 因みに、一月三十一日の議会では、正式に法令として公布するために前年二月八日の議事録が再び書面にされ配布された。[574]

この第一回目の祝いの式典には大統領グアダルーペ・ビクトリアも出席している。[575] 当時発刊がはじまったばかりの新聞『イリス』に「今月五日の日曜日の祝典の様子」と題して掲載された記事がその様子を伝えている。

> その日が来た。私は九時頃教会堂へ向かった。市場《いちば》の入口を入ったところで、右手にある政庁正門から大聖堂正門まで続く飾りが見え、近づくと、とりわけ豪華に着飾った人々が一団となって参加しているのが見えた。誰なのか尋ねてみると、教会の祝典にやってきた政府関係者や主に学識者《catedrático》である議員たちという。私の目に涙が浮かんだ。血が騒いだ。熱狂と感動で質問するどころではなかった。胸がいっぱいになり、［教えてくれた人に］お礼も言えなかった。私は平静ではいられなかった。［読者に］見せることができるならば。メキシコ市の通りに鳴り響くほどの咆哮するほどの声をもっていたならば。賢人たちを先頭に行進する分別ある国民よ、私は貴方たちに栄光の日々を予言しよう。[576]

---

570 *Ibid.*

571 *Ibid.*

572 Periódico *El Monitor constitucional*, 08 de febrero de 1846, p. 1. この注で「三十六年前の今日この日に」とあり、二月五日にこの記事を書いたことが推測される。

573 La sección de "Cámara de Diputados", en el periódico *El Aguila mexicana*, 31 de enero de 1826, p. 2.

574 Periódico *El Sol*, 03 de febrero de 1826.

575 *Ibid.*, 06 de febrero de 1826, p. 4 en el artículo "México 6 de febrero de 1826".

576 Periódico *Iris, periódico crítico-literario*, Tomo I, núm. 2. この時代には、いくつもの新聞社が新たに創設され、言論環境が大きく変わりつつあった。この記事を掲載した『イリス』紙は一八二六年二月四日に創刊された新聞である。創刊者は、若くしてメキこうして、グアダルーペの聖母の祝日とともに、国民の祝日とされた聖フェリーペの祝日「二月五日」は、国家の行事暦の中にその名を刻むことになった。ここで聖フェリーペの祝日が「国民の祝日」になった理由とその意義について整理したい。まず、国民の祝日が決定された当初、その中に聖フェリーペの祝日は入っていなかった。先の記事にもあったように、聖フェリーペは副王軍の聖人というイメージを拭いきれなかった人々がいたことが、その決定を難しくしていた。しかし結果的に、聖フェリーペの祝日は「国民の祝日」になり、それは聖フェリーペ崇拝の存続へと繋がった。この動きの中心となったのは保守派政治家たちであったと言えよう。

聖フェリーペのこの新たなイメージは、独立国家における聖フェリーペ崇拝の政治との関わりの第一歩を意味した。その後始まる自由派と保守派の権力争いという、一層混沌とした状況の中で、保守派の意思表示の一手段として利用されていくことになるからである。それは政治の中での翻弄の始まりであった。

4　聖フェリーペ・デ・ヘスス礼拝堂へのアグスティン・デ・イトゥルビデの遺骨の納骨

聖フェリーペの祝日「二月五日」が国民の宗教の祝日となって十二年後、独立運動の英雄アグスティン・デ・イトゥルビデの遺骨がメキシコ市へ移された。そもそもその埋葬場所すら定かではなかったが、後述するように、紆余曲折の末、メキシコ市での納骨へと話が進んでいった。そしてその過程の最終段階になり、その納骨先として、メキシコ市大聖堂内聖フェリーペ・デ・ヘスス礼拝堂が選ばれたのである。その遺骨は、今なお同じ場所に置かれ、聖フェリーペとメキシコ第一帝国皇帝イトゥルビデの繋がりを想い起こさせる。

果たして、いつ、どのような過程を経て、イトゥルビデの遺骨はメキシコ市司教座聖堂の聖フェリーペ礼拝堂へ納められることになったのであろうか。それは、聖フェリーペ崇拝にとって何を意味するのであろうか。本節では、納骨に関して、その埋葬地の捜査、議会での遺骨移動の申請、決定から納骨までの過程を確認していくことにする。[577]

シコに渡ったキューバ人ホセ・マリア・エレディアと、イタリア人クラウディオ・リナティ、そして記事の筆者イタリア人フロレンシオ・ガリの三人であった。これらの外国人によって創刊された『イリス』紙第一号の第一面に、その発刊目的が記されている。それによれば、賛美すべきことや楽しいことをメキシコの人々に伝えることが使命であり、素晴らしい行いをした人物を紹介し、可能な限り芸術や文学についても記事にするというのが謳い文句であった。この発行目的から、創刊三日目に当たる二月六日の記事にガリが熱のこもった言葉を書き綴った理由が理解できよう。人々に日々の出来事を知らせるという意味において、誕生したばかりの新聞『イリス』紙も重要な役割を担ったと思われる。『イリス』紙の設立に関しては、一九八八年にメキシコ国立自治大学が発刊した復刻版の紹介文で、編者ルイス・マリオ・シュネイデルが詳細な説明を加えている。*Ibid.*, pp. XI-LVII.

577　メキシコ独立に対するイトゥルビデの役割については、現在もなお、論議すべきテーマとされている。ここでの筆者の関心は、彼が、独立の英雄か、裏切り者か、その考察ではない。ここでは遺骨の移動の過程を見ていくことに焦点を当てる。そのために、まず、独立直後の政治的及び社会的状況を説明しておく。

当時政治に関与していた人々を見ていくと、第一に、クリオージョ階層があげられる。彼らは二つのグループに分かれていた。ひとつは独立運動で副王軍側、つまり、スペイン人側についた保守的で裕福なクリオージョのグループ、もうひとつは反乱軍側に立った主に中間層を成すクリオージョのグループであった。

前者のグループは、副王軍総指揮官でありながら最後に反乱軍に寝返ったイトゥルビデを快く思っておらず、総じて反イトゥルビデ派であった。元反乱軍グループが中心となっている後者のグループは、イトゥルビデと同様に独立直前に反乱軍側につき、イトゥルビデを英雄視していたクリオージョと、最初から反乱軍に属していたクリオージョが混在していた。このグループのクリオージョたちには、議会政治を望んでいた者が多かった。

先に触れたイトゥルビデ処刑事件は、政治上の権力争いの中で、反スペイン派であるイトゥルビデ派（旧反乱軍派・自由派）にとっては、スペイン派である反イトゥルビデ派（旧王党派・保守派）と闘うための結束を強めるきっかけとなったともいわれている。ここでいう反スペイン派は、全員がイトゥルビデ派ということではなかった。

この時期の政治家の動きに関して、ハロルド・シムスが次のように述べている。「国中に反スペイン感情が満ちていたことを考えれば、イトゥルビデ統治の最期の日々に皇帝を支援した政治指導者たち［所謂、反スペイン派］が一八二七年の連邦共和国樹立後、高官となったのは偶然の出来事ではない」。Harold D. Sims, *La expulsión de los españoles de México (1821-1828)*, pp. 14-15.

この反スペイン感情は、十九世紀半ばまでのメキシコ社会の政治動向と深く関係するものである。この時期、スペイン人に対するメキシコ人の反感は一層強くなった。独立したばかりのメキシコ政府は、彼らが新国家に対して政治経済的影響力を持つことをそこで、まず、当時の聖フェリーペ礼拝堂の役割を把握し、イトゥルビデとの関連を探るところからはじめたい。

独立後の一八二六年以降、大聖堂内の聖フェリーペの礼拝堂では、「国民の宗教の祝日」の祝いも兼ね、毎年盛大な祝典が開催された。それはメキシコにとって重要な祝典のひとつが行われる場所であった。

一方、イトゥルビデの立場は微妙であった。前節で述べたように、イトゥルビデはカジェッハのもとで副王軍の軍人として働いた、つまり当初は王党派としてカジェッハ軍に属していた。最後に反乱軍に寝返り、最終的に反乱軍側の代表となったのである。そして、一八二一年、スペイン最後の副王オ・トフブと共にメキシコ独立条約に署名をした。ところが独立後、元反乱軍の兵士の思いに反して、帝政を立て、その皇帝の地位に就いた人物でもある。イトゥルビデは、一旦は皇帝になったものの、共和制を望む自由主義派の人々によりその座を下ろされ、既述のように、結果的に処刑された。しかし同時に、メキシコにとって、最も重要な独立の英雄のひとりであることに変わりはない。

この二人の共通点は、ひとつには両者がクリオージョ出身ということである。さらに、もう一点は、一方は自身の意志で、他方は必然の流れからであるが、双方ともに副王軍と関連があった。また、両者ともにメキシコにとって歴史的に重要な役割を持った人物であった。こうした点に留意すると、イトゥルビデの遺骨は最も適した場所に納められたとも言えよう。

次に遺骨移動の決定及び実行の過程についてである。それについては、この出来事の発端が記された、ホセ・マリア・ディアス・ノリエガ将軍[578]の手による回想録をもとに見ていくことにする。この回想録は、イトゥルビデのいとこのホセ・ラモン・マロ大佐に捧げられたものである。このマロ大佐とは遺骨の掘り起こしからメキシコへの移動までの動きに関わった人物である。

これによれば、マヌエル・デ・ミエール・イ・テラン将軍の意向で、それまで所在不明となっていたイトゥルビデの遺骨埋葬場所の調査が始められた。それは一八三二年のことである。この調査を託されたのが、将軍のかつての部下、ディアス・ノリエガであった。因みに、それを依頼したミエール・イ・テラン将軍は銃殺処刑直前のイトゥルビデと面会した人物であった。

調査の結果、同年三月、ノリエガはその場所を特定した。ミエール・イ・テランへの報告は四か月後の七月二日になされたが、その翌日、ミエール・イ・テランは、イトゥルビデの処刑が行われた場所で突然自殺してしまう。この自殺の原因は分かっていない。

指示を出した上司が自殺し、困惑したディアス・ノリエガは、自らの判断で、次期大統領に就任が決まっていたサ

恐れ、排除する方向に向かった。Jesús Reyes Heroles, *El liberalismo mexicano*, tomo II, pp. 63–64. 独立直後のメキシコに滞在していたスペイン人はおよそ一万人と言われる。この数字は当時の国民人口（約五百万人）からすれば決して大きい数ではなかった。スペイン人は、その後の六年間に徐々に本国へ帰国し、一八二七年にもなると三千人程までに減っていた。この三分の一は元兵士で、反スペイン人意識が充満しているにもかかわらずメキシコに残った人々であったといわれる。残りの多くは商人で、羽振りが良かった。*Ibid.*, pp. 14, 16–17. この反スペイン人感情をうまく利用したのがヨルキーノと呼ばれるグループで、彼らはこの時期の政府の主流であった。ヨルキーノは、一八二五年にアメリカ合衆国大使ポインセットの影響で始まった、フリーメイソン［スペイン語でマソネリアという団体］であり、ロレンソ・デ・サバーラ（Lorenzo de Zavala）をはじめとする自由主義者が中心となった。サバーラもヨルキーノ党の創設者のひとりである。ミゲール・ラモス・アリスペも、ヨルキーノ党の創設者の一人で、彼は同時に、先に触れた聖フェリーペ・デ・ヘススの日を国民の宗教の祝日とする政令に承認の署名者として名を連ねた人物でもあった。

一八二七年から一八二八年にかけて、スペイン人追放運動が起きた。その始まりとなるのは一八二七年八月三十一日、ハリスコ州で出された国内最初のスペイン人追放令である。詳細についてはHarold D. Sims, *La expulsión de los españoles de México (1821–1828)* を参照。

このような独立後の不安定な政治状況が続く時期に、先の皇帝アグスティン・デ・イトゥルビデの遺骨の移動に関する提案が出された。処刑後ベラクルス州に埋葬されていたイトゥルビデの遺骨を、メキシコ市へ移す決定が下されたのは一八三三年四月の議会でのことであった。Dublan y Lozano, *op. cit.*, tomo 2 (1827–1834), 04 de noviembre de 1833, núm. 1280. さらに、実際にイトゥルビデの遺骨がメキシコ市に運ばれたのは一八三八年十月のことである。José María Díaz Noriega, *Funestos recuerdos del Libertador de México. Exhumación y autenticidad de sus respetables restos, conducidos desde Padilla, y depositados actualmente en la Santa Iglesia Catedral* を参照。

578　ホセ・マリア・ディアス・ノリエガは防衛省元大佐である。*Ibid.*, portada.

ンタ・アナ将軍にそれまでの経緯を記した書簡を送った。将軍はそれに応えて、テランの件について個人的に調べることを約束したという。[579]

こうして、イトゥルビデの遺骨は首都に納骨するという方向へと進んでいった。遺骨の移動については、一八三三年四月三日下院議会で討議された。[580]その内容については、同月八日付の『ラ・アントルチャ』紙の「一八三三年四月三日の下院議会欄」でも報じられている。[581]議事録によれば、「前日の検討内容が承認された後に、上院議会事務局の文書で『イトゥルビデ将軍とゲレーロ将軍の遺骨を首都に移す件に関する合意書』が添えられていたことに気づいた。そこで、通常の必要手続きを免除し、直ぐに論議をすることが決定された」[582]とある。この合意書は、四月二日以前に作られたものである。それを作成した責任者は、サンタ・アナであろうか。サンタ・アナは、同年三月三十日の議会で大統領に任命され、[583]四月一日に宣誓をして六月三日まではその職務にあった。[584]その点に注目すると、一八三三年四月の時点では、サンタ・アナの関与の可能性が高い。[585]

右における四月三日の下院議会での議論すべき第一項は次のように紹介されている。

傑出した将軍、D・アグスティン・デ・イトゥルビデとD・ビセンテ・ゲレーロの遺骨を首都に運び、その他の［彼ら以外の］祖国の殉教者たちの遺骨がある墓地《panteón》に安置する。[586]

但し、ゲレーロの遺骨は、この時点で一旦は掘り起こされたが、オアハカのサント・ドミンゴ修道院のロサリオ礼拝堂に納められた。その遺骨がメキシコ市に運ばれたのは一八四二年のことであった。[587]

この議事録には、遺骨を納める場所として、「そのほかの［彼ら以外の］祖国の殉教者たちの遺骨がある墓地」とあるが、それは首都メキシコの大聖堂地下内納骨堂のことを指していると思われる。なぜならそこには、独立後の早い段階から、徐々に、独立運動の英雄であるイダルゴ神父やモレーロス、アルダマ、ヒメーネス、そしてアジェンデの遺骨も、処刑後埋葬場所から運び込まれていた。[588]

下院議会での討議の様子は次のようであった。まず、イトゥルビデとゲレーロの遺骨の移動の件に関して、別々に討議したいという意見がロサーノ議員から出たので、それぞれについて議論を始めた。その結果、イトゥルビデに関しては、賛成四七、反対八、ゲレーロに関しては、賛成四十九、反対三で承認された[589]。

議事録には、その後、追加議題として、「ゲレーロ将軍の遺体の一部はオアハカ州に残すべきである」という意見が出され、司法委員会《comisión de Justicia》にまわすことが決まったということも記されている[590]。

579　*Ibid.*, p. 13.

580　Mateos (ed.), *op. cit.*, tomo VIII, pp. 276-277.

581　Periódico *La Antorcha*, 08 de abril de 1833, p. 1.『ラ・アントルチャ』紙は、副題を Periodico religioso, politico y literario という、教会寄りの新聞である。

582　Mateos (ed.), *op. cit.*, tomo VIII, p. 276.

583　サンタ・アナの大統領就任期間については、Mateos (ed.), *op. cit.*, tomo VIII, pp. 271-273.

584　この後、サンタ・アナは、副大統領バレンティン・ゴメス・ファリアスに職務を任せ、サンタ・アナ自身は、政治的摩擦により蜂起したガブリエル・デゥランの討伐に向かってしまう。*Diccionario Porrúa, Historia, Biobrafía y Geografía de México*, México, Editorial Porrúa, 1986 (1964) を参照。

585　ゴメス・ファリアスも、イトゥルビデの皇帝即位に際し最初に支持の意向を示した人物であり、彼もまた、イトゥルビデと関係が深かったことに留意すると、ゴメス・ファリアスが関与していてもおかしくはないと言える。Mariano Cuevas, *Historia de la Iglesia en México*, tomo 4, p. 193.

586　*Ibid.*

587　http://www.historicas.unam.mx/moderna/ehmc/ehmc30/356.html 二〇一四年十月二十一日検索。

588　Toussaint, *op. cit.*, p. 155. これらの英雄の遺骨は、一八九五年になり、一旦聖ホセ礼拝堂に移された。現在は、一九一〇年に独立百周年を記念してレフォルマ通りに建てられた独立記念塔に納められている。

589　Mateos (ed.), *op. cit.*, tomo VIII, p. 276.

590　*Ibid.*, tomo VIII, p. 277. これは一八三三年四月三日の議事録に記されている内容であるが、この提案に関して、『ラ・アントルチャ』紙に掲載された記事では、「頭部以外の遺体の一部をオアハカに残すよう請願が出され、こちらも承認された」と書かれてところで、この遺骨問題の始まりに直接関与した人物が、サンタ・アナ大統領か、あるいは、副大統領バレンティン・ゴメス・ファリアスかについて、明確に記載した史料は見当たらない。

その七か月程後の一八三三年十一月五日付政令で遺骨の移動が命じられた。翌日の新聞に「大統領が大統領特権を用い、イトゥルビデの家族に対し、その嫡男のメキシコ共和国帰国を許可する法令を出した。不幸な英雄の遺骨は、祖国のために命を落とした最初の英雄たちが眠っている納骨堂に納められるべきである」という記事が掲載された。[591]これは、先ほども触れた、大聖堂内にあった地下納骨堂のことで、この時の大統領はサンタ・アナである。

次に紹介する一八三三年十二月九日付『エル・フェニックス・デ・ラ・リベルター』紙の国会記事関連欄に、イトゥルビデの遺骨移動に関する興味深い記事が掲載されている。

> 上院議会
>
> 一八三三年十一月七日の議会
>
> 前日の十一月六日の議事録が読まれ、内容の確認がされた。その際、〔同年四月に〕サンタ・アナの大統領特権により通達された、「イトゥルビデを独立の英雄として公認する法令」が添えられた、防衛省《secretaría de la guerra》の記録が五十部配布された。
>
> 軍事委員会から最初の議題が出された。それは陸海軍最高審査会に対して、〔遺骨移動許可の〕失効と審議会の権限による延期の検討を求めるものである。ルナ氏が議題に入る手続きの免除を求め、検討に入った。しかし、議会は意見の一致を見なかった。[592]

という記事である。この記事から、遺骨の移動に反対する者がいたことが分かる。

これとは別に、同日の議事録をみると、「イトゥルビデを独立の英雄として表明する法令が印刷され、七十四部が用意され」とある。[593]そこにはそれ以外の文言は見られない。結果として、この時点ではイトゥルビデの遺骨移動に関する決定はなされず、延期された。[594]

遺骨の移動が最終的に決定されたのは、それから五年の月日が流れた、アナスタシオ・ブスタマンテ政権下の一八三八年八月六日付法令によってであった。[595] ブスタマンテもサンタ・アナ同様、イトゥルビデとともに副王軍から離反し反乱軍側に転じた人物である。一八三八年八月六日付政令に関する記事が、八月十四日の新聞に掲載されているので紹介しておきたい。

イトゥルビデ埋葬の栄誉

一週間前に、その前日［八月六日］に出された法令を紹介した。法令の内容は、通常国会において、不死身のイグアラの英雄アグスティン・デ・イトゥルビデの遺骨を首都に移すよう、大統領が命じたことに関して議論した件である。暫く前のことであるが［メキシコの］独立を成し遂げた人物に対し、道義心故に、すべてのメキシコ国民の誇りと感謝の気持ちを示そうと、［一部の人々が］遺骨の移動を要求していた。党派の摩擦が、危険な衝突を生み出す時代は既に過ぎ去った。メキシコ人としての善良な気持ちが、この文化的な試みを行おうとしていることを、我々は喜ぼうではないか。トゥリガランテ軍［イトゥルビデ軍隊の呼び名］の不幸な指導者の遺骨が、我々のもとで安らかな眠りにつこうと移されてくるだろう。長い間二つの世界を繋いでいた鎖を断ち切った英雄

いる。Periódico *La Antorcha*, 08 de abril de 1833, p. 1.

591 Periódico, *El Fenix de La Libertad*, 06 de diciembre de 1833, p. 4.

592 *Ibid*., p. 1. 陸海軍最高審査会のスペイン語名称は Suprema trtibunal de guerra y marina である。

593 Mateos (ed.), *op. cit*., tomo VIII, p. 466.

594 Díaz Noriega, *op. cit*., p. 14.

595 Dublan y Lozano, *op. cit*., tomo 3 (1835–1840), 06 de agosto de 1838.

に対する人々の感謝と賞賛を受けにやってくるだろう。[596]

と、ここではイトゥルビデが独立達成の英雄と明記されている。

この政令は一八三八年八月六日に公布された。政府は、イトゥルビデが独立達成のための凱旋をし、メキシコ市に入城した記念すべき日である九月二十七日に、首都メキシコ市に遺骨を運び入れるという移動日程を八月十四日に発表した。[597]

同じく一八三八年八月十四日付『メキシコ共和国政府日報』[598]にその議事録が掲載されており、そこには安置場所についても記されている。

一、政府は、イトゥルビデのメキシコ市入城の記念日となる九月二十七日に、共和国の首都にイグアラの英雄アグスティン・デ・イトゥルビデの遺骨を移すよう、手配する。九月二十七日は独立が達成された日である。一八二一年三月三日にメキシコ市で、祖国独立の声明が彼によって出された。

二、前述した遺骨が、メキシコ市大聖堂の英雄たちのために用意された場所に納められるよう、命じる。

一八三八年八月三日　カスティージョ、フェルナンデス、ヒメーネス[599]

イトゥルビデ凱旋記念日である九月二十七日に予定されていた納骨式は、実際には一か月遅れて行われた。一八三八年十月二十四日付『エル・コスモポリタ』紙に、十月十二日付の通達が掲載された。その通達にはイグアラの英雄「イトゥルビデ」の遺骨の移動の最終工程として執り行われる同月二十六日の葬儀の内容がより詳細に指示されている。

それによれば、「八月六日の国会で決められた政令第二条について共和国大統領は、条例で『イグアラの英雄Ｄ・アグスティン・デ・イトゥルビデの遺骨はメキシコ市大聖堂に移され、安置される。同時に祝典を挙げるための責任者を定める』ことを承認した」とある。

同新聞には、行事内容の詳細についても大々的に掲載されている。

聖フランスシコ修道院の主たる教会堂内に、［十月］二十四日、二十五日、二十六日の三日間、ガラスの骨壺におさめられた［イトゥルビデの］遺骨が、用意されたピラ［火葬用の薪の山］の上に安置され、大衆から見えるようにする。当日は早朝に、まず五つの砲弾が放たれ、行事開始が告げられる。大砲はサン・ルーカス、シウダデーラおよびチャプルテペックに置かれる。行事の合間にも、進行の合図として砲弾が放たれることになっている。関係者は二十七日午前八時に政庁に集まり、軍隊の先導のもと、整列して大聖堂へ向かう。荘厳なミサに参加し、スペイン語で葬儀の祈りを捧げ、骨壺が聖フェリーペ・デ・ヘスス礼拝堂に安置されて儀式が終わる。礼拝堂内には豪華な霊廟が遺骨用に準備される。また骨壺の鍵は内務大臣の特別資料保管所に保管される。[600]

この政令に署名しているのは、マヌエル・バレーラ、フェリーペ・デ・ヘスス・アスカラテ、ペドロ・フェルナンデス、トランキリーノ・デ・ラ・ベガである。前述のノリエガも回顧録の中で、地方長官ミゲール・マリア・アスカラテ大佐始め、右三人をそれぞれ、将軍、管区長、監査裁判所主任会計士といった役職名をつけて紹介し、彼らが実行責任者であったことを明らかにしている。[601]

596 *Diario del Gobierno de la República mexicana*, 14 de agosto de 1838, p. 3.
597 *Ibid.*, 14 de agosto de 1838, pp. 3-4.
598 スペイン語新聞名を日本語に訳した方が、その社会的立場が把握し易いと判断した場合は、日本語訳を用いた。
599 *Ibid.*, 14 de agosto de 1838, p. 3.
600 Periódico *El Cosmopolita*, 24 de octubre de 1838, pp. 1-2.
601 Díaz Noriega, *op. cit.*, p. 20.「フェリーペ・デ・ヘスス」という名を持つアスカラテに関しては、この書面に署名する際、イグ

図Ⅱ-1-7 アグスティン・デ・イトゥルビデの遺骨が納められたメキシコ市大聖堂内聖フェリーペ・デ・ヘスス礼拝堂に設置された祭壇

また、この記事から、漸く遺骨の行き先が大聖堂の聖フェリーペ・デ・ヘスス礼拝堂であると告げられたことが分かる。

ベラクルスからメキシコ市までのイトゥルビデの遺骨の移動の様子はその都度新聞で報じられた。新聞記事からすると、歓喜を持って迎えた市町村もあれば、さほど熱意を示さなかった市町村も見受けられる。例を挙げると、メキシコ北部の中心都市サカテカス市では、イトゥルビデ遺骨の通過儀式として、大砲を撃ちならし祝典を執り行う旨、広く通達を出しているが、市民はそれに応えなかったようだ[602]。これは、副王軍所属時代のイトゥルビデが独立戦争時にどの程度町を破壊したかなど、人心への影響に左右されたと考えられる。

このような状況の中、初代皇帝アグスティン・デ・イトゥルビデの遺骨は、無事目的地である首都メキシコ市に到着し、同年十月二十七日、メキシコ市大聖堂内の聖フェリーペ・デ・ヘスス礼拝堂に納められたのである[603]（図II-1-7）。

遺骨納骨先の直前の変更理由については、いまひとつ明らかでない。少なくとも、筆者が資料とした法令には記されていない。当初予定していた英雄の墓地には、イダルゴはじめ、独立運動で副王軍に殺された指導者たちが葬られていた。そのため、処刑された人物と処刑する側にいた人物を同じ場所に納骨することになるという問題もあったことが考えられる。しかしそれ以上に重要な点は、イトゥルビデを英雄として扱うかどうかということであったので

アラの英雄の遺骨が自身と同名の聖人の礼拝堂へ運び込まれることをどれほど喜ばしいと思ったかは想像できる。第II部第三章四三一頁で扱っているが、第六十四代メキシコ大統領フェリーペ・カルデロン（在任二〇〇六－二〇一二）の正式名はフェリーペ・デ・ヘスス・カルデロン・イノホサという。ミチョアカン州モレリア市出身のカルデロンが二〇〇七年にモレリア市大聖堂を訪問した際にガイドの説明で、大聖堂内正面右の祭壇上段にある聖フェリーペ・デ・ヘスス像を紹介され、大変喜んだという。これはその際の観光ガイドの話である。

602　Periódico *El Cosmopolita*, 27 de octubre de 1838, p. 4.

603　Díaz Noriega, *op. cit.*, pp. 19-20.

はなかろうか。[604] 政治的な問題が原因で処刑されたとはいえ、最初の独立条約に署名したメキシコの英雄の遺骨の聖フェリーペ礼拝堂への納骨は、人々に聖フェリーペの名を一層印象付けるものであり、当然のことながら、その礼拝堂は、人々の関心の的となったことが推察される。

しかし同時に、この遺骨の納骨は、もちろん、国民の祝日「二月五日」の誕生も含めてではあるが、聖フェリーペ崇拝がいやが応にも政治の場へ引きずり込まれることをも意味するのである。それは次章で扱う、ラ・レフォルマ（自由主義的改革）時代の出来事が如実に物語っている。

第二章　メキシコ人聖人への道

1　政教分離を掲げたラ・レフォルマ（自由主義的改革）前夜

独立後の社会の変化とともに、いつしかクリオージョという概念も消滅し、聖フェリーペの環境も大きく変わっていった。本章では、十九世紀半ばの政教分離を掲げたラ・レフォルマ（自由主義的改革）時代と十九世紀後半の崇拝の状況を把握し、聖フェリーペ崇拝がどのように扱われたのかを考察する。それに際し、五つの節によって、十九世

604　これは国家の歴史に関わる事項であり、現在に至るまで結論が出ていない論争である。一八三三年から一八三八年にかけての納骨先問題は、一応は聖フェリーペの礼拝堂への納骨という形で解決に至った。それは、イトゥルビデを英雄として扱うことを望むイトゥルビデ派と、望まない反イトゥルビデ派の論争結果であることが推察される。Jesús Hernández James, '¿1810 o 1821? La absurda e interminable disputa por la Independencia', en *Relatos e historias en México*, Año V no. 49, septiembre de 2012, pp. 50–62; Edwin Alcántara Machuca, '¿Hidalgo o Iturbide? La pugna entre liberales y conservadores en 1849' en *Relatos e historias en México*, Año V no. 49, septiembre de 2012, pp. 6369–62; Alfredo Ávila Rueda, 'Agustín de Iturbide ¿cuál fue su delito? en *Relatos e historias en México*, Año II no.19, marzo de 2010, pp. 43–51; Alfredo Ávila Rueda, 'La consumación de la Independencia' en *Relatos e historias en México*, Año IX no. 102, marzo de 2017, pp. 40–71.

紀半ばの関連事象の他、この時期に生じた奇蹟物語の創作、「憲法記念日二月五日」の決定、列聖の実現といった出来事を検証し、その時期の聖フェリーペの聖像の役割を分析していく。本章第一節では、十九世紀半ば前の聖フェリーペ崇拝に関連する出来事を見ていく。

まず、一八四二年一月二日の政府系新聞『ガビネーテ・メヒカーノ』に掲載された特別議会開催に関する記事を見てみたい。

> メキシコ市守護聖人であるメキシコ出身の聖人フェリーペ・デ・ヘススの日（公の者として、ブスタマンテ〔カルロス・マリア・デ・ブスタマンテ〕氏はこれまで一度も参加していない）で、国民の祝日である二月五日に急遽特別議会が招集された。そこではイギリスのテキサス独立承認を報告したのみである。この議会の目的は一体何だったのだ。どうして二月五日を選んだのだ。〔聖フェリーペ・デ・ヘススの祝日の祝典は〕余談の格好の話題であり、重要な議題を扱う議員たちの気をそらし、議会の信用をなくす。何という悪ふざけだ。子供だってそんなことはしない[605]

という記事である。

確かに、単に報告をするだけのために、国民の祝日である二月五日に特別議会が必要であったのであろうか、という疑問がわく。後述するように、「二月五日」のフェリーペの祝典には、大統領をはじめとする政治家やそのほか宗教関係者などが参加していた。この引用部分で皮肉っぽく記された自由主義者ブスタマンテの例年の祝典不参加に留意すると、当時の自由派クリオージョと保守派クリオージョの対立や、自由派勢力が中心となる政府側と教会の対立が、聖フェリーペの祝日の祝典をめぐって示されている様子が垣間見られる。

これは、ラ・レフォルマ時代が始まる直前とも言える一八四〇年代の状況である。この時代は、保守派と手を組むカトリックは未だ国教であり、社会の中心に置かれていた。従ってカトリック教会は政治への影響を保ち続けていた。その状況に不満を持った自由派の人々が、この先、教会に対して厳しい措置を取り始める前触れのようでもあった。その後訪れる政教分離を第一目的とする自由派の政治改革に向けての下地が作られていたのである。

次に紹介するのは、この時期に新聞に発表された、フェリーペに社会の平和を願う詩である。掲載したのは一八四三年二月五日付『メキシコ共和国日報』で、作者はマリアーノ・アニセート・デ・ララである。ララはその詩で、フェリーペの生涯を詠い、政治問題に揺れ動き、不安定な状態にある祖国に平和をもたらすよう、懇願している。

あのメキシコ人はフェリーペではないのか
祖国に名誉と栄光を与えた
今日、教会はその思い出を祝う
イエスの信仰を堅く誓った
幸いなるフェリーペ
遥か高い天の彼方で
安らかであることを祈る
祖国の地から
日本に向かって出発し
切に望んで殉教者となった

605　Periódico *El Gabinete mexicano*, 02 de enero de 1842, p. 12, en el artículo "Seminario civil y religioso". ここでいうブスタマンテとは、自由主義者カルロス・マリア・デ・ブスタマンテのことである。彼はメキシコのオアハカ出身の自由主義を掲げる政治家兼新聞記者兼歴史家である。

神の栄光を宣言した
殉教の名誉に見合う
素晴らしい世界にいる

それ故に今日
メキシコの人々の胸には喜びがある
人間であることの喜び
親愛なる神によって望まれ
聖なる貴方の血が十字架の上に流された
神の信仰を説いた
模範とした人［キリスト］のために
甘んじて犠牲となった
汚れない翼で
愛すべきフェリーペよ
愛すべき祖国が貴方を見つめる
今日、穏やかに貴方は神を享受する
ああ、フェリーペ、聖なるものよ、貴方は神の御心の中にいる
貴方のいる場所で
親愛を持って耳を傾けて欲しい
メキシコでは禍も悲哀もないよう

永遠に願いたまえ
不幸な祖国を
優しい愛をもって
慈悲深い目で見つめる
まなざしを感じる
寛大に導きたまえ
愛しい平穏と平和
永遠にあれ[606]

相変わらず大規模な聖フェリーペの祝典は続いた。『シグロ・ディエシヌエベ』紙が一八四四年二月五日の式典について、前日に次のような案内を掲載している。「［聖フェリーペの祝典は］政府や最高裁判所、民間や宗教関係者の参加のもとにメキシコ市大聖堂で国家行事として開催される。大司教がミサをあげ、午後五時に守護聖人のために厳粛な宗教行列が大聖堂から聖フランシスコ教会堂［修道院］まで行進する。カプチナ修道院でも重要な儀式が行われる。カプチナ修道院の教会堂と聖フランシスコ修道院の教会堂で大司教《La Majestad》のお言葉と贖罪に関する説明がある[607]」。

他に、一八四六年二月八日の『エル・モニトール』紙の記事からも、聖フェリーペの日を祝う式典の盛大さが容易に伝わってくる。記事には次のように記されている。「国中が熱狂した。メキシコは同胞である聖人の殉教記念式典を歓喜して祝う。列福とともに［聖フェリーペ・デ・ヘススを］メキシコの守護聖人と決めた副王領時代から盛大に

606 *Diario del Gobierno de la República Mexicana,* 05 de febrero de 1843.
607 Periódico *El Siglo Diez y Nueve,* 04 de febrero de 1844, p. 4. 因みに、一八四五年の祝典の案内は同新聞二月二日に掲載されている。

祝い続けてきた。三〇年［一六三〇年］に、国全体で祝うことを決め、一八二六年の議会は［二月五日を］国民の祝日とした。これは正式に定められたことである。（中略）大臣や官僚らを引き連れ、大統領も大聖堂でのミサに参加した」[608]。

また、四日後の十二日の『エル・モニトール』紙の「意見欄」にも、「メキシコが生んだ唯一の聖人［福者］で、全国民のために列聖すべきである」と書かれており、国民の聖フェリーペに対する関心の高まりが期待されている[609]。

この時代の聖フェリーペに対する意識を道徳的視点で分析する歴史学者セシリア・ノリエガ・エリーオの見解は興味深い。彼女はこの時期の幼児教育を説明するにあたり、「子供に対する親の理想は、いつも静かにしていること、カトリックの教理を暗誦し、辛いときにロザリオの祈りをし、ナイフとフォークを使って食べ、感謝をし、神父様の手にキスをし、大人になったら皇帝か神父か日本で殉教者になりたいと皆に言うこと」[610]であったと述べている。

このように、昔ながらの環境が求められている一方で、変化にも目を向けられていた。当時の政治状況を眺めると、メキシコは独立後長期にわたって続いた内戦により疲弊していた。北の国境における隣国アメリカ合衆国との領土争いは、一八四八年グアダルーペ＝イダルゴ条約により終結したが、その結果、国土の半分近くを失った[611]。この頃、東部ユカタン半島のマヤ族の反乱をはじめとする先住民の蜂起が国内各地で生じた。さらに保守派サンタ・アナ大統領は再び国土売却問題を抱えた。そういった状況のなか、自由派が動き出したのだ。

それは、サンタ・アナ政権の終焉と、同時に教会に対する改革という形で示された。自由主義を掲げる政治家たちは、保守勢力と関係が深く、社会への多大な影響力を持つ教会権力を抑えようと動き始めたのである[612]。こうして、自由派と保守派の政治闘争と共に政治と宗教の摩擦も具体的なものになっていった。所謂、政治改革としてのラ・レフォルマ（自由主義的改革）が始まろうとしていた。

既に「クリオージョ」という概念は社会から消滅し、かつての「クリオージョのシンボル」というものも必要ではなくなっていたが、こういった時期でも、メキシコの人々の聖フェリーペに対する関心は消えることはなかった。それは保守派のスペイン系メキシコ人によるものであった。相変わらず二月五日は国民の祝日で、政府高官も出席する祝典が盛大に催され、[613]唯一のメキシコ生まれの聖人として公的価値も保たれていたのである。しかしこののち、聖フェリーペ崇拝は政治と教会の摩擦の影響で、ひと際厳しい現実に直面することになる。

2　奇蹟を語る「イチジク伝説」の誕生

独立はしたものの、建国は容易ではなかった。内乱が続き、国も人々も疲弊していた。そして新たな政治体制が模索されようとしていた。こうした政治的な変化の中、フェリーペの殉教物語にひとつの奇蹟が加えられる。それは、そのベニート・ファレスが台頭し、自由派が政権を握ろうとしていた、[614]まさにその頃のことであった。ここでは、その

608　Periódico *El Monitor constitucional*, 08 de febrero de 1846, p. 1 en el artítulo "San Felipe de Jesús". この時の大統領は José Mariano Paredes y Arrillaga (de 2 de enero de 1846 a 28 de julio de 1946) である。

609　独立後のメキシコでは、聖フェリーペ・デ・ヘススの名を冠している学校も創立されており、それはその名が、メキシコの人々にとって好まれるものであることを意味する。この学校とは、メキシコで設立された、イギリス人アンドリュー・ベル（Andrew Bell, 1753-1832）とジョセフ・ランカスター（Joseph Lancaster, 1778-1838）が発展させた教育システムの基に設立された学校である。そのひとつがサン・フアン・テクパンにある学校で、「聖フェリーペ・デ・ヘスス学校」と名付けられた。ベル＝ランカスター教育システムによるメキシコでの教育内容については、Dorothy Tanck de Estrada, "La educación en la nueva nación" en *Hisotria de México Reforma*, no. 11, pp. 1908-1909 を参照。

610　Cecilia Noriega Elío, "La sociedad mexicana", en *Historia de México*, tomo 11, p. 1863.

611　この条約を結んだ当時のメキシコ大統領はサンタ・アナである。

612　Carlos Alvear Acevedo, *Iglesia en la hitoria de México*, p. 179.

613　Periódico *La Voz*, 09 de febrero de 1850, p. 10 en el artítulo "Cronica religiosa". 主要官僚をはじめとし、数えきれない程の大勢の人々が参加し、宗教行列を歓喜して見ていたと記されている。

614　自由派が台頭した初期の動きに関しては、本章三節三七〇頁参照。

奇蹟を語る「イチジク伝説」がどのように誕生し、聖フェリーペ崇拝にどういった変化をもたらしたのかについて、考察していきたい。

現在までに分かっている限り、最初にこの伝説を書いたのは、エドゥアルド・リヴィエラというフランス人である。執筆当時リヴィエラはメキシコに在住していた。彼は『聖フェリーペ・デ・ヘスス　メキシコ市の守護聖人　日本における最初の聖人殉教者を崇拝するお嬢さんたちに捧げる歴史宗教小説』と題する小説（図Ⅱ-2-1）を書いた。一八五三年、ちょうど「ラ・レフォルマ」期に入ろうとしていた頃のことであった。出版するにあたり、フランス語で原稿を書き上げ、それをスペイン語に翻訳させた。[615]

その題名から分かるように、この小説は未婚の若い女性たちに向けて書かれたものである。話はフェリーペの出生から始まり、その時々のエピソードで構成されている。その中のひとつのエピソードとして「イチジク伝説」が語ら

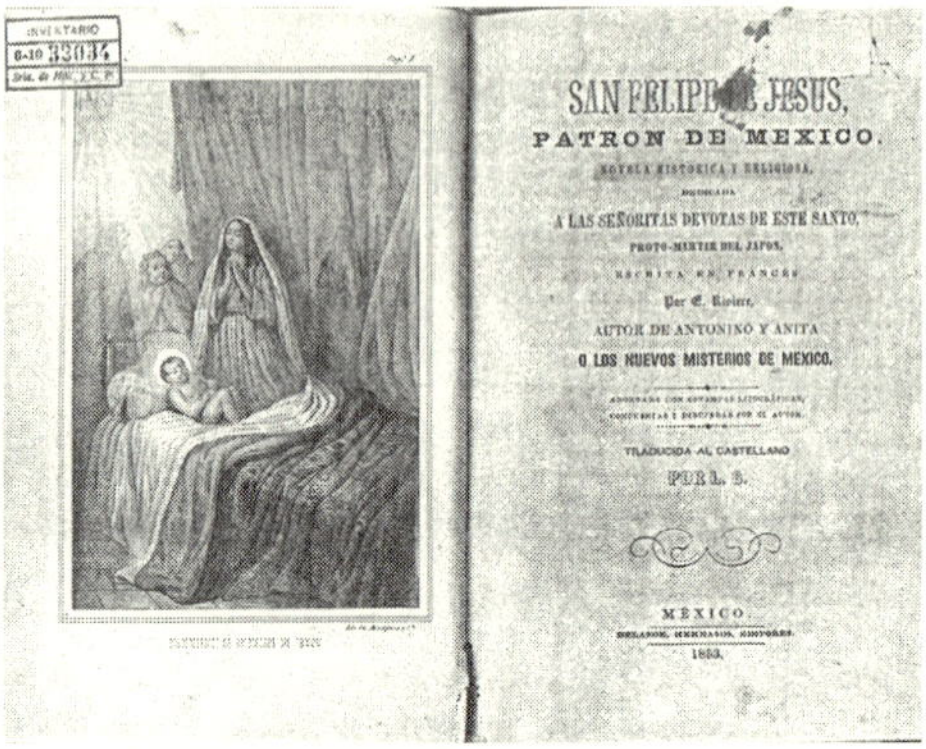

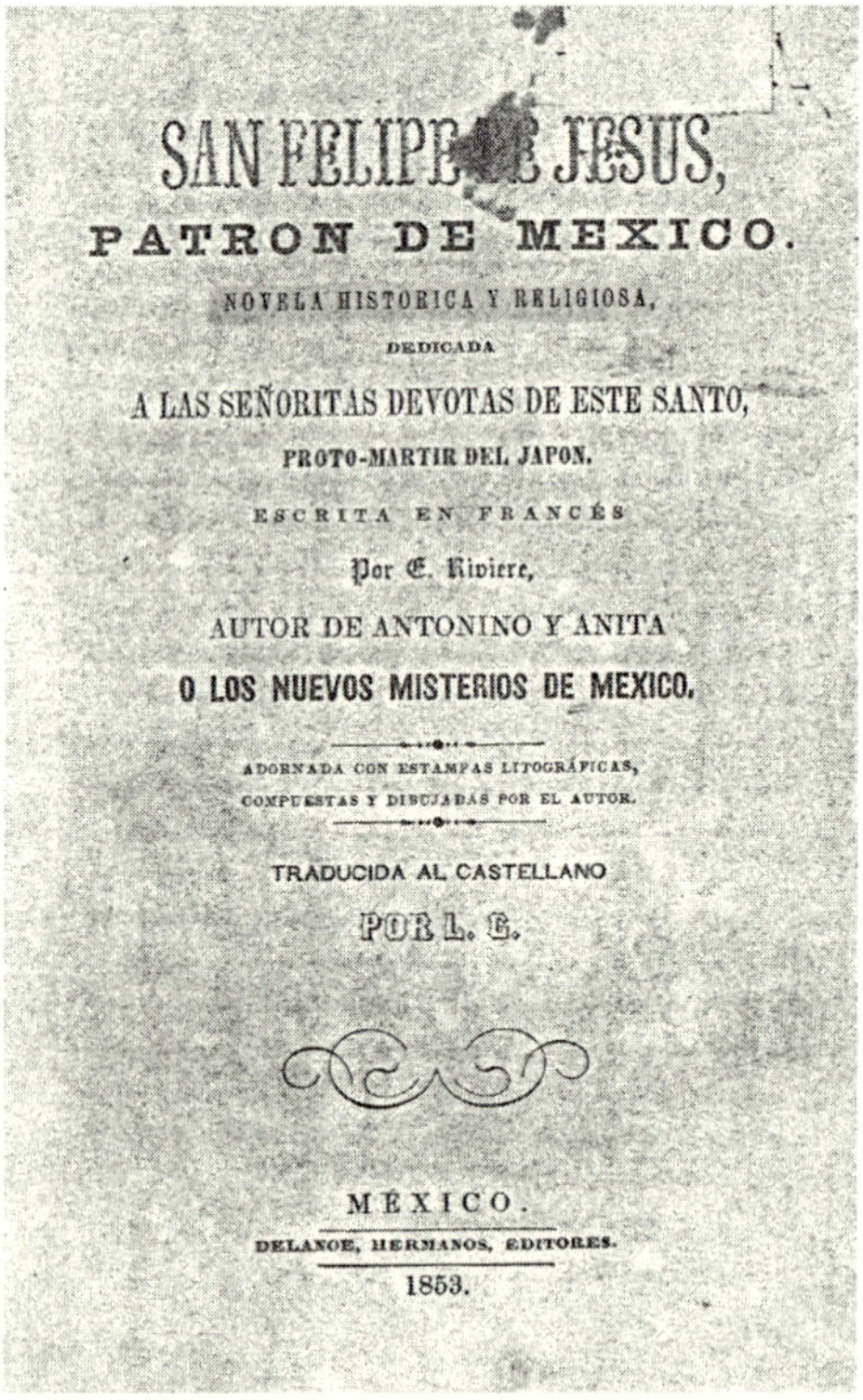

図Ⅱ-2-1a（上），1b（下）　エドゥアルド・リヴィエラによる小説の表紙見開きと表紙拡大図（メキシコ国立図書館古文書館 UNAM 内）

れている。

この小説について、美術史研究者フランシスコ・デ・ラ・マサが、かなり辛辣に批評している。「彼［リヴィエラ］は聖フェリーペ・デ・ヘススを崇拝している娘たちが多くなかったことを知っていたし、この聖人が全く奇蹟を起こしていないことも知っていた。しかし、ナショナリストたちの感情を刺激すれば、娘たち、婦人たち、また一部の紳士が本を購入するということに気付いていた」[616]と。

この小説の中でリヴィエラが語った「イチジク伝説」は、次のような内容である。

> デ・ラス・カサス家（フェリーペの生家）の庭のイチジクの木は、まだ植えて一年ほどの小さな木であった。その木は、フェリーペが生まれた日に数枚の葉をつけた。フェリーペの成長とともに、イチジクの木も大きく育ち、毎年青々とした葉が茂り、実もつけた。ところが、木はある日突然枯れてしまった。それは大切に育てられた息子の死を告げる不思議な徴であった。[617]

この小説が出版されると、二月五日には、メキシコ市内中心街にある名の知れた劇場のいくつかで、小説のあら筋に合わせた聖フェリーペ物語が公演されるようになった。マリアーノ・オソルノが脚本を書いた劇の宣伝広告が当時の新聞で二本見つかっている（図II-2-2, II-2-3）。一本は、『メキシコの最初の殉教者　聖フェリーペ・デ・ヘスス』という題で一八五七年、テアトロ・デ・ヌエボ・メヒコで上演されたものである。「脚本は人気絶頂のオソルノ」と

615　この本のスペイン語題名は *Felipe de Jesús, patrón de México, Novera histórica y Religiosa, dedicada a las señoritas debotas de este Santo Proto-Mártir del Japón* である。訳者はL・Gというイニシャルで示されたのみとなっており、氏名は不明である。

616　Francisco de la Maza, "Las primeras litografías de Hesiquio Iriarte," en *Anales*, México, IIE, p. 107.（DOI: http://dx.doi.org/10.22201/iie.18703062e.1990.61.1566　二〇一七年一〇月八日検索。）

617　Eduardo Riviere, *op. cit.*, pp. 8-9.

se suplica encarecidamente a todas las personas que ocupan dichos Palcos y Lunetas, que se sirvan avisar en tiempo por medio de los Cobradores si los han de ocupar o no para esta función, a fin de que haya tiempo de arrendarlos, y no se rebaje su importe a la Obra pia si quedaran vacios. La paga será doble por orden superior."

Cinco días después se celebró otra función, "cuyos productos han de aplicarse a beneficio del Glorioso Martyr Mexicano, San Felipe de Jesús, con el fin de ayudar los gastos de su solemne canonización; y siendo ésta una obra que tanto interesa al respetable público, se espera cooere a ella asistiendo a la expectación de las siguientes piezas: Representado **Herir por los mismos filos**; el drama crítico en un acto titulado: **Un loco hace ciento** y **El Astuto Calimaco**; De cantado: Una Polca por Andrea Escalona, y la tonadilla a cuatro de **El Arcabuceado** la que se adornará con sus correspondientes evoluciones, por competente número de comparsas, acompañados de música militar y demás que requiere. De Bayle: la Marcha **Españoles la Patria oprimida**, cantada y baylada, con sus pasos de ataque y sus trajes alusivos al intento." La paga fué doble, "como dia de Fiesta".

El programa terminaba con esta octava alusiva:

Un patrono tenemos venturoso
que en la cruz espiró constantemente
Adquiriendo el renombre de glorioso
En honor del Señor Omnipotente:
Aplicará su empeño poderoso
Hoy, por este afligido Continente
Si encuentra retribuyen los favores
Tan piadosos amables bienechores.

La causa de la canonización del Mártir mexicano permaneció en suspenso cerca de 230 años, hasta que el Pontífice Pío IX, después de observar todos los requisitos establecidos por la Iglesia para que pueda llegarse a pronunciar el fallo canónico, sobre la santificación de sus héroes, dirigió a todas las Naciones católicas una Encíclica apostólica en la que anunciaba su designio de agregar al número de los santos a los veintiséis Mártires del Japón, entre los cuales se hallaba Felipe, y convocaba a todos los Patriarcas, Primados, Arzobispos y Obispos de la cristiandad, para que reunidos en torno de su augusta persona el 8 de junio de 1862, contribuyesen con su autoridad, con sus luces y con sus oraciones, a dar feliz término a un negocio de tanta importancia para la gloria de Dios, y para los intereses de la fe católica.

Más de trescientos Cardenales, Patriarcas, Arzobispos y Obispos de todas las Naciones, asistidos de un crecidísimo número de presbíteros del clero secular y regular, se reunieron en augusta Asamblea en el Templo de San Pedro, iluminado con tal profusión, que es fama que ardieron once mil y cien cirios, para proclamar la santificación del Beato mexicano y de sus demás gloriosos compañeros. México estuvo representado por los Obispos de Puebla, que lo era entonces Don Pelagio Antonio de Labastida; de Michoacán, de Oaxaca, de Monterrey y de San Luis Potosí. El número de mexicanos que dió mayor esplendor a la Asamblea con su asistencia pasó de diez mil.

Programa del Teatro Hidalgo, con dos magníficas ilustraciones en zincograbado, obra del grabador mexicano Manilla, precursor de José Guadalupe Posada.—Arriba, el martirio de San Felipe de Jesús, y abajo, la escena en que la higuera reverdece y el mártir mexicano aparece en su casa de México ante la atónita mirada de su madre y una sirvienta negra, quienes quedan maravilladas del prodigioso acontecimiento.

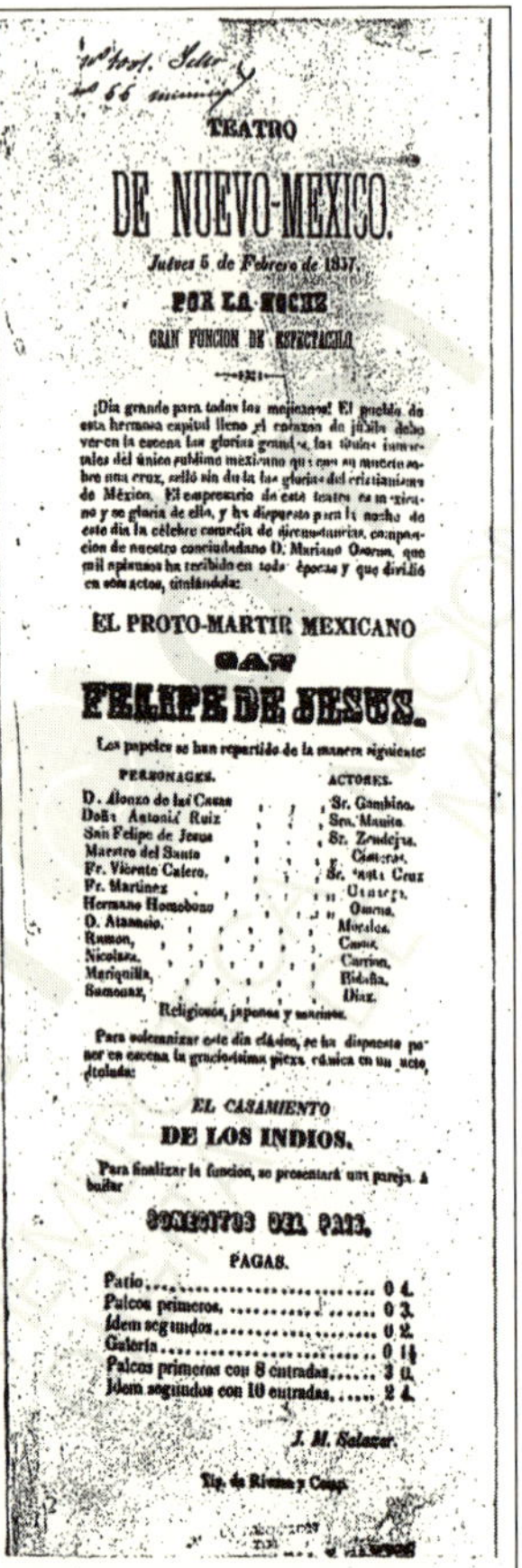

Programa del Teatro Nuevo México anunciando la representación de la obra de don Mariano Osornio, "El Protomártir Mexicano San Felipe de Jesús".

右・図Ⅱ-2-2　1857年2月5日のテアトロ・デ・ヌエボ・メヒコ（劇場）の上演プログラム　マリアーノ・オソルノ脚本／左・図Ⅱ-2-3　1880年3月14日午後にテアトロ・イダルゴで上演された際の広告（La revista semanal *Mañana*, 1944-2-1. メキシコ国立エメロテカ UNAM内）

記載された、六幕の劇である。[618] もう一本は、一八六〇年二月五日に上演された、『聖フェリーペ・デ・ヘスス、最初のメキシコ人殉教者——国民的《nacional》歴史ドラマ、六幕の詩劇』という劇である。

ヌエボ－メキシコ劇場《Teatro de Nuevo-México》

一八六〇年二月五日　日曜日午後

一　楽団による国家行進曲《Marcha Nacional》で開演する。

二　マリアーノ・オソルノ脚本、素晴らしい演劇、六幕の詩劇。題名『聖フェリーペ・デ・ヘスス——最初の殉教者メキシコ人』　脚本家が監督を兼ねる。

三　舞台からの合図で、栄光あるメキシコ人聖人、修道士フェリーペ・デ・ヘススのために全員で国歌《Himno Nacional》斉唱を行う。[619]

後者については、当日の新聞の宣伝広告から分かるように、終演時、国歌が流れている。[620] この国歌は、歌詞と曲ともに公募され、一八五四年に誕生したばかりで、当時メキシコ国民の大きな関心ごととなっていた。独立運動の過

618　Revista semanal *Mañana*, el 2 de febrero de 1944, p. 33. 新聞広告として掲載されているにもかかわらず、何故か開演時間などが抜けている。

619　*Diario Oficial*, 05 de febrero de 1860.

620　*Ibid*., p. 34. メキシコ国歌は、一八五三年十一月に振興省長官（Oficial Mayor del Ministerio de Fomento）ミゲール・レルド・デ・テハーダが正式に歌詞の募集をし、二十五人の応募者の中からフランシスコ・ゴンサーレス・ボカネグラの作品が選ばれた。翌年二月に曲の募集が行われ、ハイメ・ヌノーの作品が選ばれた。国歌の誕生に関する歴史は Guadalupe Jimenez Codinach, *La Guía del Himno Nacional Mexicano* を参照。

程を語るその国歌を舞台からの合図で全員が斉唱するのである。劇の内容もさることながら、その構成も人々の関心を引いたことであろう。

ところでこの二本目の広告で宣伝された一八六〇年劇場上演用と思われる、オソルノ手書きの脚本が見つかっている。[621] この脚本で語られるイチジクの木の奇蹟の部分は、先に触れたリヴィエラの記述とは異なる。オソルノのイチジク伝説は次のような話となっている。

デ・ラス・カサス家には枯れたイチジクの木が一本あった。〔その木の前で〕マリキータと呼ばれていた黒人女中が毎日のように言っていた。幹が虫に食われてしまったこのイチジクは絶対に芽が吹くことはないだろうよ。フェリーペ坊ちゃまが聖人になるよりこのイチジクの木の芽吹きの方が先さ。ある日夜が明けるとイチジクは芽吹き、フェリーペは十字架刑に処せられていた。[622]

このオソルノのイチジク伝説とほぼ同じ内容が一八九六年にマドリードで出版されたビセンテ・リバ・パラシオの短編小説シリーズ『伝承物語』にも登場する。その中のひとつが「ある聖人の物語」と題されたフェリーペ物語である。その内容は以下のとおりである。

フェリーペの生家の中庭の中央に、完全に枯れていたが、大切にされていたイチジクの木が一本あった。フェリーペの母親は子供のフェリーペの扱いに困ると、「フェリーペ、ああ、神様、この子を聖人（良い子）にしてください」と叫んだものであった。そして古くからいる女中はいつも低い声でつぶやいたものだ。「フェリーペ坊ちゃまが聖人になるとすれば、イチジクの木が生き返ったときのことさね」と。

ある朝、それは真冬の二月のことだった。黒人女中が庭に面した窓を開けると、瑞々しさに満ちた若木のように、緑色の生き生きとした葉に覆われたイチジクの古木が目に飛び込んできた。驚いて直ぐに踵を返し、叫びながら家の中に駆け込んだ。「奥様、奥様、フェリーペ坊ちゃまが聖人になられた。フェリーペ坊ちゃまが聖人になられた。イチジクの木が息を吹き返しましたさ」と叫んだ。[623]

さらに下って一九一二年のアントリン・ビジャヌエバのイチジク伝説を見ると、やはりオソルノとよく似た展開で話を進めている。

デ・ラス・カサス家にはひとりの黒人女中がおり、フェリーペはいつも彼女を困らせていた。そのいたずらに手を焼いて、「フェリーペ坊ちゃまは聖人になるさ。そのときには庭にある枯れたイチジクが息を吹き返し、実をつけるだろうさ」と怒った女中は言ったものだ。それをいつも聞いていた隣家の女が「必ずとは限らないが、そのうち変わるだろうよ。その時は聖人になる時だろうね」と答えたと言われている。

聖フェリーペ・デ・ヘススの祝典で人々に語られていたフェリーペの幼少時のエピソードはこのような話である。[624]

四年後の一九一六年、マヌエル・ロメーロ・デ・テレーロス・イ・ビネンテは、話に多少手を加え、次のように語っている。

621　これはメキシコ国立自治大学図書館資料室が所蔵しているもので、印刷物ではなく、手書き原稿［年代記載有］である。題名は注六二二参照。

622　Mariano Osorno, *San Felipe de Jesús, proto-mártir mexicano: drama histórico nacional en seis cuadros y en verso*, s.p. これは舞台劇脚本で頁記載なし。

623　Vicente Riva Palacio, *Cuento del general*, pp. 27-28.

624　Villanueva, *op. cit.*, p. 101.

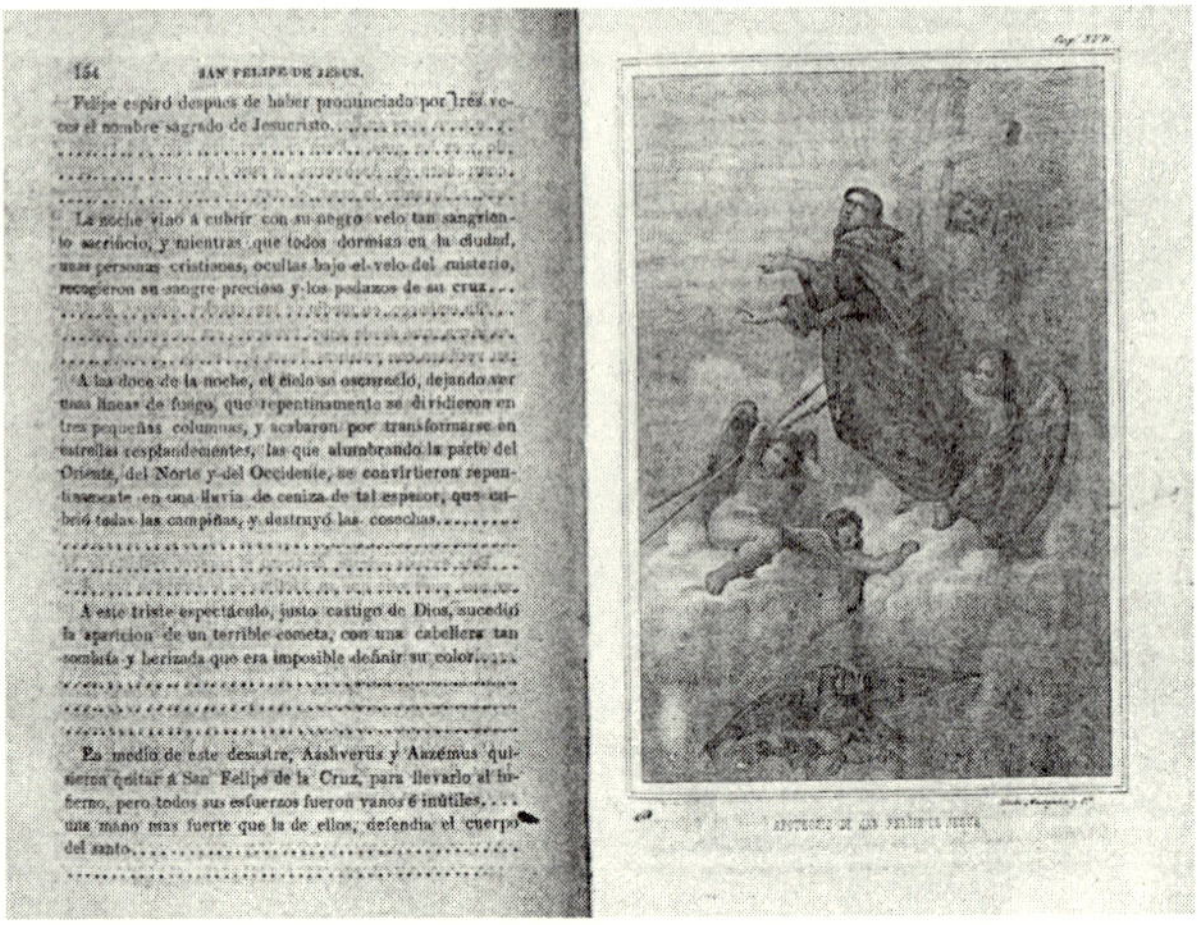

図Ⅱ-2-4a　エドゥアルド・リヴィエラの小説に挿入された挿絵の一枚（メキシコ国立図書館古文書館　UNAM内）

メキシコ市のアロンソ・デ・ラス・カサス及びアントニア・マルティーネス夫婦の家の庭には、随分前から枯れて実をつけることがなくなったイチジクの古木が一本あった。まだ若いフェリーペがだらしない生活をして、フランシスコ会修道院から還俗したばかりの頃、フェリーペが変わるとしたら、このイチジクの木が生き返ったときだとよく言われた。アントニアは息子のために祈り続けた。

一五九七年の二月六日〔ママ〕夜が明け、アントニア・マルティーネスは修道院の教会堂で行われるミサに与るため、出かけようとしたとき、イチジクの木が奇蹟的に芽吹いているのを目撃した。みどりの葉をつけ、たくさんの熟した実をつけていた。多くの小鳥が集まり枝の間で楽しそうに鳴いていた。こうしてアロンソとアントニアは息子が聖人になったことを知った。[625]

暫く後の一九四七年には、後に聖フェリーペ・デ・ヘススの名を冠する教会堂建設に尽力することになる司祭ホセ・アントニオ・プランカルテ・イ・ラバスティーダの姪ビルヒニア・イトゥルビデ・リマンツールが、二月五日の『エクセルシオール』紙の記事でイチジク伝説を語っている。

イチジクの木に関する有名な伝説はフェリーペの生きざまのことである。それは次のように言われていた。アロンソは家の下働きのひとりとして黒人女を雇っていた。彼女は、幼少時代からフェリーペの世話をしていたので、フェリーペをたいそうかわいがっていた。しかし、その若者の放埒な、そして人生を捨ててしまったかのような、希望を捨てたような状態にとても悲しんでいた。そして家の庭にあった古い枯れたイチジクの木にすがりながら、しばしば言っていた。「このイチジクの木が息を吹き返すようなことがあれば、それはフェリーペ坊ちゃまが聖人になるときさね[626]」。

これまでの調査を整理すると、「イチジク伝説」としては、リヴィエラが書いた伝説が最も古い。ところが、現在語られているイチジク伝説では、青々と茂るイチジクの木がある日突然枯れるというリヴィエラの話ではなく、枯れたイチジクの木がある日突然芽を吹き、それを目にした黒人乳母が、奥様に向かって坊ちゃまが聖人になったと叫ぶ、という内容になっている。つまり、この最も感動的な部分は、リヴィエラの描写ではなく、その後書かれたオソルノらの舞台劇の内容が広まったことになる。結局、青々と茂っていたイチジクが枯れる話より、枯れたイチジクが芽吹く方が奇蹟としてはふさわしかったのであろう。

ところで、リヴィエラの小説には、六枚の石版画が挿入されている[627]。表紙の記載事項から、これらの版画も著者の手によるものであることが分かる[628]。そこには副王領時代に好んで描かれた十字架刑に処せられた聖フェリーペの姿は見られない。

まず一枚は、四人の天使に付き添われたフェリーペが雲にのり、昇天する場面である（図II-2-4）。天使のひとりは二本の槍を背負い、もうひとりは十字架ともう一本の槍を持っている。フェリーペの足元では、鷲がサボテンにとまり、蛇を喰らっている。副王領時代から聖フェリーペと共に描かれてきた鷲とサボテンと蛇のこの図柄が、メキシ

625　Romero de Terreros y Vinent, *Florecillas de San Felipe de Jesús*, p. 28. この文章では日付が二月六日になっているが、これは「二月五日」の間違いである。
626　Virginia Yturbide Limantour, Periódico *Excelsior*, 05 de febrero de 1947.
627　「史料集」四八八－四八九頁参照。
628　Rivière, *op. cit.*, portada.

図Ⅱ-2-4b　版画拡大図

コを意識させる。この図中のフェリーペの姿は、その姿勢に多少の違いはあるが、既に紹介した十七世紀に建てられたカプチナ修道院の教会堂祭壇上部に設置された聖フェリーペ像と同様、雲に乗っている。同修道院が一八六一年の修道院縮小計画により取り壊されたことは、すでに述べた。しかし、この出版年からすると、リヴィエラがこの版画を彫った際には、祭壇を見ることができたはずである。

残りの五枚の版画は、フェリーペの誕生場面、父親に叱られる幼子フェリーペ、フェリーペを誘惑するアデリータの立ち姿、暴風にみまわれた船上の場面、フェリーペが見た夢（大天使が悪魔と闘う）がテーマである。

この六枚の版画は、小説の筋に合わせて挿入されている。但し、イチジクの奇蹟の場面は彫られておらず、記述のみとなっている。

リヴィエラ創作のこのイチジク伝説とともに語られ、文中のみならず版画にも描かれたアデリータの存在も注目に値する。リヴィエラはフェリーペの還俗を巡って、悪魔の導きで動くアデリータという女性を登場させたのだ。これにより「悪魔の誘惑によって、恋に落ちたフェリーペ」というイメージが創られていった。それはイチジク伝説とともに、一般大衆の目を引く新たな要素となった。

本節でその形成過程を辿ってきたこの「伝説」は、聖フェリーペの聖性に大きな変化をもたらした。十七世紀に崇拝が始まって以降、十九世紀半ばまで、聖人フェリーペの聖性は、キリストとの類似や聖書に記された奇蹟を基に描かれてきた。しかしイチジク伝説はそれらとは全く異なるもの、すなわち、フェリーペのための奇蹟であった。

十九世紀半ば以降に始まった聖フェリーペをテーマとした劇は、この伝説を中心に頻繁に上演された（図II-2-3, II-2-4）。現在メキシコで見られる聖フェリーペの伝説が書かれた宗教漫画本も、この枯れたイチジクの木がある日突然芽を吹くという話になっている。

こうして聖フェリーペ崇拝は、奇蹟の始まりを持つ一般的な聖人聖母崇拝のひとつとなり、大衆の中に入っていく。

3　聖フェリーペの国民の祝日から憲法記念日へと変わった「二月五日」

前節で見てきた「イチジク」伝説が誕生した六年後、聖フェリーペの祝日「二月五日」を国民の祝日から削除する法令が出された。既述のように、この「二月五日」は、メキシコのカトリック教会暦では「聖フェリーペの祝日」であり、一八二六年に「国民の宗教の祝日」に選ばれていた。それが、一八五九年に国民の祝日の改正により祝日から削除された。その一年半後、一八六一年二月一日、当時のメキシコ大統領ベニート・ファアレスは、大統領権限を行使し、「二月五日」を「憲法記念日」として定めた。「二月五日」が新たに祝日となったのである。

この「憲法記念日」の決定は、憲法広場（ソカロ）を利用した聖フェリーペの祝日のための盛大な行事の開催を不定期にさせた。それは聖フェリーペが正式に聖人の栄誉を授与された頃の出来事であった。ここでは、法令などの公的資料及び新聞記事を時系列に並べ、この新たに決定された祝日と聖フェリーペ崇拝の関連を検証する。

まず、「憲法の日、二月五日」決定に至るまでを辿る。一八五五年のサンタ・アナ大統領の最終的な失脚後、自由派と教会の溝はますます深くなり、ベニート・ファアレスを筆頭とする自由主義者が、政治と宗教の関係を明確にする法令を具現化していった。遂に一八五六年六月二十五日、教会私有財産没収令が承認され、翌一八五七年二月五日には政教分離を掲げた新憲法も施行された。続いて、一八六一年二月一日、「憲法記念日」の決定され、同時に、修道院取り壊し、その後、聖職者の政治への関与禁止、公的教育機関における聖職者の教育への関与禁止、教会関連財産の国有化といった教会に対する厳しい政策が実施された。

この新憲法が施行された一八五七年「二月五日」は、まだ「国民の祝日」である聖フェリーペの日であった。ところが、この年の「二月五日」に例年通りの祝典が行われたかどうかは、明らかではない。[629] 分かっているのは、その前日の日付で、フェリーペの栄光が綴られた讃歌が世に出回ったことである。作者も原語も不詳であるが、「著名なメキシコ人司祭マヌエル・サルトリオ訳　栄光ある殉教者、聖フェリーペ・デ・ヘススの典礼での教会讃歌」という題が付された、スペイン語訳のソネットである。

ソネット

ごきげんよう、勝ち誇った、勇敢な勝者よ
新世界の最高の美徳
貴方の死と、血にまみれた闘いで
貴方の祖国は幸せ者だ
君よ、メキシコのたくましく勇敢な人よ
祖国に永遠の光を与えた
素晴らしい息吹き
記念すべき聖なる証、栄光ある名誉
若さ故に間違いを犯し
気品ある悔悛の犠牲者として報いを受けた
喜びとともに死に向かおうと、貴方が振る舞ったように
私たちが振る舞うよう、導きたまえ
痛みとともに罪は消える

629　一八五七年二月五日前後の新聞には聖フェリーペに関する記事が見当たらず、詳細は不明である。しかし、翌一八五八年二月五日の『ラ・ソシエダー』紙には祝典の内容が掲載されている。"Sección religiosa" en Periódico *La Sociedad*, el 05 de febrero de 1858, p. 1 y p. 3, "La festividad nacional y religiosa de ayer", 06 de febrero de 1859.

心臓を射抜くだけで十分だ

フェリーペよ、勇敢でたくましい
十字架刑に処せられたキリストの導きを受ける者よ
名誉ある名前を与えられ
最期まで真似ようと望んだ
三本の槍が身体を貫いた
この幸運により全身を自らの血で濡らし
十字架にかけられ死んでいく最期
イエスにならうことができた
規律正しい軍隊の兵士
軍人であった、素晴らしい引率者
仲間の先頭に立って血を流した
敬虔な耳で同胞らの祈りを聞いた
勝利の神の都へ
高貴な隊長が我々を誘導する

メキシコの人々が
今ほど、貴方を必要としている時はない
聖人フェリーペよ、我らが最愛の同胞
天から、復讐の念を鎮めよ

一八五七年二月四日[630]

これは一枚の紙に活字印刷されていた讃歌である。[631]

日付から、この詩が「二月五日」の聖フェリーペの祝日を意識しているのは明らかである。しかし、単なる聖フェリーペ讃歌ではないように思える。この詩は三部構成となっている。第一部と第二部は十四行でまとめられ、それに続く第三部は四行しかない。また、第一部と第二部は内容が当時の難しい社会政治状況に平穏をもたらすよう、穏やかにフェリーペに願うものであるが、第三部は、フェリーペの栄光を讃える言葉ではなく、一八五七年当時の状況を怒り訴える内容となっている。明らかに最後の四行の調子が異なっているように思える。

この詩の題に、訳者としてマヌエル・サルトリオという名が挙がっている。それが一八一二年に『[二月]五日のための信仰』を書いたホセ・マヌエル・サルトリオと同一人物か、あるいは、同姓同名のマヌエル・サルトリオなのか。また、原語が何語であったかも不明である。果たして、この二月四日の日付を持つ詩は、何が目的で謳われたのであろうか。この問いに答えるためには、この時期の政治状況と合わせて、考える必要がある。

先に触れたように、新憲法が施行された一八五七年二月五日に、聖フェリーペの祝典がソカロで開催されたかどうかは不明である。翌一八五八年二月五日の祝いに関して見てみると、それは盛大に行われていた。当日の新聞に掲載された日々の宗教行事予定がそれを告げている。[632] 例年通りに大統領をはじめ大勢の政府高官他が出席し、午後には

630　Congregación de Artífices Plateros de México (ed.), *op. cit.*, la última página.

631　この讃歌は、一八五二年の小冊子で作者不詳『メキシコの守護聖人殉教者聖フェリーペ・デ・ヘススの人生と毎月五日に祝われる祝福すべき崇拝について』の裏表紙に貼られていたものである。この小冊子は、本文が一〇頁で、その他に聖フェリーペの磔姿の版画一枚とそれに関する説明文、毎月の祈りの文とそれによる贖宥《しょくゆう》について書かれた一三頁構成の文庫本サイズの小冊子である。そのスペイン語原題は注二五九に記載。

632　"Sección religiosa" en *La Sociedad*, el 05 de febrero de 1858, p. 1 y p. 3, "La festividad nacional y religiosa de ayer", 06 de

メキシコ市大聖堂から聖フランスシコ修道院教会堂まで宗教行列も出た。ここでいう大統領は一月二十三日に就任したばかりの保守派フェリックス・マリア・スロアガ（一八五八年一月二十三日から一八五八年十二月二十四日在職）である。

要するに、この年の初め、自由派政権が保守派政権により首都を追われていた。彼らは政権の座を追われメキシコ市を離れつつも、政権から退くことはせず、一月末日にはベニート・フアレスを大統領として、ベラクルスに拠点を構えた。それとともに、次第に政教分離を軸とした「ラ・レフォルマ（自由主義的改革）」の指針を明確にしていった。結果として、この時期、自由派と保守派、それぞれが政権を立てた状態になっていたのである。

こうした状況のなかでの翌一八五八年二月五日の祝祭であった。メキシコ市を奪回した保守派が、自由派をはじめ、メキシコ国民、とりわけ、メキシコ市民に対して、その力を示すためにも好機であったことだろう。その祝いは盛大なものであった。

この混沌とした社会の動きからすると、先の詩の最後の四行は、その時代の政治に対する批判である可能性が高い。

次にその後の状況を見ていくと、一年後の一八五九年一月下旬には保守派政権に取って代わり、自由派がメキシコ市で政権をとった。その直後の聖フェリーペの祝日の次第に関する詳細な記事が新聞に見つからないところを見ると、この年の祝典は少なくとも、メキシコ市の中心では大聖堂の中でのみで行われたと思われる。[633]

このフアレス率いる自由派政権が一八五九年の八月十一日の法令五〇六六号によって再編した国民の祝日を確認すると、

第一条、次の記載にある日を、公務関係、会社、商店を閉め、仕事を休む祝日とする。日曜日、新年、復活祭の木曜日と金曜日、聖体の祝日、九月十六日、十一月一日及び二日、十二月十二日と二十四日[634]

となっている。こうして法令によってグアダルーペの聖母の祝日「十二月十二日」は国民の祝日として残されたが、「二月五日」の聖フェリーペの日は削除された。因みに、この時定められた祝日は、日曜日と新年及び独立記念日を除いて、すべてカトリックの行事の祝典の日となっている。

この時期の自由派の台頭は、保守派との政権争奪戦の幕開けとなった。これにより、政治が揺れ動く、メキシコ史上最も複雑な時期が到来した。この混乱時の聖フェリーペの日の祝典は、その動きに連動していたようだ。実際、祝典の開催状況が鮮明にそれを物語っている。

ここで、この条例以降、宗教上の聖フェリーペの祝日「二月五日」の祝典がどのように行われていたのか、当時の政治状況と絡ませ検証していきたい。この条例が決められた後の最初の聖フェリーペの祝日は、半年後の一八六〇年の二月五日である。[635] この祝典がどのように祝われたのか見てみると、これまでと同様にメキシコ市大聖堂とソカロ、聖フランシスコ修道院の教会堂で盛大な聖フェリーペの祝日のための祝典が執り行われている。[636] このことは、その日の新聞『エル・パハロ・ベルデ』の通達欄に掲載された内容から分かる。この時、メキシコ市を制圧していたのは保守派大統領ミゲール・ミラモン（一八五九年二月二日から一八六〇年八月十三日在職）である。

その記事によれば、当日は、政府高官、官僚や裁判官、学校関係者同席のミサが大聖堂で行われ、ミサの後には、

febrero de 1859.

633　ソカロを利用した公的な祝日としての祝典が控えられたとしても、メキシコ・カトリック教会暦の祝いは、欠かすことなく教会堂内で行われていた。

634　Dublan y Lozano, *op. cit.*, tomo 8 (1856–1860). 11 de agosto de 1859. 九月十六日は独立記念日、十一月一日及び二日は死者の日、十二月十二日はグアダルーペの聖母の日、十二月二十四日はキリスト聖誕祭前夜となる。

635　既に触れてきたことであるが、この時、ファレスは政権を追われたが、それを手放すことはなかった。一旦首都から退却し、大西洋岸のベラクルス市に移ったため、政府が、メキシコ市とベラクルス市の両方に置かれていた形になった。

636　Periódico *El Pájaro Verde*, 5 de febero de 1860; *La Sociedad*, 05 de febrero de 1860, en la "Sección religiosa" 参照。

聖フランシスコ修道院の教会堂から宗教行列が繰り出され、またカプチナ修道院教会堂でミサが行われることになっている。この日の祝典参加者は、メキシコ市に政府を置いた保守派関係者であった。

ところが、翌一八六一年一月初め、今度は保守派政府がメキシコ市を追われることになる。自由派のファアレス大統領が首都メキシコ市を奪還したのだ。ファアレスは政教分離を中心とした新しい自由主義的政策を打ち出した。一月十一日、彼は、保守派と強い結びつきがあることを理由に、ガルサ大司教と何人かの司教およびスペイン、グアテマラ、エクアドルの外交官を国外追放し、さらに宗教関係者が営む病院や、その他の教会と関係の深い施設を世俗化した。[637]

さらに、同年の二月一日に、「二月五日」を「一八五七年憲法の公布記念日」に定め、公的祝日とする大統領法令を出した。

二月五日を国民の祝日とする。

憲法によって認められた大統領閣下が、次の法令を出した。

メキシコ合衆国ベニート・ファアレス大統領は国民に次のことを告げる。

大統領に与えられた権限で、次のことを公布するものである。

条文　一八五九年八月十一日の法令第二条に書かれている内容に関して。一八五七年にメキシコ合衆国の連邦憲法が制定された記念すべき日、二月五日を国民の祝日とすることを表明する。

それ故、［法令を］公布し、国民に遵守せしめよ。一八六一年二月一日メキシコ国政庁において発布する。
――ベニート・ファレス。――内務省事務官フランシスコ・サルコ。[638]

こうして大統領権限が行使され、「二月五日」は憲法記念日として再び「国民の祝日」となった。

この最初の憲法記念日となる、一八六一年二月五日の聖フェリーペの祝典はどのようなものであったかを調べてみると、各種新聞の宗教祝祭日に関する通知欄に、聖フェリーペの日である旨がわずかに掲載されているのみであった。興味深いことに、この年の「二月五日」の新聞には、憲法記念日関連行事の記事も見当たらず、当日の様子や人々の関心の度合いは不明である。この「憲法記念日」が決定された一八六一年二月五日は「国民の祝日」としてどころか、カトリックの聖フェリーペの祝日としての祝いもソカロを使って行われなかったようである。

一方、この憲法記念日制定に関する大統領令が議会で承認された日、すなわち、一八六一年二月一日付で興味深い法令が出されている。それは、各修道会に直接影響を与える通知で、裁判所から出されている。内容は次の通りである。

修道会について。使用されていない修道院に関する扱いと措置

共和国大統領は修道院の数を減らすべきである。これは宗教そのものにとっても、［政府にとっても］有益なことである。それによって資金の流通が生まれ、役立つ。本文書で示しているように、修道院数を最低限必要な量に減らす指示を出すことを承認すべきである。そして修道士が動揺せず、これまでの活動を続けることができるよう、一部の修道士をレコレータ［修道院］に集め、他は類似の施設に集めるよう。大統領は信頼できる主任司

637 Waltar V. Scholes, *Política mexicana durante el régimen de Juárez 1855–1872*, p. 87.
638 Dublan y Lozano, *op. cit.*, tomo 9 (1856–1860), 01 de febrero de 1861.

祭を任命し、該当する修道院の経済状況を把握する委員会を設けるよう。
明け渡しを行う修道院は、押収される食器、椅子、他の備品を連邦財務省に明らかにすること、引き取り対象にならないものに対しては、政府は何らの裁定も下さないこと。政府が指定する担当者が受け取りに来るまで芸術品は保管すること。いくつかの建物に関しては、どのようにするかを大統領が決定することとする。対象となる建物については後日通告するであろうが、それに関しては、政府が裁断を下すこととする。[639]

その後、これは実行に移されることとなる。建築家グループを中心に調査団が組織され、町の整備計画を立て、新たに街路を造るなど都市計画の見取り図を作成した。[640]

メキシコ市では、市の中心部にあった聖フランシスコ修道院や聖フェリーペ・デ・ヘススに捧げられた教会堂を有するカプチナ修道院もこの取り壊し対象のひとつになった。一八六一年二月二十七日付新聞『シグロ・ディエシヌエベ』の記事には、カプチナ修道院の内装取り壊しが始まったとある。[641]

その他、ミチョアカン州の州都モレリア市でもサンタ・カタリーナ修道院や聖アグスティヌス修道院、聖フランシスコ修道院の一角にある墓地内礼拝堂などがその対象となった。[642]

ところが、この修道院数削減計画は突然中止された。国会が停止を決めたのである。一八六二年五月二十二日の『エル・コンスティトゥシオナル』紙の通知欄「ガセティージャ」のわずか十単語程の知らせがそれを伝えている。そこに中止の理由は書かれていない。ローマ教皇が長崎の二十六人の殉教者を列聖したのは、そのわずか二週間後の六月八日のことであった。[643]この事象が計画停止決定に影響したのであろうか。

こういった自由派政権の一連の政策の影響はどういった形で、聖フェリーペの祝日に影響を与えたのであろうか。この翌年の一八六二年の祝典の様子を確認するために新聞記事を探したが関連記事は見つからなかった。また、列聖直後で、当然盛大な祝典が行われたであろうと思われる、一八六三年二月五日の祝典に関する新聞記事も探したが、やはり見当たらなかった。

そこで調査範囲を翌年まで広げてみると、列聖の翌年の一八六四年二月五日の『ラ・ソシエダー』紙の「意見欄《Noticias sueltas》（無署名）」に目を引く記事が掲載されていた。

今日［一八六四年二月五日］は、教皇ピオ九世［在位一八四六―一八七八］の手で列聖されたばかりの聖フェリーペ・デ・ヘススの祝日である。聖人であるにもかかわらず、昨年［列聖後の最初の聖フェリーペの祝日、一八六三年二月五日］は、厳しい社会環境の中、荘厳に祝うことが許されなかった。[644]

この記事から、一八六三年に聖フェリーペの祝日の盛大な祝いが執り行われなかったことが推測される。つまり、自由派のファレスが政権を握っていたこの時期は、保守派と深い関係にある教会の祝典は自粛せざるを得なかった。その結果、宗教の祝日の行事として、教会堂の中で行うだけとなったのであろう。

対照的に、「一八六三年の憲法制定記念式典」となった二月五日の式典については、盛大に行われたことが同年二月六日の『エル・モニトール・レプブリカーノ』紙が記事を載せている。

---

639 *Ibid.*
640 Scholes, *op. cit.*, p. 87.
641 Periódico *El Siglo Diez y Nueve*, 27 de febrero de 1861 en las "Noticias nacionales", p. 4. 明確な取り壊し開始日は不明であるが、「han empezado en el interior de este edificio los trabajos de demolición...」とあり、二月二十六日あるいはその数日前に始まったと考えられる。
642 Periódico *La Sociedad*, el 27 de mayo de 1859 en el artículo "Embellecimiento democrático de Morelia", p. 4; El Periódico, *El Constitucional*, 22 de mayo de 1862, p. 3.
643 Magnino, *op. cit.*, volume 2, pp. 5-43参照。列聖に関しては、本章四節で列聖に到るまでの過程を紹介している。
644 Periódico *La Sociedad*, 05 de febrero de 1864, p. 1. ピオ九世とは、日本語では一般にピウス九世のことである。

昨日［一八六三年二月五日］、一八五七年憲法制定記念式典が熱狂と歓喜の中で行われた。議会が用意した式典は滞りなく執り行われた。アラメダ公園の中央で、優雅な見栄えのよい小廟が設置され、通りも飾り付けられた。式典には大統領、大臣、多くの議員、メキシコ市長、市議会議員、役付公務員、各部局長、多くの市民が参加し、メキシコ市の警備隊が行進した。指名を受けていた講演者、イグナシオ・ラミーレスが演説を行った。参加者はたいそう多く一日中、群衆で賑わった。[645]

右の記事には、憲法記念日の祝典に、大統領はじめ、政治家、官僚が参加したとある。大統領の氏名は明記されていないが、これは自由派大統領ベニート・フアレスのことである。この式典が一般市民も参加した盛大な祝典であったと記されている。

祝典以外にも、メキシコ市内の二つの劇場で、憲法記念日を祝う劇が上演されており、[646]このことからすると、この年は少なからず力を入れた祝い方となっているように思われる。この記念祝典は、政治の中枢の場にあたり、さらには既に、憲法広場とも呼ばれていたソカロ[647]ではなく、ソカロから歩いて五、六分のところに位置する「アラメダ公園」で催されたのである。

この時のフアレスの自由派政権は長く続かず、一八六三年六月十六日、保守派政権にとって代わられた。[648]およそ八か月後の翌一八六四年二月五日の聖フェリーペ・デ・ヘススの祝典も大々的に催された。それについては、『ラ・ソシエダー』紙がその様子を伝えている。

昨日は最初の殉教者、メキシコ人聖フェリーペ・デ・ヘススの日で、この上ない豪華な祝典が行われた。早朝から付近の建物を利用してテントが張られた。幕も飾り付けられ、一昨日と昨日の夜は明かりがともされた。大統領、国家補佐官、最高裁判所関係者や議会議員、各長官たち、市役所関係者、教会関係者、教育関係者が宗教行列に参加した。行列は憲法広場（ソカロ）に面している大聖堂の左の扉から繰り出した。石畳に面して軍隊が整列する中を、アトゥリオ［教会堂の横に作られる空間］から教会堂へ入った。軍の主力部隊が続いた。行列の行進が終わると、荘厳なミサが行われた。[649]

とある。

この記事から分かるように、既に国民の祝日ではない聖フェリーペの日の祝いの式典がソカロを使って執り行われ、それはこれまで以上に、盛大な内容であったようだ。唯一のメキシコ人聖人である聖フェリーペの日の祝典が、かつて国民の祝日であった頃と同じように行われたのである。この祝典には、大統領を筆頭に政府高官が以前同様に参加しているが、[650] 保守派政権であることから、彼らの立場は明白である。

興味深いのは、これ以降、聖フェリーペの日のソカロを使った盛大な祝典は、保守派と自由派の摩擦とは無縁になり、どちらが政権の座についても続けられていることである。例えば、一八六四年、五月二十八日には、オーストリアのハプスブルク家から選ばれたマクシミリアン皇帝がベラクルス港に上陸し、一八六七年に処刑されるまで、保守派の後押しによりメキシコを統治したこともあり、当然のことながら、このマクシミリアン皇帝の時代（一八六四

645　Periódico *El Monitor Republicano*, 06 de febrero de 1863, p. 1.

646　劇場は、「グラン・テアトロ・ナシオナル」と「テアトロ・プリンシパル」である。*El Monitor*, 05 de febrero de 1863, p. 4.

647　一八一二年にスペイン本国の議会政治に基づき公布されたカディス憲法を祝ったことから、それまで一般に Plaza Mayor あるいは Plaza de las Armas と呼ばれていたこの広場を Plaza de la Constitución と呼ぶようになっていた。

648　この時の保守派政権は Junta de Gobierno と呼ばれていた。

649　"Noticias sueltas", en *La Sociedad*, 06 de febrero de 1864, p. 1.

650　ここでいう大統領が誰のことを指すのかについては明らかではない。保守派が政権を握り、第二帝政のマクシミリアン皇帝を迎え入れようとしていた当時の政治状況からすると、その際の議会の代表者であるテオドシオ・ラーレスか、議会が臨時代表者として選んだ三名（ペラヒオ・アントニオ・ラバスティーダ・ダバロス、マリアーノ・サーレス、フアン・ネプムセーノ・アルモンテ）の誰かが、一八六四年二月五日の聖フェリーペの祝典に参加したものと思われる。

―一八六七）には盛大な祝典が開催されている。予想外であったのは、自由派ファレスが大統領職にあった時代（一八六七―一八七二）、また、それに続く自由派セバスティアン・レルド政権時代（一八七二―一八七六）にも祝典が行われていたことだ。

ファレス大統領時代の一八七一年二月五日の新聞『ラ・イベリア』紙に当日の式典の予定が記されている。それによれば、参加者の詳細は不明であるが、大聖堂で式典が行われ、宗教行列も出ることになっている。[651]

ところが一八八〇年代に入ると、七〇年代の新聞に掲載されていたような聖フェリーペの祝典に関する大掛かりな式典の記録が見つからない。[652] いつからかは明らかではないが、以前のようなソカロを利用した式典が執り行われなくなっている。

果たしてその理由はどこにあるのだろうか。次に紹介するような「二月五日」に関する見方が影響していたのであろうか。一八七八年二月五日の『ラ・バンデーラ・ナショナル』紙に憲法記念日と関連する興味深い記事が掲載されている。それは、二月五日は憲法記念日として定められているが、「政治家にとっては憲法を思い出す日であり、宗教関係者にとっては、日本で起きた聖フェリーペ・デ・ヘススの殉教を思い出す日」で、「少々複雑な思いが見え隠れする日となった」という解説記事である。[653]

これとは別に、自由派出身の軍人ポルフィリオ・ディアス将軍の独裁政権樹立後の一八七九年二月十一日付『ラ・リベルター』紙（自由派新聞）に掲載された、憲法記念日とフェリーペの日の関係を匂わせる記事もおもしろい。その内容から、『ラ・リベルター』紙に掲載された記事に対して『ボス・デ・メヒコ』紙（保守派新聞）が反論記事を書く、という丁々発止のやり取りがあったことが分かるのだ。[654]

最初に『ラ・リベルター』紙に記事が掲載された日付は明らかではないが、それに対する『ボス・デ・メヒコ』紙の反論を紹介しておく。

［我が新聞は］主張する

『ラ・リベルター』紙によれば、司祭がミサをあげ（一体どのミサのことを指しているのだ?）、鐘を鳴らし、憲法記念日を祝った［とのことだ］。実際、聖フェリーペ・デ・ヘススと憲法は似た側面を持っている。つまり双方とも既に死んでいる点だ。

『ラ・ボス』紙の読者のみなさん、ミサの件について一言言わせてください。ひょっとしたらそのようなミサはなかったかもしれません。香部屋の件について貴方がた［ラ・リベルター］と同じ程に知りたいとは思いません。

憲法については、既に死んでしまった可能性もあるとだけ言っておきましょう。しかしエル・シッド《el Cid》がモーロ人と闘ったように、教皇至上主義派の香部屋係と司祭を手伝う少年たちをその都度［毎年二月五日には］配置させております。[655]

文中に「双方とも既に死んでいる点」とあるが、これは、聖フェリーペの日は「国民の祝日」から削除され、一八五七年憲法はポルフィリオ・ディアス軍事独裁政権によりその価値を失い、双方とも尊重されていないという意味の皮肉であろう。また、エル・シッドとモーロ人の戦いとは、通称エル・シッドと呼ばれたカスティージャの貴族出身のひとりの若者と、モーロ人の戦いの話で、一旦は国王により追放されたエル・シッドが、再び立ち上がったと

651　Periódico *La Iberia*, 05 de febrero de 1871, p. 1.

652　現在では、二月五日になるとそれぞれの教会堂でミサを行う際に聖フェリーペの殉教に関する話はするが、宗教行列を出すのは、一般に聖フェリーペの名を冠する教会堂と限られている。本書附録「二〇〇七年から二〇〇八年にかけて実施した現地調査の結果報告」で、メキシコ国内の聖フェリーペの名を冠する教会堂の紹介をしているので、参照されたい。

653　Periódico *La Bandera Nacional*, 05 de febrero de 1878, p. 3.

654　『ラ・リベルター』紙と『ボス・デ・メヒコ』紙の間でやり取りがあったことについては、一八七九年二月十一日の『ラ・リベルター』の記述で分かるが、そのきっかけとなった記事は確認できていない。

655　"Casos sueltos" en el periódico *La Libertad*, 11 de febrero de 1879, p. 2.

いう、十一世紀のスペインの再征服時代の有名な話である。フェリーペが、道を踏み外し再び聖職者の道を歩んだ、と言われることから、この少年たちをエル・シッドに喩え、聖フェリーペの祝典を盛大に祝うために毎年それなりの準備をしていると言いたいのである。これは保守派の新聞が教会の立場を擁護した記事と考えられる。

この他、さらに後年の一八九一年九月十五日の新聞『シグロ・ディエシヌエベ』の社会欄にも、次のような意見が述べられている。

『ティエンポ』紙は、ディアス将軍の生誕日が、時間の違いはあるが、メキシコの独立記念の時間と重なっていることをとりわけ憤慨する。

それ故、次のように言う。

「かわいそうな独立運動家の置かれた立場は、無念でばかばかしいものとなっているのではないだろうか。彼らは顔色を失っているのではないだろうか」

「二月五日に」憲法記念日を祝うなど、聖フェリーペ・デ・ヘススにとって何と恥ずべきことであろう。カトリック教徒の置かれた立場はどうなっているのだ。聖人に対して何とおろかなことをするのだろうか。[656]

独立運動家、独裁政治、聖フェリーペに対する微妙な感情が盛り込まれた記事である。

以上がこの時代の「二月五日」の祝日の状況及び関連事象である。その日が聖フェリーペの祝日から憲法記念日となったことは、聖フェリーペ崇拝が、否が応でもこの時代の政治摩擦に巻き込まれたことをも意味する。

聖フェリーペ崇拝は、一八五三年に出版された宗教小説に書かれて以来、舞台の山場となった「イチジク伝説」の浸透で、奇蹟を持つ信仰の対象という側面が強調され、宗教的側面が強くなるかとも思われた。しかし、十九世紀の改革の時代の保守派と自由派の度重なる政権争いが、純粋な宗教的崇拝となることを拒んだように思える。その結果、その後訪れる聖人の称号の授与もまた複雑な政治状況の中での出来事となってしまった。

4 「列聖」までの過程と意義

「二月五日」の聖フェリーペの祝日が国民の祝日から消え、さらに、その「二月五日」が、新たに「憲法記念日」という国民の祝日に決定された年、ローマは長崎の殉教者を列聖した。まず、一八六一年十二月十七日、二十三人のフランシスコ会の殉教者を、そして、一八六二年四月七日にはイエズス会の三人の日本人殉教者を列聖した。それは長崎の殉教者列聖に関する教皇ピオ九世の大勅書という形でなされ、その式典は翌年一八六二年六月に行われた。[657]

列聖は十七世紀から待ち望まれたことであった。聖フェリーペがメキシコ市守護聖人に選ばれてのち、メキシコでも何度も話題になってきた。ここでは、種々の史料をもとに、列聖の請願・決定に至るまでを追いたい。それは十七世紀後半から始まる。そこで各時代の関連史料から見てみよう。

フランシスコ会とヌエバ・エスパーニャのメキシコ市、アビラ市と、パンプローナ市の件であるが、二十三人の殉教者の列聖に必要な費用を用意するのであれば、当然のことながら、教皇や枢機卿を前にして厳粛な列聖式をすることが可能となろう。イエズス会の修道士たちは、三人のイエズス会信徒殉教者のためにこの費用を用意することを申し立てている。イエズス会には、取り急ぎ三人のイエズス会信徒殉教者の列聖を誓願するための書類を準備する意思があることを、スペイン、アメリカ大陸の責任者アロンソ・アラルコスが私［教皇付き司祭］に申し出た。[658]

656　Periódico *El Siglo XIX*, 15 de 09 de 1891, p. 2.
657　注六四三参照。列聖に関しては、注一〇参照。
658　Medina, *Historia...*, pp. 124-125.

右の引用は、バルタッサール・デ・メディーナが紹介したものである。メディーナによれば、これは、当時メキシコ市大聖堂参事会資料室に保管されていた書簡の一部で、ローマの教皇付き司祭の署名と一六七六年七月十一日の日付が入っていたという。書面の中に「用意するのであれば、……可能となろう」という、ローマからの回答と受け取れる文面が見られることと、この書簡が発見された場所から、フランシスコ会殉教者のための列聖に関する何らかの申請がメキシコ市大聖堂参事会から出されていたことが推察される。

ここで、列聖の条件について、スペイン人修道士でアウグスティヌス会のホセッ・シカルドの一六九八年の言葉を借りたい。彼はチャルマの隠者[659]の列聖を実現しようとしていた人物である。カトリック教徒が列聖されるためには、奇蹟や殉教は最も重要な要素であったが、シカルドは、美徳のみで列聖された聖ベルナルドの場合を挙げ、次のように述べている。曰く、確かに列聖のために奇蹟があるに越したことはないが、だからと言って必要不可欠なものではなく、また、殉教は列聖の要素ではあるが、同様に、聖人となるために必ずしも必要なものではない。故に、殉教という苦しみを味わったフェリーペとその仲間はまさに列聖に値し、誰よりも聖人となるべき資格があり、その列聖が宣言されるのは当然のことである。[660]

列聖を望む声はヌエバ・エスパーニャの中にもある。この頃列聖申請責任者に任命されていたアロンソ・マリアーノ・デル・リオも、一七一五年二月五日の説教で既に聖人扱いされているフェリーペが列聖に値することを説いている。

> 聖フェリーペ・デ・ヘスス［この時点で列聖はされていないが、聖人の称号付で呼ばれている］が受けた列福は当然のことで、それはこの町［メキシコ市］が天に示した初めての証である。フェリーペはもはや過ちの達人ではない。心から信仰を欲するこの町の息子である。聖フェリーペ・デ・ヘススがメキシコに与えた栄光に対し、教皇閣下は、列福百年［一六二七－一七二七］を記念し、もちろんそれは永遠に息づく高潔な精神であるが、不滅の神としてではなく、素晴らしい息子たちの親として、列聖という最高の栄誉を望んでおられる。[661]

聖人として認められるための必要条件については、一七一五年にデル・リオの記述を既に紹介してきた。[662] その他、ホセ・フランシスコ・バルデスの一七八二年二月五日の説教録の中の「アストゥリアスの国王殿下」と題した四人[663]の連名文で、「神の御心は計り知れないものでありましょうが、神はご存知でございます。何故に（多くの聖人の場合にもそうでありますが）、我らが最初の殉教者の列聖の最終過程、すなわち、教皇が聖人名簿に彼の名を刻むという手続きが遅れているのか」[664]と列聖が遅れている状況を嘆き、その言葉は次のようなスペイン国王に対する懇願の言葉へと繋がっている。「列聖式を今直ぐにでも見ることができるならば、どれほど幸せなことでしょう。我々の望みが叶えられるとすれば、それは何と素晴らしい手本でしょう。〔国王〕陛下、〔ローマ教皇が〕列聖をされますよう。最高のおとりなしをご自身の手でお果たしくださいますよう」[665]。

列聖実現のための努力は次のような形でも行われた。一七九七年四月十五日付『ガセータ・デ・メヒコ』紙によれば、「同月十三日は聖木曜日で、その祝典の際に教会は、同市の守護聖人かつ最初の殉教者である福者フェリーペ・デ・ヘススの列聖を請願するために公に募金を呼びかけた」[666]とある。また、アメカメカ市の司祭が所有する教会史

659　十六世紀半ばに、チャルマ地区の洞窟でひとつの像が見つかった。その地区で宣教を行っていたアウグスティヌス会士らが建てた祠にその像を祀ると、崇拝が広まり、「チャルマの隠者」と呼ばれるようになったと言われる。

660　Sicardo, *op. cit.*, pp. 361-362.

661　Mariano del Río, *op. cit.*, hoja 2 reverso.

662　第Ⅰ部第五章三節二五四頁参照。

663　フランシスコ・アントニオ・クレスポ（Francisco Antonio Crespo）、フランシスコ・マリア・デ・エレラ（Francisco Maria de Herrera）、アントニオ・ロドリーゲス・デ・ベラスコ（Antonio Rodriguez de Velasco）、フェリーペ・アントニオ・デ・テルエール（Felipe Antonio de Teruel）の四名の名が記されている。Valdes, *op. cit.*, hoja 5 reverso.

664　*Ibid.*, hoja 3.

665　*Ibid.*, hoja 4-4 reverso.

666　El periódico *Gaseta de México*, 15 de abril de 1797. 現在アメカメカの司祭セルバンテス・サラサールにこの史料の確認の問い合

料集第三巻には、フェリーペの列聖のための寄付を集める目的で、メキシコ市大聖堂が出した同年九月二十七日付通達文も残っているという。[667]この年は殉教二百年［一五九七―一七九七］にあたる。関係者は列聖の実現のために一層力を入れたであろうことは想像に難くない。

既に見たように、一七九九年の版画で、トマース・スリアもまた、フェリーペの殉教をキリストの処刑直後の場面に重ね、敢えて福者という言葉を大文字で書き、未だ列聖されていないことを人々に意識させるよう工夫している。[668]また、先述の一八〇二年『日本における最初の殉教者、栄光あるメキシコ人の生涯と殉教に関する要約　福者フェリーペ・デ・ヘスス』には次のような記述が見られる。

フェリーペに対するメキシコ人の熱心な信仰心のおかげで、長い間多くの教会堂で豪華な行列を伴う盛大な年祭の祝いが続いてきた。しかし、これらの熱意や信仰心を永遠に続くものとするような配慮をしてこなかった。今ここに列聖を申請し、本来あるべき場所に教会堂を建設するよう、願い出なくてはならない。既に当初の熱意は消え、荘厳な祝典ではなくなっている。これは競い合う相手の存在が消え、あるいは、熱心な信仰心を見せていた者たちが亡くなってしまったことが原因である。[669]

この記述では聖フェリーペ崇拝への熱意の低下を危惧している。しかし、十九世紀に入っても、引き続きフェリーペの列聖の実現のための寄付金が募られている。それは「聖人の列聖と信徒会結成のための寄付者に対し贖宥《しょくゆう》状を与える」[670]という方法で行われていたようだ。またメキシコ市大聖堂礼拝堂では、毎月五日のミサでフェリーペの人生や殉教を語り、その偉業を褒め讃え続けている。[671]

一方、殉教後いち早く称号授与の実現に関する申請をした日本では、十七世紀初頭の四半世紀を過ぎると、周知のように、カトリックは禁教となり、多くの信徒は隠れキリシタンとしてその影を潜めた。カトリックが再び日本に上陸したのは一八五八年で、その年の十月に交わされた日仏条約制定により、フランス人神父ジラールが、フランス総領事館付司祭兼通訳として同年江戸に到着した時のことであった。[672]

アントリン・ビジャヌエバによれば、十九世紀の再布教時の日本のフランシスコ会の責任者はベルナルディーノ・デ・モンテフランコで、彼が長崎の二十三人のフランシスコ会関係者の列聖を切望する請願を出した。それを受け、一八六一年九月三日に教皇ピオ九世は、いわゆる、儀式実行委員会に該当する担当部門を設置し、イエズス会系の三人の日本人も含め、日本における殉教者列聖手続きを進めることを宣言した。[673]

こうしてローマ教皇庁は二十六聖人の列聖の請願に最終的な結論を出した。同年十一月四日のメキシコの新聞『ラ・ウニダー・カトリカ』が、福者フェリーペ・デ・ヘススの列聖の決定が九月に正式に通達されたことを、メキシコの人々に伝えている。[674]

列聖式の二か月前にあたる一八六二年四月一日の新聞に長崎の殉教者列聖に関する小さな記事が見つかった。[675]列聖という見出しで書かれたその記事は、当時の教皇ピオ九世が自身の在位中に実施することを決めた、と伝えている。しかしそこには、フェリーペの名が見られない。長い間メキシコでは長崎の殉教事件は聖フェリーペに焦点を絞

わせをしているところである。

667 Villanueva, *op. cit.*, p. 88.

668 スリアの作品については、第Ⅱ部第一章一節三〇八－三一三頁参照。

669 J. M. M., *op. cit.*, pp. 17-17 reverso.

670 Congregación de Artífices Plateros de México (ed.), *op. cit.*, p. 8.

671 *Ibid.*, p. 6.

672 日本におけるカトリック再布教に関しては、海老沢有道・大内三郎（共著）『日本キリスト教史』一二〇－一二二頁。

673 Villanueva, *op. cit.*, p. 88.

674 Periódico *La Unidad Católica*, 04 de noviembre de 1861 en las "Noticias sueltas". 実際に教皇が列聖のための勅書を出したのは暫く後のことである。

675 Periódico *El Siglo Diez y Nueve*, 01 de abril de 1862, p. 3.

り紹介されてきたことを思い起こせば、この記事に聖フェリーペの名の見当たらないのは不可解である。その二か月後、六月八日、ローマにおいて長崎の二十六人の殉教者のための列聖式が行われた。司式は司教フェリックス・ドゥパンロープによって行われた。列聖式にあたり、ピオ九世は、世界各地から聖職者及び修道士を呼び集めた。参列者の数は、枢機卿四五人、司教三百人、神父三千人以上ともいわれる。[676]
列聖式は必要な手続きを経て行われたものであったが、列聖に関して次のような否定的なコメントも見られる。一八六二年八月二十五日付のメキシコの新聞『エル・コンスティトゥシオナル』に寄せられた記事がそれである。

［列聖式の］真の目的は、俗世に対する教皇の政治姿勢を示すことである。しかし、誰の利益になるというのだ。世界の人々の［反対］意見や無関心、さらには、ルイ・ナポレオン［ナポレオン三世］の意思に反して、聖職者たちに一体何ができるというのだ。教皇の列聖の決断にナポレオンが影響を受け、この列聖式の日に［ナポレオンが］ローマから軍隊を撤退させるなどあり得ないことだろう。[677]

先にも触れてきたように、この記事が書かれた頃のメキシコでは、共和制を望むファレスを中心とした自由派と、マクシミリアーノを皇帝として担ごうとする保守派とそれを支持する教会の間に強い対立が生じていた。そのような難しい時期に長崎の二十六人の殉教者が列聖され、フェリーペは正真正銘の最初のメキシコ人聖人となったのである。この記事は、教会に対する揶揄と言うべきであろう。

実際、副王領時代から待ち望んだ聖フェリーペの正式な列聖が漸く実現したが、この時、列聖の喜びを盛大に祝うという状況にはなかった。前節で触れたように、列聖後初めての聖フェリーペの祝日の祝典はそれまでのようにソカロを使った大掛かりなものにはならなかったのである。最終的にその祝いの式典は、教会堂の中のみで行われたと考えられる。列聖はされたが、自由派政権の登場により、当時の政治状況がそれを許さなかったのだ。しかし、後述するように、二十世紀に入り実施されていく列聖五十年、百年といった記念日がその意義を示すことになる。

5　十九世紀に教会堂に納められた聖フェリーペ像とその役割

こうした政治的混乱が生じた十九世紀であったが、その一方で、聖フェリーペ崇拝には新たな展開が見られる。この時期、いくつもの教会堂に聖フェリーペ像が納められている。本節では、メキシコ市内をはじめ、プエブラ市、グアダラハラ市といった大都市で聖フェリーペ像が納められている状況を見ていく。

まず、メキシコ市内では、歴史地区周辺にあたるマデーロ通りとエヘ・セントラル・ラサロ・カルデナス通りの交差点近くの聖フランシスコ教会堂にある像がそのひとつである。この教会堂は十九世紀半ば過ぎのラ・レフォルマ時代にほぼ取り壊された、聖フランシスコ修道院のかつての敷地内一角に唯一残された建物である。

その後部入口に、一七六六年に併設されたバルバネーラの聖母の祭壇がある。[678] 新古典主義様式で（図II-2-5）、その中央に設置された聖フランシスコ・デ・アシス像の左側に聖フェリーペ立像が祀られている（図II-2-6）。この像は、左手にシュロの葉を摑み、右手には背丈を超す程の大きな十字架と槍を持った姿である。聖フェリーペ像の場合、シュロの葉を手に持った立ち姿は十九世紀以降に使われ始めたものである。[679]

プエブラ市では、この時代に制作されたと思われる聖フェリーペ像が四体あることが確認されている。[680] ひとつ目は、プエブラ市内中心に位置するプエブラ市大聖堂に納められている像である。大聖堂内正面に向かって

676　Periódico *El Constitucional*, 25 de agosto de 1862, p. 3.
677　*Ibid.*
678　かつてはバルバネーラの聖母礼拝堂という名称であった。
679　Campos Rebollo, *op. cit.*, pp. 47–49 y 73–75.
680　プエブラ市の幾つかのフランシスコ会系教会堂には聖フェリーペ・デ・ヘススの像が納められている。今後プエブラ州の調査も引き続き行い、既に調査実施中であるミチョアカン州における聖フェリーペ崇拝の現状と合わせて、報告するつもりである。

上右・図Ⅱ-2-5　メキシコ市にある旧フランシスコ会修道院跡に見られる聖フランシスコ教会堂のファサード／上左・図Ⅱ-2-6a　向かって右側の上から２人目が聖フェリーペ立像。中央は聖フランシスコ・デ・アシス立像／下・図Ⅱ-2-6b　祭壇中央のフランシスコ・デ・アシス立像

左側に並んでいる礼拝堂のひとつ、グアダルーペの聖母礼拝堂のグアダルーペの聖母の絵姿の左横に、その立像はある（図Ⅱ-2-7, Ⅱ-2-8）。左手で、背丈より高い十字架と三本の槍を抱えている。プエブラ州の教会堂の調査を実施しているエドゥアルド・メルロ・ファレスの見解によれば、プエブラ市大聖堂は十九世紀に両側に並んだ礼拝堂を含め、その内部がすべて改装された[681]。そのため、この聖フェリーペ立像の制作も同時期である[682]。

二つ目は、旧聖フランシスコ修道院内教会堂[683]（図Ⅱ-2-9）の像である。教会堂内正面祭壇の右側の礼拝堂の中央に置かれている（図Ⅱ-2-10）。この聖フェリーペ立像は十字架を持たず、槍も二本（一本は先が折れている）である。祭壇の上部に置かれているため、確認が難しいが、肌や衣服などの素材からすると、十九世紀に制作された多くの像と同じと思われる。この教会堂そのものは、十六世紀から十八世紀に少しずつ拡張されてきたようだが、先に触れてきた十九世紀半ばの修道院縮小政策の影響を大きく受けることはなく、大幅な解体は行われなかったようである。この場合、十八世紀の像が奉納されていてもおかしくはないが、現在のところ、そういった像があったという確証はない。

三つ目の聖マルコス教会堂[684]（図Ⅱ-2-11a, Ⅱ-2-11b）に見られるフェリーペ立像は、正面祭壇の最上部の壁龕《へきがん》にある。

図Ⅱ-2-6c　左手にシュロの葉を持ち、右手には大型の十字架と槍を２本持った聖フェリーペ立像

681　メルロに関しては、注五一五参照。

682　Eduardo Merlo Juárez y otros, *La Catedral Basílica de la Puebla de Los Ángeles*, pp. 316-321.

683　この教会堂の正式名称は、Templo Conventual de las cinco llagas de Nuestro Seráfico padre San Francisco de Puebla である。Eduardo Merlo Juárez y José Antonio y Quintanas Fernández, *Las Iglesias de la Puebla de Los Ángeles*, tomo 1, pp. 199-255 参照。

684　この教会堂の正式名称は、Templo de San Marcos Evangelista という。

上・図Ⅱ-2-7　プエブラ市大聖堂外観
下・図Ⅱ-2-8a　大聖堂内グアダルーペの聖母礼拝堂

上・図Ⅱ-2-8b　グアダルーペの聖母礼拝堂主祭壇　中央にグアダルーペの聖母の絵姿、向かって左側に聖フェリーペ・デ・ヘスス立像、右側には、日本で殉教した聖バルトロメ・グティエレス立像／下・図Ⅱ-2-8c　聖フェリーペ立像

図Ⅱ-2-9　プエブラ市の聖フランシスコ教会堂外観

図Ⅱ-2-10a　教会堂内礼拝堂祭壇　中央が聖フェリーペ・デ・ヘスス立像

図II-2-10b　聖フェリーペ立像拡大図

十字架を背に立ち、正面に三本の槍を持つ聖フェリーペ・デ・ヘスス像となっている（図II-2-12）。この祭壇は新古典主義様式で、そこにある像は、皺のない修道服の質感から、筆者は十九世紀のものと推測する。[685]なお、この教会堂の建設は十七世紀と言われている。

四つ目は聖女クララ教会堂[686]（図II-2-13）に奉納されている聖フェリーペ立像（図II-2-14）である。右手に十字架を持っている。現在の建物は十八世紀初めに起きた地震で被災し、再建されている。旧聖フランシスコ修道院の像と似た質感からすると、この像も、製法から十九世紀に制作されたものと考えられる。

続いて、グアダラハラ市については、聖フェリーペ像がいくつあるのか定かではないが、ここでは確認できている二か所の教会堂に祀られている像を紹介したい。最初に、聖フランシスコ・デ・アシス教会堂（図II-2-15）の主祭壇向かって左に置かれている聖フェリーペ立像である（図II-2-16）。左手で十字架と三本の槍を抱えている。像の製法及び衣服の柄から十九世紀の作と思われる。二つ目はアランサスの聖母教会堂（図II-2-17）の像である。この教会堂は、かつてフランシスコ会修道院の一部であったが、現在は単独の教会堂となっている。入口を入って直ぐ右側の壁に聖フェリーペ・デ・ヘススの磔姿が掛けられている（図II-2-18）。その胸に槍は見られない。

ここで紹介してきた、十九世紀になって聖フェリーペ像が新たに納められた教会堂は、聖フェリーペの名を冠していない。これらのケースでは、イチジク伝説の誕生や列聖が奉納にも大きく影響したと思われる。こういった像の存在自体が、独立、改革と続いた十九世紀という厳しい時代においても、聖フェリーペ崇拝が、消えることなく存続し続けたことを物語っている。

こうして十九世紀に入り、聖フェリーペ像は一層その数を増した。十九世紀半ばに誕生した「イチジク伝説」とその劇化は崇拝が庶民のものになるために役立ったことだろう。しかし、当時の政治状況は、聖フェリーペ崇拝の一層の普及を許さなかったと言える。「国民の祝日」の変更はその一例であろう。待望の聖人の称号の授与も国をあげての祝いとはならなかった。こうした状況に置かれた聖フェリーペ崇拝に新たな一歩をもたらすのが、次章で扱うメキシコ市内での聖フェリーペの名を冠する教会堂建立である。

685　プエブラ市の教会堂に関する研究を専門とするプエブラ州立大学のメルロ・フアレスも正面祭壇の上部中央の壁龕に納められている聖フェリーペ立像の制作年については触れておらず、正確には断言できない。しかし、筆者は、十九世紀と考える。*Ibid.*, tomo 2, pp. 94-99 参照。

686　この教会堂の正式名称は、Templo y Convneto de Santa Clara de Asis という。*Ibid.*, tomo 1, pp. 352-358 参照。

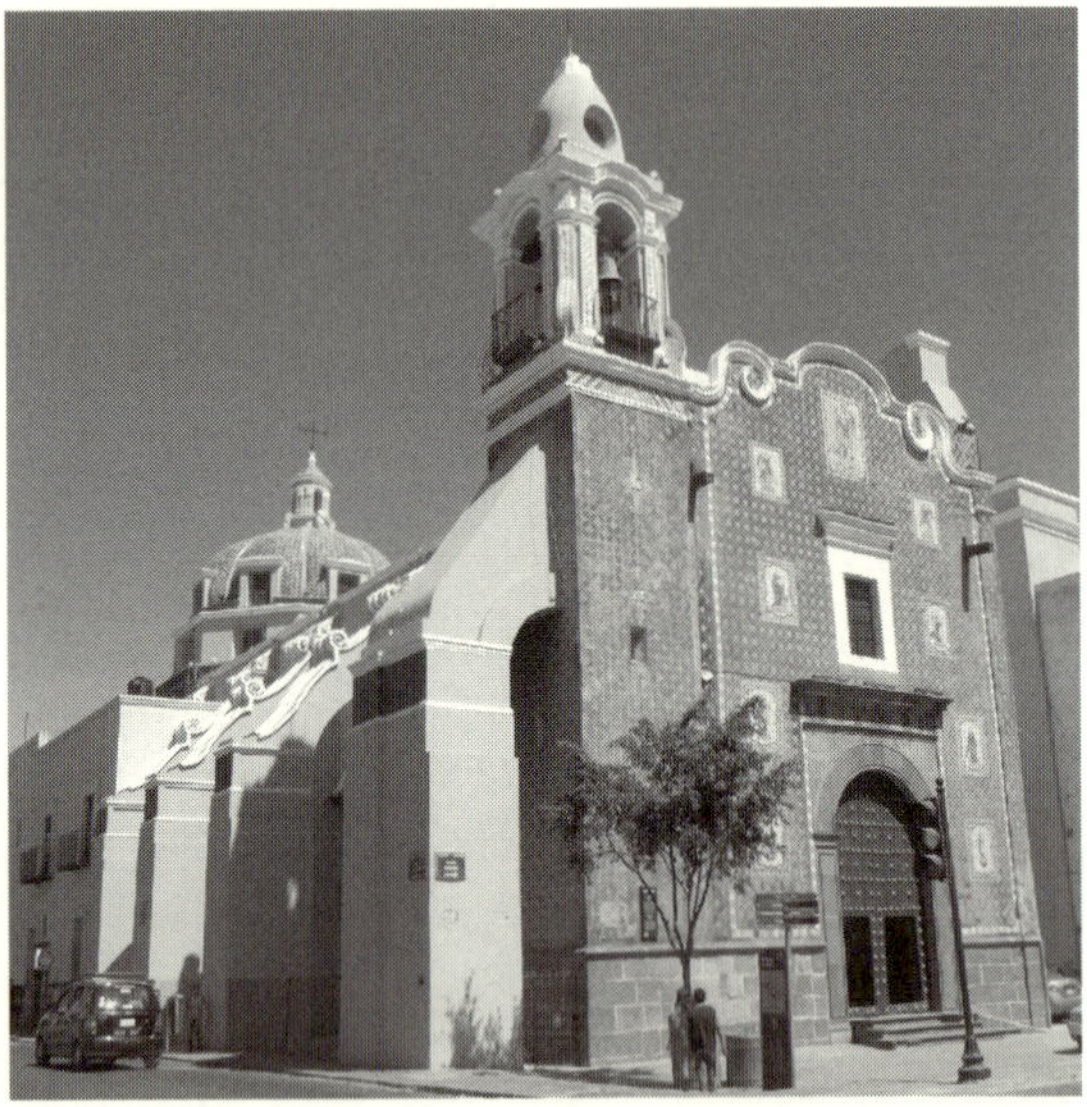

右・図Ⅱ-2-11a　プエブラ市の使徒聖マルコス教会堂外観／左・図Ⅱ-2-11b　名称プレート

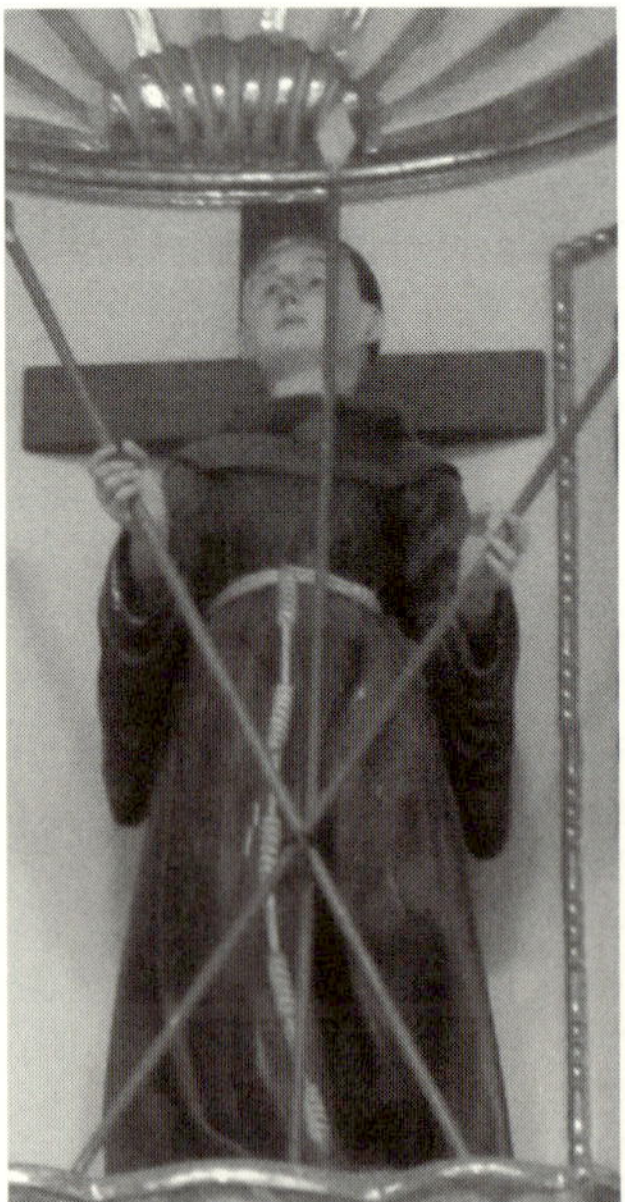

右・図Ⅱ-2-12a　教会堂内部と主祭壇／左・図Ⅱ-2-12b　主祭壇最上部の壁龕に納められた聖フェリーペ立像

右・図Ⅱ-2-13a　プエブラ市の聖女クララ修道院教会堂外観／左・図Ⅱ-2-13b　名称プレート

図Ⅱ-2-14a　同教会堂内の聖フェリーペ像が祀られた正面向かって右壁面側にある祭壇

図Ⅱ-2-14b　聖フェリーペ立像拡大図

図Ⅱ-2-15
グアダラハラ市の聖フランシスコ・デ・アシス教会堂

図Ⅱ-2-16a　同教会堂主祭壇

右・図Ⅱ-2-16b　聖フランシスコ・デ・アシス教会堂内祭壇に祀られた聖フェリーペ立像（2014 年撮影）／左・図Ⅱ-2-16c　聖フランシスコ・デ・アシス教会堂内祭壇に祀られた聖フェリーペ立像（1990 年撮影）

図Ⅱ-2-17　アランサスの聖母教会堂外観

図Ⅱ-2-18b　聖フェリーペ像拡大図

図Ⅱ-2-18a　教会堂入口を入って右側の壁に祀られる聖フェリーペ像

第三章　聖フェリーペ・デ・ヘスス崇拝の大衆化と普遍化

1　聖フェリーペ・デ・ヘスス国民総懺悔の教会堂と崇拝の大衆化

十九世紀の半ば、奇蹟を語る「イチジク伝説」が聖フェリーペ崇拝に加えられ、さらには、聖人という最高の称号が授与された。こうしてますますその宗教的価値が高まり、聖フェリーペの像が納められた地方の教会堂も増えていった。[687]こうして像が置かれたが、まだ手が届かないものがあった。十七世紀の列福の知らせの到着と同時に、メキシコ市参事会に請願したままの状態となっている聖フェリーペ・デ・ヘススの名を冠する教会堂の建立である。それが十九世紀の最後に実現する。一八九七年、メキシコ市に聖フェリーペの名を冠する教会堂が建立された。これは、メキシコ史上唯一の独裁政権下（一八七六年から一九一〇年まで）の出来事であった。ひとたびメキシコ市の中心に教会堂が建設されると、地方でも聖フェリーペの名を冠する聖堂が数多く建てられるようになっていった。それは崇拝の大衆化を誘ったと言える。そのほか、関連する記念式典や、聖フェリーペ殉教物語が描かれた劇画が、それを具現化していった。

本章では、各時代の出来事を例に挙げ、聖フェリーペ崇拝の大衆化と普遍化を検証していく。まず第一節では、聖フェリーペの名を冠する教会堂建造の過程及び献堂式、その後の状況を見ていくことにする。

教会堂建設の動きが具体的に始まったのは一八八五年である。同年、教会堂建設の申請が行われた。その火付け役となったのが、当時グアダルーペの聖母大寺院の院長であったホセ・アントニオ・プランカルテ・イ・ラバスティーダである。ローマで行われたグアダルーペの聖母の戴冠式にも居合わせ、その後、テペヤックの教会堂のための新祭壇設置計画の責任者となった人物である。[688]

聖フェリーペの教会堂建設申請の翌年の一八八六年、教会堂建設地鎮祭が行われた。アントニオ・プランカルテは、地鎮祭の儀式を、自身の叔父にあたるメキシコ大司教ペラヒオ・アントニオ・ラバスティーダ・イ・ダバロスに託した。プランカルテの姪ビルヒニア・イトゥルビデ・デ・リマンツールによれば、「［ディアス］大統領夫人ドーニャ・カルメンが式典の後援者で、私の叔父、メキシコ大司教ペラヒオ・アントニオ・ラバスティーダ・イ・ダバロスが最初の石［地鎮祭の鍬入れのような儀式］を置いた」[689]。

その場所はメキシコ市の中心にあるプラテロス《銀細工職人》通り（現マデーロ通り）となった。そこは、かつて聖フランシスコ修道院があった場所である。先述したように一八六一年一月に出された修道院縮小とその措置により同修道院は大半

687　現在調査途中であるが、多くの地方都市の大聖堂にこの時期に制作されたと思われるフェリーペ像が納められており、それはこの「聖フェリーペ・デ・ヘスス国民総懺悔の教会堂」建設に起因すると考えられる。

688　プランカルテは、青年期、イギリスの大学で商学を学び、その後ローマで聖職者への道に入った。プランカルテに司祭の叙階をしたのが、フェリーペら長崎殉教者を列聖したピオ九世であった。彼は、列聖式が行われた際に、ローマに居合わせたこともあり、メキシコの唯一の聖人の誕生の瞬間をローマで見た数少ないメキシコ人の一人である。*Templo Expiatorio Nacional de San Felipe de Jesús 75 años: Misioneros del Espíritu Santo en San Felipe 1931-2006*. pp. 14-15. この時期のグアダルーペの聖母大寺院の建設の歴史に関しては、Mariano Cuevas, SJ. *Album histórico guadalupano del IV Centenario*. México, Escuela Tipográfica Salesiana, 1930 を参照。

689　Periódico *Excelsior*, 05 de febrero de 1947. ここでいう「大統領」はポルフィリオ・ディアスのことである。ビルヒニア・イトゥルビデ・デ・リマンツールが一九四七年に新聞にイチジク伝説を書いたことは先に紹介したが、ここでの引用は、その文章の中の一文である。

図Ⅱ-3-1　メキシコ市中心街のフランシスコ・Ⅰ・マデーロ通りにある「聖フェリーペ・デ・ヘスス国民総懺悔の教会堂」

が取り壊された。かろうじて残された教会堂の横に当たる土地が聖フェリーペの教会堂に当てられたのである。

建設関係者については、アントリン・ビジャヌエバがその名を記している。[690] 彼によれば、建築家はエミリオ・ドンデ、ガラスの細工師はフランシスコ・リセアガ、画家はイタリア人バルトロメ・ガロッティ、装飾師はクラウディオ・モリーナ、鉄柵はフランシスコ・ポソが担当した。モザイクと床はイタリア人ルリス・パッセトが担当し、その他、何人もの芸術家や職人たちが制作に加わっている。こうして、プランカルテ・イ・ラバスティーダ神父の考えに従い、聖フェリーペの名を冠する最初の教会堂は徐々に完成へと向かっていった（図Ⅱ-3-1）。

この教会堂に納められた聖フェリーペ像は、これまでのような十字架刑に処せられた姿や立像ではなかった。それは十字架を肩に担ぎ、地面に片膝を付いた、キリストの「十字架の道行き」に似せた姿（図Ⅱ-3-2b）となった。現在も主祭壇上部（図Ⅱ-3-2a）に、聖フェリーペの絵姿として祀られている。

建設目的に関して、アントニオ・プランカルテが著書『聖フェリーペに捧げられる国民総懺悔の教会堂。一年間に実施された工事および早期の完成に関する簡単な説明書』で言葉を残している。これはプランカルテが地鎮祭と同じ年、一八八六年に記したものである。以下にその内容の一部を紹介する。

メキシコ人殉教者の誇りを示し、聖フェリーペ・デ・ヘススを賞賛するために建てられる懺悔の教会堂は、メキシコ独立後、メキシコ人の手でメキシコ［市］に初めて建てられる教会堂である。多くの冒瀆に対する償いのために建てられる。すべての迷い人のために、すべての分野の、すべての社会集団のために建設される。皆で泣きにいこう。乞食も富める者も、男も、女も、神父も一般の信徒も。全員が過去に涙し、謝罪を請わなくてはならない。我々は未来のために、神のお導きと救済を必要としている。[691]

まさに、この新しい教会堂が「国民総懺悔の教会堂」と呼ばれる所以である。プランカルテは、十九世紀半ば過ぎに自由主義政権が政教分離政策でとった教会に対する措置に、メキシコの全国民が贖罪を求めることを願ったとも考えられる。

この教会堂が完成したのは一八九七年で、殉教三百周年の年であった。その二年前にはグアダルーペの聖母の戴冠がローマで行われ、メキシコでもその余韻が残っていた、まさにその時のことである。教会堂は「聖フェリーペ・デ・ヘスス国民総懺悔の教会堂」と名付けられ、二月五日、メキシコ市内中心街の一区画で、盛大に献堂式が執り行われた。

式では、サン・ルイス・ポトシの大司教イグナシオ・モンテス・デ・オカ・イ・オブレゴンが厳かな祝いのミサを挙げた。その説教は『一八九七年二月五日に捧げられた聖フェリーペ・デ・ヘススに対する賞賛』という題で出版されている。

オカ・イ・オブレゴンは、この献堂されたばかりの教会堂を賞賛する際に、日本についても言及している。

690　Villanueva, *op. cit.*, p. 108.

691　Antonio Plancarte y Labastida, *Templo expiatorio dedicado a San Felipe de Jesús. Breve noticia de los trabajos ejecutados en un año y proyecto para la pronta teminación de esta santa obra*, 1886, citado por Jesús M. Padilla, *El Padre Félix Rougier, fundador de los misioneros del Espíritu Santo*, p. 314. ここでいう「メキシコ人の手で」というくだりは、スペインから独立した新国家メキシコの「国民の手で」という意味合いである。

上・図Ⅱ-3-2a　聖フェリーペ・デ・ヘスス国民総懺悔の教会堂主祭壇／下・図Ⅱ-3-2b　同教会堂正面主祭壇上部に納められた聖フェリーペの絵姿

日本ほど、メキシコで名を知られた極東の地はない。我らが祖国で生まれた唯一の聖人は、かの遥か遠くの島々へ殉教を探しに赴いた。〔殉教し、その結果〕、ローマはわれわれに英雄を授けるに至った。熱狂するに値する名誉である。このことは、見識ある人や文人や旅行者や住民、地理学者や天文学者だけではなく、教養のない人々、貧しい先住民の間でもよく知られていることである。[692]

ここでいう天文学者とは、この説教が行われた二十三年前に日本まで出向いた、天体観測の責任者であるコバルビアスを指すと考えられる。一八七四年、フランシスコ・ディアス・コバルビアスは金星観測隊を率いてアジアに向かい、最終的に最も観測条件が良いと考えられた太平洋の対岸に位置する横浜を観測地として選択し、大成功を収めていた。フェリーペの列聖は金星観測のちょうど十二年前のことであった。彼の旅行記にはフェリーペの名は出てこないが、観測予測地点として長崎という地名は上がっていた。これは、天文学者コバルビアスと長崎との間の繋がりを指し、そこにメキシコ人聖人、聖フェリーペの殉教事件が思い起こされたとしてもおかしくはない。

ところで、この先に記したオカ・イ・オブレゴンの文面は、グアダルーペの聖母を賛辞した言葉を思い出させる。話がそれるが、ここで、その言葉を紹介したい。一八八四年、高名な文筆家、政治家、教育者でもあったイグナシオ・マヌエル・アルタミラーノが筆者である。グアダルーペの聖母崇拝は、メキシコでは既に国家的崇拝となっており、メキシコ国民なら全員が知っているというものである。

古くからメキシコで受け入れられている真実に基づく国民的伝説があるとすれば、それはグアダルーペの聖母の出現伝説である。聖母が起こした奇蹟故に、〔グアダルーペの聖母崇拝は〕十六世紀から今日までのメキシコに

692　Ignacio Montes de Oca y Obregón. *Panegírico de San Felipe de Jesús predicado el 5 de febrero de 1897 en la inaugración del templo que al protomártir mexicano consagra su ciudad natal el tercer aniversario secular de su martirio*. p. 9.

おいて、最も広く普及し根付いたものとなった。その奇蹟とは、我が国に初めて建てられたテペヤックのグアダルーペの聖母礼拝堂がある場所での出来事である。まさに国をあげての崇拝と言うことができ、大都市であろうと、地方都市であろうと、小さな町であろうと、共和国［メキシコ］では盛大な祝典をしない町はない。また祝わないメキシコ人もいない。どんなに教養がない者も、どんな山奥に住んでいようと、どんなに町から遠く離れて住んでいようと、グアダルーペの聖母［の絵姿やその伝説］を知らない者はいない。我が国が独立国家であることや共和国で憲法を持っていることを知らない者はいるかもしれない。憲法というものがあることすら知らない者がいるかもしれない。大統領の名前を知らない者もいるだろう。内務大臣が誰か知らない者もいるだろう。しかし、グアダルーペの聖母出現の話を知らない者は一人もいない。先住民もメスティーソも教養のない者も、どんな悪人も、誰ひとりとしてグアダルーペの聖母［の絵姿や出現伝説］を知らない者はいないのである。[693]

十九世紀末ともなれば、既にグアダルーペの聖母崇拝と聖フェリーペ崇拝の社会的時状況には大きな隔たりが見られたが、オカ・イ・オブレゴンはそれでもまだ、聖母の存在を意識し続けていたのであろうか。

聖フェリーペに話を戻そう。ミサをあげたオカ・イ・オブレゴンは、与えられた好機を無駄にすることなく、国家と教会のこれまでの対立についても話している。

最も栄えあるメキシコ人の名誉のために建てられた素晴らしい教会堂。これがその証である。聖人の前では教皇も王たちも賢人たちも英雄たちもひざまずく。今の世も、この素晴らしい偉業が実現された国でその信仰心は消えていない。革命の破壊の手は、我が祖国の最も古い建造物を冒瀆した。メキシコの文化の誕生の場所であるとも言える、フランシスコ・デ・アシスの息子たちが建てた教会堂に対し、冒瀆が行われた。宗教の讃歌の代わりに異教徒の不快な讃歌が聞こえていた。[694]

このように、聖フェリーペのイメージを政治と関連させせようとする意識も織り込まれていた。この献堂式については、一八九七年二月五日付『ラ・ボス・デ・メヒコ』紙が人々にその完成を伝えた。「聖フェリーペ・デ・ヘスス教会堂の献堂式」という題を付け、当日の祝典の様子を詳細に説明している。[695] 記事によれば、式ではメキシコ大司教アラルコンも言葉を添えた。[696] 教皇ピオ九世から祭壇の装飾品を贈られたことも報告されている。さらにこの記事では、二日前の二月三日に、大司教が、聖人の聖遺物を主祭壇に納めたことを記した文書も掲載されている。また、二日後の二月七日の同新聞の記事には、教会堂が建設された経緯や、建設のための材料や費用などに関する詳細な説明が見られる。[697]

次に、完成した教会堂がその後どのような運命を辿ったかを知るために、この時期の聖フェリーペ教会堂の管理状況を中心に検証していく。翌年の一八九八年四月二十六日、聖フェリーペ・デ・ヘススの名を冠する教会堂建設の仕掛人であった枢機卿アントニオ・プランカルテが亡くなった。亡くなる前に彼は、その教会堂の管理をオペラリオス会[698]の神父の手に委ねた。実際に教会堂を担当したのは、レオポルド・ルイス、フランシスコ・プランカルテ、マヌ

693 Ignacio Manuel Altamirano, "La fiesta de Guadalupe", en *Testimonios hitóricos guadalupanos*, por Ernesto de la Torre Villar, pp. 1127–1210.

694 *Ibid.*, p. 35.

695 "Consagración del Templo" en el periódico *La Voz de México*, 05 de febrero de 1897 p. 3.

696 マリア・アラルコン・イ・サンチェス・デ・ラ・バルケーラ（María Alarcón y Sánchez de la Barquera）は第三十代メキシコ大司教で、一八九一年十二月十七日から一九〇八年三月三十日まで大司教として在位した。ポルフィリオ・ディアス政権下で、国家と教会の関係修復に努め、保守派、自由派双方と良好な関係を保った人物である。

697 "Inauguración del Templo" en el periódico *La Voz de México*, 07 de febrero de 1897 p. 3.

698 オペラリオス会は一八八三年にスペインのトルトーサで結成された在俗の団体である。結成後直ぐにペルーやメキシコといったアメリカ大陸へ渡り、活動を始めたグループで、同会の修道士たちはスペイン人であった。

エル・マリア・ダバロスの三人であった。一八九九年十二月十五日に正式に管理契約が結ばれた[699]。

オペラリオス会の管理の下で開催されたこの頃の聖フェリーペの年祭では、かつてのように、ソカロを使った宗教行列は行っていない。しかし、一般の祝典と比較すれば、盛大さを保っていたと言える。幸いにも、一九〇六年の年祭の様子を『ラ・ボス・デ・メヒコ』紙が詳細に報じている[700]。それによれば、二月五日は、朝七時にプエブラ市大司教ペルフェクト・アメスキータ・イ・グティエレスが厳かにミサをあげ、メキシコ大司教を筆頭にメキシコ・カトリック界の主だった関係者が出席した。その他に、クエルナバカ市大聖堂からも高位聖職者が参加している。記事には、オーケストラの演奏まで行われたことも書かれている。その他、「九日間の祈り」が、一月二十七日から大勢の信徒とともに祝いの行事として行われたようである。しかし、かつてのような政府高官の参加は記されていない[701]。勿論それは、ソカロを利用した、かつてのような盛大な祝典でもない。

一九一〇年四月に公正な選挙を求めてフランシスコ・マデーロが立ち上がり始まったメキシコ革命は、ディアス大統領を辞職に追い込み、国家と教会の関係は、再び厳しい時代へ入っていった。とりわけ、エリアス・カジェス大統領時代になると、その弾圧は一層激しいものとなった。

革命が始まった直後とも言える一九一一年二月五日、メキシコ市では例年通り聖フェリーペの祝典が行われた。ちょうど聖フェリーペの教会堂建設の五年後にあたる。その年の祝典の様子が、「メキシコの守護聖人は国内すべての教会堂で祝福された」と題する短い記事で、『ラ・イベリア』紙に記されている[702]。記事によれば、メキシコ市大聖堂のみならず、グアダルーペの聖母大寺院など他の寺院でも同様に祝典が執り行われた。

こののち、教会への新たな弾圧が始まると、聖フェリーペ・デ・ヘスス教会堂の管理体制も政治に翻弄されていく。次第に弾圧が激しくなると、教会は抗議の意味を込めて、カトリック信者にとって不可欠な宗教上の儀式を禁じた。それに対し、聖フェリーペ・デ・ヘスス教会堂の管理を請け負った神父たちは、教会が禁じた儀式を日々密かに行い続けた。それは、アントニオ・プランカルテが抵抗の意識を込め建設した「聖フェリーペ・デ・ヘスス国民総懺悔の教会堂」の評判を一層高めることになった[703]。

教会の厳しい抗議も、弾圧を沈静化することはできなかった。一九一四年になると、外国人国外追放政策がとられ、聖職者もその対象とされた。その中には本書でその名を何度もあげてきたスペイン人の聖ベネディクト会士アントリン・ビジャヌエバも含まれている。同様に、アントニオ・プランカルテの死後、「聖フェリーペ・デ・ヘスス国民総懺悔の教会堂」の管理をまかされていたオペラリオス会の神父たちもメキシコから退去することになった。その際、仲間の一人、フアン・M・デ・マルティは密かに残留したという。

続く、一九二〇年代のカジェス政権時代には、外国人聖職者に対する政策はさらに厳しいものとなった。[704] その結果、一九二六年二月十日には、この国民総懺悔の教会堂にもついに政府情報部員による調査の手が伸び、密かに同教会堂を管理していたオペラリオス会の残留スペイン人聖職者たちもベラクルス港へ連行され、国外追放された。

そのため、一九二六年二月十三日以降一九三一年九月まで、この教会堂の管理はメキシコ人神父アドリアン・M・セルバンテスの手に委ねられた。その後メキシコ大司教パスクアル・ディアスの決断により、一九三一年十一月一日、三位一体会《Misioneros del Espíritu Santo》のメキシコ人修道士フェリックス神父に管理が任された。[705]

699　Jesús M. Padilla, *op. cit.*, pp. 314-324.

700　Periódico *La Voz de México*, 07 de febrero de 1906, p. 3 en el artículo "La Festividad de Ayer, en el Templo Expiatorio de S. Felipe de Jesús". 現在も、教会堂によってはミサの終わりにマリアッチの演奏などが行われる。

701　*Ibid.*

702　Periódico *La Iberia*, 07 de febrero de 1911, p. 4.

703　Antolín Villanueva, *op. cit.*, p. 108; Jesús M. Padilla, *op. cit.*, p. 323.

704　カジェス政権のこれらの政策に対し、一部のカトリック信者が武器を持って立ち上がった。これが「クリステーロの戦い《guerra de los cristeros》」で、一九二六年から一九二九年まで続いた。この事件で亡くなったカトリック教徒の一部は一九九二年に列福、その後、二〇〇二年に列聖され、現在多くの教会堂に祀られている。

705　Padilla, *op. cit.*, p. 323. 三位一体会は一八六一年の修道院縮小政策で既に自分たちが管理していたサンタ・クララ教会堂を手放しており、流動的な状態にあったことが理由と考えられる。

図Ⅱ-3-3　モレリア市大聖堂外観

以上が、二十世紀初めの政治と関連する状況である。これらの出来事から、一八九七年の殉教三百年を記念して建設された、聖フェリーペ・デ・ヘススの名を冠するメキシコ市初の教会堂は、教会に対する弾圧が続く間、様々な問題に抵抗し、翻弄されつづけたと見ることができる。この抵抗という姿勢は、建設を計画した大司教プランカルテの抵抗の意志を尊重したと言えよう[706]。

この間に飛躍を遂げたグアダルーペの聖母崇拝[707]と比較すると、聖フェリーペ崇拝は道を閉ざされたかに見える。思い起こせば、独立後、「国民の祝日」にその祝日が選ばれ、独立の英雄の遺骨がメキシコ市大聖堂の自身の名の礼拝堂に納められるなど、その都度栄誉を与えられてきた。その一方で、十九世紀の改革時代の宗教弾圧の中、国民の祝日からもその名を消され、祝日の祝典は縮小された。待望の列聖も国を挙げての喜びを見せることはなかった。漸く建設が実現したその名を冠する教会堂も盛大な開堂式を行ったが、政治の波に揉まれ抵抗を強いられることになる。しかし、聖フェリーペ崇拝にとって、最初のその名を冠する教会堂を得た意味は大きかった。それは、崇拝にとって新たな普及の礎となったのである。

その一例が、ミチョアカン州モレリア市大聖堂（図Ⅱ-3-3）である。「聖フェリーペ・デ・ヘスス国民総懺悔の教会堂」が完成した頃、ちょうど十九世紀末に大聖堂内部の飾り付けの改装が計画されていた。その際、聖フェリーペ像の奉納が決定された。正面主祭壇向かって左側の祭壇最上部に置かれた、シュロの葉を左手に持ち、右手に十字架と槍を抱きかかえた聖フェリーペ立像（図II-3-4）がそれである。[708] その胸には傷口から血が流れ出ている。また、この大聖堂にある香部屋には、制作年や安置時期は不明であるが、もう一体の聖フェリーペ立像（図II-3-5）がある。こ

706　この教会堂はメキシコ市の中心地の一角に位置し、日課のミサには多くの信者が集まってくる。建立から、革命時代を経て現在に至るまで、その名の通り、国民の懺悔の場所としての役割を果たし続けている。その管理は、今も三位一体会の修道士の手に委ねられている。因みにこの場所は、かつて副王領時代にはメキシコ市の周辺に当たっていた。現在、メキシコ市の広さは、一四八五平方キロメートルで、十六・十七世紀の百倍以上に拡張した世界最大の都市のひとつになっている。

707　この時期、グアダルーペの聖母崇拝は、崇拝としても社会的シンボルとしても、既にゆるぎのないものとなっていた。その一例が、時の著名な歴史家ホアキン・ガルシア・イカスバルセータのグアダルーペの聖母出現の否定論に対する反応である。一八八三年、ホセ・アントニオ・ゴンサーレスが教会の許可を得てグアダルーペの聖母出現を擁護する本を書いている。許可を出すにあたり、大司教ラバスティーダ・イ・ダバロスは、イカスバルセータに見解を求めた。依頼を受けたイカスバルセータは公にしないという条件のもと、一五三一年のグアダルーペの聖母出現に関して、歴史的根拠がないという調査結果を提出した（Joaquín García Icazbalceta, *Cartas acerca del origen de la imagen de Nuestra Señora de Guadalupe de México*, pp. 131 y 140–141）。

イカスバルセータによれば、グアダルーペの聖母出現物語は、その話を聞き及んでいたサンチェスが活字にしたものに過ぎない。しかし、そのこと自体が一五三一年の聖母出現の可能性を否定するものではなく、だからといって、出現を立証する史料もなかったのである。グアダルーペの聖母出現に関しては、一九八六年にエドムンド・オゴールマンも「テペヤックの驚くべき事実に偽りがないことを証明するものは何もないが、崇拝されている信仰心の慰めを人から取り除く必要もない」とし、イカスバルセータと同様の見解を示した（O'Gorman. *op. cit.*, p. 2）。一八八四年には、グアダルーペの聖母に対し新たな「祈りの言葉（聖務日課のことをいう）」も与えられた。否定的見解が世に出ることを恐れ、絶対に彼の記述を他人の目に触れさせないことを依頼者ペラヒオ・アントニオ・デ・ラバスティーダに申し出ていた筆者イカスバルセータの意志に反して、その十三年後、つまり、一八九六年に『メキシコのグアダルーペの聖母の絵姿の出自に関する報告』という題で印刷され、世に出ている（Joaquín García Icazbalceta. *op. cit.*, p. 141）。

結局、そういったグアダルーペの聖母の出現に関するイカスバルセータの否定的な見解が出されたからといって、その崇拝が下火になることはなかった。その後のグアダルーペの聖母への立て続けの肩書きの授与がその勢いを語っている。十一年後の一八九五年十月十二日には教皇レオン十三世によってグアダルーペの聖母は戴冠され、「アメリカの女王」となった。

708　モレリア在住の歴史学者ガブリエル・シルバのインタビューによる。二〇〇九年九月に実施。

図Ⅱ-3-4a　中央祭壇に向かって左の祭壇　上段が聖フェリーペ立像

図Ⅱ-3-4b　最上部に祀られている聖フェリーペ立像拡大図　胸部には出血の跡が見られる

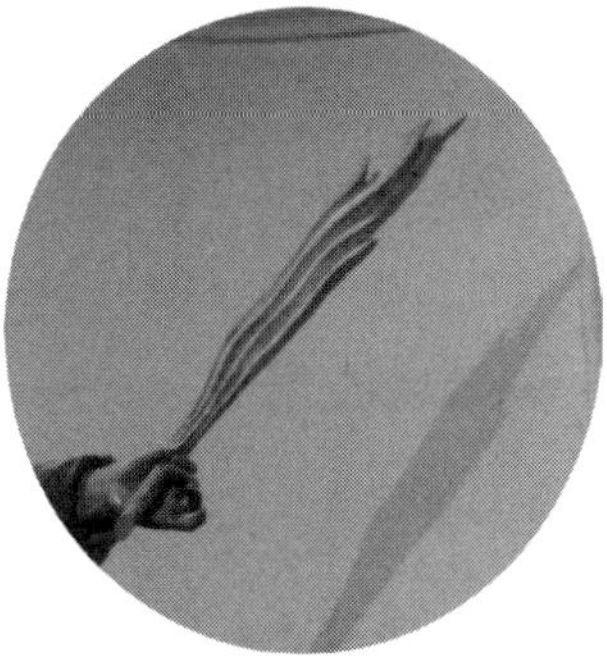

図Ⅱ-3-4c　左手に握られたシュロの葉

図Ⅱ-3-5　同大聖堂内の香部屋のひとつに置かれた聖フェリーペ立像

ちらは大きな十字架と二本の槍を右手に抱え、三本目の槍を左手で摑んでいる姿である。
こうしてより広い地域で新たなフェリーペ像の奉納が実現されていくことになる。

2　二十世紀における聖フェリーペ崇拝と大衆化そして普遍化

前節で見てきたように、十九世紀末になり、その名を冠する教会堂、「聖フェリーペ・デ・ヘスス国民総懺悔の教会堂」が初めて建立された。その後も、一九一二年（列聖五十年記念）、一九六二年（列聖百年記念）、一九七二年（生誕四百年記念）、一九九七年（殉教四百年記念）と関連記念式典が続いた。一方、これまで幾度となく聖フェリーペと比較の対象としてきたグアダルーペの聖母は、この時期、「ラテンアメリカの守護聖母」という称号を与えられ、さらに、太平洋を越え、「フィリピンの守護聖母」に選ばれるなど、メキシコという国の枠を飛び越え、世界での知名度を上げていった。[709] 聖フェリーペ崇拝は、国民のシンボルとなったグアダルーペの聖母の崇拝とは既に異なった環境に置かれていた。

本節では、右のような記念行事の際に出版された著書や、その他、関連印刷物などを通してその聖フェリーペ崇拝の様子を概観し、二十世紀にどのような展開があったかを確認していく。

まず、一九一二年列聖五十周年を記念して、フェリーペの生涯が改めて紹介された。それがこれまでにも何度となく史料として扱ってきた、アントリン・ビジャヌエバの著書である。[710] この本の中でビジャヌエバは、国家による教会弾圧に言及し、十九世紀に教会が味わった苦しみを語っている。

聖フェリーペ・デ・ヘススが列聖されたとき、メキシコは歴史上最悪の暗黒の時代に突入していた。とりわけ、カトリックに対して厳しい時代であった。一八五七年の革命は、教会と社会のすべての繋がりを断ち切った。グアダルーペの聖母の国で、宗教に対して過酷な扱いが行われた。性別も年齢も信仰心も関係なく、無情にも多くの聖職者が神聖なる教会堂から閉め出された。教会堂や修道院は壊され、その土地は道路とされた。聖職者やカトリックの教理は愚弄され、教会の司祭は敬われなくなり、（中略）教皇はフリーメイソンたちの憎しみの対象となるなど、厳しい迫害が行われた。

メキシコ・カトリック教会がこれほどひどい時代を過ごしていたとき、神は教皇ピオ九世を通じて、メキシコ人殉教者に最高の栄光を与えた。寛容さや自由という最も神聖なる権利を失い、苦しんでいたメキシコのカトリック教会を慰めるために、聖なる摂理をより崇高なる行為で知らしめるかのように。[711]

この後も、聖フェリーペ崇拝に関連する印刷物が頻繁に出されている。まず一九一六年に出版されたマヌエル・ロメーロ・デ・テレロス・イ・ビネントの『聖フェリーペ・デ・ヘススという華』がある。取り立てて新しい内容ではなく、フェリーペの生涯の主な出来事を戯曲風にしたもので、この表紙には既に紹介した、現在までに見つかっている聖フェリーペ・デ・ヘススの最も古い絵姿、一六三二年の版画が複写された。

次いで、一九二一年、ラモン・ロペス・ベラルデが、独立百年を記念して出した詩集『素晴らしい祖国』[712]のなかで「[メキシコは] 空腹と砲弾に直面した。あなたにイチジクの木を与えよ。聖フェリーペ・デ・ヘススよ」と、フェリーペに呼びかけている。

709　グアダルーペの聖母が「ラテンアメリカの守護聖母」となったのは一九一〇年で、「フィリピンの守護聖母」となったのは一九三五年のことであった。Echegaray (ed.), *op. cit.*, pp. 285-286.

710　本書でも触れてきたが、スペイン人司祭であるビジャヌエバはこの記念の本を出版した二年後に外国人国外追放政策の対象となっている。

711　Villanueva, *op. cit.*, pp. 95-96.

712　Ramón López Velarde, *Suave Patria y otros poemas*, p. 159.

さらに同年、マリアーノ・クエバスが『メキシコ教会史』第二巻第三部第四章「聖フェリーペ・デ・ヘススの生涯と殉教」で、出生から列聖までを簡単にまとめた。十年ほど続いたメキシコ革命が、武力闘争を終えようとしていた時期であった。彼は、その最後を次のような言葉で締めくくった。

革命の混乱で大きな打撃を受けた共和国は自由主義という暴君により奴隷化され、われらが傑出した同胞である守護聖人の祝典が公的に祝われることはなくなった。

とはいえ国民はますます温かい気持ちで、聖人を崇拝し見守り続けている。首都の最もにぎやかな中心の地に、メキシコ国民のための懺悔の場所という特質をもった、メキシコ人聖人の素晴らしい教会堂が、ドン・アントニオ・プランカルテの尽力のおかげで建てられた。三位一体会の尊敬すべき神父たちが真心を込めて管理している教会堂である。[713]

一方、一九三〇年代の新聞では、紙面全面を使った聖フェリーペ関連の記事がいくつか見つかっている[714]（図Ⅱ-3-6, Ⅱ-3-7, Ⅱ-3-8）。例えば、フェリーペの生家という紹介で、家屋の写真が掲載され、生家のみならず、イチジク伝説の重要な要素である奇蹟のイチジクの木まで写っている。しかしこれらの写真に写った家やイチジクの木はどれも少しずつ異なっており、同じものではない。「メキシコ人に聖フェリーペ・デ・ヘススの生家を尋ねれば、ひとりひとりが異なる場所を言うだろう」としたホセ・アントニオ・ピチャルドの言葉が思い出される。

既述のように、グアダラハラ市大司教フランシスコ・オロスコ・ヒメーネスがホセ・アントニオ・ピチャルドの手稿を発見したのはちょうどこの時期であった。こうして大司教自らが同市の聖フェリーペ崇拝の先導者として「二月五日」の祝典に尽力し、一九三九年にグアダラハラ市内に聖フェリーペ・デ・ヘスス教会堂も完成させた[715]（図Ⅱ-3-9, Ⅱ-3-10, Ⅱ-3-11）。

一九四三年には『フェリーペ・デ・ヘスス　クリオージョ聖人』が出版された。著者は文筆家司祭エドゥアルド・

エンリケ・リオスである。彼は次のような言葉でこの著書を締めくくっている。

> これで、クリオージョ聖人、フェリーペ・デ・ヘススの短い生涯の話を終えよう。長崎の十字架でキリシタンたちのための救世主の役割を果たそうとしているとき、彼の最後のうめきを聞いて、（中略）ああ、日本よ、神はお前を罰するだろう。正しい者をこのように扱うからだ、と皆が声を合わせた。[716]

このリオスの著書は、現在に至るまで定期的に再版されている。

一九四六年は、広い意味でのメキシコ革命終焉から六年後に当たり、世界史から見ると、第二次世界大戦終結の翌年である。この年、メキシコ歴史学アカデミー[717]の会員でもあった司教ヘスス・ガルシア・グティエーレスが著書『アメリカの聖人・福者たち』を世に出した。その中で、「二月五日」の意味の変化について次のように説明している。

713　Mariano Cuevas, "Vida y martirio de San Felipe de Jesús", en *Historia de la Iglesia*, tomo 2, p. 476.

714　Periódico *Jueves de Excelsior*, 12 de febrero de 1931, p. 9; 18 de enero de 1934, p. 13; 23 de junio de 1838, pp. 4-5.

715　この教会堂がある地域では、現在も聖フェリーペ・デ・ヘススの祝日の祝典として「九日間の祈り」が行われ、宗教行列も出される。それには大勢の住民が参加しているという。

716　Eduarudo Enrique Ríos, *op. cit.*, p. 98. これまでの重版の回数から、リオスのこの著書がメキシコの人々に好まれていることが分かる。

717　スペイン語名称はAcademia Mexicana de la Historiaで、一八七一年に創設された学術団体が基となり、一九一九年に新たに創設された歴史学アカデミーである。創設者として、フランシスコ・プランカルテ・イ・ナバレッテ、フランシスコ・ソーサ、イグナシオ・モンテス・デ・オカなどが名を連ねている。*Diccionario Porrúa, Historia, Biografía y Geografía de México*, tomo I, p. 12.

図Ⅱ-3-6　1931年2月12日付『フエベス・デ・エスセルシオール』の頁全面を使って書かれた殉教者フェリーペの記事

この記事では、旧「聖フェリーペ・デ・ヘスス通り5番地」、当時は第三レヒーナ通り88番地に在った家をフェリーペの生家としている。さらに家の外観及び中庭のイチジクの樹も紹介している。なお、現在はメキシコ市中央部には「第三レヒーナ通り」と呼ばれる通りは存在しない（メキシコ国立エメロテカ　UNAM内）。

México, D. F., 12 de febrero de 1931

JUEVES DE EXCELSIOR

El Protomártir Mexicano Felipe de las Casas y Martínez

La Verdadera Casa en que Nació San Felipe de Jesús

Alfredo Magallón

RAMON SANCHEZ MORENO

"LA CASA REDONDA"

SANTA ANA, SONORA, MEX.

DR. MARIO FLORES

MEDICO CIRUJANO

Propietario de la "Botica y Droguería Juárez"

MEXICALI, B. C.

FELIPE BAGUES

LOS ANGELES, CALIF.

JOSE ULLOA

Apoderado Aduanal del Gobierno del Territorio Norte

Oficina: Av. Obregon y Calle Mexico

Residencia: Reforma 1070.

Tel. 195 J.　Mexicali, B. C.,　Mexico

図Ⅱ-3-7　1934年1月18日付『フエベス・デ・エスセルシオール』に掲載された「フェリーペ・デ・ヘススが生まれた本当の家」という記事

こちらでは、フェリーペ生誕の家を第三レヒーナ通り69番地と紹介し、中庭にあるイチジクの樹の写真が添えられている。先の1931年2月12日付の同紙の記事では通り名は同一であるが、88番地とされ、また、木の形が異なることから、同じ住居ではない（メキシコ国立エメロテカ　UNAM内）。

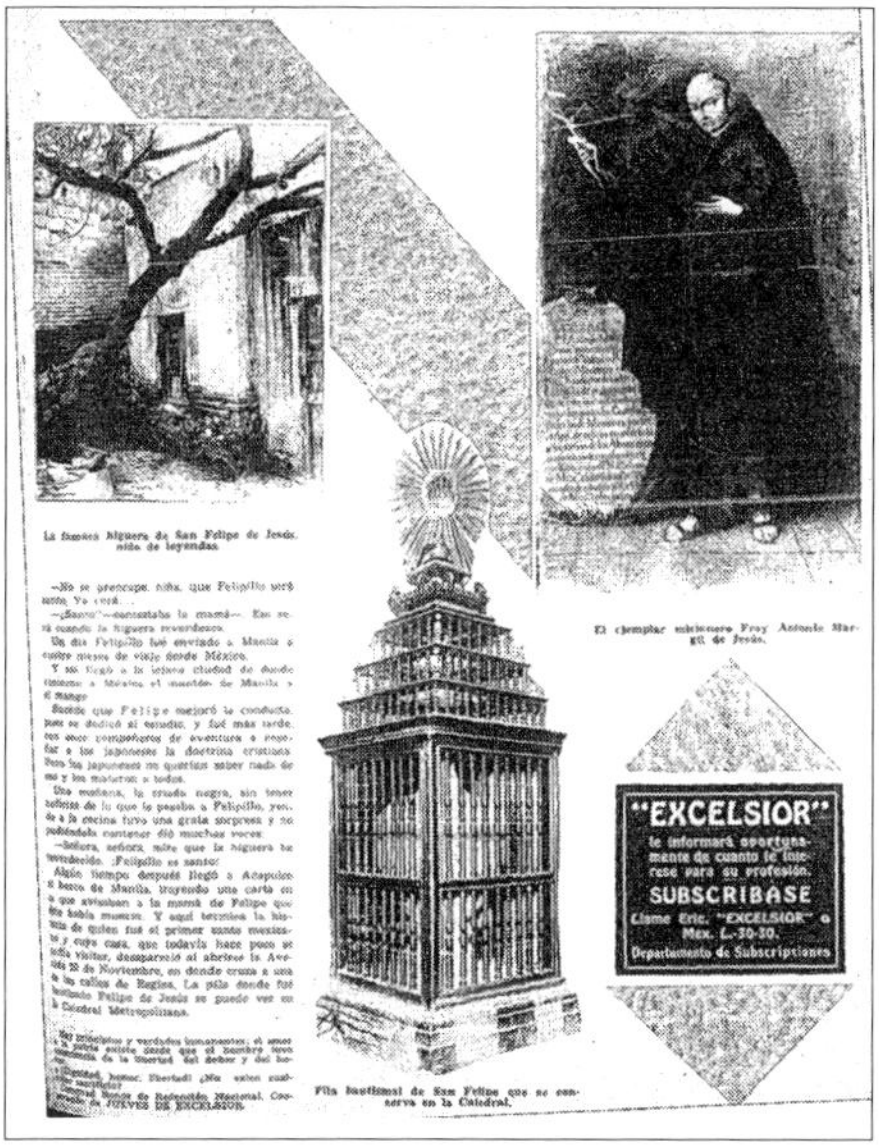

図Ⅱ-3-8　1938年6月23日の『フエベス・デ・エスセルシオール』の記事

右の頁では、聖フェリーペ・デ・ヘススとともに、「トラスカラの子供たち」や「福者プロ」、その他の殉教者についても語っている。「トラスカラの子供たち」は2002年に列聖されており、「福者プロ」については、現在列聖のための調査が進行している。左の頁では、聖フェリーペが住んだ家とイチジクの木、その他大聖堂にある洗礼盤が紹介されている。右上の写真の人物は著名なフランシスコ会伝道師アントニオ・マルヒル・デ・ヘスス修道士である（メキシコ国立エメロテカ　UNAM内）。

図Ⅱ-3-9a（右）, 9b（左）　グアダラハラ市内の聖フェリーペ・デ・ヘスス教会堂外観
（右・1990 年撮影、左・2014 年撮影）

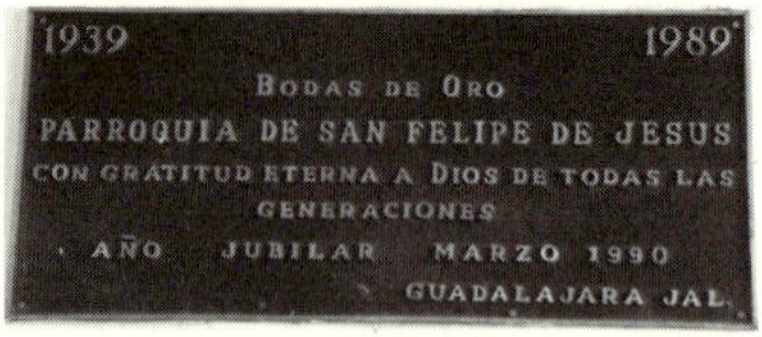

図Ⅱ-3-10 教会堂外壁に設置された記念プレート

図Ⅱ-3-11a　同教会堂の中国風の飾り付けが施された内部（2014 年）

図Ⅱ-3-11b　1990 年 9 月のミサの様子

上・図Ⅱ-3-11c
教会堂中央祭壇の天井に描かれた絵　ガレオン船、ピラミッド、イチジクの木が描かれている。

下・図Ⅱ-3-11d
祭壇最上部に祀られた聖フェリーペ立像　その背丈よりも長い十字架と三本の槍、シュロの葉を一枚右腕で抱えている。

二月五日は相変わらず国民の祝日である。しかし、それは既に聖フェリーペ・デ・ヘススのための国民の祝日ではない。一八五七年憲法と一九一七年憲法を制定した日として選ばれた国民の祝日である。教会を攻撃する内容が織り込まれた二つの憲法の祝日である。それ故に、われわれは聖フェリーペが列聖されたときのように、願い続けなくてはならない。栄光ある殉教者よ、祖国メキシコのために［教会の平和を］請い願ってくれと。[718]

これは聖フェリーペ崇拝と政治の関係を思い出させる文言である。

この頃も、相変わらず二月五日前後には、イチジク伝説をテーマとした聖人物語（図II-3-12）が上演され続けていた。

一九四九年には『フェリーペ・デ・ヘスス』と題された映画も制作された。監督はフリオ・ブラチョである。[719] 脚本家はハビエル・ビジャウルティアで、フェリーペの恋に焦点を当て、ロマンチックな物語に仕上げている。様々な形態、種類で娯楽が発達した現在でも、メキシコでは映画は話題性があるもののひとつである。娯楽の種類が少なかった当時はなおのこと、メキシコの人々、特に女性の間に聖フェリーペ物語を広めるために大いに役立ったと言える。[720] 特にメキシコでは、十九世紀の末から二十世紀の最初の四半世紀に映画が庶民にとって徐々に身近なも

718　Jesús García Gutiérrez, *Santos y beatos en América*, p. 17. この他にも、ガルシア・グティエレスが一九二二年に著書『メキシコ教会史の記録』で、聖フェリーペ崇拝の歴史を綴っている。Jesús García Gutiérrez. *Apuntamientos de historia eclesiastica mexicana*.

719　フリオ・ブラチョは、メキシコにおいて、二十世紀の最も著名な映画監督の一人で脚本家でもあった。その生涯において一〇〇本ほどの作品に関わった。

720　筆者は二〇〇八年にモレリア市で、八〇歳過ぎの女性たち（映画初公開当時、二〇歳代）とのインタビューを実施した。彼女らによれば、フェリーペを演じた美形俳優エルネスト・アロンソ（Ernesto Alonso）は、若い女性の心を虜にしたということであった。共演者は、リタ・マセード（Rita Macedo）、フリオ・ビジャレアール（Julio Villarreal）、ホセ・バビエラ（José Baviera）、フランシスコ・ハンブリーナ（Francisco Jambrina）などである。国立映画研究所（Cineteca Nacional）所蔵の史料参照。

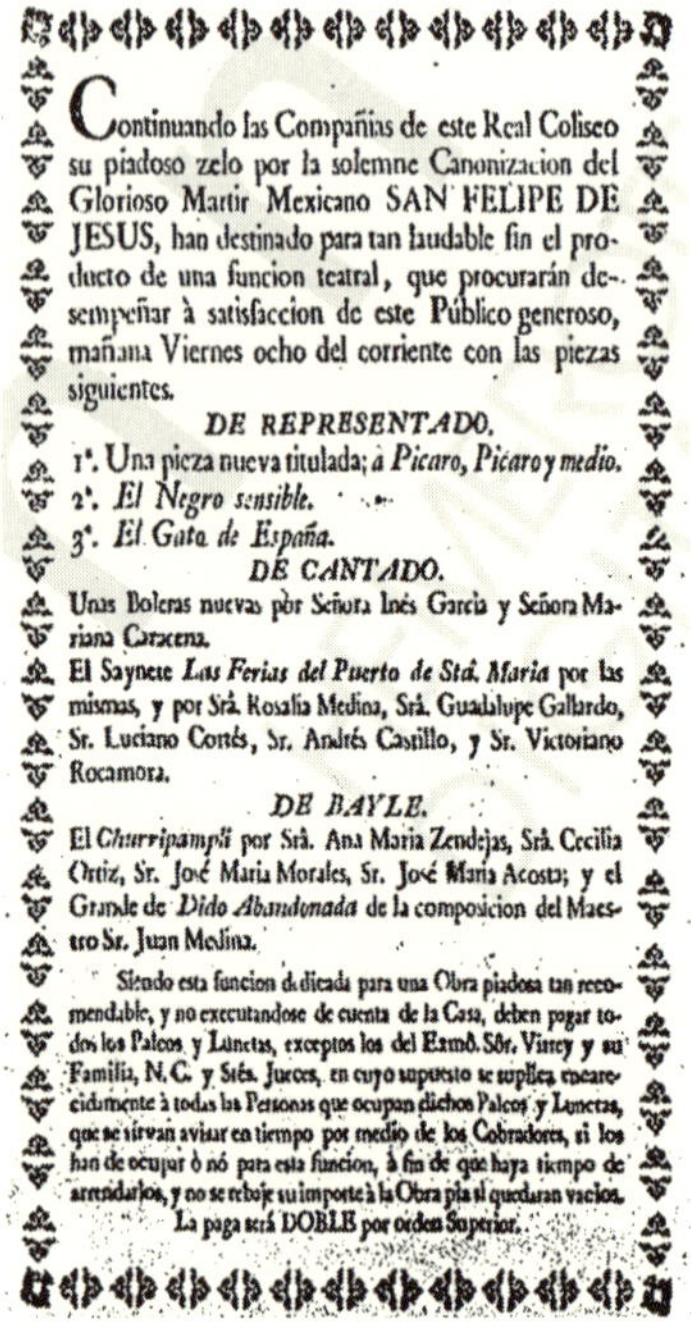

Continuando las Compañias de este Real Coliseo su piadoso zelo por la solemne Canonizacion del Glorioso Martir Mexicano SAN FELIPE DE JESUS, han destinado para tan laudable fin el producto de una funcion teatral, que procurarán desempeñar à satisfaccion de este Público generoso, mañana Viernes ocho del corriente con las piezas siguientes.

DE REPRESENTADO.

1°. Una pieza nueva titulada; *à Picaro, Picaro y medio.*
2°. *El Negro sensible.*
3°. *El Gato de España.*

DE CANTADO.

Unas Boleras nuevas por Señora Inés Garcia y Señora Mariana Caracena.

El Saynete *Las Ferias del Puerto de Stâ. Maria* por las mismas, y por Srâ. Rosalia Medina, Srâ. Guadalupe Gallardo, Sr. Luciano Cortés, Sr. Andrés Castillo, y Sr. Victoriano Rocamora.

DE BAYLE.

El *Churripampli* por Srâ. Ana Maria Zendejas, Srâ. Cecilia Ortiz, Sr. José Maria Morales, Sr. José Maria Acosta; y el Grande de *Dido Abandonada* de la composicion del Maestro Sr. Juan Medina.

Siendo esta funcion dedicada para una Obra piadosa tan recomendable, y no executandose de cuenta de la Casa, deben pagar todos los Palcos y Lunetas, exceptos los del Exmô. Sôr. Virrey y su Familia, N. C. y Srês. Jueces, en cuyo supuesto se suplica encarecidamente à todas las Personas que ocupan dichos Palcos y Lunetas, que se sirvan aviar en tiempo por medio de los Cobradores, si los han de ocupar ó nó para esta funcion, à fin de que haya tiempo de arrendarlos, y no se rebaje su importe à la Obra pia si quedaran vacios.

La paga será DOBLE por orden Superior.

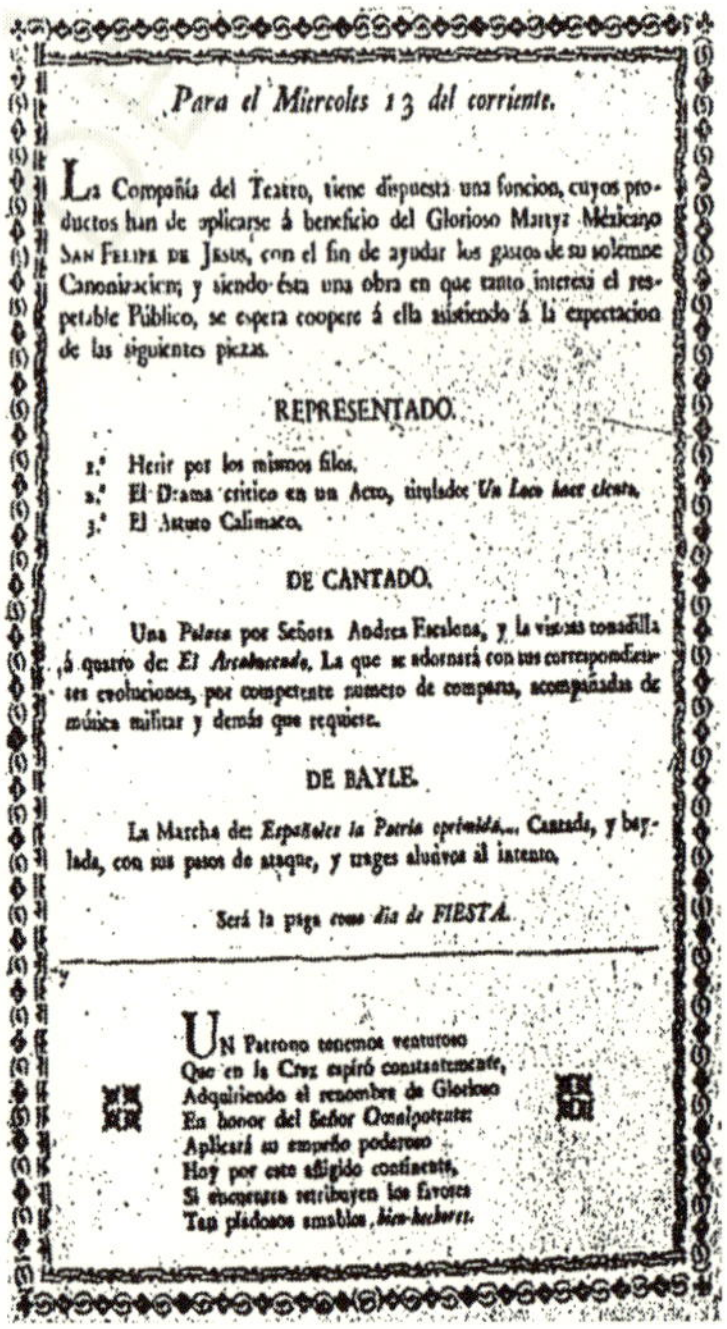

Para el Miercoles 13 del corriente.

La Compañia del Teatro, tiene dispuesta una funcion, cuyos productos han de aplicarse á beneficio del Glorioso Martyr Mexicano SAN FELIPE DE JESUS, con el fin de ayudar los gastos de su solemne Canonizacion; y siendo ésta una obra en que tanto interesa el respetable Público, se espera coopere á ella asistiendo á la expectacion de las siguientes piezas.

REPRESENTADO.

1.° Herir por los mismos filos.
2.° El Drama critico en un Acto, titulado: *Un Loco hace ciento.*
3.° El Astuto Calimaco.

DE CANTADO.

Una Polaca por Señora Andrea Escalona, y la vistosa tonadilla á quatro de: *El Arcabuceado.* La que se adornará con sus correspondientes evoluciones, por competente numero de comparsa, acompañadas de música militar y demás que requiere.

DE BAYLE.

La Marcha de: *Españoles la Patria oprimida...* Cantada, y baylada, con sus pasos de ataque, y trages alusivos al intento.

Será la paga como *dia de FIESTA.*

Un Patrono tenemos venturoso
Que en la Cruz espiró constantemente,
Adquiriendo el renombre de Glorioso
En honor del Señor Omnipotente:
Aplicará su empeño poderoso
Hoy por este afligido continente,
Si encuentra retribuyen los favores
Tan piadosos amables, *bien-hechores.*

図Ⅱ-3-12　週刊誌『マニャーナ』1944年２月第２週に掲載された同月の劇場公演の広告
左側広告の公演日は同年２月８日木曜日で、右側の広告の公演は同年２月13日水曜日として紹介されている（メキシコ国立エメロテカ　UNAM内）。

のとなっていった。続く一九三〇年代から一九五〇年代がメキシコ映画の黄金時代と言われる。ちょうどその時代に、先に触れたフリオ・ブラチョ監督の『フェリーペ・デ・ヘスス』が制作されたことになる。

一九六〇年には、カルロス・デ・マリア・イ・カンポスが『模範的生涯』と題した歴史小冊子集[721]で、大衆向けに分かり易くフェリーペの生涯を紹介した。翌一九六一年には、マヌエル・カンセコ・ノリエガが小説『聖フェリーペ・デ・ヘスス』を書いている。ノリエガは、フェリーペの生涯にはあまりに不明瞭な点が多いので正確な事実関係を書くことはできない[722]という一文を添えた上で、イチジク伝説を参考にして話を展開させた。

さらに、この時期に出回った一連の劇画聖人伝シリーズでも、聖フェリーペ物語が扱われている（図Ⅱ-3-13, Ⅱ-3-14）。この大衆向けの劇画は、街角の売店で誰でも購入できる価格で売られ、聖フェリーペ崇拝を広く人々に伝えるには効果的であったことだろう。「イチジク伝説」が中心であるが、人々の関心を引くためであろうか、内容に多少の手を入れている。例えば、『模範的生涯』シリーズの中の「サン・フェリーペ・デ・ヘスス」では、イチジクの枯木が芽を吹く場面で、父親であるアロンソに殉教を知らせる一通の手紙が届いた。まさにその時、カサス家の女中が「坊ちゃまが聖人になられた」と叫ぶ。ここでは、十九世紀のイチジク伝説ではほとんど登場しなかった父親が顔を出すという脚色になっている。

一九六二年は列聖百周年に当たった。メキシコ市大聖堂はじめ、多くの教会堂で式典が行われたことであろう。それはメキシコの国民に、聖フェリーペ崇拝を再認識させることになる。この前後に生まれた男児にフェリーペ・デ・ヘススという名が多いことがそれを物語っている。本書注でも触れてきたが[723]、第六四代メキシコ大統領フェリーペ・カルデロン・イノホサ（在職二〇〇六－二〇一〇）は、一九六一年生まれで、正式名はフェリーペ・デ・ヘスス・カルデロン・イノホサという。

同年メキシコでは、この列聖百周年を記念して、聖フェリーペに関する史料の復刻版『サン・フェリーペ・デ・ヘスス一五七四－一五九七／一八六二－一九六二年』も出版された。編纂者となったのはマヌエル・ケサーダ・ブランディである。彼は、二十世紀半ばの著名な芸術作品収集家であり、また、文化に高い関心を持ち、各種の復刻版を出すことに力を注いでいた。その序文を記したのが、当時長崎に在住していたイエズス会士ディエゴ・パチェーコ神父である。さらにこの本の出版に際し、新聞一ページ全面を使った大々的な宣伝が行われているところを見ると、広報活動にかなり力が入れられたと言える。[724]

これには、フェリーペに関する重要な四つの史料が集められている。最初にフェリーペ殉教の図が載せられた。こ

721　Carlos de María y Campos, *San Felipe de Jesús, protomártir mexicano*, México, Editorial Novaro, 1960（Vidas Ejemplares).

722　Manuel Canseco Noriega, *San Felipe de Jesús*, p. 11.

723　注六〇一参照。

724　Periódico *Jueves de Excelsior*, 07 de junio de 1962, p. 47.

図Ⅱ-3-13a　宗教劇画『聖フェリーペ・デ・ヘスス。メキシコの最初の殉教者』表紙。シリーズ『模範的生涯』71 号。1960 年。表紙

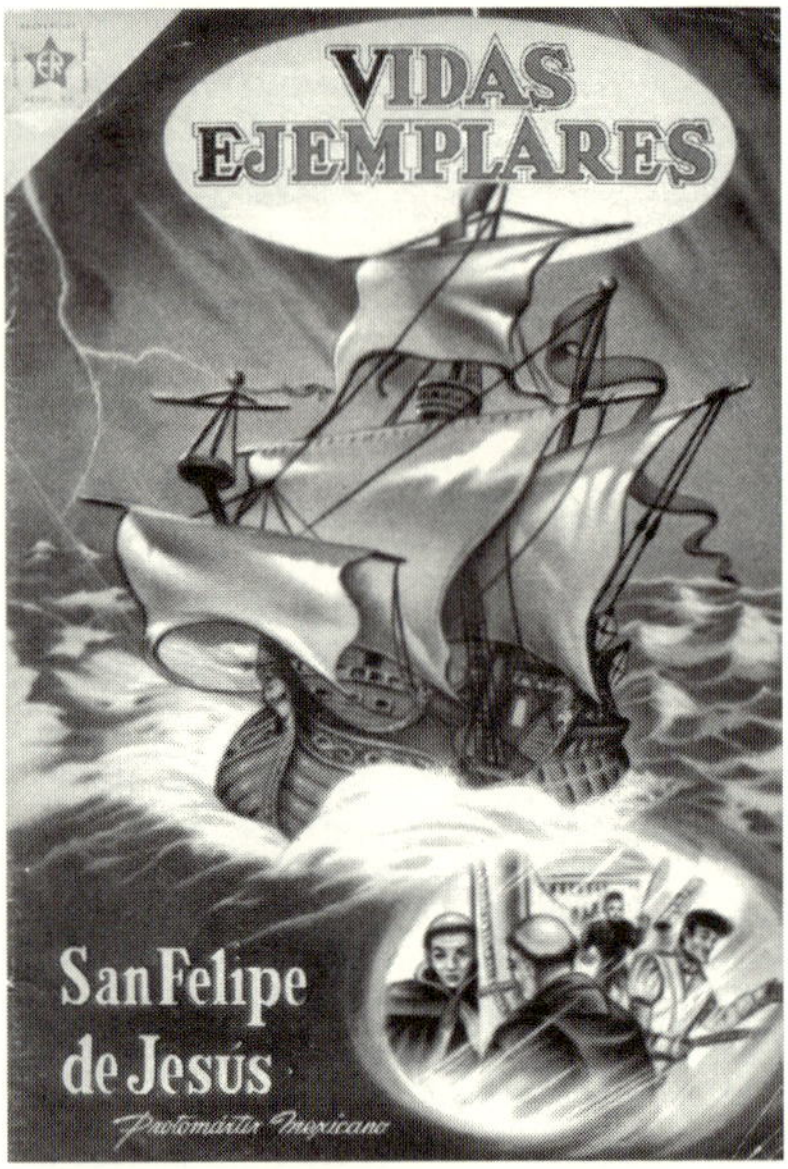

図Ⅱ-3-13c　長崎までの道行きの様子

図Ⅱ-3-13d　裏表紙。「十字架の道行き」の図柄となっている。

図Ⅱ-3-13b　1 頁目のフェリーペの誕生といたずら坊主の幼少期

図Ⅱ-3-14a～14f
宗教劇画『聖フェリーペ・デ・ヘスス』ガビオータス・シリーズ19号の「十字架の道行き」姿が描かれた表紙と裏表紙。出版年記載なし

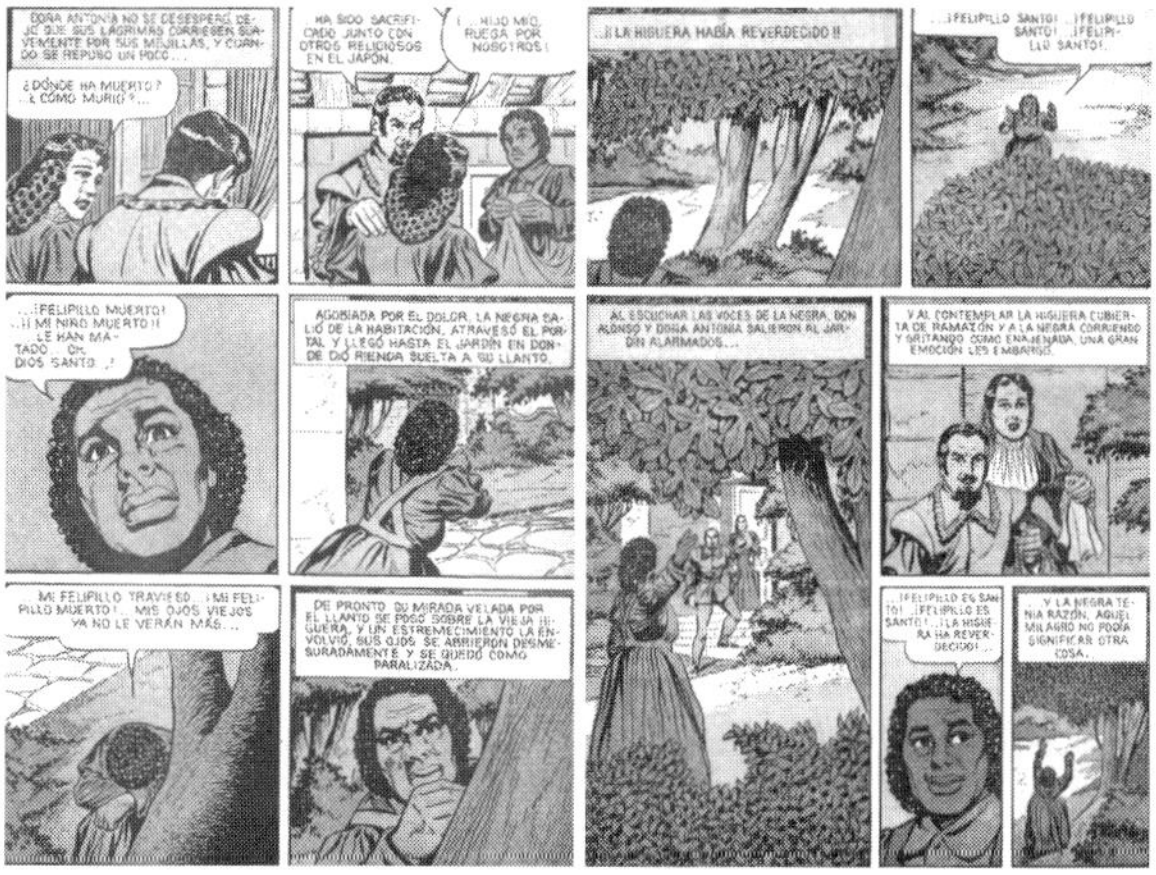

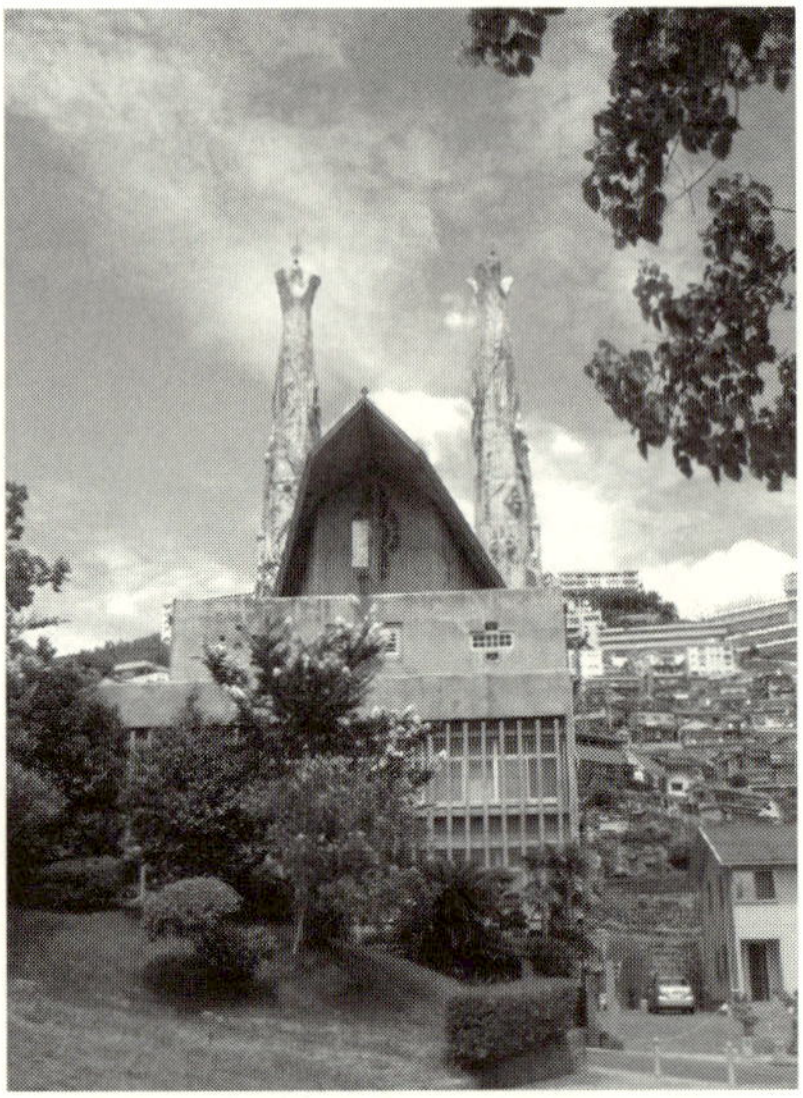

右・図Ⅱ-3-15　長崎市西坂に建てられた『聖フェリッポ教会堂』（2009年撮影）
左・図Ⅱ-3-16　同教会堂内に祀られる聖フェリーペ立像（写真提供・メキシコのイエズス会士故ハビエル・エスカラーダ）

れは既に紹介したメキシコ市大聖堂「聖遺物の祭壇」の納骨棚の扉に描かれている作品である。次にJ・M・M著『日本の最初の殉教者、栄光あるメキシコ人の生涯と殉教に関する要約――福者フェリーペ・デ・ヘスス』、続いて、モンテス・デ・オカの版画集で、最後はバルタッサール・デ・メディーナ著『ヌエバ・エスパーニャの清貧フランシスコ会系メキシコ聖ディエゴ修道会の歴史――素晴らしい美徳あふれる賢人たちの人生』の聖フェリーペ・デ・ヘススに関する部分である。

この列聖記念のための行事は、殉教事件が起きた長崎でも行われた。列聖百周年を記念して、今井兼次設計による『聖フェリッポ教会（堂）』[725]が長崎の西坂の丘に建てられた[726]（図Ⅱ-3-15）。その中に聖フェリーペ立像も奉納された。こちらの聖フェリーペ像は、左手にシュロの葉を持っている（図Ⅱ-3-16）。長崎二十六聖人殉教の歴史及び日本キリシタン史に関する展示施設も隣接され、その横には二十六聖人を記念するモニュメント（舟越保武作）も建立された。この教会堂やモニュメント等の建設資金提供や記念式典開催にメキシコ市大聖堂が大いに貢献している。[727]これらは長崎とメキシコの友好関係を促進するものとなったことであろう。

同様に、フィリピンでも記念行事が行われた。それをきっかけとして、マニラの聖フランシスコ会修道院教会堂の前部屋とセミナリオ（修道士のための居宅）に聖フェリーペ像が置かれている[728]（図II-3-17, II-3-18）。それらは一九六二年の列聖百周年記念に制作されたものである。

一九六五年にはイエズス会士ハビエル・エスカラーダが『フェリピージョ』[729]という小冊子をメキシコで出版した。エスカラーダ神父は、この後も聖フェリーペの殉教事件を人々に伝えるため、毎年二月五日、メキシコの新聞にフェリーペに関する記事を寄稿し、また、機会がある毎に関連図書を出版するなど、様々な活動を行った。彼は度々日

725　この日本語名称を本書のスペイン語カタカナ表記に置き換えると『聖フェリーペ・デ・ヘスス教会堂』となる。

726　この教会堂の管理はイエズス会に任されている。十六世紀中頃まで小さな漁村でしかなかった長崎を、船が入港する港町に築き上げたのは、イエズス会であった。再布教のために、第二次世界大戦後いち早く長崎の地を踏んだのもイエズス会であった。長崎市建設に関しては、結城了悟『長崎開港とその発展の道』参照。

727　当時発刊された写真付のパンフレットがその時の様子を物語っている。*Nagasaki 1962* や *Alma de México* といった題がついているが、出版社や年代についての情報は印刷されていない。教会堂建設については、綿屋康生他「日本二十六聖人殉教記念館・資料館の空間構成について」『日本建築学会九州支部研究報告』第四十五号、二〇〇六年、九一七－九二〇頁、原衣代果、石川恒夫「日本二十六聖人殉教祈念施設における今井兼次の初期構想について」『日本建築学会計画系論文集』vol. 75, no. 651, 2010/5, pp. 1247–1254; Rie Arimura, "La iglesia de San Felipe de Jesús y el Museo de lo 26 Mártires en Nagasaki: un legado de México", en *Hispánica*, No. 58 など参照。

728　これらの像に関しては、二〇〇三年に実施した、マニラのフランシスコ会修道院関係者とのインタビューで説明を受けた（マニラ市フランシスコ会修道院内図書館）。同修道院で入手した文献で、長崎の殉教事件を扱ったものが二点ある。一点はペドロ・バウティスタについて語ったもので、これは一九八二年出版である。もう一点は、長崎の殉教事件全体を扱い、こちらは、一九九七年の殉教四百年記念として、一九九六年に出版されている。列聖百周年記念にあたる一九六二年に何らかの出版があったかどうかは不明である。Luis María Araneta (ed.), *San Pedro Bautista; A saint in the Philippines*, The Devotees of San Pedro Bautista, San Francisco del Monte, 1982. Thomas Uyttenbroeck, *San Pedro Bautista and companions, The protomartyrs of Japan*, San Pedro Bautista 4 th Centenary committee, 1996.

729　スペイン語で用いられるフェリーペの愛称である。

右・図Ⅱ-3-17　フィリピンのマニラ市内のフランシスコ修道院内にある等身大の聖フェリーペ・デ・ヘスス立像／左・図Ⅱ-3-18　フィリピンのマニラ市内のフランシスコ会セミナリオにある聖フェリーペ・デ・ヘスス立像（写真提供はともにフィリピンの聖フランシスコ修道会）

本を訪れ、長崎の教会堂を訪問している。[730]

一方、一九六八年にはミチョアカン州モレリア市で、音楽家ルベン・バレンシア・コルテスが「聖フェリーペ・デ・ヘススを誇る人々のためのミサ曲」と題する曲を作詞・作曲した。当時の楽譜（図II-3-19）が、ミチョアカン州立図書館[731]に保管されている。歌詞は取り立てて聖人について語っているというものではなく、一般的なミサの際に歌うための歌詞となっている。

その他、コリーマ市の聖堂でも聖フェリーペの祝日のミサ時のためのオリジナル曲が見つかっている[732]（図II-3-20）。

一九七二年、教会公認の聖フェリーペ誕生の年が一五七二年となっていることから、生誕四百周年を祝う小冊子『フェリーペ・デ・ヘスス、アメリカの最初の聖人、生誕四百周年を記念して』が出された。著者はラウロ・ロペス・ベルトランである。同様に、同年、国民の懺悔のための聖フェリーペ・デ・ヘスス教会堂もフェリーペ像を設置した（図II-3-21）。この像は、メキシコの植民地時代に教会堂に納められた一メートルほどの背の高さの聖フェリーペ像で、ちょうど胸の高さあたりで両手に小さな十字架を握りしめたものである。

この年、一九七二年は、日本人と聖フェリーペの関係が、メキシコで新たに意識される年にもなった。同年、週刊誌『マニャーナ』が、「日本——メキシコの日本人はどのように暮らし、どんな風に考えているのか」という特集を組み、メキシコの日系人社会を紹介したのである。

『マニャーナ』の記事によると、

メキシコと日本の絆は［日本の鎖国が原因で］歴史的には途切れたこともあり、常に良い関係を維持してきたとは言えない。しかし、長い間に特別な関係を繋いできたのである。それぞれの時代を生きた人々がそれぞれの関係を築いてきた。日本とメキシコのこれまでの関係はその時々で異なるものである。例えば、［その昔］日本は我々に聖人をもたらした。[733]

となっている。ここでは、日墨関係をフェリーペの時代まで遡り、さらには日本がメキシコに聖人を与えたという解釈を取り入れている。

また、八十年代半ばにアカプルコで始まった町おこし活動が、フェリーペの名を改めて思い起こさせる思わぬ事件へと発展した（図II-3-22, II-3-23, II-3-24, II-3-25）。それは、アカプルコ在住の有識者やボランティアで組織された民間人グループが、町の中心にある大聖堂横の広場「フアン・M・アルバレス広場」にアカプルコに関連する有名人の像を設置し、町の宣伝にしようと立ち上がったこ

730　一九九一年春にエスカラーダ神父が日本を訪れた際の長崎訪問に同行し、パチェーコ神父を紹介して頂いたことは、筆者にとって忘れられない思い出となっている。

731　これは、モレリア市内中心部にある図書館のことで、地元の人々は「公立図書館《Biblioteca pública》」という名で呼んでいる。この建物はかつてイエズス会の聖フランシスコ・デ・ハビエル学院付属教会堂であった。

732　これはコリーマ市の聖フェリーペ・デ・ヘスス教会堂で、ミサの際に使われるオリジナル曲である。題は『聖フェリーペ・デ・ヘススに捧げる賛美歌コリーマ市の守護聖人』、作詞カンゴ・フランシスコ・ルエダ・イ・サモーラ、作曲フリオ・ラミーレス、編曲ホセ・アントニオ・フラウスト・サモーラである。

733　Revista *Mañana*, 12 de febrero de 1972, p. 28.

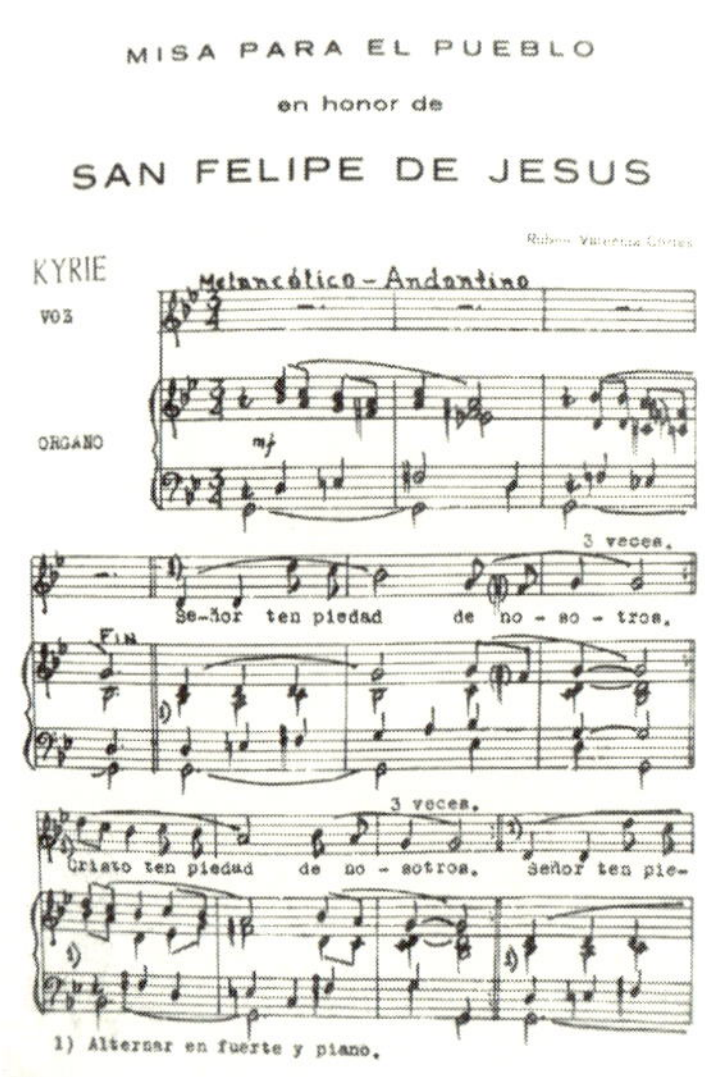

右・図Ⅱ-3-19a　聖フェリーペ・デ・ヘススの日のミサの際に使われた楽譜帳（サン・ニコラス・デ・イダルゴ・ミチョアカン州立大学付属図書館）
左・図Ⅱ -3-19b　同楽譜

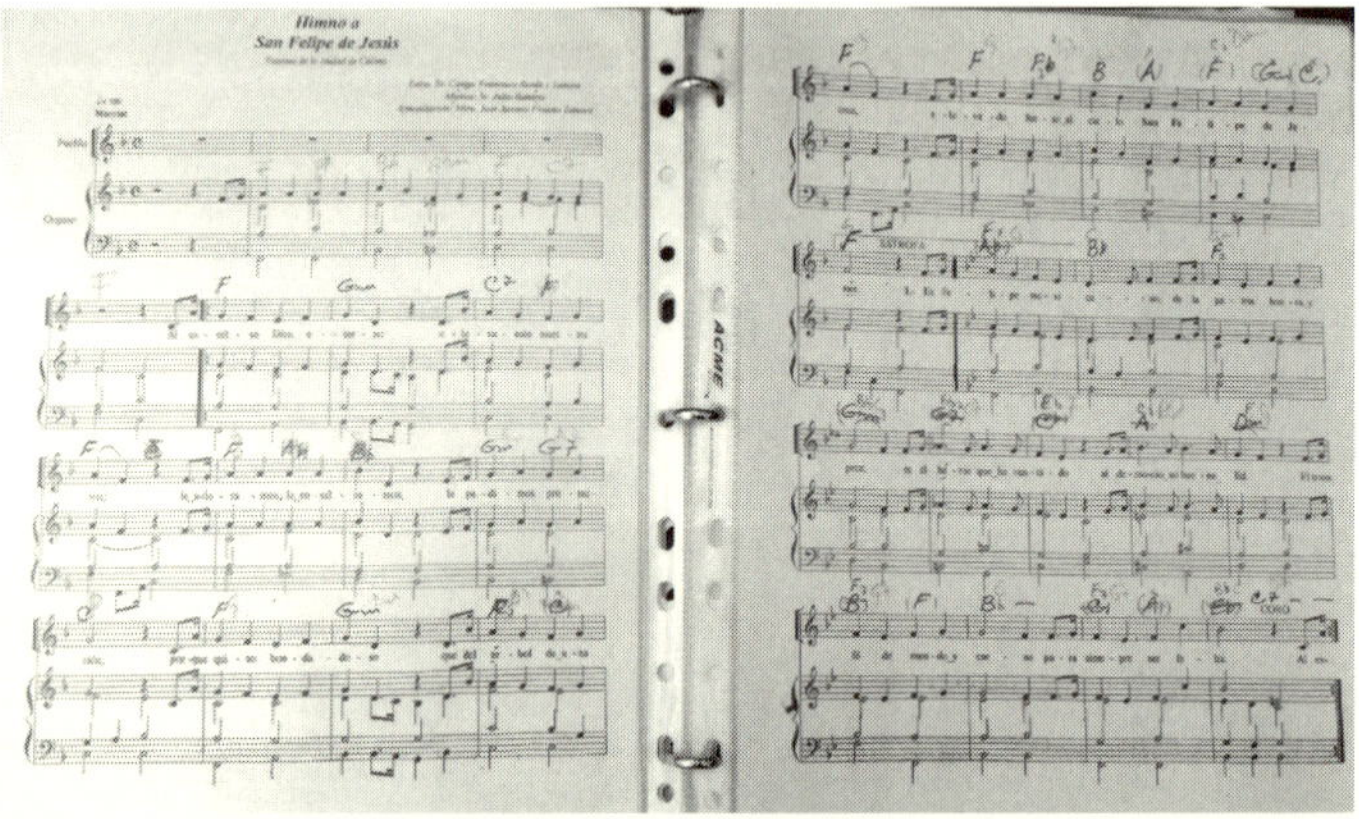

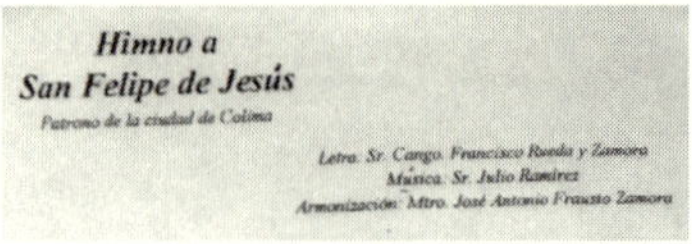

図Ⅱ-3-20a　コリーマ市聖フェリーペ・デ・ヘスス教会堂のミサで使う曲の楽譜（コリーマ市聖フェリーペ・デ・ヘスス教会堂）／図Ⅱ-3-20b　曲名『コリーマ市守護聖人聖フェリーペ・デ・ヘススへ捧ぐ』作詞カンゴ・フランシスコ・ルエダ・イ・サモーラ、作曲ホセ・アントニオ・フラウスト・サモーラ

図Ⅱ-3-21　メキシコ市内にある「聖フェリーペ・デ・ヘスス国民総懺悔の教会堂」に1972年の生誕400周年記念として設置された背丈1メートル弱の小ぶりの立像

とに端を発した。何度も話し合いを重ねた結果、一番手として、十六世紀末にアカプルコから船出し、メキシコの最初の聖人となった聖フェリーペを選んだ。計画が実を結び、用意されたフェリーペ像が一九八八年二月五日の除幕式前日に設置予定の広場に配置された。ところがその夜遅く、覆面をしたグループが像を引きずり降ろし、大聖堂前にうち捨てるという事件が起きた。

この事件はアカプルコの地方新聞のみならず、全国紙までもにぎわせることになった。新聞では、大々的に「教会関連物の教会堂外設置禁止法」を論点に、違憲かどうかの議論が繰り広げられた。[734]

この事件について筆者は、現地アカプルコで調査を実施した。その際の当事者の証言では、「町おこしのために像を設置することにし、アカプルコと関係のある人物を選んだのであって、特に宗教を意識したわけではなかった。像

734　この事件に関しては、全国紙『エル・エラルド・デ・メヒコ』『エル・ウニベルサール』『ウノ・マス・ウノ』など、また現地アカプルコの『エル・ソル・デ・アカプルコ』『ノベダーデス・アカプルコ』といった地方新聞が詳細を掲載した。但し、そこでは強引とも言える像撤去の仕方については議論されることはなかった。

図Ⅱ-3-22a　アカプルコ市大聖堂　1988年の事件の後、聖フェリーペ像はアカプルコ市大聖堂の正面壁に設置された（1989年撮影）

右・図Ⅱ-3-22b　大聖堂の塔の窓枠に聖フェリーペ立像を設置するときの様子／左・図Ⅱ-3-23　アカプルコ事件直後に教会堂の中に置かれた聖フェリーペ・デ・ヘスス像
（図Ⅱ-3-22b, 23, 24a, 24b, 24c, 25 の写真提供は関係者のひとり、マリア・クリスティーナ・セルナ・デ・ケハーダ）

図Ⅱ-3-24a　大聖堂横の広場

上右・図Ⅱ-3-24b　除幕式のために聖フェリーペ・デ・ヘスス像が設置された台座の事件後の様子／上左・図Ⅱ-3-24c　台座後部に置かれた献花／下・図Ⅱ-3-25　事件後の抗議デモ行進

を選ぶにあたり、最終的にアレクサンドロ・フンボルトとフェリーペ・デ・ヘススの二者が対象となったが、協議の結果、まずは歴史の古い方から設置するということになった。その時点で、次にフンボルトの像を置くことが決まっていた。さらに当時のアカプルコ市長の家族も協力しており、違憲扱いされるなどもっての外である」[735]というものであった。

その後事件はいつしか決着し、政治に翻弄された聖フェリーペの立像は、アカプルコ市大聖堂の正面向かって右側の塔の下で、ファサードの上部に作られた窓に設置された。この事件がどれほど国民の関心を高め、聖フェリーペの存在を思い起こさせたかについては、定かでない。しかし、メキシコでは仕切りのない場所に置かれたグアダルーペの聖母の絵姿や像を目にすることもある。従って、この事件は、政治権力に翻弄された時期もあった聖フェリーペ像故だったのではないか、という疑念が生じる。

以上、大雑把ではあるが、二十世紀初めの頃からの一連の記念式典や文化的活動を俯瞰した。このアカプルコ事件はさておき、ここで言えることは、二十世紀に入ってからの聖フェリーペ崇拝は、徐々にではあるが、その意味を変えていった。実際、二十世紀前半は、「聖フェリーペ・デ・ヘスス国民総懺悔の教会堂」の周りで、十九世紀半ばの教会に対する政府による弾圧や、二月五日の祝日の持つ意味など、それまでの政治絡みの摩擦を思い出させる事態が生じていた。しかしその世紀の半ばを過ぎ後半に入ると、崇拝は、次第に一般の聖人崇拝への道へ向かっていったように思える。それを確認するためにも、メキシコ国内各地に見られる現在の聖フェリーペ崇拝の実際の様子を見ていくことは重要であろう。

735　一九八八年に筆者がアカプルコ現地調査で実施した、有識者グループの中心人物、マリア・クリスティーナ・セルナ・デ・ゲジョーダ（María Cristina de Gueyoda）とのインタビューによる。

3　二十世紀に新たに建立された聖フェリーペの名を冠する教会堂や他の教会堂に納められた聖フェリーペ像

前節で見てきたように、聖フェリーペに関しては、二十世紀に入り、いくつもの行事が重なった。それらが大きく影響したのであろう、メキシコ国内各地で聖フェリーペの名を冠する教会堂が建てられた。それは崇拝の新たな地盤を築いた。本節では、この数年間に筆者が実際に各地を訪ね歩き見つけた、二十世紀半ば過ぎに設置されたと考えられるいくつかの聖フェリーペの名を冠する教会堂に言及していきたい。さらに、同時期に聖フェリーペ像が奉納された、地方の中心都市に古くからある大聖堂の像と、そこでの聖フェリーペ崇拝も紹介しておきたい。

ここで挙げるのは、メキシコ市、ケレタロ市及びその近郊、そのほか、プエブラ市などのこれまでに本書で紹介していない教会堂に祀られた聖フェリーペ像である。

まず、メキシコ市内北部のサン・フェリーペ・デ・ヘスス地区で、地区名のとおり、聖フェリーペ・デ・ヘスス教会堂が町の中心にある（図Ⅱ-3-26）。主任司祭フェルナンド・ディアス・アレオラによれば、一九五〇年代に、現在の教会堂の前に空き地があった。その一角にいつしか祠が置かれ、聖フェリーペの像が祀られていたという。その後、周辺に家が立ち並び始めたことから、教会堂を建てることになり、建設場所として、かつて祠があった場所の向かい側の土地が当てられた。[736] 教会堂は一九六九年に完成した。それ以降この地域では、例年二月五日には住民主体の祝典が行われるなど地域密着型で聖フェリーペが崇拝されている。[737]

この教会堂建設にあたり、メルセー会にその管理が委託された。筆者が話を聞いたメルセー会の修道士によれば、祠が置かれていた頃から同会が信者の世話をしていたため、管理を引き受けることになったようだという。[738]

次にケレタロ市である。ケレタロ市はメキシコ市から北に向かって二百キロメートル程のところに位置する。同市内の郷土史美術館付属図書館資料室に、聖フェリーペの磔姿が描かれた聖画が保管されていることは既に紹介したが、それとは別に、市内に二か所、近郊に一か所、聖フェリーペの名を冠する教会堂がある。[739] その名から分かることであるが、中には聖フェリーペ像が祀られている。

一か所目は、住宅街であるアルキートス地区にあり、一九七〇年代半ば頃に崇拝されはじめ、近年礼拝堂が新築された（図II-3-34）。建物の外壁面に聖フェリーペ・デ・ヘスス礼拝堂と書かれたプレートが埋め込まれている。正面祭壇の左角に置かれた聖フェリーペ立像には、願い事が成就した暁に奇蹟のお礼の印として納めるミラグロスがかけられている（図II-3-35）。信者たちの話によれば、崇拝が始まり、その後暫くして、礼拝堂を建てることになった。祝典のための「九日間の祈り」や宗教行列が出るなど、熱心に崇拝されている。

もう一か所はバージェ・アラメダ地区で、やはりこちらも住宅街である。いつ頃から聖フェリーペが崇拝されているのかについてははっきりしないが、ここの聖フェリーペ・デ・ヘスス教会堂は新築されてさほど時が経っていないようであった（図II-3-36, II-3-37, II-3-38, II-3-39）。

三か所目は、ケレタロ市郊外に位置するチチメキージャス村の聖フェリーペ・デ・ヘスス教会堂である（図II-3-

736　そこはゴミ捨て場であったという。

737　メキシコ市ではこの他、三つの像が見つかっている。ひとつは、メキシコ市南部に位置するコヨアカン地区の聖フランシスコ会教会堂（図II-3-27）に、一体の聖フェリーペ立像が、主祭壇に向かって右側の中央右寄りの壁面に設置された祭壇に祀られている（図II-3-28a, 28b）。こちらは十九世紀末から二十世紀の作品と考えられる。二つ目は、メキシコ市旧市街の周辺部に位置する、聖イポリト教会堂（図II-3-29, II-3-30, II-3-31）に祀られている。二十世紀前半に制作されたと思われる聖フェリーペ像である。これは磔刑姿となっている。三つ目は、市内南部のトラルパン地区にあるラス・クエバス・サン・アグスティン聖堂に、二十世紀中頃以降の作と考えられる聖フェリーペ立像が納められている（図II-3-32, II-3-33a, 33b）。この聖堂は、十六世紀に建てられた教会堂で、長い間、アグスティヌス修道院として使われていた。そのため、現在も、「旧アグスティヌス会修道院（Ex convento de San Agustín）」と呼ばれることが多い。

738　二〇一六年八月三十日に実施した教会堂付司祭フェルナンド・ディアス・アレオラとのインタビューによるものである。

739　これらの教会堂はペンテコステ教区に属している。

上・図Ⅱ-3-26a
メキシコ市聖フェリーペ・デ・ヘスス地区聖フェリーペ・デ・ヘスス教会堂
下右・図Ⅱ-3-26b
正面入口付近
下左・図Ⅱ-3-26d
聖フェリーペ立像

図Ⅱ-3-26c　正面入口から見た教会堂内部　正面が祭壇

上・図Ⅱ-3-27　メキシコ市コヨアカンのフランシスコ会系サン・フアン・バウティスタ教会堂外観

上・図Ⅱ-3-28a　同教会堂側壁のフェリーペが納められている祭壇／下・図Ⅱ-3-28b　同祭壇に祀られた聖フェリーペ像

上右・図Ⅱ-3-29　メキシコ市のアラメダ公園近くにある聖イポリト教会堂外観／上左・図Ⅱ-3-30　聖イポリト教会堂のステンドグラスのひとつに描かれた聖フェリーペ像／下・図Ⅱ-3-31　聖イポリト教会堂の聖人たちの礼拝堂に置かれた十字架姿の聖フェリーペ・デ・ヘスス像

図Ⅱ-3-32　メキシコ市南部トラルパン地区の聖アグスティヌス教会堂正門

図Ⅱ-3-33a　聖フェリーペ立像がある教会堂内別室

図Ⅱ-3-33b　別室に置かれた聖フェリーペ立像

図Ⅱ-3-34a ケレタロ市コセーチャ通り 27 番地にある聖フィリーペ・デ・ヘスス礼拝堂外観

図Ⅱ-3-34c
教会堂正面入口横に埋め込まれたプレート

図Ⅱ-3-34b
交差した槍がデザインされた入口と扉

図Ⅱ-3-35a　教会堂内部。奥が祭壇部分で、向かって左隅に聖フェリーペ立像が見える

上・図Ⅱ-3-35b 正面祭壇付近の聖フェリーペ像と右側廊のグアダルーペの聖母の絵姿／下左・図Ⅱ-3-35c 正面祭壇角に祀られている聖フェリーペ立像／下右・図Ⅱ-3-35d　聖フェリーペ立像にかけられた祈願成就の返礼として信者が奉納するミラグロス（銀などの小片）

図Ⅱ-3-36　ケレタロ市フランシスコ・モンテス通りにある聖フェリーペ・デ・ヘスス教会堂

図Ⅱ-3-37a　教会堂主祭壇

図Ⅱ-3-37b　主祭壇の横に見える聖フェリーペ立像とグアダルーペの聖母の絵姿

右・図Ⅱ-3-38　教会堂の納骨堂の前部屋の壁にかかっている聖フェリーペの十字架の道行き姿
／左・図Ⅱ-3-39　教会堂前に広がる庭に設置された聖フェリーペ立像

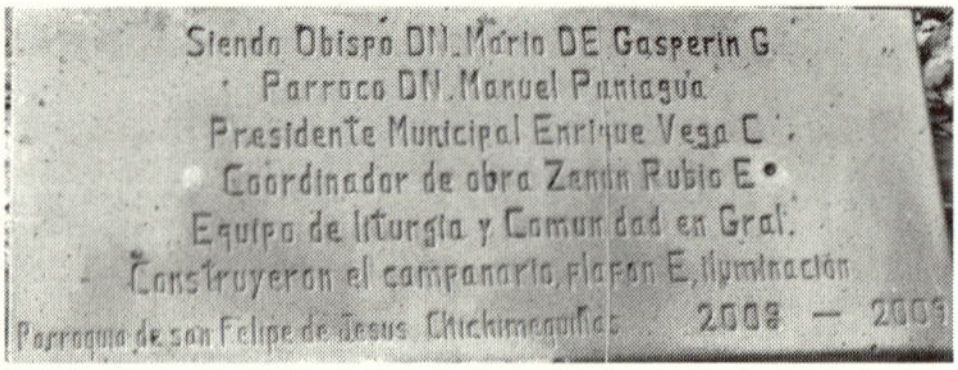

右上・図Ⅱ-3-40a　ケレタロ市近郊のチチメキージャス村の聖フェリーペ・デ・ヘスス教会堂外観／右下・図Ⅱ-3-40b　教会堂の外壁に添えられた記念板。教会堂建設に関する内容が記されている／左・図Ⅱ-3-40c　教会堂正面入口上部に設置された聖フェリーペ立像

40）。その崇拝は二十世紀中頃に始まったようだが、現在の教会堂は二〇〇八年に建設された。この教会堂では正面入口の最上部に聖フェリーペ立像（図 II-3-40c）が立っている。また内部の正面祭壇にもう一体祀ってある（図 II-3-41, II-3-42）。その他、教会堂前にある広場の入口付近には二〇一一年に設置された聖フェリーペ立像もある（図 II-3-43）。立像の台座にはめ込まれたプレートに、聖フェリーペがこの村の守護聖人となったのは一九六三年であると記されていることから、その決定は列聖百周年の影響を受けたと考えられる。因みに、この村では二月五日にかなり大掛かりな祝典を行っているという。[740]

続いて、プエブラ市内で二十世紀に入り設置されたと考えられる像を紹介していく。聖アントニオ・デ・パドゥア教会堂に現在祀られている聖フェリーペ像が二〇一〇年に設置されたことは既に触れた（図 II-3-44）。その隣にある、現在サグラーダ・コラソン尼僧会が管理している児童養護院兼私設小学校ラファエル・エルナンデス・ビジャールにはかつてフェリーペが実際に寝起きしていたと言われる部屋がある。その部屋は現在聖フェリーペ・デ・ヘスス礼拝堂となっており、そこには一体の立像が置かれ、祭壇が設置されている（図 II-3-45）。この礼拝堂は二〇〇四年に改築されたばかりで、飾りつけはあまりされておらず、簡素な感じがする小綺麗な礼拝堂である。

このように、聖フェリーペは、二十世紀に入ってからも人々の間で崇拝され続けて来た。副王領時代には、クリオージョのシンボルとされ、独立後の十九世紀には、グアダルーペの聖母の横に並び、その後、複雑な経緯を経て、十九世紀末の一八九七年に初めてその名を冠する教会堂が建立されると、崇拝は大衆化に向かい、地方の大聖堂にその像が納められるようになった。

本節で紹介したこれらの新しい聖フェリーペ像の奉納に加え、本書附録として添付した「調査報告」で扱う、メキ

740　二〇一五年二月五日の祝典の様子がインターネット上で紹介されている。https://es-es.facebook.com/pages/Chichimequillas-Tradiciones-Y-Fiestas-Patronales/110901455702702（二〇一五年二月一八日）"Chichimequillas Tradiciones Y Fiestas Patronales" というタイトルで探すことができる。

図Ⅱ-3-41a　教会堂内部

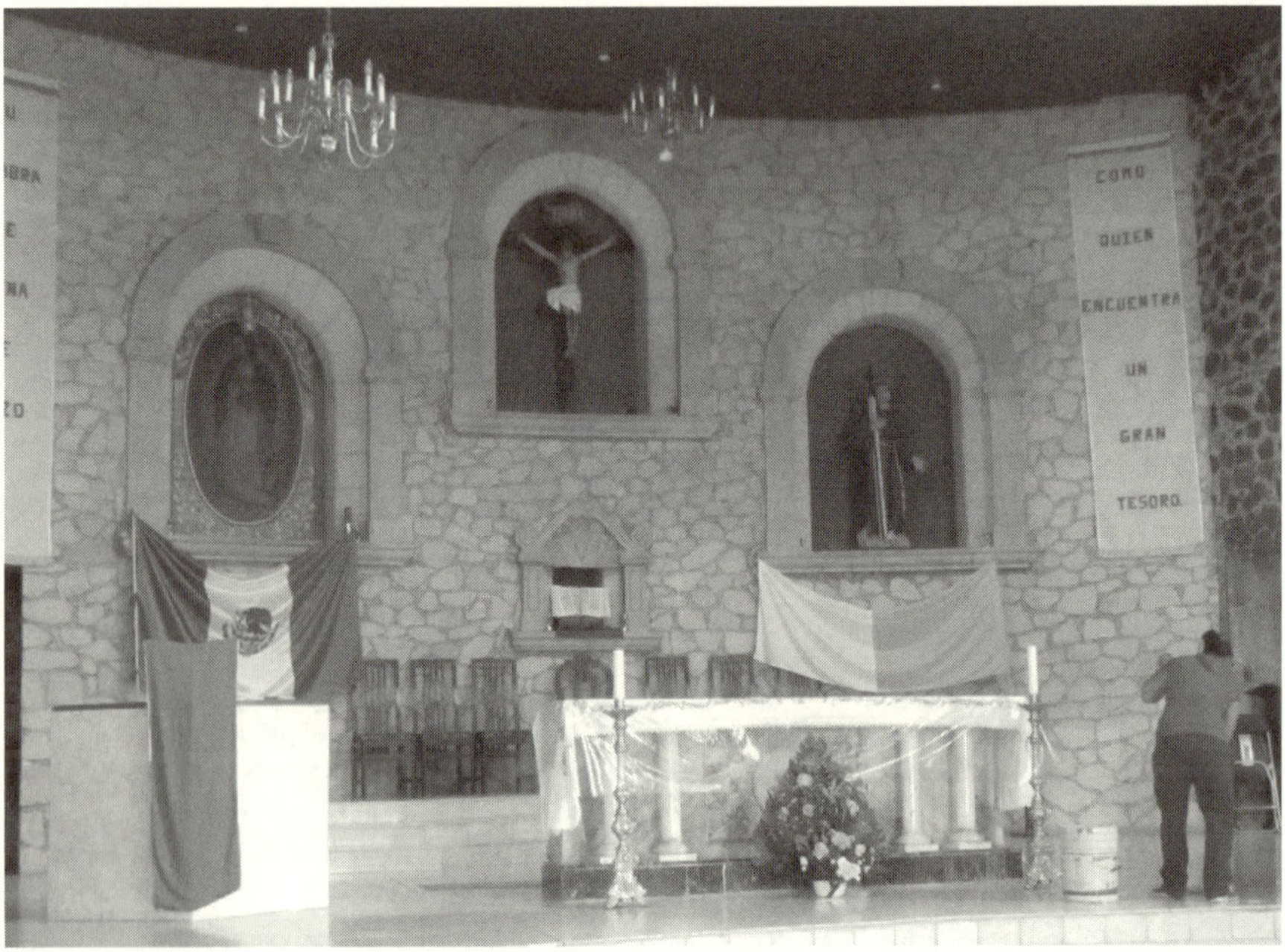

図Ⅱ-3-41b　主祭壇

図Ⅱ-3-42
主祭壇に祀られている聖フェリーペ立像

図Ⅱ-3-43
教会堂前の広場に設置された聖フェリーペ立像

図Ⅱ-3-44　プエブラ市の聖アントニオ・パドゥア教会堂の2010年の礼拝堂改装によって、新たに祀られた聖フェリーペ立像

シコ国内の聖フェリーペの名を冠した教会堂に関する報告を合わせて考察すると、二十世紀における聖フェリーペ崇拝の状況がより一層明らかになろう。例えば、聖フェリーペの名を冠した教会堂がある地域では、例年二月五日に盛大な祝典を上げるところが多く、熱心な宗教活動をしていることが把握できる。

聞き取り調査で、このような聖フェリーペ教会堂がある地域では、その多くの地域で、「若者の聖人」という新しい解釈がなされていることも明らかになってきた。[741] 聖フェリーペ崇拝は、二十世紀に入り、大衆化されると同時に、新しいイメージとともに普遍的なひとつの崇拝へと変容しつつあると考えられる。

最後に、聖フェリーペ崇拝に関する近年の突然の思いがけないエピソードを紹介したい。二〇一二年の列聖百五十周年に際し、六月八日にバチカンをはじめ、日本やメキシコでも祝いの行事が執り行われた。この年、聖フェリーペ崇拝に新たな出来事が生じた。

　二〇一二年八月八日にメキシコ・カトリック教会が、聖フェリーペを「ニートのための聖人」として選んだという記事が新聞に掲載された。[742]その記事によれば、聖フェリーペが「ニートのための聖人」に選ばれた理由は、若気の至りで、道を外れた人生を歩んだ時期があったからということである。

　これに対して、誤解が起きないようにと、カトリック系サイトにメキシコ大司教区青年部司祭ファン・ホセ・セデーニョ神父がわざわざ次のようなコメントを寄せている。


　ニートのための聖人で構わないが、実際のフェリーペ・デ・ヘススは、殉教した時点では熱心なカトリック信者であり、自ら進んで精進していた。[743]

　その数年後、筆者は、右のコメントを述べた司祭セデーニョにインタビューをする機会を得た。司祭によれば、「グアダルーペ大寺院の司祭が、聖フェリーペをニートの聖人とすべきだという意見を述べたに過ぎず、教会が正式に肩書きを授与したわけではない。そこで、その記事に関して、右のような見解を示した」ということである。[744]

741　筆者は、二〇〇三年にアメリカ合衆国南部のメキシコ系移民が多く住む地域で聖フェリーペ崇拝の調査を実施した。その際、いくつかの聖フェリーペ・デ・ヘススの名を冠する教会堂を確認した。米国南部でも、二十世紀の終わり頃に建てられたものが多く、「若者の聖人」という理解で、新たに地域の崇拝として広がる傾向にあることが推測される。

742　このような状況に至るまでの詳細については現在まだ未調査である。Héctor Figuero. intitulado, "El patrón de la capital ampara a los ninis. El primer santo mexicano ni estudia ni trabaja: los jovenes desocupados podrán rezarle al martirizado en Japón," en el periódico *Exsercior*, 08 de agosto de 2012, http://www.excelsior.com.mx/2012/08/08/nacional/852306

743　Alejandro Ledesma Solórzano. "¿Santo de los ninis?" "Canónización", en 08 agosto de 2012, http://www.es.catholic.net/empresarioscatolicos/433/1643/articulo

744　このインタビューは二〇一六年九月六日に実施されたものである。

図Ⅱ-3-45　児童養護院兼私設小学校ラファエル・フェルナンデス・ビジャール内の、フェリーペ・デ・ヘススのかつての居室。現在は礼拝堂になっている。

ことの次第は、聖フェリーペを「ニートのための聖人」として扱うのはどうかという、ひとりの神父の意見を耳にした新聞記者が、あたかも教会がそういった決定を下したかのようにみなしたということのようだ。

こういった解釈のずれはさておき、二十一世紀においても聖フェリーペ崇拝は、若者と関連する崇拝として、若い信者にも関心を持たれるように、教会によって配慮されている。その礎となっているのが、十八世紀に創作された「イチジク伝説」である。近年ではさらに、北の隣国アメリカ合衆国でも聖フェリーペの名を関する教会堂が数多く見られ、米国内のメキシコ人移民が住む新しい居住地域へと崇拝が広まる傾向が見られる。十九世紀半ばに新た奇蹟のイチジク伝説が付加され、大衆化へ向かったこの崇拝は、今後も変容しながら、その普及が続く傾向にあるようだ。

おわりに

それぞれの崇拝には始まりがある。一般にマリア崇拝に関しては、顕現（出現）がそれである。聖人の場合も、奇蹟や殉教という事象がその始まりとなる場合が多い。本書で扱った殉教者フェリーペ・デ・ヘスス、俗名フェリーペ・デ・ラス・カサスに対する崇拝は、それらとは異なる。本書ではこの崇拝の歴史的変遷を紐解き、その始まりから現在までの特性を明らかにしてきた。

その歴史的過程は大きく二つに区分することができる。ひとつは、聖フェリーペ崇拝が始まった副王領時代である。この時代は、フェリーペと同じクリオージョらの努力によって崇拝が形成・普及されてきた。いわゆる、クリオージョのシンボルとしてのフェリーペのイメージが創られた時期と言える。

もうひとつは、独立国家時代から現在に至るまでである。こちらは崇拝の変容期である。一般的にその時代に、聖フェリーペの記憶は人々の心から消え去り、その崇拝は廃れたという見方がされる。根拠となるのは、独立がもたらすクリオージョの概念の消失である。それにより、彼らのシンボルであった聖フェリーペの必要性も消滅したという想定である。しかし、実際にはそうではなかった。社会が政治的に混沌とする時代が訪れ、政治上の必要性によって、聖フェリーペ崇拝は副王領時代にも増して利用されている。それは政治摩擦故に維持され、そのイメージは、その時々の社会状況の中で変容を続けた。

おわりにでは、崇拝の始まりから二十一世紀に至るまでの形成・普及・変容の過程を振り返りながら、その意義をまとめていくことにする。

まずフェリーペの生前を辿る。幼少期、フランシスコ会に入会したという青年期、マニラでの修道院の生活などが語られてはいるが、実は、そのほとんどが正確には把握できていない。従って、二十数年という短い人生で、彼が、いつ何をしたのか、今ひとつ明らかではない。また、崇拝が始まるきっかけとなるような「奇蹟」は一切見られず、帰するところ、聖フェリーペの場合、その人生で注目すべき出来事は殉教以外にはないのである。

確かにこの殉教は、確かに人々の感動を呼んだが、本書でも見てきたように、メキシコにおける崇拝の直接の始まりにはならなかった。一五九八年十二月、殉教の知らせがマニラ経由で日本から届いた際に、メキシコ市出身の一人のスペイン人が共に殉教したことは伝わっていたはずである。にもかかわらず、人々の話題に上った様子は見当たらない。

一方、その三十年後、列福の知らせが届いた時の反応は迅速で、反響は大きかった。それらが聖フェリーペ崇拝の始まりの兆しとなった。まさに一六二八年夏、その知らせが到着した時のことである。

最初に動いたのは、フェリーペと同じクリオージョ出身の神父たちだ。メキシコ市参事会に祝福のミサを願いでた。時を経ずして、フェリーペをメキシコ市の守護聖人へと担ぎ上げた。さらには年祭も申請した。それでも、そういった機敏な動きも、崇拝の確固たる土台を築くことはできなかった。何故なら、守護聖人に選ばれた故に始まった年祭は、豪雨という自然現象により、一度の開催で途切れてしまったからである。

一般に、大災害から立ち直るためには何年もかかる。実際、ひとたび豪雨で中止された聖フェリーペの年祭再開が申請されるのに六年かかっている。始まりかけた崇拝にとって、その前途はけっして明るくなかったことだろう。だが、クリオージョ聖職者たちは諦めなかった。崇拝を今一度原点に戻し、さらにより広い普及のきっかけを作ろうと、この年祭の再開申請を活用した。その際、聖フェリーペのための教会堂の建設と、同時に聖遺物の入手も請願している。幸い、これらは却下されることはなかったが、その実現は容易なことではなかった。

では、聖フェリーペ崇拝の確固たる礎はいつ築かれたのであろうか。ここで一六三八年の出来事に注目したい。本書で述べてきたように、十六世紀半ば過ぎに建築工事が始まり、建設途中ながらその壮大さが見え始めた大聖堂内に聖フェリーペ礼拝堂が設置された。筆者は、この礼拝堂設置が聖フェリーペ崇拝形成の真の礎となったと考える。

この設置は、国王の勅書を得て実現したことであり、当時としては最高の公的性格を持った事象と言えるものであった。大聖堂内部には礼拝堂は左右合わせても十四堂しかない。その中で正面向かって左側の主祭壇に最も近いところに位置する礼拝堂が聖フェリーペに捧げられた。それがどれほど人々の目を引いたかを想像するのは容易であろう。

因みに、当時のメキシコ市は世界最大とも言われる現在のそれと比べると百分の一ほどの大きさで、南北二キロメートル、東西一・五キロメートルほどの、湖に浮かぶ小さな島であった。しかし、そこには石造りの家々が立ち並んでいた。聖フェリーペの年祭の日の宗教行列はこの町全域を練り歩くといったもので、当時メキシコで行われていた最も盛大な祝祭のひとつと言える。その日は、住民たちに否が応でも聖フェリーペを思い起こさせたことであろう。それは、人々を聖フェリーペ崇拝へと誘ったはずである。大聖堂内礼拝堂に奉納された聖フェリーペの磔刑姿と、それに加えて、再開された盛大な年祭が崇拝の普及に大きく貢献したことは間違いない。

こうして大聖堂の中でその姿が拝まれることになった聖フェリーペであるが、それで事足りたというものではなかった。崇拝を確かなものにするために一層の努力が続けられた。その試行錯誤は、副王領時代が終焉するまでの二世紀にも亘り続くのである。それは「イメージの創造」という形で行われた。

最初のイメージとなる、その胸の「三つの傷跡」はかなり早い時期に創作された。一六二九年のことである。聖フェリーペの死を、キリストのそれと類似させるために考えられたのだ。それを一六四〇年、当代きっての説教者ミゲール・サンチェスが具現化した。すなわち、キリストとの類似性という聖フェリーペの特別な聖性を創り上げた。同時に、サンチェスは、フェリーペをクリオージョ聖人として認識し、彼らクリオージョのシンボルとなる聖人であることを意識させた。

それ以降、十七世紀及び十八世紀を通じて、多くのクリオージョ聖職者がサンチェスに続いた。彼らは聖書に記された様々な場面を可能な限り聖フェリーペと関連付け、次々とその聖域を広げていった。すなわち、キリストとの類似点の模索に始まった、より崇高な聖性を得るための「イメージの創造」であった。

それは殉教しか語るべき材料がなかった人物への崇拝を維持するために必要不可欠なことであった。まさに、まっ白なキャンバスに思い思いの絵を描くようなものであったことだろう。聖フェリーペの祝日に説教を行う聖職者たちは、磔刑という事実を踏まえ、そのイメージを膨らませた。制限はなかった。そこにあったのは、聖性をより高めなくてはならないという各自の思いだった。フェリーペが、生前、取り立てて語るべき行いをしていないことが、むしろ、幸いしたのかもしれない。

そういった創られたイメージを人々に伝えたのは、毎年の祝日の説教である。十七世紀は、大勢の前での説教は、現在のテレビやインターネットに匹敵する最大の広報活動であったと言える。教会堂での説教は、広範囲への伝達の最適な方法であった。その内容が、人々の話題となり、伝わっていく。それは、町々を渡り歩く物売りたちによってより遠方へと運ばれていった。

幸いにも、聖フェリーペに捧げられた説教は、随時印刷され残されてきた。現存のこれらの説教録の多くは、この新大聖堂での説教を記したものである。そこには聖人を崇め、その聖性をより高めるための言葉が溢れている。同じく、広報という意味では、聖像や聖画も重要である。聖フェリーペの図像は広く一般の信者にその崇拝を伝えるための媒体であった。一六二九年以降、副王領時代を通じて、キリストとの類似が指摘され、磔刑、復活を意味する図像が制作され、人々の前に置かれた。聖画ではその背景にまだ見ぬ日本の景色も描かれた。

作品の表現の違いには理由や目的がある。それを知るには、例えば、その時代ごとの社会状況も考察する必要がある。まず十七世紀の間は、三つの傷跡によるクリオージョ聖人フェリーペとキリストの類似性の指摘であった。それを創出したのが確立されたばかりの「クリオージョ意識」である。それは聖フェリーペのメキシコ化へと繋がっていった。同時に聖フェリーペの聖性を高めた。それは聖フェリーペの偉大さをヌエバ・エスパーニャ社会に、さらには、ペニンスラーレスに認めさせることであった。

それが、十八世紀に入ると変化を見せる。聖フェリーペの祝日の説教での表現はそれまでとは異なるように見える。聖フェリーペの聖性を高めるという意味では、同様であるが、それまでのように、その存在を単に認めさせるためではなく、スペインを意識し、スペインと同等であることを敢えて問いただすような言葉が並んでいるのだ。

例えば、ペセジンは、聖フェリーペとスペイン国王を共に五番目のフェリーペとして捉える。デル・リオは敢えて、「こちらではクリオージョ、あちらではカスティジャーノ［カスティージャの人］」という、単刀直入な表現でその考えを示している。バルデスにいたっては、聖フェリーペはスペイン国王の誇りであると明言する。クリオージョらはスペイン本国人と同じ位置付けとなるのである。

こうして見ていると、彼らの努力は、決して崇拝の普及のみを目的とせず、それはむしろひとつの手段であった。その崇拝を通じて自分たちの存在の意味を問い続けたのである。その解答は、スペイン人の血が流れる者であり、スペイン本国人と対等な存在となる、あるいは、それ以上の優れた存在となることだったのではないだろうか。それはいみじくも自分たちの能力の高さを認識させることであった。それがスペインからの独立への希望へと繋がったと言える。しかしその過程において聖フェリーペの立場は、スペイン性を持つが故に微妙な社会的位置付けとなった。

メキシコ独立後、変化が訪れた。一八二一年以降、クリオージョという概念が徐々に消滅すると、それにより、独立後の聖フェリーペ崇拝の意義は、政治的なそれへと変わっていく。

聖フェリーペの本来の特徴は一貫してスペイン性である。この聖フェリーペのスペイン性は、政治の場で利用されることになる。それを利用したのが、やはりスペイン性を維持し続けた保守派政治家であった。本書で指摘してきた「国民の祝日」としての聖フェリーペ崇拝の意味を思い起こしていただきたい。独立はしたが、政権の中枢には、旧反乱軍派と旧副王軍派の政治家が入り乱れており、後者の中に聖フェリーペのイメージを忘れられない者たちがいたのである。グアダルーペの聖母と並んで扱われたのはこの出来事が最後となる。副王領時代にグアダルーペの聖母とともにクリオージョのシンボルであった聖フェリーペであるが、独立とともに国家のシンボルとなっていくグアダルーペの聖母の横に並ぶことはもはやなくなっていった。

しかし、保守派のための象徴的な崇拝であり続けた聖フェリーペ崇拝は、それにより、政治闘争の中でも翻弄された。政権が保守派か自由派かでその開催が左右された、十九世紀半ばの聖フェリーペの祝日の式典が如実にそれを物語っている。政教分離が激しくなる十九世紀半ば以降、メキシコ・カトリック教会を代表する崇拝のひとつでもあった聖フェリーペ崇拝は、ますます政治色を強められ、教会の国政に対する抵抗のイメージが聖フェリーペのそれに重なっていく。

この頃崇拝に大きな変化が訪れる。大衆化である。そのきっかけとなったのが、メキシコに渡ったフランス人エドゥアルド・リヴィエラの歴史小説の中で創出された「イチジク伝説」である。聖フェリーペの存在は、その伝説を中心とした劇の舞台化によって一般市民の間に急速に浸透していく。それまでにはなかったイチジクの木の奇蹟の話が聖フェリーペ殉教物語に加えられることにより、聖フェリーペ崇拝はより親しみのあるものとなり、フェリーペは一般庶民が語る聖人へと変わっていったのだ。それは、聖フェリーペのかつてのスペイン性を人々に忘れさせた。聖フェリーペは庶民を代表するメキシコ人となったのである。そこに正式な聖人の称号が重なっていく。

十九世紀半ばに生まれたこの伝説は、二十世紀に刊行された劇画にも受け継がれ、物語の重要な要素となった。その結果、「伝説」は聖フェリーペ崇拝のさらなる大衆化への役割を担うのである。この大衆化は、その崇拝の意味も大きく変えた。長い間宗教的役割は二の次とされる傾向にあった崇拝を、純粋な崇拝の対象、つまり、普遍的宗教への道へ誘ったのである。

この伝説の誕生とは別に、もうひとつ変化が見られる。本書で時代ごとに触れてきた、キリストとの類似を示す図像、「磔刑」「復活」に、新たな図像が加わるのだ。それがフェリーペに欠けていた姿、「十字架の道行き」で、一八九七年、殉教三百年記念行事の際のことである。その年の二月五日、メキシコ市中心街に「聖フェリーペ・デ・ヘスス国民総懺悔の教会堂」が建てられ、そこに「十字架の道行き」の聖フェリーペの絵姿が奉納された。これにより、パズルの最後のピースがはめられたように、キリストと類似する聖フェリーペのイメージが完成したのではなかろうか。それは庶民のための聖人というイメージに繋がった。

こうして、独立、内乱を耐えた崇拝はその後も、改革、独裁政治という激動の時代とも言える十九世紀後半を生き延びたのである。そういった流れのなかではフェリーペのスペイン性はもはや問われなくなっていた。

二十世紀になると、メキシコ各地で、聖フェリーペの名を冠する教会堂が数多く建てられた。独立とともにその役割を終え静かに消えていったと捉えられていた聖フェリーペ崇拝が、実は下火になるどころか、広まっているのである。その増加する教会堂の数がそれを物語る。そこでは、ほとんどの場合、立像が納められている。一方、教会堂で売られる絵札には、「立像」か「十字架の道行き」が描かれた。

二十世紀も半ばになると、人々が語るフェリーペのイメージにも新たな変化が見られる。「抵抗のシンボル」から「若者の聖人」、即ち、「若者の象徴」となる。これは二十世紀に入ってからの聖フェリーペに関連する一連の記念行事が影響していると考えられる。とりわけ、一九六二年の「列聖百周年記念」が、人々の心を揺さぶる。男の子が生まれたら、一人はフェリーペ・デ・ヘススという名前を授けることを望んだ親が数多く現れ、聖フェリーペは一般庶民に慕われる聖人となっていた。この時期の聖フェリーペ崇拝に関しては、本章の最後に紹介したエピソードや「附録」として添えた拙稿がその状況を示している。

このように、聖フェリーペ崇拝は社会での必要により始まり、要求に応じてその有り様を変容させてきた。そして、二十世紀半ばになり、漸く、カトリック崇拝のひとつとして人々の中に普及したのである。かつての政治に翻弄された聖フェリーペ崇拝を思い起こす人も既にいない。聖フェリーペ崇拝は、カトリックのひとつの普遍的信仰へと変容していった。国民の九割近くがカトリック教徒と言われるメキシコでも、近年、若者の宗教離れが顕著になっている。そういった中で、敢えて、若者の聖人として紹介される聖フェリーペは、若者とカトリックを繋ぐ役割を与えられたと言える。

こうして変容を遂げた聖フェリーペ崇拝であるが、メキシコ独立後に政治の世界で翻弄されたイメージは、完全には払拭されていない感がある。本書で紹介した一九八〇年代に生じたアカプルコ事件を思い出していただきたい。筆者は新聞記事を通じて事象の解明を試みた。それを詳細に記すことはできたと思うが、残念ながら、その真意が明らかになったとは言えない。今後も引き続き、聖フェリーペ崇拝の展開を静観していきたい。

ここで聖フェリーペ崇拝の意義に対する過小評価の修正という視点から見解を付け加えたい。序章で指摘したように、聖フェリーペはグアダルーペの聖母と比較すると、歴史的重要性は、その足元にも及ばないと理解されている。しかし、十八世紀初めにグアダルーペの聖母崇拝がメキシコ全土に急速に広がるまでは、聖フェリーペは、グアダルーペの聖母に勝るとも劣らないクリオージョのシンボルという役割を果たしていた。それは十七世紀後半の聖フェリーペ崇拝を見れば明らかである。とりわけ、その崇拝の普及が加速された十七世紀中頃は、グアダルーペの聖母以上に重要なシンボルであった。つまり、聖フェリーペ崇拝はかつて、グアダルーペの聖母崇拝に先んじてクリオージョのより高い関心を得た、重要かつ必要不可欠な崇拝であったと言える。

加えて、歴史的事象の解釈はひとつではない。視点が異なればその見方も当然変わる。長崎殉教事件は、かつてキリスト教の世界的宣教が展開されようとしていた中での出来事であり、カトリックの歴史において重要な意義を持つ事象であった。それは殉教事件後の秀吉のフィリピン総督宛の書簡から分かるように、両国の政治経済的問題を引き起こしかねない事件でもあった。

一方メキシコでは、聖フェリーペの殉教事件を語る言葉として「Protomártir de Japón（日本における最初の殉教者）」「Nangazaqui」「Taycozama」という三つの言葉が用いられてきた。とりわけ、前者の二つ（二つ目はNagasaki）は現在においても使われており、これらが長きに亘りメキシコに日本という国の存在を伝え続けてきたのである。

これまで見てきた膨大な史料の中で、唯一、エドゥアルド・エンリケ・リオスが一九四三年に出版した『*Fray Felipe de Jesús: el Santo Criollo*（修道士フェリーペ・デ・ヘスス——聖人クリオージョ）』の中で、「ああ、日本よ、神はお前を罰するだろう。なぜなら正しい者をこのように扱うからだ、と皆が声を合わせた」と処刑の場面を説明する際に、書いているのみである。しかしこれは、「太平洋戦争」という時代の為せる業と言えよう。

この唯一の否定的な見方も含め、メキシコにおいて聖フェリーペは、説教やその記録、さらに聖画や聖像を通して、はるか彼方の日本という一国の存在、太平洋の反対側に位置するアジアの存在をメキシコの人々に伝える媒体であり続けた。その意味で、聖フェリーペの殉教は環太平洋交流史の一環であり、日本とメキシコの交流の始まりという視点から考察することも必要と考える。

また、本研究において、今後に課題を残したことも認識している。先に述べたように、本書で筆者は、聖フェリーペ崇拝史の全容解明を念頭において、それがいつ始まり、いかなる歩みをしてきたか、十七世紀以降現在までの歴史を明らかにしようと努めた。しかし、全容解明には至っていない。とりわけ、聖フェリーペ像や聖画が祀られている教会堂については、かなりの数の存在を把握したが、その歴史的経緯の調査を完結することはできなかった。今後も調査を続ければ同国内の各所に見られる聖フェリーペ崇拝の痕跡が、さらに明確になるであろう。近年では、北の隣国アメリカ合衆国でもメキシコ人移民地区には聖フェリーペ教会堂が数多く建てられている。それらも含め、詳細な調査をしていくことにより、崇拝史の全容解明に一層近づくことが可能となる。これらの点を今後の課題としたい。

最後に、本書の主題である聖フェリーペ崇拝を多元的かつ多角的に検証・考察するために、文書中心主義的なアプローチに固執せず、社会学的あるいは美術史学的な視野も含め、多様な資料に目を通し、総合的な分析を行ってきた。これによって、これまで見えなかった聖フェリーペ及びその崇拝がより明確なものになったと確信している。

残念なことは、筆者は美術史学を専攻としておらず、図像の分析に緻密さを欠くことである。今後は美術史学と真摯に向き合い、本研究の次の段階に結びつけていきたい。

追　記

この原稿の執筆も終わりに近づいていた二〇一七年十二月七日、新メキシコ大司教カルロス・アギアール・レテスが誕生した。その就任式が翌二〇一八年二月五日聖フェリーペ・デ・ヘススの祝日にメキシコ大聖堂で行われた。

二〇一八年春の渡墨の際に筆者は、メキシコ市大司教にインタビューを申し出た。そして三月十八日午後、大司教がグアダルーペの聖母大寺院でミサを行う際にインタビューが実現した。その際、就任式が二月五日に行われた理由を伺った。「二月五日が、聖フェリーペの祝日であり、さらに憲法記念日であること、宗教的にも政治的にも重要な日であること」、それが理由であった。

史料集

バルタッサール・デ・メディーナ
1683年聖フェリーペ・デ・ヘスス殉教物語表紙

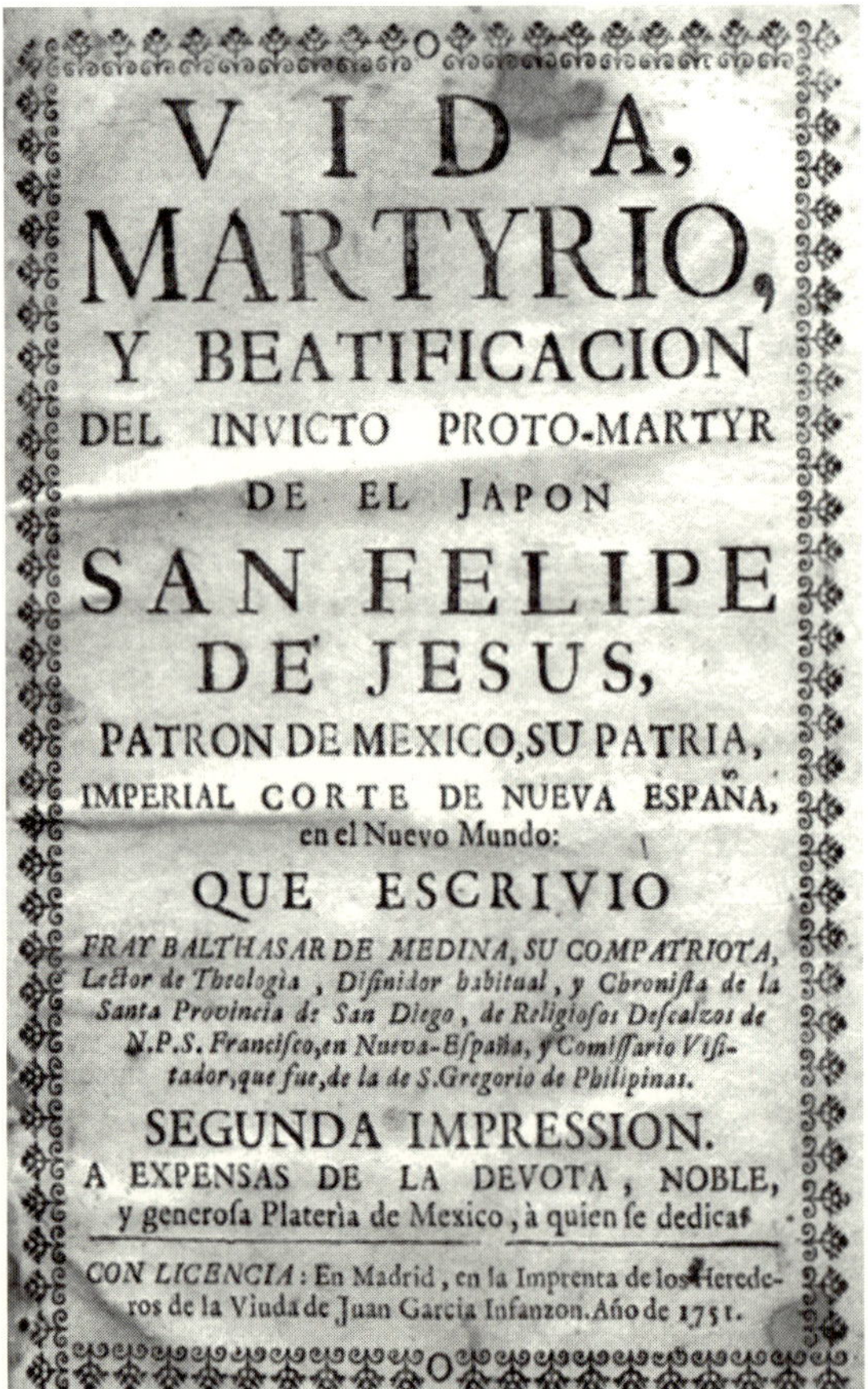
VIDA,
MARTYRIO,
Y BEATIFICACION
DEL INVICTO PROTO-MARTYR
DE EL JAPON
SAN FELIPE
DE JESUS,
PATRON DE MEXICO, SU PATRIA,
IMPERIAL CORTE DE NUEVA ESPAÑA,
en el Nuevo Mundo:
QUE ESCRIVIO
FRAY BALTHASAR DE MEDINA, SU COMPATRIOTA, Lector de Theologia, Difinidor habitual, y Chronista de la Santa Provincia de San Diego, de Religiosos Descalzos de N.P.S. Francisco, en Nueva-España, y Comissario Visitador, que fue, de la de S. Gregorio de Philipinas.
SEGUNDA IMPRESSION.
A EXPENSAS DE LA DEVOTA, NOBLE, y generosa Platerìa de Mexico, à quien se dedica.

CON LICENCIA: En Madrid, en la Imprenta de los Herederos de la Viuda de Juan Garcia Infanzon. Año de 1751.

モンテス・デ・オカ版画集
1801年にメキシコ市で印刷された版画集『日本の最初の殉教者でメキシコの守護聖人、聖フェリーペ・デ・ヘススの人生』29点 （初版、メキシコ国立自治大学内メキシコ国立図書館所蔵）

Montes de Oca, José María, *Vida de San Felipe de Jesús protomártir del Japón y patrón de su patria México*. México, Calle del Bautisterio S. Catalina M., núm. 3, 1801.

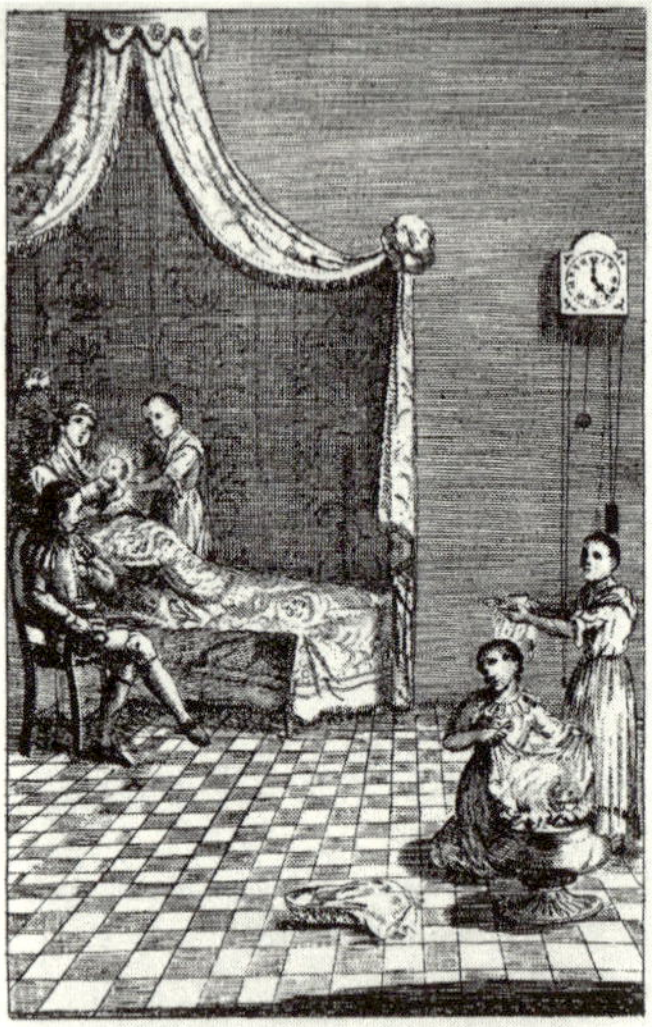

Segun las pruebas qe hasta aqui se han hallado Nacio el Bienaventurado Felipe de Jesus; el dia primero de Mayo del año de 1574

Montes de Oca f

※ 487 頁参照

Se congetura por las pruevas que se hantenido presentes, que el Bienaventurado Felipe de Jesus se Bautizo el dia primero de Mayo del año de 1575

Estudia el Biendo Felipe de Jesus la Gramatica con el memorable P. Pedro Gutierez, en el Colegio Moximo de Sn Pedro y Sn Pablo

Toma el Bienaventurado Felipe de Jesus el havito de N. P. S. Franco en los Descalsos de la Puebla.

右上→左上→右下→左下の順に進む。

Despachan sus Padres al Bienaventurado
Felipe de Jesus, á las Yslas Felipina, destinad
al Comercio.

Es vencido de la tentacion; el Bien.do Felipe de Jesus, dexa
el havito Religioso, y vuelve al Siglo.

Profesa el Bienaventurado Felipe de Jesus concluido el
Noviciado, y p.r el admirable sobre nombre de Jesus, Renuncia
Ylustre Apellido de las Casas.

Toma segunda vez el havito el Biena.do Felipe de
Jesus, en el Convento de S.ta Maria de los Angeles, de los
Descalsos del S.P.S. Fran.co de la Ciudad de Manila.

Inflamado el Bien.do Felipe de Jesus, en la Caridad, se-
dedica al Cuidado de sus Hermanos Enfermos.

Profeso ya el Biena.do Felipe de Jesus, llega ā-
tal grado su humildad, y abnegacion de si mis-
mo, que ā mas de los Prelados forsosos, se propone
otro privado q.e selase de sus mas pequeñas acciones,

Se entrega el Bienaventurado Felipe de Jesus, ā la Oracion,
y practica de las demas Virtudes.

Hace, el Bien.do Felipe de Jesus, dolorosa Penitencia, p.a
expiar sus pasados estravios.

Pide posada en el Camino, el Bien.do Felipe de Jesus, lo ultraja el Mesonero, y lo desnuda de la Tunica interior

Se embarca, el Bienaventurado Felipe de Jesus, para vol ver á su Patria aparece en el Cielo la prodigiosa Cruz q̃ anuncia su Mar.tirio se levãta una tormẽta y lo arroja á las costas del Japon

Prodigios que presedieron el Martirio del Biena.do Felipe de Jesus y sus Eclarecidos Compá
1. Aparese una milagrosa Cruz en el Corazon de un Ar. Cortando leña un Labrador. 2. Aparese un Cometa con ramales 3. Suda Sangre una Ymagen del Serafico P. S. Fran.co al tiempo q. los Barbaros prendieron al Bien.to Felipe y demas S.tos Ma.

Padece con sus Gloriosos Compañeros, el Bien.do Felipe de Jesus, cruel y amarga Prision

Montes de Oca, [illegible]

Se abraza, el Bien,^{do} Felipe de Jesus, con la cruz en que havia de consumar su Martirio, y prorrumpe en tiernas Expesiones.

Cortan los Berdugos, p^{r}. afrenta, parte dela horeja izquierda, al Bienav^{do}. Felipe de Jesus, y sus Esclarecidos Compañeros.

Publica Dios la Gloria del B.^{o} Felipe y sus Invictos Compañeros, con lenguas de Milagros.

1. Servio una Columna de fuego y se dividio en tres pequeñas, formó diversidad de centellas resplandesientes, y se dexaron ver estrellas de colores. 2 despues de mucho tiempo de estar en las cruses los S. M.^{s} se encuentran deblan... 2 la sangre fresca, hermosas, flexibles, y resplandesientes, 3 No se atreven los innumerables Cuerbos, no solo à tocar los Difuntos cuepos de los M.^{s} pero ni aun bolar por esima de las cruses, ni entrar dentro de la Cerca.

Montesdeoca, fec.

Muere el Bien.^{do} Felipe de Jesus, el primero de sus Compañeros, Crusificado y es atravesado con tres Lanzas, logrando por esto la Palma de Proto-Martir, entre aquellos mismos Proto-Martires.

Consumado el Sacrificio del Martirio buela la venturosa Alma de Felipe à la mancion eterna de la Gloria.

4, Tiembla la tiera en varias ocaciones, y quedan arruinados los Templos de los Ydolos y Palacios, conservandose intactas las Yglecias, y Comventos de los Ministros Catolicos.
5, Se dexa ver la seña de la Cruz en los bestidos de mucho Japones. 6, Llueve Cenisa y tiera roja como sangre.

Da la Bula de la Beatificacion de Felipe, nuestro Santº Padre Vrvano Octavo à catorce de Septiembre del Año 1627.

Los Padres Fr. Mateo de Mendoza, y Fr. Diego de Guevara Augustinos conciertan con quatro Japones Cristianos apoderarse furtivamte de los Cuerpos de los Bienavdos Pedro Bautista y Felipe de Jesus dando diez rs. à cada uno de los dtos. Japones.

Celebra Regozijada Mexico, la Beatificacion de su Esclarecido hijo el Bienaventurado Felipe de Jesus

Nombra la afortunada Mexico por Patron principal al Biena.do Felipe de Jesus, á quien le dio la Cuna

Aparece el Bienaventurado Felipe de Jesus, á su Madre á la hora de la Muerte.

Tocando los umbrares de la muerte la Ylustre Antonia Martinez, tiene la felicidad no concedida hasta ahora a Madre alguna de declarar por hijo el tiempo que otorgaba su Testamento a un Biena.do es decir al Inclito Felipe de Jesus; que era Criollo de esta Ciudad de Mexico.

同作の保存写真版の最初の版画。説明文の誕生年が「1575 年」になっている（注 44, 531 参照）

エドアルド・リヴィエラの版画（六点）
1853年、『聖フェリーペ・デ・ヘスス　メキシコ市の守護聖人　日本の最初の聖人殉教者を崇拝するお嬢さんたちに捧げる歴史宗教小説』と題された小説に挿入された版画（リビエール作）

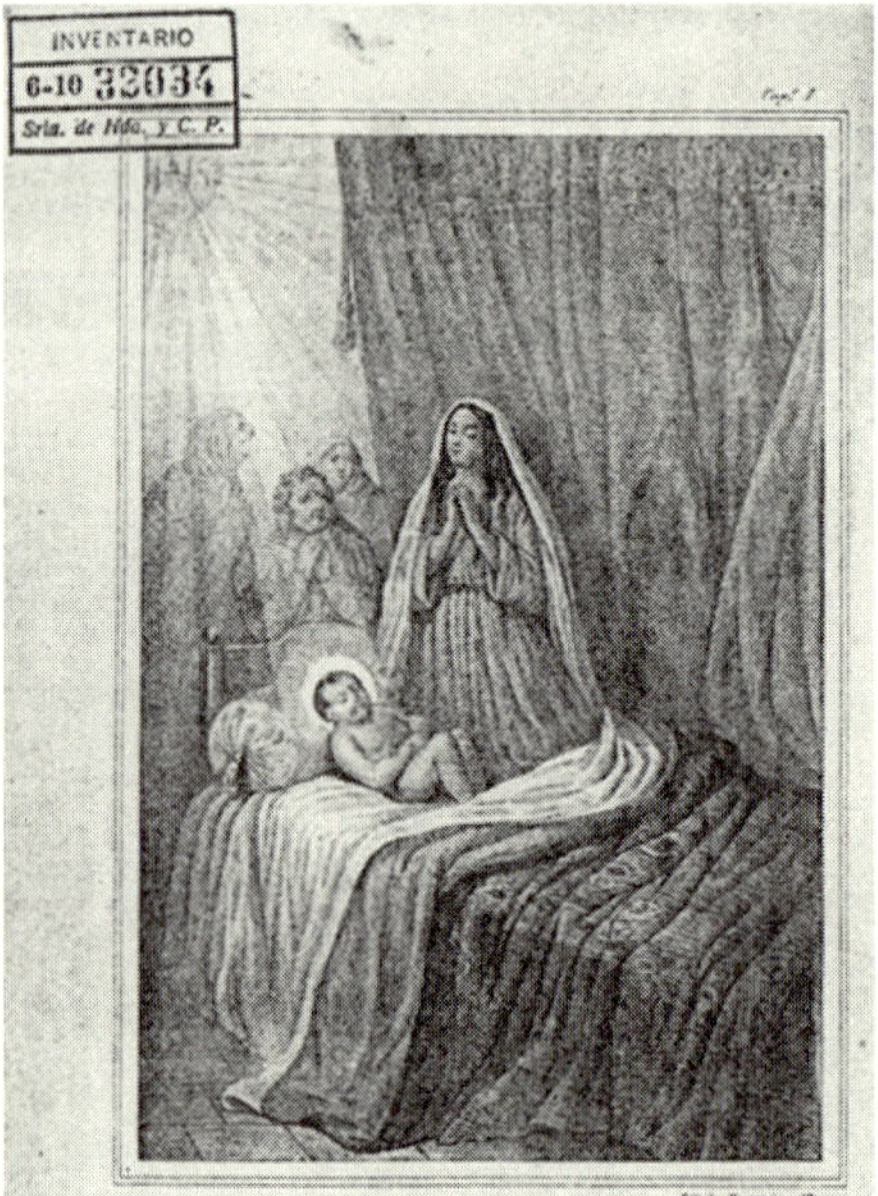

AVELINA

SUEÑO DE Sn FELIPE DE JESUS

APOTEOSIS DE SAN FELIPE DE JESUS

LA TEMPESTAD

附　録

二〇〇七年から二〇〇八年にかけて実施した現地調査の結果報告

「メキシコ・ミチョアカン州での聖フェリーペ・デ・ヘスス崇拝の現状調査（二〇〇七－二〇〇八）より」『名古屋短期大学研究紀要』四十七号に加筆修正

本報告は、聖フェリーペ・デ・ヘスス崇拝の現代の状況を確かめることを目的とし、事前調査でいくつかの事例を把握することができたミチョアカン地方に焦点を絞って実施した調査の結果である。調査をするにあたり、フィールド・ワークという方法を取り入れた。実際に現地に赴き、聖フェリーペ・デ・ヘスス像（以下、聖フェリーペ像という）の祀られている教会堂を探すことから始めた。

調査対象地域では、まず、市町村の主たる教会関係者や信者から聖フェリーペという名を冠する教会堂の存在、あるいは、聖フェリーペの像の有無を尋ね歩いた。その上で調査現場に向かい、必要な情報収集を行った。なお、それぞれの現地関係者からの聞き取り調査では、いつ、誰がどういう理由で聖フェリーペ崇拝をはじめたのか、その後崇拝はどのように維持されてきたのか、また祝祭の規模及び参加形態などを確認した。

調査方法としては、インタビュー形式を選択した。現地の聞き取り調査では、関係聖職者や一般信徒がその対象であり、主に記憶に基づいた回答を得ている。従って、所謂、記憶違いや勘違いを含む可能性が十分にあり、その信憑性に関しては百パーセントとは言い難い。しかし、筆者は、それぞれの地域の聖フェリーペ崇拝に関する状況を少なからず入手できると判断しており、尚、現在もフィールド・ワーク対象地域を広げつつ、調査を続行中である。

1　ミチョアカン地方と聖フェリーペ・デ・ヘスス崇拝

本報告では、二十世紀後半における聖フェリーペ崇拝の広がりの事例として、ミチョアカン地方で二十世紀に広まった同崇拝の状況を記していく。

ミチョアカン州は、メキシコ市の西方向に位置している。東の端にはメキシコ州と州境を持ち、西は太平洋に面する広大な州である。副王領時代にはバジャドリー市（現モレリア市）を中心に栄えた地域である。

この地域に初めてスペイン人が足を踏み入れたのは、アステカ帝国の中心、テノチティトランの征服とほぼ同じ時期である。この辺りを支配していた先住民族プレペチャの最後のカソンシ[1]は、一五二二年に敗北を受け入れ、同年、遠征とともに入った最初のカトリック修道士による改宗を受け入れた[2]。

その後一五二五年から徐々に後続のフランシスコ会士が到着し、チンツンツァン[3]に粗末ながらも最初の修道院が建設された[4]。一五三三年になると、ユートピアの具現化を目指すヒューマニスト、バスコ・デ・キロガが同地を訪れ、新しい先住民村を築いている。キロガは、当初監察官としてヌエバ・エスパーニャへ渡り、その後ミチョアカン大司教区の大司教に任命された人物である。教育にも熱心で、現ミチョアカン州立大学（Universidad Michoacana de San Nicolás de Hidalgo）の前身となる教育施設も創設した。

1　「カソンシ」は、この地域の先住民族プレペチャ族の言語プレペチャ語で首長を意味する言葉である。プレペチャ族は、ミチョアカン地方を中心にメキシコ渓谷の西方を治め、最後までメシーカ族に抵抗し続けた部族である。副王領時代にスペイン人が彼らのことをタラスコ族と呼んでいたため、長い間その呼び名が定着していたが、近年は彼らの言語名称であるプレペチャを尊重し、「プレペチャ族」と呼ぶようになってきた。プレペチャ文化を理解する基本史料として Fray Jerónimo de Alcalá, *Relación de Michoacán* がある。この本はフランス語をはじめ、多くの言語に訳されている。メキシコ北部に住んでいたチチメカ族との関係が深いことから、日本では『チチメカ神話』と題して、ジャン・マリ・グスタボ・ル・クレジオのフランス語版から翻訳本が出版された。

2　スペイン人兵士がタミマロアという名の町でミサに与かっていたことが『チチメカ神話』で語られているが、ミサを挙げた聖職者の詳細は不明である。また、タミマロアの所在地も分かっていない。Ricardo León Alanís, *Los orígenes del clero y la Iglesia en Michoacán 1525–1640*, p. 52; Benedict Warren, *La conquista de Michoacán 1521–1530*, pp. 178–212.

3　チンツンツァンは現在の州都モレリアから西に五十キロメートル程に位置し、一三二四年にプレペチャ族の中心地として創設された町である。スペイン人は、当初はチンツンツァンを統治の中心地としたが、一五三九年にパックアロ（チンツンツァンから南に数十キロメートルに位置する）としたため、次第にチンツンツァンの政治色は薄れていった。

4　ミチョアカン地方のカトリック宣教史に関しては、Ricardo León Alanís, *op. cit.*; Ernesto Lemoine, *Valladolid-Morelia 450 años documntos para su historia*（1537–1828）; Rosa Margarita Nettel Ross, *Colonización y poblamiento del Obispado de Michoacán*; Ramón López Lara, *El Obispado de Michoacán en el siglo XVII* を参照。

この地方に関しては、十七世紀中頃に既にサン・フェリーペ・デ・ヘススという名の村があったという記録や、十八世紀から十九世紀にかけて聖フェリーペの姿が数多くの教会堂に見られることについて本書で紹介してきた。また、二〇〇七年以降に筆者が実施してきた調査で、二十世紀に入ってから、新たに聖フェリーペの名を冠する教会堂が建てられていることが分かってきた。[5]

2　聖フェリーペの名を冠する教会堂

報告を始める前に、その分析の重要要素となる教会堂の分類と名称について説明したい。

教会堂には、カテドラル、バシリカ、パロキア、テンプロ、サントゥアリオ、カピージャの六種類があり、大司教区、司教区、小教区といった三つの教区でそれぞれで管理されている。その配置は、カテドラルやバシリカが大司教区、パロキア、テンプロ、サントゥアリオが司教区、最後にカピージャが小教区となる。

教会堂はどれも一般に「イグレシア《iglesia》」あるいは「テンプロ《templo》」と呼ばれることが多い。ここでいう、「イグレシア」という言葉は、本来、組織としての「教会」を意味するものであるが、いつしか一般の信者により、建物を指す言葉として使われ始めたようである。日本ではこれらの建物を「教会」と訳し、建物を指すために使うことが多いが、ここでは、これまで本書で用いてきたように、カトリックの建物を意味する「教会堂」という用語を用いることとする。

尚、本報告書では、それぞれの教会堂の名称の日本語訳として、カテドラルには大聖堂、バシリカには大寺院、パロキアには聖堂、テンプロには教会堂、サントゥアリオには寺院、また、カピージャには礼拝堂を充てる。

ここでは、教会堂の名に注目し、「聖フェリーペ・デ・ヘススの名を冠する教会堂」[6]を分析する。

現在までにある程度調査できたミチョアカン州内の聖フェリーペの名を冠した教会堂は以下の十か所である。すべて二十世紀中頃以降に建てられたもので、このうち八か所で、現在世話係をしている信者代表あるいは信者から話を聞くことができた。

①モレリア市エル・オブレラ区の聖フェリーペ・デ・ヘスス礼拝堂
②ウルアパン市Ｅ《Eduardo》・ルイス区[7]の聖フェリーペ・デ・ヘスス礼拝堂
③ウルアパン市シンコ・デ・フェブレロ区の聖フェリーペ・デ・ヘスス礼拝堂
④サン・フェリーペ村の聖フェリーペ・デ・ヘスス礼拝堂
⑤サモーラ市ベルヘル地区の聖フェリーペ・デ・ヘスス礼拝堂
⑥ハコナ市の聖フェリーペ・デ・ヘスス教会堂
⑦エル・コロンゴ村の聖フェリーペ・デ・ヘスス礼拝堂
⑧サウアージョ市の聖フェリーペ・デ・ヘスス聖堂
⑨ラ・パラ村のフェリーペ・デ・ヘスス礼拝堂

5　その他、この地方に関する副王領時代の記録書の中に日本の殉教者に関して書かれたものがいくつか見つかっており、聖フェリーペのみならず、日本で殉教した他の殉教者についても関心が持たれていたと思われる。

6　二〇〇八年までに確認された聖フェリーペ像が納められている「他の聖人・聖母の名を冠する教会堂」は、モレリア市のモレリア大聖堂、グアダルーペ寺院、聖ロサ教会堂、ウルアパン市の聖フランシスコ聖堂、クリスト・レイ聖堂、タカンバロ市のタカンバロ大聖堂、サモーラ市の聖ディエゴ教会堂、アラロ市のアラロ大聖堂、サカプ市の聖アナ聖堂（元フランシスコ会修道院）などであり、これらの教会堂はその格付けも様々である。また、聖フェリーペ像が納められている聖フェリーペ・デ・ヘススの名を冠する礼拝堂や教会堂が各地方でも見つかっている。

7　ウルアパン市内地図や通りの地名入り看板には「Ｅ・ルイス区」と書かれている。ＥはEduardoのイニシャルＥである。本章では「Ｅ・ルイス区」を用いる。

⑩タベラ村の聖フェリーペ・デ・ヘスス教会堂

これらの中には、新興住宅地区にあるものや、山林地区にあるものも含まれる。また、礼拝堂から教会堂や聖堂に昇格したばかりのもの、あるいは、今後昇格されるものも見られる。例えば、サウアージョ市の場合は、調査当時は礼拝堂から聖堂へ格上げされたところであった。またウルアパン市E・ルイス区の礼拝堂は聖堂へ昇格されることが決まっていた。昇格する際の理由は、地域の住民数が増え、礼拝堂規模では信徒の受け入れが不十分な状況で、建物を拡張せざるを得なくなり、その際に教会堂あるいは聖堂となるというものであった。

ここで挙げた教会堂等に祀られている聖フェリーペ像の他に、パックアロの美術工芸館に展示されている「エクス・ボト（奉納絵）」がある。これも、前ページの①～⑩に付け加えることとし、十一番目の場所として紹介していく。

これまでに確認した聖フェリーペ像（絵姿を含む）の所在地①～⑪をまとめたものが表2の調査結果表である。この表2の順序に従ってそれぞれの教会堂に関して説明をしていく。調査した場所は地図に記したとおりである。

3　調査内容

①モレリア市オブレラ区の聖フェリーペ・デ・ヘスス礼拝堂 Capilla de San Felipe de Jesús（Colonia Obrera, Morelia, Michoacán）

この礼拝堂はモレリア市の中心街から歩いて十五分程のところに位置する低所得者層の居住区にある（図附1）。住民の話では、一九八〇年頃に、現在の礼拝堂所在地に住んでいた住人が教会に自宅を寄付したということであった。そこで、教会側がその住宅を、聖フェリーペの名を冠する礼拝堂に改築した。

表2　聖フェリーペ・デ・ヘススの名を関する教会堂

名称	図版番号	所在地	図像フォーム	備考
①聖フェリーペ・デ・ヘスス礼拝堂	図附1	モレリア市（エル・オブレラ区）	立像	一九七〇～八〇年頃に教会に寄贈された建物を改築し礼拝堂とする。
②聖フェリーペ・デ・ヘスス礼拝堂	図附2	ウルアパン市（E《Eduardo》・ルイス区）	立像	一九七〇年代に礼拝堂を建設。一九九八年に新しい聖堂建設を始める。
③聖フェリーペ・デ・ヘスス礼拝堂	図附3	ウルアパン市（シンコ・デ・フェブレロ区）	立像　十字架の道行きの絵	二十世紀末頃に礼拝堂設置。
④聖フェリーペ・デ・ヘスス礼拝堂	図附4	サン・フェリーペ村（チャロ近郊）	十字架の道行きの像	三〇年程前に祠を作る。数年前に礼拝堂を建築。
⑤聖フェリーペ・デ・ヘスス礼拝堂	図附5	サモーラ市ベルヘル地区	立像	二〇〇八年の調査時に教会堂を建設中であった。
⑥聖フェリーペ・デ・ヘスス教会堂	図附6	ハコナ市	立像	関係者不在につきインタビューせず。
⑦エル・コロンゴ村の聖フェリーペ・デ・ヘスス礼拝堂	図附7	ハコナ近郊エル・コロンゴ村	立像（二体）ステンドグラス（十字架と槍）	司祭、信徒団などの関係者は不在であったため、礼拝堂横の住民に話を聞いた。
⑧聖フェリーペ・デ・ヘスス聖堂	図附8	サウアージョ市	立像　アート作品（玄関）	調査を実施した二〇〇八年は聖堂拡張工事中であった。
⑨聖フェリーペ・デ・ヘスス礼拝堂	図附9	ラ・パラ村（シナペックアロ市近郊）	立像	二十世紀中頃教会堂を建設。ミラグロスをかけている。
⑩聖フェリーペ・デ・ヘスス教会堂	図附10	タベラ村（プルアラン近郊）	磔像	二十世紀中頃教会堂を建設。
⑪パツクアロ美術工芸館	図附11	パツクアロ	磔刑の図　聖ファン・バウティスタ同伴	かつての奉納先不明。

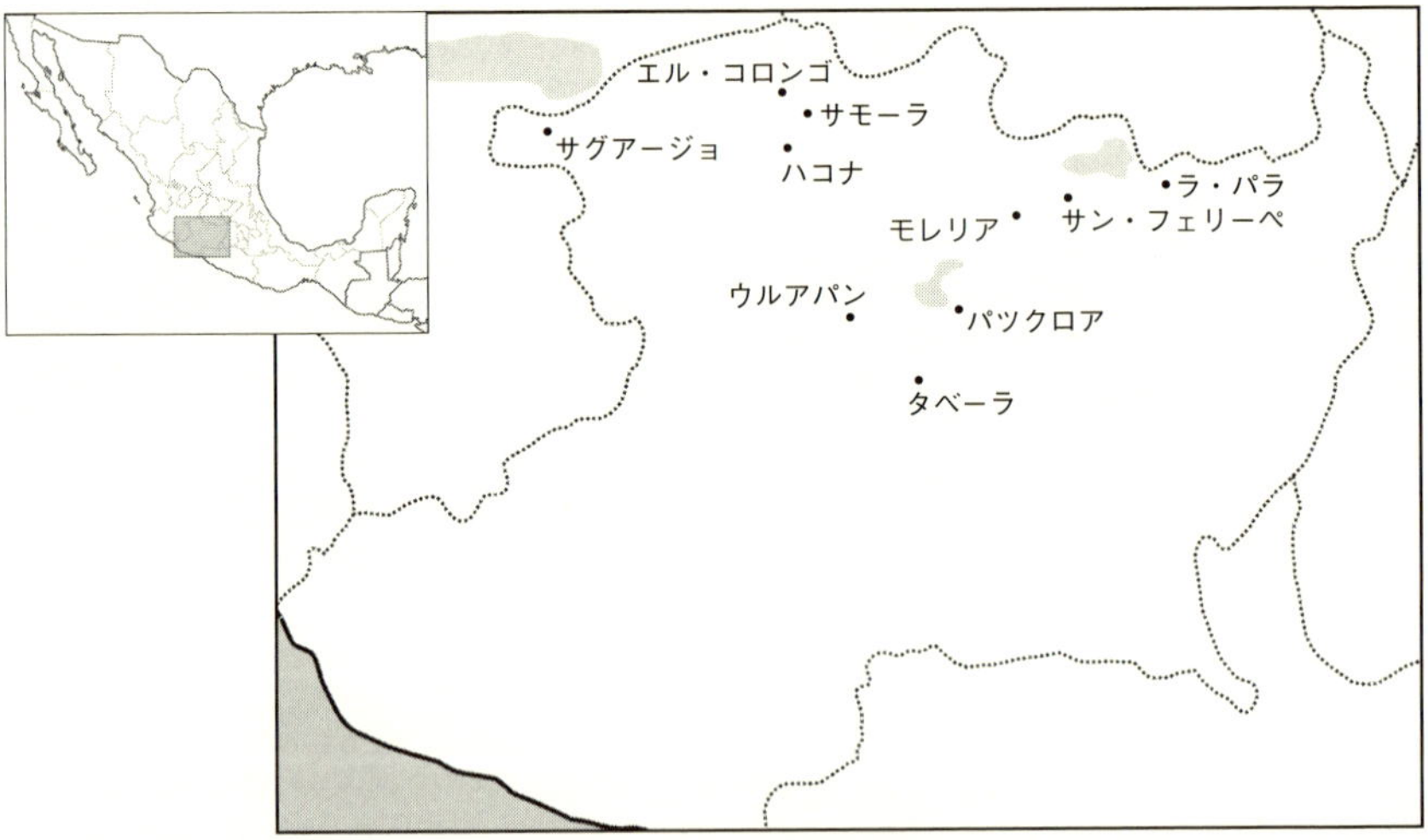

メキシコ現地調査地

図附１　上・モレリア市オブレラ区の聖フェリーペ・デ・ヘスス礼拝堂の看板、中・礼拝堂入口、下右・礼拝堂がある長屋の入口、下左・礼拝堂内の聖フェリーペ像

入口付近には礼拝堂の名称が書かれた看板も掲げられており、堂内には聖フェリーペの立像がある。毎年二月五日には祝典があり、音楽隊も出る。

②ウルアパン市E・ルイス区の聖フェリーペ・デ・ヘスス礼拝堂[8] Capilla de San Felipe de Jesús (Uruapan, Michoacán)

この礼拝堂はウルアパン市E・ルイス区プロロンガシオン・ハリスコ通りにある。最初に建物が建設されたのは一九八〇年前後で、担当司祭の勧めで聖フェリーペに捧げることになったという。

現在も礼拝堂という名称を使っているが、信者数の増加に伴い、一九九〇年半ばに建物が拡張されることになった。それと同時に聖堂への昇格が決定した。改築工事は一九九八年に始まっている(図附2)。建設費は信者の寄付だけでまかなわれているので、資金調達が難しく、本調査時にはまだ建設工事の途中であった。

この礼拝堂の聖フェリーペ像は立像で、右腕で十字架と槍を一本抱きかかえている。右の内部写真では見えないが、正面向かって右壁の角にある小さな扉にも十字架と槍のデザインが施されている。礼拝堂の入口の鉄の扉には鉄板が使われ、それを利用した現代アート風のフェリーペ像が描かれている。毎年聖フェリーペの日には宗教行列を出し、盛大に祝う。

③ウルアパン市シンコ・デ・フェブレロ区の聖フェリーペ・デ・ヘスス礼拝堂[9] Capilla de San Felipe de Jesús (Uruapan, Michoacán)

本礼拝堂はウルアパン市シンコ・デ・フェブレロ区プリメラ・プリバーダ・デ・グアダルーペ・バスケス通りにある(図附3)。最初のパラカイディスタ[10]が住み着いた日が二月五日であることから、礼拝堂を聖フェリーペに捧げることが主任司祭の助言により決まったという。

調査時にはまだ建設途中であったが、既にミサや他の宗教儀式の際に使っていた。聖フェリーペの日には地域をあげて宗教行列をするなど、盛大に祝祭を行っている。

正面祭壇には槍を二本持った聖フェリーペ立像があり、正面右隅にグアダルーペの聖母の像とともに聖フェリーペの「十字架の道行き」の絵が祀ってある。

④サン・フェリーペ村にある聖フェリーペ・デ・ヘスス礼拝堂[11] Capilla de San Felipe de Jesús（Rancho San Felipe, Municipio de Charo, Michoacán）

この礼拝堂は、チャロ市から車で山道を三十分程進んだところに位置するサン・フェリーペ村にある。村の戸数は現在二十五で、決して大きい村ではない。またこの地域は、近くのスルンベネオ聖堂[12]を中心に組織されているスルンベネオ司教区に属している。

話を聞かせてくれた村の住民の一人、オフェリア・フリア・アルタミラーノによれば、この村で聖フェリーペ崇拝が始まった経緯は、次のとおりである。二十世紀半ばのことであるが、村に礼拝堂を建てることになった。その信仰の対象に聖フェリーペが選ばれた。村の名がサン・フェリーペ（聖フェリーペ）だからという理由で、当時この村を担当していた神父に薦められたという。

8　ヘオルヒーナ・ランヘル・ラミーレスが聖堂建設、祝祭事などを仕切る世話係として活動している。今回の調査では多くの話を聞かせてくれた。

9　二〇〇八年三月の調査の際に、礼拝堂近隣の人々が話を聞かせてくれたが、匿名希望とのことであった。

10　「パラカイディスタ」とはもともと落下傘部隊という意味であるが、現在、メキシコでは空き地などに許可なく住みつく不法居住者に対する名称として使われている。

11　話を聞かせてくれた村の住民アルタミラーノは礼拝堂の鍵の管理を担当している。最初の礼拝堂は、彼女の父親が若い頃に、現在の礼拝堂がある所から少し離れた場所に建てられたという。父親の歳を尋ねたところ、九十歳を越えているということであった。

12　スペイン語表記は el Templo en Zurumbeneo である。

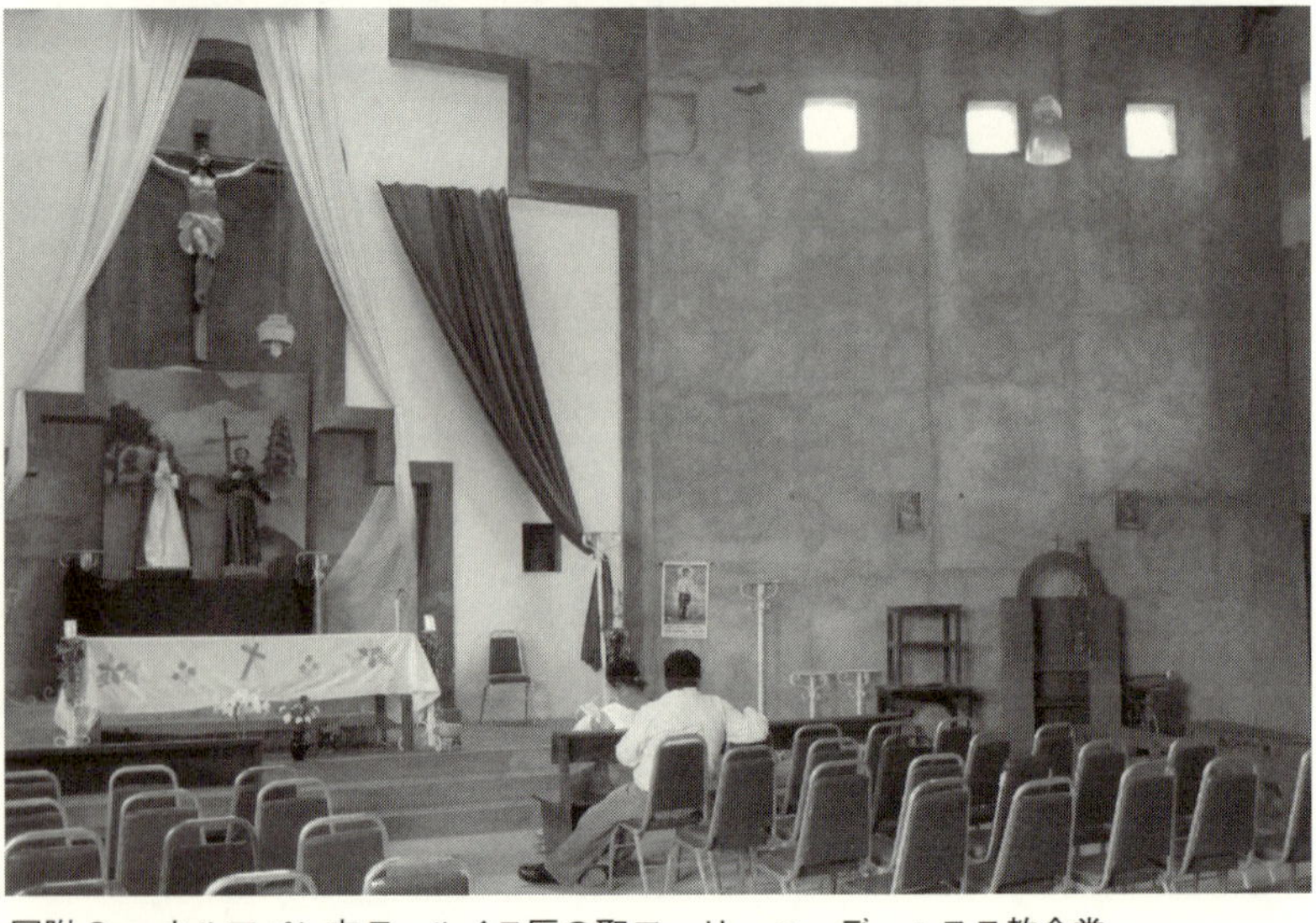

図附 2a　ウルアパン市E・ルイス区の聖フェリーペ・デ・ヘスス教会堂
上・礼拝堂外観、下・祭壇を中心に撮った教会堂内部

図附 2b
上と中右・祝祭行列の様子（2枚、写真提供・礼拝堂信徒団世話役ヘオルヒーナ・ランヘル・ラミーレス提供）、中左・「二月五日」の行列で掲げる団体旗、下右・礼拝堂内部正面祭壇に祀られている聖フェリーペ立像、下中・礼拝堂扉、下左・ヘオルヒーナが所有する三十センチメートルほどの背丈の聖フェリーペ立像

図附 3a
ウルアパン市シンコ・デ・フェブレロ区の聖フェリーペ・デ・ヘスス礼拝堂
上・礼拝堂内部、下・礼拝堂入口

図附 3b
ウルアパン市シンコ・デ・フェブレロ区の聖フェリーペ・デ・ヘスス礼拝堂
上・十字架の道行きの絵、下・聖フェリーペ立像

図附４　サン・フェリーペ村にある数年前に建てられた聖フェリーペ・デ・ヘスス礼拝堂
上・数年前に建てられた現在の礼拝堂外観、中央・簡素に飾り付けてある礼拝堂内部。内部向かって左側が聖フェリーペの「十字架の道行き」姿、下・聖フェリーペの「十字架の道行き」拡大図

因みに、現在の礼拝堂は、二〇〇五年頃に新築されたものである（図附4）。その中には十字架の道行きの姿の聖フェリーペ像が祀られている。そうした姿をした像を、筆者は、これまでのところ当地以外では目にしていない。これは、一八九七年に建設された『国民の懺悔のための聖フェリーペ・デ・ヘスス教会堂』に納められた聖画に「十字架の道行き」の姿の聖フェリーペが描かれて以降、オラシオン[13]に添える図像としてよく描かれる姿である。

この村では、毎年二月五日の聖フェリーペの日には村人全員が宗教行列をするなど盛大な祝いを行っている。当日は近隣の市町村からも行列を見に人々が訪れるという。

⑤サモーラ市ベルヘル地区の聖フェリーペ・デ・ヘスス礼拝堂 Capilla de San Felipe de Jesús（Colonia Vergel, Zamora, Michoacán）

この教会堂は、サモーラ市周辺部のベルヘル地区に位置する。この地区は新興住宅地で、教会堂の周囲は現在建設中の家が多く、通りには平屋の家が並んでいる。

二〇〇八年八月の調査の際には、礼拝堂も建設途中で、まだ完成には至っていなかった（図附5）。この礼拝堂の聖フェリーペ像は立像で、右腕で十字架を抱きかかえ、左手で三本の槍を握っている。

⑥ハコナ市の聖フェリーペ・デ・ヘスス教会堂　Iglesia de san Felipe de Jesús（Jacona, Michoacán）

この教会堂があるハコナ市はサモーラ市近郊の静かな住宅地である。

ここの教会堂は、写真に見られるように全体にこじんまりしている。中央の祭壇には磔刑姿のキリスト像が祀られ、祭壇向かって右側に、右腕で十字架と二本の槍をかかえ、直立している聖フェリーペ像が配置されている。内部は上述の像以外には、聖画なども置かれておらず、壁は白く塗られており、清楚で、整った清潔感あふれる空間と

13　オラシオンとは、教会堂の売店や入口付近で販売している祈りの言葉が記されている小さなカードのことを指す。

図附５　サモーラ市ベルヘル地区の聖フェリーペ・デ・ヘスス礼拝堂
上・礼拝堂の周囲の様子、中・礼拝堂外観、下・内部に祀られているフェリーペ立像

なっている（図附6）。

⑦エル・コロンゴ村の聖フェリーペ・デ・ヘスス礼拝堂 Capilla de San Felipe de Jesús（Pueblo El Colongo, Zamora, Michoacán）

ハコナ市から車で三十分程に位置するエル・コロンゴ村は小さな田舎村で、住人の多くがアメリカ合衆国に出稼ぎにでており、普段は閑散としている。

ここの礼拝堂は写真から分かるように、簡素ではあるが、ドームを持っている。内部には聖フェリーペ像が二体祀られている。一体は中央祭壇に設置され、立像の前には、二本の槍を立てかけた背の低い十字架がある（図附7）。もう一体は十字架をかかえた立像である。そして窓は十字架と槍の図柄のステンドグラスになっている。

礼拝堂の横に小礼拝堂が併設されているが、こちらが最初に建てられた礼拝堂である。現在増改築中で、内装は既に仕上がっていたが、外壁がまだ未完成であった。建築資金については、隣国アメリカ合衆国へ出稼ぎに出ている村の若者たちの外貨寄付によるものと推察される。

住民によれば、礼拝堂には世話役がおり、毎年盛大な祝祭を行うという。[14]

⑧サウアージョ市の聖フェリーペ・デ・ヘスス聖堂[15] Parroquia de San Felipe de Jesús（Sahuayo, Michoacán）

サウアージョ市は、ミチョアカン州北西部のハリスコ州との州境にある。

一九七〇年代、市周辺部に位置する新興住宅地区に、当時の担当司祭の勧めで聖フェリーペに捧げる礼拝堂が建て

14　話をしてくれた女性は、匿名希望ということであった。

15　新任の担当司祭エドゥアルド・アルセオが話を聞かせてくれたが、礼拝堂建設時の担当司祭ヘスス・クエバ・デル・リオは既に異動しており、所在が摑めず会うことができなかった。

図附6　ハコナ市聖フェリーペ・デ・ヘスス教会堂
上・教会堂外観、中・教会堂内部、下・内部に祀られている
フェリーペ立像

図附 7a　エル・コロンゴ村の聖フェリーペ・デヘスス礼拝堂
上・礼拝堂外観、下・教会堂内部

図附 7b　エル・コロンゴ村の聖フェリーペ・デヘスス礼拝堂
上・教会堂内部から見たステンドグラス、下右・祭壇中央の聖フェリーペ・デ・ヘスス立像、下左・祭壇向かって右側に安置された聖フェリーペ立像

られた（図附8）。当初サモーラ市のサグラーダ・コラソン・デ・ヘスス聖堂[16]司教区に属していたが、近年この地域は居住者が増加しており、現在、町として発展しつつあることから、二〇〇〇年頃に小教区として独立した。同時に、教会堂も礼拝堂から聖堂に昇格している。

筆者が調査した時には、聖堂は拡張工事中であった。中央の祭壇に十字架と一本の槍を持つ聖フェリーペ立像が置かれている。写真では見えないが、正面右側に五重の塔が見える日本風の景色を描いた絵も置かれている。ここでも二月五日には盛大な祭りが行われる。

⑨ラ・パラ村の聖フェリーペ・デ・ヘスス礼拝堂[17] Capilla de de San Felipe de Jesús（Rancho La Parra, Municipio de Zinapécuaro, Michoacán）

ラ・パラ村は、シナペックアロ市近郊に位置する。

礼拝堂建設の由来について現地の長老に話を聞くことができた。それによると、二十世紀中頃、ある家の裏にあった水源をめぐって対立が起こり、村人の間が険悪になった。そこで、村の教会堂を担当する神父が、水源がある土地に礼拝堂を建てることを提案し、話し合いの末、建設されることになった（図附9）。神父の勧めでその礼拝堂は聖フェリーペに捧げられることになり、村人間の関係は改善されたという。礼拝堂の一部が村の学校としても利用され、村人たちが費用を分担し教師を雇うなど、彼らの絆を深めるきっかけとなった。

毎年、聖フェリーペの祝日には盛大な祭りを行い、村中で祝っていたが、過疎化により、現在はかつてのような盛大な祭りは行っていない。しかし堅信の儀式などカトリックの重要な宗教儀式のために一時帰村する者も多いという。因みに二〇〇八年八月の調査時の村の住居戸数は八家族で、学校も既に廃校となっていた。

16　スペイン語表記は La parroquia del Sagrado Corazón de Jesús である。
17　ラ・パラ村の長老が健在で、五十年以上も前の話をしてくれた。

図附８
サウアージョ市の聖フェリーペ・デ・ヘスス聖堂
上・聖堂外観、 中・祭壇、下左・聖堂の周囲、 下右・祭壇に祀られているフェリーペ立像

図附 9a　ラ・パラ村聖フェリーペ・デ・ヘスス礼拝堂
上・礼拝堂外観。礼拝堂の横の空間にかつて生徒が使っていた机や椅子が残っている、下・聖フェリーペ立像が祀られている礼拝堂内正面祭壇

図附 9b　ラ・パラ村聖フェリーペ・デ・ヘスス礼拝堂
上右・礼拝堂への坂道、上左・礼拝堂裏にある問題となった水源、下右・聖フェリーペ立像、下左・聖フェリーペ像のミラグロスがかかった右手部分の拡大図

この礼拝堂の祭壇の中央に置かれた聖フェリーペ像は、右腕で十字架と二本の槍を抱きかかえている。その十字架と槍には人形の形をした小さなミラグロスが幾つかかかっている。既に述べてきたが、これはエクス・ボト（奉納絵）と同じく、願掛けの願いが叶った際にお礼として納めるものである。

⑩タベラ村の聖フェリーペ・デ・ヘスス教会堂　Templo de san Felipe de Jesús, Tavera（Cerca de Puruarán）

タベラ村は、モレリア市から南南西に車で一時間半程のところに位置するプルアラン市管轄の小さな村である。そこに聖フェリーペ・デ・ヘスス教会堂がある。信者のひとりの話では[18]、二十世紀半ば過ぎに礼拝堂が建てられ、その後教会堂へと昇格した（図附10）。昇格にあたり拡張工事も行われ、現在教会堂内部の空間はT字型となっている。教会堂正面に向かって、奥の建物の左部分が最初の礼拝堂部分であった。その奥の壁にフェリーペ像が安置されていたという。

調査時、そこにはグアダルーペの聖母の絵姿が置かれていたが、その壁には磔刑の場面やイチジクの木、遭難船などが描かれたままになっており、かつてはここに聖フェリーペ像が置かれていたと思われる。

この教会堂にある聖フェリーペ像は、絵画作品を除いて、筆者が目にしてきたフェリーペ像の中で、殉教事件の言い伝えに最も忠実な像となっている。像の鼻先がそがれ、切られた耳からは血が流れている。

今回の調査では像及び壁の絵の製作に関与したと思われる神父と会うことができなかった。そのため、何故これほどにリアルな像になったのか、また、どのような経緯でイチジク伝説の絵が描かれたのかについては、今後の調査課題とする。

18　教会堂へ祈りにきていた男性信徒の話である。尚、タベラ村の調査は二〇一〇年三月に実施。

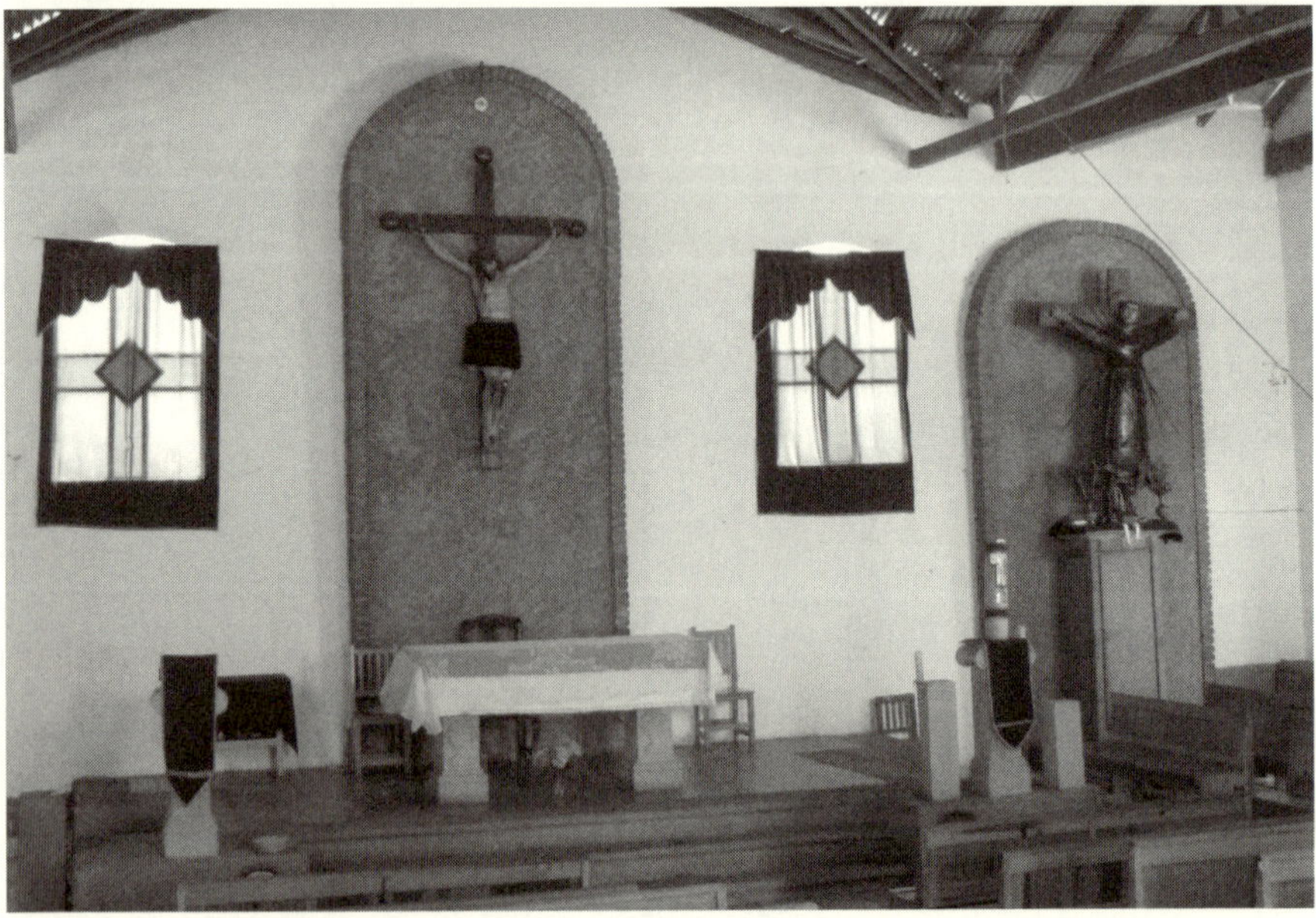

図附 10a　タベラ村聖フェリーペ・デ・ヘスス教会堂
上・教会堂外観、下・現在の中央祭壇。十字架のキリストと磔姿のフェリーペ像

図附10b　タベラ村聖フェリーペ・デ・ヘスス教会堂
上・かつて主祭壇があった場所。現在はグアダルーペの聖母の絵姿がかかっている、下・十字架刑に処せられているフェリーペ像

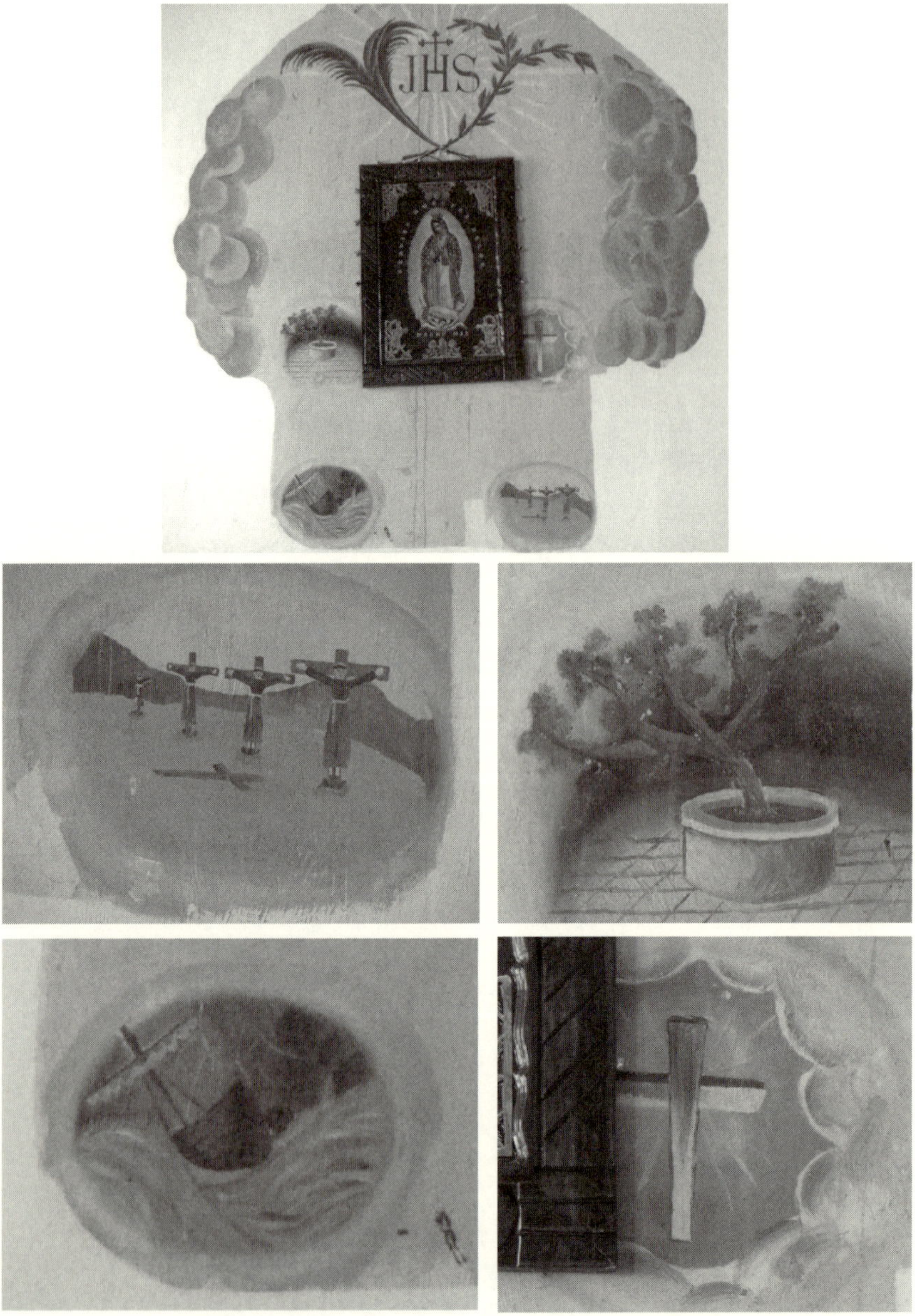

図附 10c　上・グアダルーペの聖母の絵（拡大）、中右・伝説のイチジクの木拡大図、中左・処刑場面拡大図、下右・十字架、下左・遭難船

⑪パックアロ市美術工芸館所蔵の板絵　Museo de las Artes e Industrias Populares（Pázcuaro, Michoacán）

この作品は、現在パックアロ市内の美術工芸館に展示されている（図附11）。薄い板に描かれており、その形状からエクス・ボト[19]（奉納絵）とも考えられる。一般にエクス・ボトは、日付や願い事が記されるが、時には文字がない場合もある。この作品には文字は使われていない。さらに、かつて奉納されていた場所も不明である。

ここでは、十字架刑に処せられた聖フェリーペと聖フアン・バウティスタが並んだ状態で描かれている。これは副王領時代に描写されたヨハネの前に出現したグアダルーペの聖母の図から発想を得たのではないだろうか。

4　調査結果の分析と今後の課題

本報告では調査地域における聖フェリーペ・デ・ヘスス教会堂の十か所の設置状況を紹介してきた。聞き取り調査によれば、そのうちの六か所では、毎年二月五日の祝祭日に、子供から老人まで多数が参加し、宗教行列を出すなど、地域住民主体の盛大な祝いが行われている[20]。このことから聖フェリーペは地域全体の信仰と崇拝の対象であり、これらの関連行事を介して住民間の重要な絆となっていることが窺われる。

崇拝は、意図的に崇拝対象を選択する場合と、様々な伝説を通じて自然発生的に始まる場合がある。本調査対象以外も含めると、ミチョアカン州では、新たに語られる「フェリーペ伝説」によって崇拝が始まった場合もあるにはあるが、多くは聖職者主導による崇拝であった。また、かつて副王領時代には聖フェリーペとキリストとの類似について語られたことを述べてきたが、本章で示した聞き取り調査で、キリストとの類似点について語った者はいなかっ

19　現在まで残っているエクス・ボトの日付から、エクス・ボトを奉納する習慣は十九世紀半ば頃に始まったと考えられている。
20　聖フェリーペの名を冠している教会堂が、その祝日に必ずしも大々的な祝典をするとは限らないようである。

図附 11
上・聖フアン・バウティスタと共に描かれた磔刑姿の聖フェリーペ・デ・ヘスス(Exvoto)、下・聖フェリーペの上半身拡大図（パツクアロ市美術工芸館）

た。

他方、副王領時代にはなかったことであるが、フェリーペが願い事を叶えてくれるという証言があった。ラ・パラ村の礼拝堂に祀られている聖フェリーペ像の手にかけられた「ミラグロス」がその証である。[21] また一枚だけではあるが、同聖人のエクス・ボトと考えられる作品が見つかっていることもあり、近年、地域では「奇蹟を起こした」あるいは「願いを叶えてくれた」聖人と思われていることが指摘できる。また、聖人としてのイメージを尋ねると、「メキシコ聖人《Santo mexicano》」あるいは「若者のための聖人《santo de los jóvenes》」という回答であった。[22]

聖フェリーペの名を冠した教会堂は他にもまだかなりの数があり、そこには聖フェリーペ像が祀られている。サモーラ市近郊のタンガンマンダピオ村にも聖フェリーペ・デ・ヘスス礼拝堂がある。その他、ミチョアカン州と隣接するグアナフアト州内のサラマンカ市や州都グアナフアト市、サン・ミゲール・アジェンデ市やその他多くの地域に聖フェリーペ像が祀られていることが判明している。またミチョアカン州とグアナフアト州の州境にあるラ・ピエダー市近郊サン・フェリーペ・デ・チリージョ村にも、聖フェリーペ・デ・ヘスス聖堂があり、町の地理的発展に大きく関わっていることが指摘されている。[23]

このように数多くの教会堂で聖フェリーペ像が祀られている。これらの像の奉納に際しては、一八九七年の殉教三百周年、一九一二年の列聖五十周年、一九四七年の殉教三百五十周年、一九六二年の列聖百周年というそれぞれの節目の記念行事がきっかけとなった可能性が高い。それらの行事は、教会堂の主任司祭らにフェリーペ・デ・ヘスス

21　二〇一四年のケレタロ市での調査で、この地域でもミラグロスを身につけた聖フェリーペ像があることが分かってきた。第II部第三章四四五頁及び図II-3-35d 参照。

22　これまでに調査した米国南部のメキシコ移民居住区にある聖フェリーペ崇拝における聖フェリーペのイメージと同じであることから、今後、双方の地域を合わせて調査分析をしてみたい。

23　既に研究は終了していると思われるが、二〇〇八年に、ミチョアカン大学院大学の地理学者マルタ・チャベスは、チリージョ村の地理的変化と聖フェリーペ崇拝の関係の調査を地理学的見地から実施していた。

という聖人を意識させた。実際、その後、新たな教会堂を必要とする際に、聖フェリーペの名を勧める司祭が増えているようだ。

このミチョアカン州で見つかった聖フェリーペの名を冠する教会堂がある小司教区では、副王領時代のフェリーペのイメージである「クリオージョの聖人」や、独立国家となった十九世紀に聖フェリーペに与えられた「保守派のシンボル」という役割を覚えている者はいなかった。むしろ、「若者の聖人」という新たなイメージで崇拝されていることが分かってきた。

ここで問題となるのは、この状況を、かつての崇拝の継続と理解すべきか、新たに信仰が始まっていると理解するか、である。[24] 十七世紀から現在に到るまでのこの聖フェリーペのイメージをどのような歴史として説明するかに関しては、今後更に調査範囲を広げ、地域の特性を十分に分析した上で考えていきたい。[25]

24　グアダルーペの聖母の例ではあるが、米国のスタッフォード・プールの見解が挙げられる。プールは、ミゲール・サンチェスによるグアダルーペの聖母出現物語の執筆の前後では、崇拝の意味合いが異なることを指摘している。つまり、サンチェスの聖母出現物語とともに、新しい聖母崇拝が始まったと説明する。

25　メキシコ国内の他の地域も含め、二〇〇八年以降も調査を続行しており、本書であげた他にも、聖フェリーペ像が祀られている教会堂が数多くあることが分かってきた。今後随時報告していく予定である。

参考文献

〈欧文書〉

メキシコ副王領時代のスペイン語文書で、とりわけ十七世紀に印刷されたものは、アクセント記号が付けられていない。原書を参考にしているものは、アクセントを付けず記載した。

Archivos consultados（関連文書保管施設）

(México)

Archivo General de la Nación Mexicana（AGN）

Archivo del antiguo Cabildo de la Ciudad de México

Archivo de la Catedral Metropolitana de la Ciudad de México

Archivo de la Arquidiócesis de la Iglesia mexicana

Biblioteca de la Basílica de la Virgen de Guadalupe

Biblioteca Eusebio F. Kino

Centro de Estudios de Historia de México（CONDUMEX): actualmente Centro de Estudios Históricos Carlos Slim

Fondo Reservado de la Biblioteca Nacional de México

(EE.UU.)

Archivo de la Arquidiócesis de la Iglesia católica en Albuquerque, New-Mexico

(Filipinas)

Archivo de la Iglesia filipina

Archivo del Convento de San Francisco en Metro Manila
Museo del Convento de San Agustín en Metro Manila
(Japón)
Biblioteca de la Orden franciscana en Tokyo
Museo de los 26 Santos en Nagasaki
Biblioteca de la Universidad de Nagoya
Biblioteca de Tsurumai de la ciudad de Nagoya
Biblioteca de la ciudad de Kochi
(Perú)
Museo de los Descalzos en Lima (contacto por internet)

Documentos originales (参事会議事録など公文書)

Actas del antiguo Cabildo de la ciudad de México (31 de agosto de 1628 / 4 de septiembre de 1628 / 12 de enero de 1629 / 16 de febrero de 1629 / 11 de enero de 1630)

Real Cédula (25 de mayo de 1689, tomo 1, núm. Exp. 9. del *Real Cédula*)

Dublán, Manuel y Lozano, José María, *Legislación mexicana o Colección completa de las disposiciones legislativas*, México, 1876. (Decreto del 12 de diciembre de 1824 / Decreto del 28 de enero de 1826 / Decreto del 06 de agosto de 1838 / Decreto del 04 de noviembre de 1833 / Decreto del 11 de agosto de 1859 / Decreto del 01 de febrero de 1861)

Mateos, Juan A. (ed.), *Historia Parlamentaria de los Congresos Mexicanos*, México, 1878.

Diario Oficial (12 de agosto de 1838 / 28 al 30 de septiembre de 1838 / 5 de febrero de 1860)

Gaseta del Gobierno de México (06 de febrero de 1812 / 09 de febrero de 1815)

Gasesta de México (11 de febrero de 1784 / 15 de abril de 1797)

Manuscritos (手書き原稿、未刊行史料)

Osorno, Mariano, *San Felipe de Jesús, proto-mártir mexicano: drama histórico nacional en seis cuadros y en verso*. México, (Manuscrito), s. a.

Internet

http://www.hemerodigital.unam.mx/ANUIES/itam/estudio/estudio07/sec_7.html, Elsa Frost del Valle, El Guadalupanismo

http://www.tiempodepoesia.com/imagenes/virgenmaria/pagina0/caceres_guadalupe.jpg

http://www.encuentra.com/includes/documento.php?IdDoc=1714&IdSec=278, un decreto del Concilio de Trento de 1563: reliquias e imágenes

http://www.excelsior.com.mx/2012/08/08/nacional/852306

http://www.es.catholic.net/empresarioscatolicos/433/1643/articulo

http://www.historicas.unam.mx/moderna/ehmc/ehmc30/356.html

http://www.upo.es/depa/webdhuma/areas/artep/actas/3cibi/documenos/022f.pdf

https://es-la.facebook.com/pages/Chichimequillas-Tradiciones-Y-Fiestas-Patronales/110901455702702

Diarios（日刊新聞）

（México, D.F.）

El Aguila Mexicana（29 de enero de 1826 / 31 de enero de 1826）

La Antorcha（08 de abril de 1833）

La Bandera Nacional（05 de febrero de 1878）

El Constitucional（25 de agosto de 1862）

El Cosmopolita（24 de octubre de 1838）

La Cruz（01 de julio de 1858）

Diario del Gobierno de la República Mexicana（14 de agosto de 1838 / 05 de feberro de 1843）

Excélsior（05 de febreri de 1947 / 04 de febrero de 1988 / 07 de febrero de 1988 / 08 de agosto de 2012）

El Fenix de la Libertad（06 de diciembre de 1833 / 09 de dicibmbre de 1833）

El Gabinete mexicano（02 de enero de 1842）

El Heraldo de México（07 de febrero de 1988 / 13 de febrero de 1988）

La Iberia（05 de febrero de 1871 / 07 de febrero de 1911）

Jueves de Excelsior（12 de febrero de 1931 / 18 de enero de 1934 / 23 de junio de 1838）

La Jornada（15 de noviembre de 2002）

La Libertad (11 de febrero de 1879)
El Monitor (08 de febrero de 1846 / 06 de febrero de 1863)
El Nacional (2 de diciembre de 1918)
El Pájaro Verde (05 de febrero de 1860)
El Siglo Diez y Nueve (05 de febrero de 1843 / 04 de febrero de 1844 / 03 de febrero de 1853 / 27 de febrero de 1861 / 15 de septiembre de 1891)
La Sociedad(05 de febrero de 1858 / 06 de febrero de 1859 / 27 de mayo de 1859 / 05 de febrero de 1860 / 01 de abril de 1862 / (06 de febrero de 1864)
El Sol (20 de enero de 1825 / 23 de enero de 1825 / 10 de febrero de 1825 / 03 de febrero de 1826 / 06 de febrero de 1826)
La Unidad Católica (02 de noviembre de 1861 / 04 de noviembre de 1861)
El Universal (04 de febrero de 1988 / 06 de febrero de 1988)
Uno más uno (04 de febrero de 1988 / 05 de febrero de 1988 / 06 de febrero de 1988)
La Voz de México (09 de febrero de 1850 / 05 de febrero de 1897 / 07 de febrero de 1906)
(Acapulco, Guerero.)
El Sol de Acapulco (14 de enero de 1988 / 28 de enero de 1988 / 01 de febrero de 1988 / 04 de febrero de 1988 / 05 de febrero de 1988 / 08 de febrero de 1988 / 10 de febrero de 1988 / 11 de febrero de 1988)
Novedades Acapulco (04 de febrero de 1988 / 05 de febrero de 1988 / 06 de febrero de 1988 / 08 de febrero de 1988)

Revista semanal (週刊雑誌)
Mañana, México (05 de febrero de 1944 / 12 de febrero de 1944 / 12 de febrero de 1972)
Colecciones Gaviotas, México, La Unión de Exprendedores y Voceadores de los Periódicos de México (Sin fecha. No. 19, *San Felipe de Jesús*. México)

Revista quincenal (隔週刊雑誌)
Vidas Ejemplares, México, Ediciones Recreativas (15 de febrero de 1960, no. 71, *San Felipe de Jesús. Protomártir mexicano.* México)

Reimpresión de diarios（復刻版）

Gacetas de México, Introducción por Francisco Gonzalez de Cossio, 3 vols., México, SEP, 1949.

Tesis（学位論文）

Heliodoro Valle, Rafael, *Mitología de Santiago en América.* México, 1944, 41 h., (tesis de maestría en Ciencias Históricas, FFyL, UNAM).

Kawata, Reiko, *Felipe de Jesús. La carrera histórica de un santo criollo.* México, 1990 (tesis de maestría en Historia de México, FFyL, UNAM).

Omata Rappo, Hitomi, *Des Indes Lointaines aux scègues Les reflets des martyrs de la mission japonaise en Europe* (*XVI-XVIII siècle*), version, 2017. Provisoire

Folletos（冊子）

Arreza, Rodolfo M., OSA, *The Guadalupe Shrine.* Metro Manila, Rodolfo M. Arreza Publishing, 1991.

Escalada, Xavier, SJ, *Felipillo. Trazos para una Vida de San Felipe de México.* México, Imprenta Murguía, 1965.

Jarboe Sheeham, Michael y Martinez y Alire, Jerome, *The Cathedral Church of St. Francis of Assisi.* Pomezia, Editions du Signe, 2003.

López de Lara, J. Jesús, *Guadalupe guía de un viejo convento.* (s.p.i.)

San Pedro Bautista: A Saint in the Philippines. Quezon City, The Devotees of San Pedro Bautista, 1982.

Templo Expiatorio dedicado a San Felipe de Jesús. Breve noticia de los trabajos ejecutados en un año y proyecto para la pronta terminación de esta santa obra. México, Impreso por Francisco Diaz de Leon, 1886.

Uyttenbroeck, Thomas, OFM, *San Pedro Bautista and companions The Protomartyrs of Japan.* Manila, The Japan Mission Journal, 1996.

Fuentes antiguas（古文書）

Avila, Juan de, *Sermon del el glorioso martir S. Felipe de Jesus, patron y criollo de México, Predicolo en la Iglesia cathedral,* Mexico, Imprenta por Fracisco Rodriguez Lupercio, 1681.

Congregación de Artífices Plateros de México (ed.), *Compendio de la vida del proto-martir del Japon San Felipe de Jesus, patron de Mexico su patria, y devocion Consagrada a celebrar su memoria el dia cinco de cada mes*, México, Imprenta de I. Lovis Morales, 1852.

Díaz Noriega, José María, *Funestos recuerdos del libertador de México. Exhumación y autenticidad de sus respetables restos, conducidos desde Padilla, y depositados actualmente en la Santa Iglesia Catedral*. México, Imprenta de J. M. Lara, 1860.

Ferrufino, Domingo de, *Vida de el glorioso proto-martyr de el Japon San Phelipe de Jesus, sermon panegyrico, que en glorias de dicho santo*. México, Joseph Bernardo de Hogal, 1733.

Guzman, Luis de, SJ, *Historia de las missiones qve han hecho los religiosos de la Compañia de Iesvs, para predicar el Sancto Euangelio en la India Oriental, y en los Reynos de la China y Iapon*. Alcala, Biuda de Iuan Gracian, 1601. 2 vols.

Hipólito Vera, Fortino, *Tesoro guadalupano. Noticia de los libros, documentos, inscripciones &c. que tratan, mencionan ó aluden a la aparición y devoción de Nuestra Señora de Guadalupe*. Amecameca, Imprenta del Colegio Católico, 1887.

— *Informaciones sobre la milagrosa aparición de la Santísima Virgen de Guadalupe recibidas en 1666 y 1723*. Amecameca, Imprenta Católica, 1889.

— *Sexta Carta pastoral del Ilmo. Y Rmo. Sr. obispo de Cuernavaca, con motivo de la dedicación del Templo Expiatorio San Felipe de Jesús, el día del Tercer Centenario de su martirio*. Cuernavaca, Luis G. Miranda, 1897.

J. M. M., *Breve resumen de la vida y martyrio del inclyto mexicano, y proto-martyr del Japon. El beato Felipe de Jesús*. México, Oficina Madrileña, 1802.

Kirian, Wolfgang, *Colección* (Einbl, VII, 24-1), en la Biblioteca Nacional Bayern. Alemania, 1628.

Lizana y Bearumont, Francisco Xavier, *Sermon que en las solemnes Rogativas que se hicieron en la Santa Iglesia Metropolitana de México implorando el auxilio divino en las actuales ocurrencias de la Monarquía Española en el dia 18 de Agosto de 1808*. México, Oficina de Doña Maria Fernandez de Jauregui, 1808.

Mariano del Rio, Alfonso, OFM, *Separacion y singularidad entre los veinte y seis Prothomartires del Japon de San Felipe de Iesvs, Indiano, Patricio, Patron de Mexico*. México, Francisco de Rivera Calderon, 1715.

Martinez, Domingo, OFM, *Compendio historico, de la apostolica provincia de San Gregorio de Philipinas, de religiosos menores descalzos de N. P. San Francisco, en que se declaran sus heroycas empressas, para la dilatacion de Nuestra Santa Fé, por varios Reynos, y Provincias del Assia: con las vidas, martyrios, y hechos en comun, y en particular de sus Venerables Hijos, correspondientes à la succísion de los Trienios, y Missiones, desde su Fundacion, hasta los años del Señor de mil setecientos y ocho*. Madrid, Viuda de Manuel Fernandez y Supremo Consejo de la Inquisición, 1756.

Martinez de Adame, Joseph, *Sermon de San Felipe de Jesus*. México, D. Felipe de Zúñiga y Ontiveros, 1781.

Medina, Balthasar de (Medina, Balthassar de), OFM, *Chronica de la Santa Provincia de San Diego de Mexico, de Religiosos Descalços de N. S. P. S. Francisco en la Nueva-España. Vidas de ilvstres, y venerables Varones, que la han edificado con excelentes virtudes*. México, Juan de Ribera, 1682.

— *Vida, martirio y beatificación del invicto proto-mártyr de el Japón San Felipe de Jesús, patrón de México, su patria, imperial corte de Nueva España, en el Nuevo Mundo*, Madrid, Herederos de la Vda. de Juan García Infanzón, 1751, (primera edición, 1683).

Mendoza, Ioan de, OFM, *Sermon, qve en el dia de la apparicion de la Imagen Santa de Gvadalvpe, doze de Diziembre del Año de 1672*. México, Francisco Rodriguez Lupercio, 1673.

Montes de Oca, Jose Maria, *Vida de San Felipe de Jesus protomartir del Japon y patron de su patria Mexico*. México, Calle del Bautisterio S. Catalina M., núm. 3, 1801.

Montes de Oca y Obregón, Ignacio, Panegirico de San Felipe de Jesús predicado el 5 de febrero de 1897 en la inaugración del templo que al protomártir mexicano consagra su ciudad natal el tercer aniversario secular de su martirio, México, Ignacio Escalante, 1897.

Osimo, Agostino da, Storia dei ventitre martiri giopponesi dell ordine dei minori osservanti detti scalzi di S. Francesco, Roma, Tipografia Tiverina, 1862.

Pérez, Lorenzo, *Fray Juan de Pobre Zamora, su relación sobre la pérdida del Galeón《San Felipe》, Y martirio de San Pedro Bautista, Madrid, Imprenta de Romana Velasco,* Viuda de P. Pérez, 1931.

Rivera, Diego de, *Breve relacion de la plausible pompa, y cordial regocijo con que se celebró la dedicacion del templo de inclito martir S. Felipe de Jesús, titular de las religiosas capuchinas en la muy noble, y leal ciudad de Mexico*, México, La Viuda de Bernardo Calderon, 1673.

Rodriguez, Joseph Manuel, OFM, *El pais afortunado. Oracion panegyrica, que en la anual solemnidad con que celebra la nobilissima ciudad de Mexico la maravillosa aparicion de Nuestra Señora de Guadalupe*. México, D. Phelipe Zuñiga, y Ontiveros, 1768.

Sanchez, Miguel, *Sermon de S. Felipe de Iesvs*. México, Iuan Ruyz, 1640.

— *Imagen de la Virgen Maria, Madre de Dios de Gvadalvpe, milagrosamente aparecida en la Civdad de Mexico, celebrada en su historia, con la profecia del capitulo doze del Apocalipsis*. México, Imprenta de la Viuda de Bernardo Calderon, 1648.

Sartorio, José Manuel, *Devocion para el dia cinco*. s.l., Maria Fernandez de [Jauregui], 1812.

Serna, Iacinto de la, *Sermón predicado en la Santa Iglesia cathedral de Mexico: En la fiesta, que su Ilustrissimo Cavildo hizo à el insigne Mexicano Protomartir ilustre del Iapon S. FELIPE DE IESVS, en su dia; estando presente el Ex*[mo]. *Señor Conde de Alva de Aliste, Virrey desta Nueva España; Señores de la Real Audiencia; y el muy Noble, y Leal Cavildo de la Ciudad.* México, Biuda de Bernardo Calderon, 1652.

Torres Pezellin, Ioseph de, *Phelipe qvinto de los santos de este nombre, y quintado por las heridas del martyrio Sermon que á S. Phelipe de Iesus, Proto-Martyr del Japon, Criollo, y natural de la muy Noble, y leal Ciudad de Mexico, dixo, el dia 5 de febrero de 1707 años, en la Santa Yglesia Cathedral, con assistencia de los Exmos. Señores Vi-Rey de esta Nueva España, Arzobispo, Real Audiencia, y Cabildos Ecclesiastico, y Secular.* México, Viuda de Miguel de Rivera Calderon, 1707.

Valdes, Joseph Francisco, *Sermon, que en la festividad del glorioso martyr mexicano san Felipe de Jesus.* México, Felipe de Zúñiga y Ontiveros, 1782.

Vidal de Figueroa, Antonio, *Novena en honra de el invicto, y glorioso proto-martyr del Japon San Felipe de Jesvs.* México, Herederos de Juan Joseph Guillena Carrascoso, 1711.

Reimpresiones de libros antiguos（再版された古文書）

Alcalá, Jerónimo de, *Relación de Michoacán,* Morelia, Estudio introductorio Jean-Marie G. Le Clézio Premio de Nobel de Literatura, Zamora, El Colegio de Michoacán, 2008.

Arrangoiz, Francisco de Paula de, *México desde 1808 hasta 1867*, Prólogo de Martín Quirarte, México, Porrúa, 1985（11871-1872）（col. Sepan cuantos 82）.

Balbuena, Bernardo de, *Grandeza mexicana y fragmentos del siglo de Oro y el Bernardo,* México, UNAM y BEU, 1979（1941）（1604）.

Becerra Tanco, Luis, *Felicidad de Mexico en el principio y milagroso origen, qve tvvo el santvario de la Virgen Maria Nvuestra Señora de Gvadalvpe, Extramuros: En la Aparicion admirable desta Soberana Señora, y de su prodigiosa Imagen.* México, Archicofradía Universal de Santa María de Guadalupe, 2001（Edición facsimilar de 1685）（manuscrito 1666）.

Blair, Emma H. y Robertson, James A.（eds.）, *The Philippine Islands 1493-1898.* Manila, Antonio A. Defensor, 2000（digital conversion）（55 vols. 1903-1911）.

Cabrera, Miguel, *Maravilla americana y conjunto de raras maravillas observadas con la dirección de las Reglas de el Arte de la Pintura en la Prodigiosa imagen de nuestra Sra. De Guadalupe de México.* México, Editorial Jus, 1977（1756）.

Cedulario de la Metrópoli Mexicana, con la presentación de Baltazar Dromundo selección y notas de Guadalupe Pérez San Vicente, México, Departamento del Distrito Federal y *Dirección de Acción Social* VIII Feria Mexicana del Libro, 1960.

Cervantes de Salazar, Francisco, *México en 1554.* Tres diálogos latinos, traducidos por Joaquín García Icazbalceta, Notas preliminares de Julio Jiménez Rueda. México, UNAM, 1939 (1554).

Chimalpáhin, Domingo, *Diario*, México, pal y trad. Rafael Tena, CONACULTA, 2001 (manuscrito).

Cisneros, Luis de, *Historia de el Principio y Origen, Progresos, Venidas a Mexico, y milagros de la Santa Imagen de Nuestra Señora de Los Remedios.* Edición, introducción y notas de Francisco Miranda. México, s.e., 1999 (1621).

Clavijero, Francisco Javier, SJ, "Breve noticia sobre la prodigiosa y renombrada Imagen de Nuestra Señora de Guadalupe de México", en Ernesto de la Torre y Villar y Ramiro Navarro de Anda, *Testimonios históricos guadalupanos.* México, FCE, 1982 (1782), pp. 578–596.

Díaz Covarrubias, Francisco, *Viaje al Japón*, Prólogo por Hugo Diego, México, Educación y Cultura, 2008.

Díaz del Castillo, Bernal, *Historia verdadera de la conquista de Nueva España.* México, Editorial Porrúa, 1968 (1632). 6 tomos.

Eguiara y Eguren, Juan José, *Panegírico de la Virgen de Guadalupe* (1756), en Ernesto de la Torre y Villar y Ramiro Navarro de Anda, *Testimonios históricos guadalupanos.* México, FCE, 1982 (1756), pp. 482–493.

Escobar, Mathías de, *Americana Thebaida Vitas Patrum de los religiosos ermitaños de nuestro padre san Agustín de la Provincia de Michoacán,* Morelia, México, UMSNH, Exconvento de Tripetío de UMSNH y Editorial Morevallado, 2006 (1924).

Florencia, Francisco de, SJ, *Las novenas del Santuario de Nuestra Señora de Guadalupe de Mexico, Que se apareció en la Manta de Juan Diego.* México, Editorial Cultura, 1945 (1785).

Francisco de Florencia, *Estrellas del Norte de México*, Guadalajara, 1895 (1688).

Frois, Luis, SJ, *Relación del Martirio de los 26 cristianos crucificados en Nangasaqui el 5 de febrero de 1597.* Romualdo Galdos (coord.). Roma, Tipografía de la Pontificia Universidad, 1935 (manuscrito, 1597).

Galli y Heredia, Linati, *El Iris. Periódico crítico y Literario.* México, UNAM, 1988 (1826). 2 tomos.

García Icazbalceta, Joaquín, *Carta acerca del origen de la imagen de Nuestra Señora de Guadalupe de México.* México, Miguel Ángel Porrúa, 1982 (1896). (Colección Aniversario).

González de Cossío, Francisco, *Crónicas de la Compañía de Jesús en la Nueva España.* Prólogo y selección de Francisco González de Cossío. México, UNAM, 1957.

— (ed.), *Gacetas de México*, III tomos, México, SEP, 1949/1950.

González de Eslava, Hernán, "Canción a Nuestra Señora", en Ernesto de la Torre y Villar y Ramiro Navarro de Anda, *Testimonios históricos guadalupanos*. México, FCE, 1982 (1577?), pp. 150-151.

Lasso de la Vega, Luis, *Hvei Tlamahvicoltiça* … México, Carreño E Hijo, Editores, 1926 (1649).

Lévesque, Rodrigo, *San Felipe de Jesús Primer Santo Mexicano*, México, Lévesque Publications, 2011.

Molina, Alonso de, *Consecionario mayor en la lengua mexicana y castellana (1569)*, Introducción por Roberto Moreno, México, Instituto de Investigaciones Bibliográficas, 1972 (1ª 1565, 2ª1569, 3ª 1578).

Morga, Antonio de (Morga, Antonio), *Filipin Shotou Shi*, [título original: *Sucesos de las Islas Filipinas*]. Trad. Keizou Kanki y Kenji Yanai. Tokyo, Iwanami Shoten, 1991 (1609). (col. Daikoukaijidai sousho vol. 1 núm 7).

Pichardo, José Antonio, *Vida y martirio del protomártir mexicano San Felipe de Jesús de las Casas religioso del hábito y orden de San Francisco de Manila*. Guadalajara, Fco. Loreto y Diéguez Sucr., 1934 (manuscrito, 1812).

Pobre de Zamora, Juan, *Galeón sen San Felipe go no Sonan to Hakken, soshite Nihon ni okeru Sakae aru Junkyosha tachi no seinaru Junkyo no Rekishi* [Naufragio y encuentro de la nave San Felipe y la historia de la sagrada crucifixión de los gloriosos mártires en Japón]. Copiado por Lorenso Pérez, conservado en el archivo del Convento franciscano en Madrid. 1933 (manuscrito en 1597, Manila).

Rivadeneira, Marcelo de, OFM, *Historia de las Islas del Archipiélago Filipino y Reinos de la Gran China, Tartaria, Cochinchina, Malaca, Siam, Cambodge y Japón*. México, ed. Juan R de Legísima, Editorial Católica, 1947 (1601).

Robles, Antonio de, *Diario de sucesos notables (1665-1703)*. México, Editorial Porrúa, 1972 (1757). 3 vols.

Sahagún, Bernardino de, OFM, *Historia de las cosas de Nueva España*. México, Editorial Porrúa, 1979 (manuscrito, alrededor de 1575).

San Agustín, Gaspar de, OSA, *Conquistas de las Islas Filipinas 1565-1615*, Manila, San Agustín Museum, 1998 (1698).

Sanchez, Miguel, *Novenas de la Virgen Maria, Madre de Dios, Para sus dos devotisimos santuarios de los Remedios y Guadalupe*. México, s. i., 1665, en: un devoto de la Señora, *Coleccion de obras y opusculos pertenecientes a la milagrosa aparicion de la bellisima imagen de Nuestra Señora de Guadalupe, que se venera en su santuario extramuros de Mexico*, Madrid, Lorenzo de S. Martín, 1785.

Sariñana, Isidoro, *La catedral de México en 1668*, Edi. de Francisco de la Maza, IIE de UNAM, 1968.

Sicardo, Joseph, *Christianidad del Japón y dilatada persecución que padeció Memorias sacras, de los mártyres de las ilustres religiones del Santo Domingo, San Francisco, Compañía de Jesvs; Y crecido número de Seglares: y con especialidad, de los religiosos del Orden de N. P. S. Agustin*, Madrid, Francisco Sanz, 1698.

Torquemada, Juan de, OFM, *Monarquía Indiana*. México, UNAM, 1975 (1615). 7 tomos.

Valignano, Alejandro, SJ, *Apología de la Compañia de Jesús de Japón y China (1598)*. José Luis Alvarez-Taladriz (ed.), Osaka, Eikado, 1998 (1598).

Von Ranke, Leopold, *Historia de los Papas*. México, FCE, 1988 (1843).

Publicaciones seriadas (叢書)

Alvarez Taladriz, José Luis, "*Apuntes a dos artículos más sobre el piloto del San Felipe*", en *Missionalia Hispánica,* 1953, X, pp. 175-195.

Bautista García, Cecilia A., "Dos momentos en la historia de un culto: el origen y la coronación pontificia de la virgen de Jacona (Siglos XVII-XIX)", en *Tzintzun,* Revista de Estudios Históricos, núm. 43, Morelia, Michoacán, IIH y UMSNH, enero-junio de 2006, pp. 11-48.

Bravo Arriaga, María Dolores, "Los Remedios y Guadalupe; dos imágenes rivales y una sola Virgen verdadera", en *Revista de la Universidad de México*, núm. 499, México, UNAM, agosto, 1992, pp. 27-29.

Castello Yturbie, Teresa, "La indumentaria de las Castas del mestizaje", en Artes de México La pinturas de Casatas, No. 8, México, Artes de México y del Mundo, 1978, pp. 72-80.

Cuadriello, Jaime J., "Breve apunte de prosopografía Guadalupana", en *Revista de la Universidad de México*, núm. 499, México, UNAM, agosto, 1992, pp. 18-20.

— "El discurso de la ceremonia de jura: un estatuto visual para el reino de Nueva España. El caso del Patronato Guadalupano de 1746", en *Tiempos de América*, núm. 2, Castelló (España), CIAL (Centro de Investigaciones de América Latina), 1998, pp. 3-18.

— "Visiones en Patmos Tenochtitlan. La mujer águila", en *Artes de México, Visiones de Guadalupe,* núm. 29, México, Artes de México y del Mundo, 1999, pp. 10-23.

De la Maza, Francisco , " Las primeras litografías de Hesiquio Iriarte," en *Anales*, México, IIE, DOI: http://dx.doi.org/10.22201/iie.18703062e.1990.61.1566

Florescano, Enrique, "Ser criollo en Nueva España", en Nexos, núm. 103, México, julio de 1986, pp. 5-7.

Gonzalbo Aizpuru, Pilar, "Los jesuitas y las devociones marianas en la Nueva España", en *Revista de la Universidad de México*, núm. 499. México, UNAM, agosto de 1992, pp. 11-14.

Mayer, Alicia, "El culto de Guadalupe y el proyecto tridentino en la Nueva España", en María del Pilar Martínez López-Cano (ed.), *Estudios de historia novohispana*, vol. 26. México, Instituto de Investigaciones Históricas, UNAM, 2002, pp. 17-49.

Maza, Francisco de la, "Las primeras litografías de Hesiquio Iriarte", en Anales, núm. 61, México, IIE/UNAM, 1990, pp. 107-108.

Mojares, Resil B., "The Woman in the cave genealogy of the Cebuano Virgin of Guadalupe", en Iwao Ushijima y Cynthia Neri Zayas (eds.) *Bisayan knowledge movement & identity Visayas Maritime Anthropological Studies* III 1996-1999. Quezon City, Third World Studies Center, *College of Social Sciences and Philosophy*, Daliman, Quezon City, University of the Philippines, 2000, pp. 6-30.

Monterrosa, Mariano, "La evangelización", en *Historia de México*, tomo 7, México, Salvat Mexicana de Ediciones, 1986, pp. 1073-1136.

Noriega Elío, Cecilia, "La sociedad mexicana", en *Historia de México*, tomo 11, México, Salvat, pp. 1831-1864.

Ota Mishima, María Elena, "Un mural novohispano en la catedral de Cuernavaca: Los veintiséis mártires de Nagasaki", en Manuel Ruiz F., *Estudios de Asia y Africa*, vol. XVI, núm. 4 (50). México, El Colegio de México, octubre-diciembre, 1981, pp. 675-697.

Sainz y Díaz, José, *López de Legazpi, Alcalde Mayor de México. Conquistador de Filipias*, México, Editorial Jus, 1967.

Schroeder Cordero, Francisco Arturo, "Nuestra Paortada. Retablo Mayor del Templo de San Lorenzo Río Tenco. Cuantitlan, Estado de México", en *Artes de México*, núm. 106, México, Revista Artes de México, 1968, pp. 4-6.

Taylor, William B., "Nuestra Señora del Patrocinio y fray Francisco de la Rosa: una intersección de religión, política y arte en el México del siglo XVIII", en *Relaciones. Estudios de historia y sociedad "La Monarquía española: grupos políticos locales ante la corte de Madrid"*, vol. 19, núm. 73. Zamora, El Colegio de Michoacán, invierno, 1998, pp. 281-312.

Terán, Marta, "La relación del águila mexicana con la virten de Guadalupe" en Mario Acevedo Andrade (ed.), *Historias*, núm. 34, México, INAH, 1995, pp. 51-70.

— "La Virgen de Guadalupe contra Napoleón Bonaparte. La defensa de la religión en el obispado de Michoacán entre 1793 y 1814" en Felipe Castro Gutiérrez (ed.), *Estudios de Historia Novohispana*, vol. 19. México, Instituto de Investigaciones Históricas, UNAM, 1999, pp. 91-129.

Traslosheros H., Jorge E., "Sermones manuscritos en honor de la Virgen de Guadalupe", en María de Pilar Martínez López-Cano, ed., *Estudios de historia novohispana*, vol. 22. México, Instituto de Investigaciones Históricas (UNAM), 2000, pp. 141-163.

Vargas Lugo, Elisa, "Proceso iconológico del culto a Santa Rosa de Lima", en *Actes du XLIIe Congrès International des*

Amèricanistes. Paris, Societé des Américanistes, 1979, pp. 69–90.

Vera, Rodrigo, "La Guadalupana tres imágenes en una", en *Proceso*, no. 1334, el 26 de mayo. México, 2002, pp. 51–53.

Publicaciones monográficas (共著)

Alberro, Solange, "Remedios y Guadalupe: de la unión a la discordia", en Clara García Ayluardo y Manuel Ramos Medina (coords.) *Manifestaciones religiosas en el mundo colonial americano*. México, INAH, CONDUMEX, UIA, 1997, pp. 315–329.

Alcántara Machuca, Edwin, "¿Hidalgo o Iturubide? La pubna entre liberales y conservadores en 1849" en Relatos e historias en México, Año V no.49, septiembre, México, Editorial Raíces, 2012, pp. 63–69.

Anónima, *Templo Expiatorio Nacional de San Felipe de Jesús 75 años: Misioneros del Espíritu Santo en San Felipe 1931–2006,* México, Editorial La Cruz, 2006, pp. 14–15.

Arimura, Rie, "La iglesia de San Felipe de Jesús y el Museo de los 26 Mártires en Nagasaki: un legado de México", en *Hispánica,* no. 58, Tokyo, 2014, pp. 113–143.

Ávila Rueda, Alfredo, "Agstín de Iturbide ¿cuál fue su delito?" en *Relatos e historias en México*, Año II no. 19, marzo México, Editorial Raíces, 2010, pp. 43–51.

— "Disputas en la insurgencia", en Relatos e historias en México, Año VI no. 69, mayo, México, Editorial Raíces, 2014, pp. 40–43.

Ávila Rueda, Alfredo (Ed.), "La consumación de la Independencia" en *Relatos e historias en México*, Año IX no. 102, marzo, México, Editorial Raíces, 2017,

Bargellini, Clara, "Originality: An Invention in the Painting of New Spain", en Donna Pierce, et al., *Painting a New World, Mexican Art and Life 1521–1821*. Denver, Denver Art Museum, 2004.

Brading, David, "La devoción católica y la heterodoxia en el México borbónico", en Clara García Ayluardo y Manuel Ramos Medina (coords.) *Manifestaciones religiosas en el mundo colonial americano*. México, INAH, CONDUMEX, UIA, 1997, pp. 25–50.

Cardaillac, Louis, "Santiago, Apóstol de la frontera neogalaica", en Louis Cardaillac y Angélica Peregrina (coords.) *Ensayos en Homenaje a José María Muriá*. Zapopan, El Colegio de Jalisco, 2002, pp. 37–52.

— "Cómo Santiago cruzó el Atlántico y en México se acogió", en Manuel Ramos Medina, *Camino a la Santidad siglo XVI–XX*. México, CONDUMEX, 2003, pp. 105–116.

Cuadriello, Jaime J., "Los jeroglíficos de la Nueva España", en Jaime Cuadriello (coord.), *Juegos de ingenio y agudeza La pintura emblemática de la Nueva España*. México, Museo Nacional de Arte, 1994, pp. 84-113.

— "La propagación de las devociones novohispanas: las guadalupanas y otras imágenes preferentes", en *México en el mundo de las colecciones de arte, Nueva España 1*. México, SRE-UNAM-CONACULTA, 1994, pp. 257-300.

— "Atribución disputada: ¿Quién pintó a la Virgen de Guadalupe?", en Juana Gutiérrez (ed.), *Los discursos sobre el arte, XV Coloquio Internacional de Historia del Arte*. México, UNAM, Instituto de Investigaciones Estéticas, 1995, pp. 231-257.

— "Del escudo de armas al estandarte armado", en *Los pinceles de la historia de la patria criolla a la nación mexicana, 1750-1860*. México, Museo de Nacional de Arte, 2000, pp. 32-71.

— "El obrador Trinitario o María de Guadalupe creada en idea, imagen y materia", en *El divino pintor: la creación de María de Guadalupe en el taller celestial*. México, Museo de la Basílica de Guadalupe, 2001, pp. 61-205.

— "La corona de la Iglesia para la reina de la nación. Imágenes de la coronación guadalupana de 1895", en *Los pinceles de la historia. La fabricación del Estado, 1864-1910*. México, Museo de Nacional de Arte, 2003, pp. 150-185.

Diccionario Porrúa, Historia, Biobrafía y Geografía de México, III tomos, México, Editorial Porrúa, 1986 (1964).

Estrada de Gerlero, Elena Isabel, "Los protomártires del Japón en la hagiografía novohispana", en Jaime Soler Frost (ed.), *Los pinceles de la historia de la patria criolla a la nación mexicana, 1750-1860*. México, Museo de Nacional de Arte, 2000, pp. 72-91.

García Martínez, Bernardo, "Estancias, haciendas y ranchos, 1540-1750" en Bernardo García Martínez (coord.), *Gran Historia de México Ilustrada, Nueva España de 1521-1750 de la conquista a las Reformas borbónicas*, vol. II, Nueva España de 1521-1750, México, Planeta, CONACULTA y INAH, pp. 181-200, 483.

Gutiérrez Yañez, Heladio Rafael, "La pintura mural", en *Memoria del III Congreso Internacional del Centro INAH Morelos*, Cuernavaca, 1994, pp. 292-353.

Guznán Pérez, Moisés, "La pugna Rayón-Morelos disputar el poder sin declarar la guerra" en *Relatos e historias en México*, Año VI no. 69, México, Editorial Raíces, pp. 51-57.

Hernández James, Jesús, "¿1810 o 1821? La absurda e internimable disputa por la Independencia", en *Relatos e historias en México*, Año V no. 49, septiembre, México, Editorial Raíces, 2012, pp. 50-62.

Kawata Reiko, "Dos escudos en México, El Escudo Nacional y el Escudo de la ciudad de México", *The Journal of Intercultural Studies*, no. 28, The Intercultural Research Institute Kansai Gaidai University Publication, pp. 42-67.

Knauth, Lothar, "Cruz y dvjiad Símbolo y acción", en *Estudios del Hombre*, no. 26, subtítulo "Historia mundial creándose" por

Lothar Knauth y Ricardo Ávila (comp.), México, Universidad Autónoma Metropolitana y Universidad de Guadalajara, abril de 2010, pp. 89–106.

León Alanís, Ricardo, *Los orígenes del clero y la Iglesia en Michoacán 1525–1640*, Morelia, UMSNH, 1997.

López Lara, Ramón, *El Obispado de Michoacán en el siglo XVII*, Morelia, Fimex Publicistas, 1973.

Magnino, Leo, *Pontificia Nipponica, Le relazioni tra la Santa Sede e il Gioppone attraverso i documenti pontifici,* 2 volumenes, Romae, Officium Libri Catholici, 1947 i 1948.

Mayer, Alicia, "América: Nuevo escenario del conflicto Reforma–Contrarreforma", en María Alba Pastor y Alicia Mayer (coords.), *Formaciones religiosas en la América colonial*. México, FFyL, UNAM, 2000 (Col. Seminarios), pp. 13–37.

— "Las corporaciones guadalupanas: centros de integración 'universal' del catolicismo y fuentes de honorabilidad y prestigio", en María Alba Pastor y Alicia Mayer (coords.), *Formaciones religiosas en la América colonial*. México, FFyL, UNAM, 2000 (Col. Seminarios), pp. 179–201.

— "El guadalupanismo en Carlos de Sigüenza y Góngora", en Alicia Mayer (coord.), *Carlos de Sigüenza y Góngora Homenaje 1700–2000*, vol. I. México, UNAM, 2000, pp. 243–272.

Mazín, Óscar y Morales, Francisco, "La Iglesia en Nueva España: los años de consolidación", en Bernardo García Martínez (coord.), *Gran Historia de México Ilustrada, Nueva España de 1521–1750 de la conquista a las Reformas borbónicas,* vol. II. México, Planeta, CONACULTA y INAH, 2002, pp. 381–400.

Moreno, Roberto, "La Ciudad de México", en *Historia de México, Arte colonial*, vol.8. México, Salvat, 1986, pp. 1339–1352.

Nettel Ross, Rosa Margarita, *Colonización y poblamiento del Obispado de Michoacán*, Morelia, Gobierno del Estado de Michoacán, 1990.

Pastor, María Alba, "La organización corporativa de la sociedad novohispana", en María Alba Pastor y Alicia Mayer (coord.), *Formaciones religiosas en la América colonial*. México, FFyL, UNAM, 2000 (Col. Seminarios), pp. 81–140.

Pierce, Donna, et al., *Painting a New World: Mexican Art and Life, 1521–1821*. Denver, Denver Art Museum, 2004.

Rubial García, Antonio, "Los santos milagreros y malogrados de la Nueva España", en Clara García Ayluardo y Manuel Ramos Medina (coord.) *Manifestaciones religiosas en el mundo colonial americano*. México, INAH, CONDUMEX, UIA, 1997, pp. 51–87.

— "Cultura e identidad en Nueva España. Siglos XVI y XVII", en Bernardo García Martínez (coord.), *Gran Historia de México Ilustrada*, v. II. México, Planeta, Conaculta e INAH, 2001, pp. 361–380.

— "Nueva España: Imágenes de una identidad unificada", en Enrique Florescano (coord.), *Espejo mexicano*. México, Fundación Miguel Alemán, FCE, CONACULTA, 2002, pp. 72-115.

— "La patria criolla de Sor Juana y sus contemporáneos", en Sandra Lorenzano (ed.), *Aproximaciones a Sor Juana*. Mexico, FCE, Claustro de Sor Juana, 2005, pp. 347-369.

Tanck de Estrada, Dorothy, "La educación en la nueva nación" en *Hisotria de México*, vol.11 (*Reforma*), México, Salvat, pp. 1901-1922.

Trabulse, Elías, "La educación y la Universidad", en *Historia de México*, vol. 7 (Evangelización), México, Salvat, pp. 1255-1271.

Vargas Lugo, Elisa, "Iconografía de santa Rosa de Lima en los virreinatos del Perú y de la Nueva España", en *Simpatías y diferencias. Relaciones del arte mexicano con el de América Latina. X Coloquio Internacional de Historia del Arte*. México, IIE, UNAM, 1988, pp. 211-228. (Estudios de Arte y Estética 28)

Vázquez, María del Carmen, "Allende e Hidalgo secreto a voces de un liderabo desleal" en Relatos e historias en México, Año VI no. 69, mayo, México, Editorial Raíces, 2014, pp. 44-50.

Publicaciones (単著)

Ahumada, Abelardo, *La cara oscura del coloniaje: Colima, siglos XVII y XVIII,* Colima, México, Secretaría de Educación Colima, 2008.

Alberro, Solange, *Del Gachupín al Criollo. O de cómo los españoles de México dejaron de serlo*, México, CM, 2002 (1992).

— *El águila y la cruz. Orígenes religiosos de la conciencia criolla. México, siglos XVI-XVII*. México, CM, Fideicomisos Historia de las Américas, FCE, 1999. (Sección de obras de historia, Serie de Ensayos).

Álvarez, José Rogelio (Dir.), *Enciclopedia de México,* XIV tomos, México, SEP, 1987.

Alvear Acevedo, Carlos, *La Iglesia en la historia de México*. México, Jus, 1975.

Araneta, Luis Ma. (ed.), *San Pedro Bautista; A saint in the Philippines*, Quezon City, The Devotees of San Pedro Bautista y San Francisco del Monte, 1982.

Aviado, Lutgarda A., *Madonnas of the Philippines with Ilustrations*. Quezon City, Metro Manila, Manlapaz Publishing co., 1975.

Bargellini, Clara, *La arquitectura de la plata. Iglesias monumentales del Centro-Norte de México, 1640-1750*. México, UNAM, Instituto de Investigaciones Estéticas, Turner, 1991.

Bargellini, Clara y Komanecky, Michael K., *El Arte de las Misiones del Norte de la Nueva España, 1600-1821,* México, UNAM,

CONACULTA y DF, 2009.
Barrón Soto, María Cristina E. (Coor.), *Urdaneta, Novohispano: La inserción del mundo hispano en Asia*, México, UIA, 2011.
Bazarte Martínez, Alicia, *Las cofradías de españoles en la ciudad de México (1526–1869)*. México, UAM, 1989.
Belmonte, Charles, *Aba Ginoong Maria, The Virgin Mary in Philippine Art*. Manila, Aba Ginoong Maria Foundation, 1990.
Benítez, Fernando, *Historia de la Ciudad de México*, 9 vols, México, Salvat, 1983.
Brading, David, *Siete Sermones Guadalupanos (1709–1765)*. México, CONDUMEX, 1994.
— *La virgen de Guadalupe. Imagen y tradición*. México, Taurus, 2002.
— *Nueve Sermones Guadalupanos (1661–1758)*. México, CONDUMEX, 2005.
— *Los Orígenes del nacionalismo mexicano*, México, Edicioes Era,1993 (1973).
Bravo Ugarte, José, SJ, *Cuestiones históricas guadalupanas*. México, Jus, (Col. México Heroico), 1966.
Campos Rebollo, Mario Ramón, *La Casa de los franciscanos en la Ciudad de México. Reseña de los cambios que sufrió el Convento de san Francisco de los siglos XVI al XIX*, México, Departamento del Distrito Federal y otros (Col. Distrito Federal 11), 1986.
Canseco Noriega, Manuel, San Felipe de Jesús, México, La Prensa, 1961.
Carrera Stampa, Manuel, *El escudo nacional*. México, SEP, 1994.
Carrillo Cázares, Alberto, *Michoacán en el otoño del siglo XVII*, Zamora, Michoacán, El Cogegio de Michoacán y Gobierno del Estado de Michoacán, 1993.
Castañeda Iturbide, Jaime, *Gobernantes de la Nueva España*. México, Departamento del Distrito Federal, 1985 (Colección: Distrito Federal 9 y 10). 2 vols.
Chauvet, Fidel de Jesús, *Los franciscanos en México (1523-1980)*, Historia Breue, México, Provincia del Santo Evangelio de México, 1981.
Chávez, Angélico, OFM, *The Santa Fe Cathedral of St. Francis of Assisi*, Santa Fe, New Mexico, Schifani Bros. Printing, 1995.
Churruca Peláez, Agustín, SJ, *Primeras fundaciones jesuitas en Nueva España*. México, Editorial Porrúa, 1980.
Colegio de la Compañía de Jesús, *La virgen María venerada en sus imágenes filipinas*. Manila, Santos y Bernal, 1904.
Cuevas, Mariano, SJ, *Album histórico guadalupano del IV Centenario*. México, Escuela Tipográfica Salesiana, 1930.
— Historia de la Iglesia en Méxicos, 5 tomos, México, Editorial Porrúa, 2003 (1921).
Curiel, Gustavo, "San Felipe de Jesús: figura y culto (1629–1862)", en Instituto de Investigaciones Estéticas (ed.), *Historia, leyendas y mitos de México: su expresión en el arte*. México, UNAM, 1988 (Estudios de Arte y Estética 30), pp. 71–98.

— "Capilla de san Felipe de Jesús", en Esther Acevedo (coord.), *Catedral de México. Patrimonio artístico y cultural.* México, SEDUE-BANAMEX, 1986, pp. 81-90.

De la Fuente, Andrés Diego, SJ, *Poema Guadalupano 1773.* México, Basílica de Ntra. Sra. de Guadalupe, 1971.

De la Madrid Castro, Alfonso, *Apuntes históricos sobre Colima Siglos XVI-XX*, Colima, México, Gobierno del Estado de Colima, Universidad de Colima, Archivo Histórico del Municipio de Colima, 1998.

De la Maza, Francisco, *El guadalupanismo mexicano.* México, FCE, 1984 (1953).

De la Maza, Francisco y Ortiz Macedo, Luis, *Plano de la civdad de México de Pedro de la Arrieta, 1737,* México, UNAM y IIE, 2008.

De la Peña, José F., *Oligarquía y propiedad en Nueva España (1550-1624).* México, FCE, 1983.

De la Torre y Villar, Ernesto de la y Navarro de Anda, Ramiro, *Testimonios históricos guadalupanos.* México, FCE, 1982.

Dirección General de Difusión Cultural, *La Muerte Espresiones mexicanas de un enigma,* México, UNAM, y DGDC, 1975.

Dupanloup, Félix, *Descripción de la fiesta celebrada en Roma con motivo de la canonización de San Felipe de Jesús y demás mártires del Japón,* Guadalajara, Imprenta de Rodriguez, 1862.

Duverger, Christian, *La conversión de los indios de Nueva España. Con el texto de los Coloquios de los Doce de Bernardino de Sahagún (1564).* Trad. María Dolores de la Peña. México, FCE, 1996.

Echegaray, José Ignacio (ed.), *Álbum conmemorativo del 450 aniversario de las apariciones de Nuestra Señora de Guadalupe.* México, Ediciones Buena Nueva, 1981.

Escalada, Xavier, SJ, *Enciclopedia guadalupana. Apéndice. Códice 1548.* México, Enciclopedia Guadalupana, 1997.

Febvre, Lucien y Martin, Henri-Jean, *Shomotsu no shutsugen* [título original: *L' apparition du livre*]. Trad. Motoko Sekine y otros. Tokyo, Chikuma Shobo, 1985. 2 vols.

Florescano, Enrique, Memoria Mexicana, México, Editorial Joaquín Mortiz, 1987.

— La bandera mexicana Breve historia de su formación y simbolismo, México, FCE, 1998.

Fontana Calvo, Ma. Celia, Las pinturas murales del antiguo conventto franciscano de Cuernavaca, Catedral de la Asunción de María Cuernavac, Cuernavaca, Gobierno de Estado de Morelos y Universidad Autónoma de Estado de Morelos, 2010.

Galende, Pedro G., OSA, y Trota Jose, Regalado, *San Agustín Art & History 1571-2000.* Hong Kong, San Agustin Museum, 2000.

Galera Lamadrid, Jesús, *Nican Mopohua. Breve análisis literario e histórico.* México, Editorial Porrúa, 2001.

García Gutiérrez, Jesús, *Apuntamientos de hisoria eclecsiástica mexicana,* México, Imprenta Victoria, 1922.

— Santos y Beatos de América, México, 1946.

García Macías, Alfonso, *Bandera de México*. México, Miguel Ángel Porrúa, 1995.

Garrido Asperó, María José, *Fiestas cívicas históricas en la ciudad de México, 1765–1823*, México, Instituto Mora, 2006.

Garza–Valdés, Leoncio, *Tepeyac. Cinco siglos de engaño*. México, Plaza y Janes, 2002.

Gómez Tepexicuapan, Amparo y González–Hermosillo, Francisco, *El evolución del Escudo Nacional*, México, Museo Nacional de Historia (Castillo de Chapultepec), CONACULTA y otros, 1997.

González Fernández, Fidel et al., *El encuentro de la Virgen de Guadalupe y Juan Diego*, México, Editorial Porrúa, 2001.

Gonzalbo Aizpuru, Pilar, *La educación popular de los jesuitas*. México, UIA, 1989.

— *Las mujeres en la Nueva España*, México, FCE, 1987.

Gorodezky M., Silvia, *Arte chicano como cultura de protesta*. México, UNAM, 1993.

Gorospe, Vitaliano R., SJ, y Javellana, René B., SJ, *Virgin of Peñafrancia Mother of Bicol*. Makati, Metro Manila, Bookmark, 1995.

Guedea, Virginia, *En busca de un gobierno alterno: Los Guadalupes de México*. México, UNAM, 1992 (IIH, Serie Historia Novohispana 46).

Gutiérrez Castillas, José, SJ, *Historia de la Iglesia en México*. México, Editorial Porrúa, 1974.

Guzmán Pérez, Moisés (Coord.), *Guerra e Imaginarios políticos en la época de las Independencias*, Morelia IIH y Universidad Michoacana de San Nicolás de Hidalgo, 2007.

Haskell, Francis, *La historia y sus imágenes. El arte y la interpretación del pasado* [título original: *History and its Images. Art and the Interpretation of the Past*]. Trad. José Luis López Muñoz, Madrid, Alianza Editorial, 1994.

Hale, Charles A., *La transformacieon del liberalismo en Méxio a fines del siglo XIX*, México, FCE, 2002 (1991).

Hernández Corona, Genaro, *San Felipe de Jesús en la historia de Colima*, Colima, México, Editorial Idear, 1997.

Ibarra, Ana Carolina y otros (Coord.), *La insurgencia mexicana y la Constitución de Apatzingán 1808–1824, México*, UNAM, 2014.

Islas García, Luis, *Los murales de la Catedral de Cuernavaca Afronte de México y Oriente*, México, 1967.

Israel, Jonathan I., *Razas, clases sociales y vida polílica en el México colonial 1610–1670*, Trad. Roberto Gómez Ciriza, México, FCE, 2005 (1975).

Jiménez Codinach, Guadalupe, *México su tiempo de nacer 1750–1821*. México, Fomento Cultural Banamex, 1997.

— *La Guía del Himno Nacional Mexicano, México*, Artes de México, 2007 (2005).

Juárez Nieto, Carlos, El proceso político de la Independencia en Valladolid de Michoacán 1808–1821, Morelia, Universidad

Michoacana de San Nicolás de Hidalgo, IIH de UMSNH y INAH de Michoacán, 2008.

Knauth, Lothar, *Confrontación transpacífica. El Japón y el Nuevo Mundo hispánico 1542-1639*. México, UNAM, 1972.

Kobayashi, José María, *La educación como conquista, empresa franciscana en México*, México, CM, 1974.

Kuri Camacho, Ramón, *La Compañía de Jesús, imágenes e ideas. Sciencia contidiana, tradición barroca y modernidad en la Nueva España*. México, Plaza y Valdés Editores, 2000.

Lafaye, Jacques, *Quetzalcóatl y Guadalupe. La formación de la conciencia nacional en México*. México, FCE, 1977.

Lemoine, Ernesto, *Valladolid-Morelia 450 años docuemntos para su historia (1537-1828)*, Morelia, Editorial Morevallado, 1993.

López Beltrán, Lauro, *Felipe de Jesús. Primer Santo de América Cuatro Centenario de su Natalicio 1572-1972*. México, Editorial Tradición, 1972.

Male, Emile, *El arte religioso del siglo XVII al siglo XVIII*, Trad. Juan José Arreola, México-Buenos Aires, FCE, 1952 (1945).

Manrique, Jorge Alberto, *Una visión del Arte y de la Historia*, México, UNAM y IIE, 2007(2001).

Maquívar, María del Consuelo, *De lo permitido a lo prohibido. Iconografía de la Santísima Trinidad en la Nueva España*, México, INAH y Miguel Ángel Porrúa, 2006.

María y Campos, Carlos de, *San Felipe de Jesús, protomártir mexicano*, México, Editorial Navaro, 1960 (Vidas Ejemplares).

Martínez de la Serna, Esteban, *Los Santuarios de la Virgen de Guadalupe*. México, Editora Escalante, 2003.

Martínez López-Cano (coord.), María del Pilar, *La Iglesia en Nueva España problemas y perspectivas de invetigación*, México, UNAM, 2010.

Maxwell-Stuart, P. G., *Roma Kyoko Rekidai shi* [título original: *Chronicle of the Pope*]. Trad. Masao Takahashi, Osaka, Sogensha, 1999.

Medina, José Toribio, *La imprenta en México (1539-1821)*, tomo II (1601-1684). México, UNAM, 1989.

Méndez, J. M., *Breve explicación de la hora santa sacerdotal establecida en el Templo expiatorio de San Felipe de Jesús*. México, Imprenta Rivadeneyra, 1931.

Méndez Plancarte, Alfonso, *Poetas novohispanos*. México, UNAM, 1944 (1942). 2 vols.

Merlo Juárez, Eduardo y Quintana Fernandez, José Antonio, Las Iglesias de la Puebla de Los Ángeles, 2 tomos, Puebla, México, Secretaría de Cultura Puebla y UPAEP, 2006.

Merlo Juárez, Eduardo y otros, La Catedral Básilica de la Puebla de Los Ángeles, Puebla, México, Gobierno Municipal y UPAEP, 2001.

Meyer, Michael C. y Sherman, William L., *The Course of Mexican History*. New York, Oxford University Press, 1983.
Millares Carlo, Agustín y Calvo, Julián, *Los protomártires del Japón (Nagasaki, 1597). Ensayo biobibliográfico*. México, s.e., 1954.
Miranda Godínez, Francisco, *Dos cultos fundantes: los Remedios y Guadalupe (1521-1649)*. Zamora, El Colegio de Michoacán, 2001.
Muriel, Josefina, *Convento de Monjas en la Nueva España*, México, Editorial Jus, 1995 (1946).
Museo de la Basílica de Guadalupe (ed.), *El divino pintor: la creación de María de Guadalupe en el taller celestial*. México, Museo de la Basílica de Guadalupe, 2001.
— *Zodíaco mariano, 250 años de la declaración pontificia de María de Guadalupe como patrona de México*. México, Museo de la Basílica de Guadalupe, 2004.
Nebel, Richard, *Santa María Tonantzin Virgen de Guadalupe Continuidad y transformación religiosa en México*. Trad. Carlos Warnholtz Bustillos. México, FCE, 1996.
Noguez, Xavier, *Documentos guadalupanos. Un estudio sobre las fuentes de información tempranas en torno a las mariofanías en el Tepeyac*. México, FCE, 1995.
Ochoa Serrano, Álvaro y Sánchez Díaz, Gerardo, *Breve historia de Michoacán*, México, CM y FCE, 2003.
O'Gorman, Edmundo, *Destierro de Sombras. Luz en el origen de la imagen y culto de Nuestra Señora de Guadalupe del Tepeyac*. México, UNAM, 1991. (col. IIH Serie Historia Novohispana 36).
— Guía de las *Actas de Cabildo de la ciudad de México siglo XVI*. México, FCE, 1970.
Pacheco, Diego, *Mártires en Nagasaki*, Tokyo, El Siglo de las Misiones, 1961, (col. Héroes del Apostolado).
Padilla, Jesús M., *El Padre félix Rougier, fundador de los misioneros del Espíritu Santo*, Mexico, Editorial la Cruz, 1971.
Pastor, María Alba, *Crisis y recomposición social. Nueva España en el tránsito del siglo XVI al XVII*. México, UNAM, FCE, 1999.
Pérez Valdovinos, Fernando Miguel, *La fundación de Zacapu en el siglo XVI*, Zacapu, Mich. s.e, 1998.
Phelan, John Leddy, *The Hispanization of the Philippines. Spanish Aims and Filipino Responses 1565-1700*. Madison, The University of Wisconsin Press, 1959.
— *El reino milenario de los franciscanos en el Nuevo Mundo*, México, IIH y UNAM, 1972.
Pimental M., Guadalupe, *San Felipe de Jesús*, México, San Pablo, 2003 (2001).
Poole, Stafford, CM, *Our Lady of Guadalupe. The Origins and Sources of a Mexican National Symbol, 1531-1797*. Tucson, The University of Arizona Press, 1995.

Quesada de Brandi, Manuel (ed.), *San Felipe de Jesús, 1574-1597/1862-1962.* México, s. e., 1962.

Reed Torres, Luis y Ruiz Castañeda, *María del Carmen, El periodismo en México 500 años de Historia,* México, EdoMex, 1995.

Revière, Eduardo, *San Felipe de Jesús, patrón de México. Novela histórica y religiosa, dedicada a las señoritas devotas de este santo, proto-mártir del Japón.* Trad. por L. C. México, Editores Hermanos, 1853.

Ricard, Robert, *La Conquista Espiritual de México, Ensayo sobre el apostolado y los métodos misioneros de las órdenes mendicantes en la Nueva España de 1523-1524 a 1572,* trad. por Ángel María Garibay K., México, FCE, 1986.

Ríos, Eduardo Enrique, *Felipe de Jesús. El Santo criollo.* México, Librería Parroquial de Clavería, 1991.

Riva Palacio, Vicente, *Cuentos del general, Prólogo de Clementina Diaz y de Ovando,* Porrúa, 1968.

Rivero Lake, Rodrigo, *Namban Mexico, art in viceregal.* Madrid, Estiloméxicoeditores y Turner, 2005.

Romero de Terreros y Vinent, Manuel, *Florecillas de San Felipe de Jesús,* México, Imprenta de Jóse Ballesca, 1916.

— *Grabados y grabadores en la Nueva España,* México, Ediciones Arte Mexicano, 1948.

Sada Lambretón, Ana María, *Las informaciones jurídicas de 1666 y el beato indio Juan Diego.* México, s.e, 1991.

Sánchez Reyna, Ramón, El estado de Michoacán, Naocaupan, México, Ediciones Nueva Guía, 2006.

Sanz y Díaz, José, *López de Lagazpi alcalde mayor de México — conquistador de Filipinas—,* Col. México Heroico, Jus, 1967.

Scholes, Walter V., *Política mexicana durante El Régimen de Juárez 1855-1872,* México, FCE, 1976 (1957).

Schumacher, John, *Readings in Philippine Church History.* Quezon City, Metro Manila, Loyola School of Theology, Ateneo de Manila University, 1979.

Sebastián, Santiago, *El barroco iberoamericano. Mensaje iconográfico,* Madrid, Ediciones Encuentro, 1990.

Rubial García, Antonio, *La santidad controvertida. Hagiografía y conciencia criolla alrededor de los venerables no canonizados de Nueva España.* México, FCE, UNAM, 1999.

Ruiz, José Fabián, La Conspiración de Valladolid de 1809 Morelia Insurgente, Morelia, FAH y Casa Natal de Morelia, 2002.

Sigaut Valenzuela, Nélida, *José Juárez: Recursos y discursos del arte de pintar.* México, Museo Nacional del Arte, CONACULTA-INBA, IIE-UNAM, El Colegio de Michoacán, Milán, Landucci editores, 2002.

Sims, Harold D., La expulsión de los españoles de México (1821-1828), México, FCE, SEP, Col Lecturas mexicanas 79, 1985 (1974).

— *Descolonización en México. El conflicto enre mexicanos y españoles (1821-1831),* México, FCE, 1982.

Tovar de Teresa, Guillermo, *La iglesia de San Francisco Javier de Tepotzotlán: eco de la vida artístico de la ciudad de México en los siglos XVII y XVIII,* Miguel Fernández Félix (coor.), México, Editorial Joaquín Mortiz, 1988.

— *La Ciudad de los Palacios. Crónica de un patrimonio perdido*, 2 tomos, México, Vuelta, 1992.
Torre Villar, Ernesto de la y Navarro de Anda, Ramiro, *Testimonios históricos guadalupanos*. México, FCE, 1982.
Toussaint, Manuel, *Pintura colonial en México*. México, UNAM, 1990.
— *La Catedral de México y el sagrario metropolitano su historia, su tesoro, su arte*, México, Editorial Porrúa, 1992 (1948).
Timoty E. Anna, *La caida del gobierno español en la ciudad de México*, México, FCE, 1981.
Tovar de Teresa, Guillermo, *La Ciudad de los Palacios, crónica de un patrimonio perdido*, textos introductorios Enrique Krauze y José E. Iturriga tomo I, México, Vuelta, 1992.
Uyttenbroeck, Thomas, *San Pedro Bautista and companions, The protomartyrs of Japan*, Quezon City, San Pedro Bautista 4th Centenary committee y St. Gregory the Great Friary, 1996.
Valdés Lakowsky, Vera, *De las minas al mar. Historia de la plata mexicana en Asia 1565–1834*, México. Fondo de Cultura Económica. 1987.
Vale, Antonio M. Martins do, *Os Portugueses en Macau (1750–1800)*, Macau, Instituto Portugues do Oriente, 1997 (Colecçãn Memória do Oriente).
Valle-Arizpe, Artemio del, *Historia de la ciudad de México según los relatos de sus cronistas*. México, Editorial Diana, Ciudad de México, 1997.
Vargas Lugo, Elisa, *Estudios de pintura colonial hispanoamericana*. México, CCYDEL, UNAM, 1992.
Vega Sánchez, Carlos, et al., *Cómo vemos la Catedral metropolitana de México a principios del siglo XXI*. México, s. e., 2002.
Victoria, José Guadalupe, *Un Pintor Baltasar de Echave Orio en su tiempo*. México, IIE, UNAM, 1994.
Villanueva, Antolín P., *Vida del protomártir mexicano San Felipe de Jesús natural y patrón de México, Con motivo del quincuagésimo aniversario de su canonización por S. S. Pío IX, de feliz memoria*. México, Antigua Imprenta de Murgía, 1912.
Villoro, Luis, *El proceso ideológico de la Revolución de Independencia*, México, UNAM, 1964.
Warren, Benedict, *La conquista de Michoacán 1521–1530*, Morelia, Fimax Publicistas, 1977.
Yuste López, Carmen, *El Comercio de la Nueva España con Filipinas, 1590–1785*, México, INAH, 1984.
— *Emporios transpacíficos. Comerciantes mexicanos en Manila, 1710–1815*, México, UNAM, 2007.
Zarebska, Carla (ed.), *Guadalupe*. México, Carla Zarebska, 2002.

〈和書〉

ドナルド・アットウォーター／キャサリン・レイチェル・ジョン『聖人事典』（原題 *The Penguin Dictionary of Saints*）山岡健訳、三公社、一九九八年
イエズス会『イエズス会日本年報』村上直次郎／柳谷武雄訳、有修堂書店、一九六九年（一五九八）四巻
伊川健二「聖ペドロ・バウティスタと織豊期の日西関係」『待兼山論叢』第四十四号文化動態論篇、二〇一〇年、二五－四六頁
伊東章『マニラ航路のガレオン船　フィリピン征服と太平洋』鳥影社、二〇〇八年
井上幸孝「ヌエバ・エスパーニャの先住民記録に見る日本とアジア　チマルパインの『日記』を中心に」『スペイン史研究』二八号、スペイン史学会、二〇一四年、二〇－二七頁
ヴァッハ、ヨアヒム『宗教の比較研究』（原題 *The Comparative Study of Religions*）渡辺学［ほか］訳、法藏館、一九九九年
ヴィレケ、ベルンヴァルト　ＯＦＭ「最初のフランシスコ会士の来朝」『キリシタン研究』第八輯、キリシタン文化研究会、一九七六年、二四九－二六五頁
――「フランシスコ会の殉教者　フライ・ルイス・パロミノ」『キリシタン研究』第二三輯、キリシタン文化研究会、一九八三年、一三九－二二一頁
――『キリシタン時代におけるフランシスコ会の活動――七つの修道院史と会士たちの略伝』（原題 *Actividades de los padres franciscanos en la época cristiana. El sumario histórico sobre los siete conventos y sus padres*）伊能哲大訳、光明社、一九九三年
越中哲也「長崎における初期禁教政策の一考察」『キリシタン研究』第二〇輯、キリシタン文化研究会、一九八〇年、一五九－一八九頁
海老沢有道「日本二六聖人関係日本文献」『キリシタン研究』第八号、吉川弘文館、一九七六年、復刻版、一三七－一七五頁
――「メキシコの日本二六聖殉教者壁画」『キリシタン研究』第八号、吉川弘文館、一九七六年、復刻版、一七六－一七八頁
海老沢有道／大内三郎（共著）『日本キリスト教史』日本基督教団出版局、一九七〇（一九七一）年
オイテンブルク、トマス『日出ずる国のフランシスコ会士たち』伊能哲大訳、光明社、一九九三年
大貫隆他『キリスト教事典』岩波書店、二〇〇二年
大林太良『日本神話の比較研究』法政大学出版局、一九七七年
岡田裕成『ラテンアメリカ越境する美術』筑摩書房、二〇一四年
岡村庄造「秀吉の忠臣としての元親」『運命の船サン・フェリーペ号』サン・フェリーペ号浦戸漂着四〇〇年実行委員会編、南の風

社、一九九八年、一六四―一七一頁

小俣ラポー日登美「日本の『殉教』とグローバル・ヒストリー――日本が西欧の歴史に内在化する時」『通信』日仏東洋学会、第四二号、二〇一九年（刊行予定）

片岡千恵子編『長崎集』純心女子短期大学長崎地方文化史研究所、一九九三年

片岡弥吉『長崎の殉教者』角川新書、一九五七年

――『日本キリシタン殉教史』時事通信社、一九七九年

加藤薫『二一世紀のアメリカ美術チカーノ・アート――抹殺された〈魂〉の復活』明石書店、二〇〇二年

川田玲子「メキシコ『聖フェリーペ・デ・ヘスス』に関する一考察」『研究年報』一六号、日本ラテンアメリカ学会、一九九六年、六〇―九六頁

――「メキシコの聖母グアダルーペ崇拝に関する『一五五六年の調査報告書』について」『名古屋短期大学紀要』三五号、名古屋短期大学、一九九七年、六七―七八頁

――「『メキシコ・グアダルーペの聖母』研究について」『ラテンアメリカ・カリブ研究』5、つくばラテンアメリカ研究会、一九九九年、一―一五頁

――「メキシコ紋章《鷲・サボテン・蛇》」『言語文化論集』第二一巻第二号、（共同研究 二村久則）、名古屋大学言語文化部・国際言語文化研究科、二〇〇〇年、二〇九―二三二頁

――第一〇章「メキシコのグアダルーペの聖母崇拝」田中きく代・高木（北山）真理子編著・北米エスニシティ研究会編『北アメリカ社会を眺めて――女性軸とエスニシティ軸の交差点から』（関西学院大学出版会）、二〇〇四年、二四一―二六一頁

――「メキシコ史と図像――グアダルーペの聖母と聖フェリーペ・デ・ヘススを中心に」（共同研究 野田隆）馬場恵二／三宅立／吉田正彦編『ヨーロッパ生と死の図像学』（東洋書林）、二〇〇四年

――「メキシコ・ミチョアカン州での聖フェリーペ・デ・ヘスス崇拝の現状調査（二〇〇七―二〇〇八）より」『名古屋短期大学研究紀要』47、名古屋短期大学、二〇〇九年、二〇七―二二四頁

キリシタン文化研究会「世界に送る日本二六聖人の記念」『キリシタン研究』第八輯、キリシタン文化研究会、一九七六年、一七六―一七八頁

国本伊代『メキシコの歴史』新評論、二〇〇二年

黒川真道編『土佐物語』（一）國史研究會、一九一四年

――『土佐物語（二）四國軍記』國史研究會、一九一四年

越宏一「長崎における日本二十六人殉教者　その作品カタログ」『国立西洋美術館紀要』第八号、国立西洋美術館、一九七五年、一

六－七二頁

コンスタンティーノ、レナト『フィリピン民衆の歴史』（原題 *The Philippines: A past revisited*）池端雪浦／永野善子訳、井村文化事業社、一九七八年（フィリピン叢書8－11）全四巻

サイデ、グレゴリオ・F『フィリピンの歴史』（原題 *Philippine Political and Culture History*）松橋達良訳、時事通信社、一九七三年

佐々木博「Nueva Españaの歴史の証人としてのアレクサンダー・フォン・フンボルト」『人文学研究』第五号、目白大学、二〇〇九年、一一五－一三八頁

Cieslik, Hubert, SJ「日本二六聖人殉教関係資料（British Museumz 所蔵）」『キリシタン研究』第八輯、キリシタン文化研究会、一九七六年、一一一－一三五頁

新潮社編「遠藤周作　沈黙の故郷」『芸術新潮』五一巻一〇号、新潮社、四－六〇頁

清水紘一『キリシタン禁制史』教育社、一九八六年

鈴木静夫『物語フィリピンの歴史「盗まれた楽園」と抵抗の五〇〇年』中公新書、一九九七年

スタインバーグ、デイビッド・J『フィリピンの歴史・文化・社会　単一にして多様な国家』堀芳枝／石井正子／辰巳頼子訳、明石書店、二〇〇〇年

スペーク、ジェニファー『キリスト教シンボル事典』（原題 *The Dent Dictionary of Symbols in Christian Art*）中山理訳、大修館書店、一九九八年

Schwade, Arcadio, SJ「最初のフランシスコ会士の来朝に関する報告補足」『キリシタン研究』第八輯、キリシタン文化研究会、一九七六年、二六六－二七一頁

田中英道『支倉常長――武士、ローマを行進す』ミネルヴァ書房、二〇〇七年。

武市佐市郎「國史の郷土化研究（其一八）」『土佐史談』三九巻、土佐史談会、一九三二年、七二－一〇五頁

鶴見俊輔『グアダルーペの聖母』筑摩書房、一九七六年

テュヒレ、ヘルマン他『キリスト教史五、信仰分裂の時代』（原題 *The Christian Century* 5）上智大学中世思想研究所訳、平凡社、一九九七年

――『キリスト教史六、バロック時代のキリスト教』（原題 *The Christian Century* 6）上智大学中世思想研究所訳、平凡社、一九九七年

土佐文学研究会編『注釈　元親』土佐文学研究会、一九七五年（第三版）

直江廣治『民間信仰の比較研究――比較民俗学への道』吉川弘文館、一九八七年

中川清「日本・ラテンアメリカ交流史（1）」『白鴎学』第4号、一九九六年、一一五―一三六頁
永富映次郎『日本二十六聖人殉教記』サン・パウロ、一九九七年
西川孟『殉教』主婦の友社、一九八四年
パジェス、レオン『日本二六聖人殉教記』木村太郎訳、岩波書店、一九三一年
パス、オクタビオ『ソル・フアナ＝イネス・デ・ラ・クルスの生涯――信仰の罠』林美智代訳、土曜美術社出版販売、二〇〇六年
パチェーコ、ディエゴ「リマ（ペルー）植民地時代の美術に現われた日本の殉教者」『キリシタン研究』第八輯、吉川弘文館、一九七六年、復刻版、一七九―一八四頁。
――「ペドゥロ・モレホンの日本の殉教者に関する報告（一五五七―一六一四年）」『キリシタン研究』第一五輯、吉川弘文館、一九七四年、一―七頁。
パノフスキー、エルヴィン、『イコノロジー研究――ルネサンス美術における人文主義の諸テーマ』（原題 *Studies in Iconology: Themes in the Art of the Renaissance*）浅野徹［他］訳、美術出版社、一九七五年
バルネイ、シルヴィ『聖母マリア』（原題 *La Vierge. Femme au visage divin*）船本弘毅監修、遠藤ゆかり訳、創元社、二〇〇一年
ヒル、ファン『イダルゴとサムライ――一六・一七世紀のイスパニアと日本』平山篤子訳、法政大学出版局、二〇〇〇年
ヒルドレス、リチャード『中世近世日欧交渉史』（原題 *Japan as it was and is*）北村勇訳、現代思潮社、一九八一年、全二巻
ヒロン、アビラ『日本王国記』佐久間正他訳、岩波書店、一九六五年（大航海時代叢書第一一巻）
二村久則他「ラテンアメリカ現代史Ⅲ メキシコ・中米・カリブ海地域」『世界現代史35』山川出版社、二〇〇六年
フロイス、ルイス『日本二十六聖人殉教記』結城了伍訳、聖母文庫、二〇〇六年（一五九七年手書き原本）「一五九六年度イエズス会年報」『キリシタン研究』二〇号、一九八〇年（一五九七年）、二六一―四一〇頁――『日本二六聖人殉教記』結城了吾訳、聖母の騎士社、一九九一年（手書き原本一五九七年スペイン語版）
本間正義「クエルナバカ寺院での新発見――海をわたった長崎殉教の図」『三彩』一八三号、一〇―一二頁
松田毅一『南蛮のバテレン』朝文社、二〇〇一年
――『豊臣秀吉と南蛮人』朝文社、二〇〇一年
――『キリシタン研究〈第Ⅰ部〉四国編』風間書房、一九五三年
――『キリシタン研究〈第Ⅱ部〉論考編』風間書房、一九七五年
――「キリシタンの殉教」西川孟『殉教』主婦の友社、一九八四年、九―二八頁
村上直次郎（訳注）『異国往復書簡集／増訂異国日記抄』雄松堂書店、一九七五年、復刻版
村上直次郎『長崎市史 通交貿易編 西洋諸国部』長崎市役所、一九三五年

モルガ、アントニオ『フィリピン諸島誌』神吉敬三／箭内健次訳、岩波書店、一九九一年
モレホン、ペドロ『日本殉教録』佐久間正訳、キリシタン文化研究会、一九七四年（一六一六年）
山道太郎「日本側資料」『運命の船　サン・フェリーペ号』サン・フェリーペ号浦戸漂着四〇〇年実行委員会編、南の風社、一九九八年、二〇三―二一三頁
山道太郎／山道佳子「運命の船サン・フェリーペ号」『運命の船　サン・フェリーペ号』サン・フェリーペ号浦戸漂着四〇〇年実行委員会編、南の風社、一九九八年、八―一八頁
山本大『長宗我部元親』日本歴史学会編、一九六〇年
結城了悟「サン・フェリーペ号漂着事件と二六聖人の殉教」『運命の船　サン・フェリーペ号』サン・フェリーペ号浦戸漂着四〇〇年実行委員会編、南の風社、一九九八年、一九―三六頁
――『長崎への道　二六聖人の殉教史』日本二六聖人記念館、二〇〇六年（一九六二年）
――『長崎開港とその発展の道』長崎純心大学博物館、二〇〇六年
吉田孝世『土佐物語』岩原信守校注、明石書店、一九九七年
ル・クレジオ／ジャン・マリ・グスタボ『チチメカ神話　ミチョアカン報告書』望月芳郎訳、新潮社、一九八七年
若桑みどり『クアトロ・ラガッツィ　天正少年使節と世界帝国』集英社、二〇〇三年
――『イメージを読む　美術史入門』筑摩書房、二〇〇三年

あとがき

思い起こせば今から三十五年程前、メキシコ国立自治大学（UNAM）大学院メキシコ史研究科教授ロータ・クノート［久能登朗太］博士（二〇一四年退官現名誉教授）の環太平洋関係ゼミに初めて参加したときのことである。先生が私に発した短いひとつの問い――「フェリーペ・デ・ヘススをご存知ですか」――が、その発端であった。

私は長崎西坂の丘を訪問したことはあったが、殉教者のひとりであるメキシコ人フェリーペについては何も知らなかった。翌日大学内にあるメキシコ国立図書館に出かけ、その日のうちに十七冊の古文書の存在を知った。ただちにそれらの古文書が保管されている同図書館古文書館へ出向き、史料収集に取り掛かった。この古文書館は現在メキシコ市南部の大学都市に位置するUNAMの敷地内に移転しているが、当時は旧市街に位置する旧アウグスティヌス修道院にあった。すぐに、このメキシコ人殉教者の死後の扱いが、日本とメキシコでは全く異なることに気付いた。「地域による人物の二面性」、その事実が私の好奇心を刺激した。

最初の作業は、十七世紀及びその後に書かれた手書き原稿や印刷物をできる限り収集することであった。古文書館へ毎日通ううちに図書館司書と親しくなり、時には梯子に登り必要な史料を自分で取り出すようにもなった。埃まみれの古文書を手に取り、はやる心で頁をめくる。目に飛び込んでくるたった一文に頭を抱え、その場で何時間もひたすら見つめ続けたこともたびたびあった。その先には、すべての頁に目を通す作業が待っていた。まだ古文書学(paleografía）を学んでいなかった私にとって大変な作業であった。しかしそこには次第に没頭していく自分がいた。

今思うと、これまでの研究生活のなかで、当時が最も楽しい時間だったかもしれない。

史料を読めば読む程、フェリーペを自分たちの代表として認めるクリオージョの期待の高さを感じた。いつしか私は、クリオージョのシンボルはフェリーペ以外の何物でもないと考えるようになっていた。そう思わせるだけの出来事や言葉が、収集した史料の中に詰まっていたのだ。


こうしてフェリーペに関する研究が始まった。それが、本書の基となる二本の学位論文へと繋がったのである。UNAMの大学院メキシコ史研究科及びラテンアメリカ研究科にて、歴史学博士クノート教授の指導のもと書き上げた、修士論文「サン・フェリーペ・デ・ヘスス――クリオージョ聖人の政治的変遷（一九九〇年）」（原語タイトル *Felipe de Jesús. Carrela política de un santo criollo*）及び博士論文「メキシコで誕生した二つの崇拝――グアダルーペの聖母と聖フェリーペ・デ・ヘスス。記述史資料及び美術作品の比較から見る崇拝の歴史的過程（二〇〇七年）」（原語タイトル *Dos cultos de origen mexicano: la virgen de Guadalupe y san Felipe de Jesús. El proceso histórico manifiesto en el estudio comparativo de documentos escritos e iconográficos*）がそれである。史資料の収集から分析、考察、執筆までに膨大な時間がかかった。

古文書館通いから始まった研究の成果として、修士論文を仕上げたのが一九九〇年である。その後、ごく自然に、グアダルーペの聖母崇拝に関する調査を進めた。実際にその崇拝研究を始めると、グアダルーペの聖母に対するクリオージョの思いが見て取れた。私は、当然のごとく、グアダルーペの聖母崇拝と聖フェリーペ崇拝を比較し始めた。十七世紀の最も高名な説教家のひとり、ミゲール・サンチェスが、フェリーペの説教録を書きながら、グアダルーペの聖母出現物語を書こうと決心した気持ちが、おこがましくも分かる気がした。

そこで、聖フェリーペ崇拝とグアダルーペの聖母崇拝の比較研究をしたいと考え、意を決して挑んだのが、博士論文である。二〇〇一年春から私の博士課程が始まった。しかし、日本で大学非常勤講師として生活費と研究費を稼ぐ身では、本科の学生としてメキシコ滞在をしていた修士課程在籍時のようには時間が取れなかった。また春夏合わせて年四か月ほどのメキシコ短期滞在ではメキシコ全域における調査・分析は思うようにはかどらなかった。米国及びアジアでの両崇拝の調査も実施しようとしたが、不十分な状態のままとなってしまった。二〇〇七年、博士課程は修了したが、多くの課題を残した。なんとも歯がゆい結果となった。

博士課程修了後、研究すること自体に自由を感じつつ、次なる一歩を踏み出した。中止状態であったメキシコ国内の聖フェリーペ崇拝の調査を再開した。メキシコ市周辺に位置するモレーロス州、メキシコ州をはじめ、東はプエブラ州、西はミチョアカン州、コリーマ州、北はサカテカス州、サン・ルイス・ポトシ州、アグアスカリエンテ州、グアダラハラ州、グアナフアト州、イダルゴ州など、それぞれの州の州都から田舎まで広範囲を歩き回った。それにより、これまでとは異なる聖フェリーペ崇拝の状況があることが分かってきた。

メキシコの田舎はのんびりしている。あらかじめ予定を組んで出かけても、その予定は未定となり、何度も同じ場所に行く羽目になることもたびたびあった。反対に、ミチョアカン州など危険地域が多いところでは、安全な訪問日時を窺うことになり、結局目的地に出向くのに、一年も二年も待たなければならなかった。やっと訪問が実現した現地のホテルで、朝食を食べようとレストランへ降りると、座って食べていたのは全員軍服姿の隊員たちというときもあった。

これまでに、いったいどれほどの距離を歩いたのであろうか。六十回にも上る日墨往復を含め、メキシコはもちろんのこと、米国、アジア諸国における調査のための、総移動距離は、地球何周分になるのだろうか。調査続行中の二〇〇九年、日墨の友人たちに背中を押して貰い、漸く出版を決意した。もちろん、研究には終わりがないと思いつつの決断であった。

それから早くも十年が過ぎてしまった。この間、諸事情により、一旦執筆を中止せざるを得なくなり、時を経て筆を取るということの繰り返しであった。そのため、前後で整合性が取れていない箇所が多々見られ、校正の段階でできる限り修正を試みた。まだ完璧とは言えないかもしれないが、研究の一過程として捉えることとした。

本書を成すにあたり、数多くの方々のご協力・ご指導を頂いた。それらすべての方の名をここにあげることはもとよりできず、力尽きそうな筆者に温かい言葉や手を差し伸べて頂いたこと、多くの的確なご意見を頂いたことに対し、一文字を記すしかすべがない。感謝。

筆者のこれまでの研究活動において、始終温かく見守り続けてくださったメキシコ国立自治大学の恩師で、環太平洋を中心にアジア史を研究されるロータ－・クノート博士、筆者の修士・博士号口頭試問試験官で、同大学の歴史文献学をご専門のアルバロ・マツーテ・アグーレ博士、副王領時代史で、とりわけ、宗教史をご専門とされ、筆者の博士論文の指導教官のひとり、エルザ・セシリア・フロースト博士、地域研究がご専門の社会人類学研究センター研究員（ＣＩＥＳＡＳ）のカルロス・パレーデス・マルティーネス博士、サン・ニコラス・デ・イダルゴ・ミチョアカン州立大学で学ばれ、美術史を研究テーマとして掲げておられるラモン・サンチェス・レイナ氏、同大学（前）同研究センター長ヘラルド・サンチェス・ディアス博士、同じく、同大学ラテンアメリカ研究センター研究員レティシア・ボバディージャ・ゴンサーレス博士やファアナ・マルティーネス・ビジャ博士、イエズス会士ハビエル・エスカラーダ神父、退官後も筆者を叱咤激励し続けてくださった愛知県立大学名誉教授で、メキシコ革命史をご専門とされた野田隆先生、主に中米諸国の文化人類学を専門研究分野とされる元大阪経済大学教授、現在京都外国語大学ラテンアメリカ研究所客員研究員で、常日頃から温かく同時に厳しく筆者に奮起を促し、「川田、頑張れ」、とこのたびの本書出版に際し、出版社を紹介してくださった桜井三枝子先生、メキシコ史を専門とする筆者を日本史へと誘ってくださる早稲田大学文学学術院教授伊川健二先生、また、その豊富なご経験から、日本学術振興会の補助金を意識するようご指導くださった同志社大学非常勤講師の太田靖子先生、これまでにご指導・ご指摘を頂いた先生方に深く感謝申し上げたい。ラテン語の判読においては、京都女子大学名誉教授竹中康夫先生、名古屋大学名誉教授有川貫太郎先生、イタリア語においては、大学非常勤講師の柴田有香さんにご尽力賜った。パラグアイの副王領時代史がご専門の滋賀大学准教授の坂野徹也先生、またメキシコ・ミチョアカン地方の副王領時代史が研究テーマの慶應義塾大学教授の横山和加子先生には、お忙しい中、通読をお願いし、厳しくも丁寧なご指摘・ご指導を頂いた。お二人の存在なくしては、ここまで辿り着くことはできなかった。この場を借りて深謝申し上げる。

本研究のための資料収集に際しても、それぞれの場所でいろいろな方にお世話になった。メキシコ国立資料館（AGN）の方々、メキシコ国立人類学研究所（INAH）資料部の担当の方々、研究員カルロス・セルバンテス氏はじめとするメキシコ国立図書館古文書館（BNM de UNAM）の方々やメキシコ国立エメロテカ（新聞・雑誌閲覧館）では、定期刊行物資料部（HEMEROTECA）の方々、とりわけ、研究員エンリケ・セルバンテス氏には毎回適切な指摘をいただいた。お礼申し上げる。また、館長であったグアダルーペ・クリール・デ・フォッサ博士主導による古新聞（十七世紀から十九世紀半ばまで）のデジタル化（二〇一〇年頃）のおかげで、空白となっていた十九世紀の詳細を知ることができたことは本研究にとって大きな進展であった。ローマ・カトリック・マニラ司教館（RCAM）資料担当の方々、そのほか、筆者が回ったすべての美術館および教会堂でも多くの方々からも多大なご協力及びご配慮いただいた。ここに感謝の意を表したい。

こうして書いている今、これまでに出会ったすべての方々の姿が記憶の箱から飛び出してくる。メキシコ国内はじめ、米国南部テキサス州、ニューメキシコ州、マニラやマカオなど、フィールド・ワークで訪れた先々での現地調査でインタビューを受け、気兼ねなく自宅に招待してくれた信徒さんたち。行く先々で、お昼を食べさせてくれた各教会堂付きの世話係の信徒さんたち。聖フェリーペの姿を追い求め、聞き取り調査を進める筆者のために一緒に村探しを手伝ってくれたS・L・P州の皆さん、ミチョアカン州の危険地帯へ連れて行ってくれたプルアラン出身の青年、ミゲール・アンヘルさん、快く礼拝堂の扉の鍵を開けてくださった山奥の行き止まりにある小さな山村、フェリーペ村の先住民女性。顔を覗き込み、期待と不安いっぱいでフェリーペの像の所在を聞く、見たこともない東洋人に、親切に場所を教えてくれたチャロ村のトルタ（メキシコ風ハンバーガー）屋さんのおかみさん。雨上がりの、最悪の状態の山道を通るために車を出してくれたシナペックアロ村役場文化担当の課長さん。ぬかるみと倒木に邪魔された山道では車を降りて歩いて最後まで道案内をしてくれた。温かい手を差し伸べてくれたすべてのみなさん。本当にありがとうございました。

くじけそうになる筆者の心を支え続けてくれた、UNAM時代の学友大城久美子さん。ハワイ在住の友人前田保子さん、そして二〇一五年以降幾度となく筆者の自宅兼研究室に足を運び、筆者の稚拙な日本語を校正し、その手が止まらないよう言葉をかけ続けてくれた友人でカトリック信者の有泉道子さんには心より感謝する。さらに筆者の未熟な原稿の出版及び科研申請を引き受けてくださった明石書店の皆様にも深くお礼申し上げたい。最後の最後に申し出た一部変更という筆者の我儘まで快く受けてくださった。既述のように、本史料集に入れたモンテス・デ・オカの作品は、筆者が知る限り四版存在する。本書では、メキシコ国立図書館で入手した初版（想定）版を史料集で紹介した。しかし版によっては、図柄は全く同じ構図にも関わらず説明文の一部がなぜか異なっているものがあるので、史料集にその異なる一枚の版画追加を是非にとお願いした次第である。

かくして、二〇一八年が終わろうとしている今、漸く完成しつつある。最後に、本書は私のはじめての単著である。筆者が博士論文を仕上げる前に他界した父國雄、娘の単著の出版を今か今かと待ち続けながら、年老いた九十四歳の母まさ子、この間に寝たきりになってしまった姉美枝子、そして、姉の世話で時間が取れなくなった筆者に代わり母の世話をしてくれる弟潤一と妹佳美に本書を捧げる。

また、日本とメキシコの最初期の繋がりの一端を担った聖フェリーペの存在が両国の人々に関心が持たれることを心から願ってここに筆を擱くこととする。

二〇一八年一二月末日　名古屋の自宅兼研究室にて

川田　玲子

＊本書完成までの長い年月の間に多くの大切な方々の訃報に接した。エルザ先生、マッーテ先生、クリール先生、エスカラーダ神父、野田先生、久美子さん、ご逝去を悼み、心からご冥福を祈りたい。

＊本書出版は、平成三十年度の日本学術振興会・科学研究費補助金（研究成果公開促進費）「学術図書」課題番号18HP5114によるものであることをここに記し、感謝の意を表する。

＊なお、本書で紹介した写真の多くは、ラモン・サンチェス・レイナ（Ramón Sánchez Reyna）と著者の撮影協力によるものであるが、本書出版に際し、メキシコ国立人類学研究所（ＩＮＡＨ）管轄下の撮影写真については、同研究所に写真使用無償許可という格別なご配慮を頂いた。この場を借りて、お礼申し上げたい。

表2　聖フェリーペ・デ・ヘススの名を冠する教会堂調査。筆者作成

〈附録〉

Recreativas, 15 de febrero de 1960, no. 71, *San Felipe de Jesús. Protomártir mexicano*. México.
図Ⅱ-3-13b　1頁目のフェリーペの誕生といたずら坊主の幼少期
図Ⅱ-3-13c　長崎までの道行きの様子
図Ⅱ-3-13d　裏表紙。「十字架の道行き」の図柄となっている。
図Ⅱ-3-14a　宗教劇画『聖フェリーペ・デ・ヘスス』ガビオータス・シリーズ19号の「十字架の道行き」姿が描かれた表紙と裏表紙。出版年記載なし。Revista semanal, *San Felipe de Jesús. San Felipe de Jesús. en Colecciones Gaviotas*, No. 19, editado por Delias S. Quesada R., México, La Unión de Exprendedores y Voceadores de los Periódicos de México. Sin fecha.
図Ⅱ-3-14b　聖フェリーペ像拡大図
図Ⅱ-3-14c　磔刑の様子
図Ⅱ-3-14d　イチジクの枯木から芽が吹いたときの様子
図Ⅱ-3-14e　耳を切られた後
図Ⅱ-3-14f　耳を切られる前
図Ⅱ-3-15　長崎市西坂に建てられた『聖フェリッポ教会堂』2009年撮影
図Ⅱ-3-16　同教会堂内に祀られる聖フェリーペ立像　メキシコのイエズス会士故ハビエル・エスカラーダ提供
図Ⅱ-3-17　フィリピンのマニラ市内のフランシスコ修道院内にある等身大の聖フェリーペ・デ・ヘスス立像。フィリピンの聖フランシスコ修道会提供
図Ⅱ-3-18　フィリピンのマニラ市内のフランシスコ会セミナリオにある聖フェリーペ・デ・ヘスス立像。フィリピンの聖フランシスコ修道会提供
図Ⅱ-3-19a　聖フェリーペ・デ・ヘススの日のミサの際に使われた楽譜帳。サン・ニコラス・デ・イダルゴ・ミチョアカン州立大学付属図書館所蔵（Conservadas en la Biblioteca Pública de la Universidad Michoacana de San Nicolás de Hidalgo）
図Ⅱ-3-19b　同楽譜
図Ⅱ-3-20a　コリーマ市聖フェリーペ・デ・ヘスス教会堂のミサで使う曲の楽譜。
図Ⅱ-3-20b　曲名『コリーマ市守護聖人　聖フェリーペ・デ・ヘススへ捧ぐ』　作詞カンゴ・フランシスコ・ルエダ・イ・サモーラ、作曲ホセ・アントニオ・フラウスト・サモーラ
図Ⅱ-3-21　メキシコ市内にある「聖フェリーペ・デ・ヘスス国民総懺悔の教会堂」に1972年の生誕400周年記念として設置された背丈1メートル弱の小ぶりの立像
図Ⅱ-3-22a　アカプルコ市大聖堂
図Ⅱ-3-22b　大聖堂の塔の窓枠に聖フェリーペ立像を設置するときの様子。関係者のひ

ペ・デ・ヘスス国民総懺悔の教会堂」
図Ⅱ-3-2a　同教会堂主祭壇
図Ⅱ-3-2b　同教会堂主祭壇上部に納められた聖フェリーペの絵姿
図Ⅱ-3-3　モレリア市大聖堂外観
図Ⅱ-3-4a　中央祭壇に向かって左の祭壇。上段が聖フェリーペ立像
図Ⅱ-3-4b　最上部に祀られている聖フェリーペ立像拡大図
図Ⅱ-3-4c　左手に握られたシュロの葉
図Ⅱ-3-5　同大聖堂内の香部屋のひとつに置かれた聖フェリーペ立像
図Ⅱ-3-6　1931年2月12日付『フエベス・デ・エスセルシオール』の頁全面を使って書かれた殉教者フェリーペの記事。El Periódico *Jueves de Excelsior,* 12 de febrero de 1931, p. 9.（メキシコ国立エメロテカ）
図Ⅱ-3-7　1934年1月18日付『フエベス・デ・エスセルシオール』に掲載された「フェリーペ・デ・ヘススが生まれた本当の家」という記事。こちらでは、フェリーペ生誕の家を第三レヒーナ通り69番地と紹介し、中庭にあるイチジクの樹の写真が添えられている。先の1931年2月12日付の同紙の記事では通り名は同一であるが、88番地とされ、また、木の形が異なることから、同じ住居ではない。El Periódico *Jueves de Excelsior*, 18 de enero de 1934, p. 13.（メキシコ国立エメロテカ）
図Ⅱ-3-8　1938年6月23日付『フエベス・デ・エスセルオール』の記事。El Periódico *Jueves de Excelsior*, 23 de junio de 1938, pp. 4-5.（メキシコ国立エメロテカ）
図Ⅱ-3-9a　グアダラハラ市内の聖フェリーペ・デ・ヘスス教会堂外観　1990年撮影
図Ⅱ-3-9b　グアダラハラ市内の聖フェリーペ・デ・ヘスス教会堂外観　2014年撮影
図Ⅱ-3-10　教会堂外壁に設置された記念プレート
図Ⅱ-3-11a　同教会堂の中国風の飾り付けが施された内部　2014年撮影
図Ⅱ-3-11b　1990年9月のミサの様子
図Ⅱ-3-11c　教会堂中央祭壇の天井に描かれた絵。ガレオン船、ピラミッド、イチジクの木が描かれている。
図Ⅱ-3-11c　祭壇最上部に祀られた聖フェリーペ立像
図Ⅱ-3-12　週刊誌『マニャーナ』1944年2月第2週に掲載された同月の劇場公演の広告である。左側広告の公演日は同年2月8日木曜日で、右側の広告の公演は同年2月13日水曜日として紹介されている。La Revista semanal Mañana, 12 de febrero de 1944, p. 32 la vida en el teatro, vida y martirio de san felipe de Jesús en el Teatro Mexicano, escrito por Armando de María y Campos, p. 32.
図Ⅱ-3-13a　宗教劇画『聖フェリーペ・デ・ヘスス。メキシコの最初の殉教者』表紙。シリーズ『模範的生涯』no. 71 Vidas Ejemplares, México, Ediciones

〈第三章〉

México, portada y el último grabado.（メキシコ国立図書館古文書館UNAM内）
図Ⅱ-1-3　同版画集の1枚。聖フェリーペが、サボテンに止まり蛇を喰らう鷲の上にそびえ立つ姿
図Ⅱ-1-4　ホセ・デ・リビエラ・イ・アルゴマニス作『メキシコ市の守護聖母であるグアダルーペの聖母への誓い』1778年。グアダルーペの聖母大寺院　José de Ribera y Argomanis, Imagen de jura de la Virgen de Guadalupe como patrona de la ciudad de México, 1778, presentado por Jaime Cuadriello, "Visiones en Patmos Tenochtitlan. La mujer águila", en *Artes de México, Visiones de Guadalupe*, núm. 29, p. 21.
図Ⅱ-1-5　グアダルーペの聖母の聖画　Anónimo, Nuestra señora de Guadalupe de México, Patrona de la ciudad de la Nueva España, calculado siglo XVIII, Colección de la Básilica de Guadalpe, Beatriz Berndt León y otros, "Mosaico de iconografía guadaupana" en *Artes de México*, núm. 29, Vsiones de Guadalupe, p. 52
図Ⅱ-1-6　モンテス・デ・オカ作『栄光ある殉教者聖フェリーペ・デ・ヘスス』1802年。J. M. M., *Breve resumen de la vida y martyrio del inclyto mexicano, y proto-martyr del Japon. El beato Felipe de Jesús*. s.p. 1802.（メキシコ国立図書館古文書館UNAM内）
図Ⅱ-1-7　アグスティン・デ・イトゥルビデの遺骨が納められたメキシコ市大聖堂内聖フェリーペ・デ・ヘスス礼拝堂に設置された祭壇

〈第二章〉
図Ⅱ-2-1a　エドゥアルド・リヴィエラによる小説の表紙見開き　Revière, Eduardo, *San Felipe de Jesús, patrón de México. Novela histórica y religiosa, dedicada a las señoritas devotas de este santo, proto-mártir del Japón*, portada.（メキシコ国立図書館古文書館UNAM内）
図Ⅱ-2-1b　表紙拡大図
図Ⅱ-2-2　1857年2月5日のテアトロ・デ・ヌエボ・メヒコ（劇場）の上演プログラム　マリアーノ・オソルノ脚本　La Revista semanal *Mañana*, el 12 de febrero de 1944, p. 33.
図Ⅱ-2-3　1880年3月14日午後にテアトロ・イダルゴで上演された際の広告　La revista semanal *Mañana*, el 12 de febrero de 1944, p. 34.
図Ⅱ-2-4a　エドゥアルド・リヴィエラの小説に挿入された挿絵の一枚 Revière, Eduardo, *San Felipe de Jesús, patrón de México. Novela histórica y religiosa, dedicada a las señoritas devotas de este santo, proto-mártir del Japón*, s.p.
図Ⅱ-2-4b　版画拡大図

第Ⅱ部
〈第一章〉

図Ⅰ-5-17b　紋章拡大図

図Ⅰ-5-18　スペイン国王カルロス一世がエルナン・コルテスに授けた図柄に従って作られたメキシコ市章のデザイン入りエスタンダールテ（団旗）。メキシコ市チャプルテペック・歴史博物館。Amparo Gómez Tepexicuapan y Francisco González-Hermosillo, *El evolución del Escudo Nacional*, p. 23.

図Ⅰ-5-19　現在のメキシコ市章のデザインのひとつ。とりわけ1980年代によく使われたデザイン。これはメキシコ市が配布したパンフレットのひとつに印刷された紋章

図Ⅰ-5-20　1728年1月の『ガセータ・デ・メヒコ』に挿入された紋章 Francisco Gonzalez de Cossio, *Gacetas de Mexico*, vol. I, p. 69.

図Ⅰ-5-21　1732年1月の『ガセータ・デ・メヒコ』に挿入された紋章 Francisco Gonzalez de Cossio, *Gacetas de Mexico*, vol. II, p. 1.

図Ⅰ-5-22　1687年にマヌエル・マルティーネス・エレーラが申請した左官業の許可証に使われたメキシコ市章。*Cedulario de la Metrópoli Mexicana*, con la presentación de Baltazar Dromundo selección y notas de Guadalupe Pérez San Vicente, contraportada.

図Ⅰ-5-23　1768年のグアダルーペの聖母に捧げられた賛辞の祈りを印刷した冊子に添えられた紋章。Joseph Manuel Rodriguez, OFM, *El pais afortunado. Oracion panegyrica, que en la anual solemnidad con que celebra la nobilissima ciudad de Mexico la maravillosa aparicion de Nuestra Señora de Guadalupe.* 1768, s.p. anterior a la portada.（メキシコ国立図書館古文書館 UNAM 内）

図Ⅰ-5-24　1774年のホセ・デ・ビジャ・ビセンシオの聖フェリーペ磔姿。Romero de Terreros y Vinent, Manuel, Grabados y grabadores en la Nueva España. México, Ediciones Arte Mexicano, 1948, p. 373.（メキシコ国立図書館古文書館 UNAM 内）

図Ⅰ-5-25　1781年のホセ・マルティーネス・デ・アダメの説教集に添えられた磔姿の聖フェリーペ。サボテンに止まった鷲の図像の上に描かれた。Martinez de Adame, Joseph, *Sermon de San Felipe de Jesus*. México, D. Felipe de Zúñiga y Ontiveros, 1781, s.p.（メキシコ国立図書館古文書館 UNAM 内）

図Ⅰ-5-26　バルタッサール・デ・メディーナ著『聖フェリーペ・デ・ヘスス殉教物語』（1683年）の1751年再版本に貼られていた版画。国立人類学博物館図書館に保管されている。これはこの再版本を再製本する際に添えられた可能性が高い。Un grabado que se encuentra en el libro de Baltasar de Medina impureso en 1751, guardado en la Biblioteca del Museo Nacional de la Antolopología.（メキシコ国立図書館古文書館 UNAM 内）

図Ⅰ-5-27a　メキシコ市大聖堂の東の塔

文書館 UNAM 内）

図Ⅰ-4-8　同説教集の表紙に続く頁に添えられた版画 Miguel Sanchez, *Sermon de S. Felipe de Iesvs*. México, Iuan Ruyz, 1640. La primera hoja.

図Ⅰ-4-9　ハシント・デ・セルナの説教集の表紙、Iacinto de la Serna, *Sermón predicado en la Santa Iglesia cathedral de Mexico: En la fiesta, que su Ilustrissimo Cavildo hizo à el insigne Mexicano Prothmártir ilustre del Iapon S. FELIPE DE IESVS, en su dia; estando presente el Exmo. Señor Conde de Alva de Aliste, Virrey desta Nueva España; Señores de la Real Audiencia; y el muy Noble, y Leal Cavildo de la Ciudad*. México, Biuda de Bernardo Calderon, 1652, portada.（メキシコ国立図書館古文書館 UNAM 内）

図Ⅰ-4-10　セルナの説教集に添えられた聖フェリーペ・デ・ヘススの磔姿の版画 Iacinto de la Serna, *op. cit.*, s.p.

図Ⅰ-4-11　説教集の3ページ目に添えられた版画　Iacinto de la Serna, *op. cit.*, s.p.

図Ⅰ-4-12　副王領時代前半、メキシコ市ソカロにあった「サボテンにとまった鷲が蛇を喰らう」図像　Florescano, *La bandera mexicana Breve historia de su formación y simbolismo*, México, 1998, p.39.

〈第五章〉

図Ⅰ-5-1　1673年に拡張されたカプチナ修道院の教会堂正面入口・解体前（Guillermo Tovar de Teresa, *La Ciudad de los Palacios. Crónica de un patrimonio perdido*, Tomo 2, México, Vuelta, 1992, p. 126.

図Ⅰ-5-2a　新聞に掲載されたカプチナ修道院内聖フェリーペ・デ・ヘスス教会堂祭壇 El Periódico *La cruz*, 1858-07-01, p. 29.（メキシコ国立図書館古文書館 UNAM 内）

図Ⅰ-5-2b　カプチナ修道院内聖フェリーペ・デ・ヘスス教会堂祭壇 Guillermo Tovar de Teresa, *La Ciudad de los Palacios. Crónica de un patrimonio perdido*, Tomo II, p. 127.

図Ⅰ-5-3a　バルタッサール・デ・メディーナ著『ヌエバ・エスパーニャの清貧フランシスコ会系メキシコ聖ディエゴ修道会の歴史――素晴らしい美徳あふれる賢人たちの人生』の中表紙。Balthasar de Medina, OFM, *Chronica de la Santa Provincia de San Diego de Mexico, de Religiosos Descalços de N. S. P. S. Francisco en la Nueva-España. Vidas de ilvstres, y venerables Varones, que la han edificado con excelentes virtudes*. México, Juan de Ribera, 1682, hoja 1.（メキシコ国立図書館古文書館 UNAM 内）

図Ⅰ-5-3b　聖フェリーペ・デ・ヘススの磔姿（拡大）

図Ⅰ-5-3c　聖ペドロ・バウティスタの磔姿（拡大）

canonización por S. S. Pío IX, de feliz memoria. 64 頁と 65 頁の間の口絵。
図Ⅰ-3-8a　フェリーペ磔姿。1632 年に書かれたフアン・デ・ロス・リオスの哲学修士論文の表紙に使われた版画。これは当時よく使われたビニャータ（印章）として彫られたものである。ソーランへによれば、光輪が聖人を意味している。Solange Alberro, *El águila y la cruz Orígenes relisiosos de la conciencia criolla. México, siglo XVI-XVII*, Lámina 7.
図Ⅰ-3-8b　フェリーペ磔姿。Romero y Terrero, *Florecillas de San Felipe de Jesús*, 1916, p. 147.
図Ⅰ-3-9a　旧サンタ・バルバラ修道院の一角。現在サグラーダ・コラソン・デ・ヘスス会修道女が管理している児童養護院兼私設小学校ラファエル・エルナンデス・ビジャール外観
図Ⅰ-3-9b　小学校の看板
図Ⅰ-3-10　正面玄関
図Ⅰ-3-11　サグラーダ・コラソン・デ・ヘスス会が保管している聖フェリーペ・デ・ヘスス聖遺物が納められているケース

〈第四章〉
図Ⅰ-4-1　メキシコ市大聖堂聖フェリーペ・デ・ヘスス礼拝堂
図Ⅰ-4-2a　現在の聖フェリーペ・デ・ヘスス礼拝堂主祭壇
図Ⅰ-4-2b　現在の聖フェリーペ・デ・ヘスス礼拝堂主祭壇中央の聖フェリーペの磔姿。推定 18 世紀
図Ⅰ-4-2c　聖フェリーペ磔姿の周囲に見られる殉教事件の各場面を描いた聖画。祭壇壁向かって右側部分。上から耳を切られる場面。十字架から降ろされる場面。捕縛され、引き回しをされている場面
図Ⅰ-4-3a　主祭壇向かって左側壁面の聖女ロサが祀られている祭壇と聖フェリーペ立像　2014 年撮影
図Ⅰ-4-3b　聖フェリーペ立像
図Ⅰ-4-4　メキシコ市大聖堂聖フェリーペ・デ・ヘスス礼拝堂の洗礼盤　2014 年撮影
図Ⅰ-4-5　メキシコ市大聖堂内聖遺物の礼拝堂
図Ⅰ-4-6a　同礼拝堂主祭壇中心部。下段の左端の棚に聖フェリーペの聖遺物が納められていると言われる。
図Ⅰ-4-6b　同祭壇の聖フェリーペの十字架姿。Manuel Quesada Brandi et al., *San Felipe de Jesús, 1574-1597/1862-1962*, s.e., 1962.
図Ⅰ-4-7　ミゲール・サンチェスの説教集の表紙 Miguel Sanchez, *Sermon de S. Felipe de Iesvs*. México, Iuan Ruyz, 1640. La portada.（メキシコ国立図書館古

図Ⅰ-2-7b　3人の殉教者拡大図
図Ⅰ-2-7c　向かって左の十字架の上に書かれたバウティスタという名
図Ⅰ-2-7d　図2-7bの対面の壁にかすかに見える3本の十字架
図Ⅰ-2-8　「日本のフランシスコ会殉教者」ペルーのクスコ市フランシスコ会系レコレータ修道院。ラッサロ・アパルド・ラゴ作、1630年、Sebastián, Santiago, *El barroco iberoamericano. Mensaje iconográfico*, p. 306.
図Ⅰ-2-9a　長崎の殉教者の図
図Ⅰ-2-9b　画家の署名と制作年

〈第三章〉

図Ⅰ-3-1　イエズス会教会堂に通っていた3人の日本人殉教者の磔刑　ヴォルフガング・キリング作、1628年。ドイツ、バイエルン国立図書館（吉田正彦提供）*Tres mártires de la Compañis de Jesús*, la escena de la crucifixión hecha por Wolfgang Kilian, 1628, Colección（Einbl. VII, 24-1）
図Ⅰ-3-2　23人のフランシスコ会士殉教の図。ロンドン「アジア・アフリカ関係図書館」所蔵。　Luis Frois, *Relación del Martirio de los 26 cristianos crucificados en Nangasaqui el 5 de febrero de 1597*, editado por P. Romualdo Galdos S.J.（coord.）, Roma, Tipografía de la Pontificia Universidad, 1935（manuscrito, 1597）. 108-109頁の間の口絵。
図Ⅰ-3-3　『26〔ママ〕聖人殉教の図』、サン・アントニオ『クロニカス』マニラ、1774年、アビラ・ヒロン『日本王国記』大航海時代叢書11巻、p. 260
図Ⅰ-3-4　1862年の列聖を授けたピオ9世に捧げられた本に添えられた版画。本の題名は『フランシスコ会の23人の殉教者の物語』。版画制作年は1862年 Agostino da Osimo, *Storia dei ventitre martiri giopponesi dell ordine dei minori osservanti detti scalzi di S. Francesco*, s.p. 中表紙の前頁
図Ⅰ-3-5a　マカオ天主教主教公署2階踊り場左側に置かれた長崎殉教のフランシスコ会士23人の磔の図
図Ⅰ-3-5b　中央の処刑場面拡大図
図Ⅰ-3-5c　下部左側にいる見物人拡大図
図Ⅰ-3-5d　今まさに槍で突こうとしている処刑人拡大図
図Ⅰ-3-6　1629年2月に亡くなったフェリーペの母親アントニアが生前拝んだといわれている像の版画　*Compendio de la vida del Proto-Martir del Japón San Felipe de Jesús, Patrón de Méxixo su patria*, 1852, X頁の次に挿入
図Ⅰ-3-7　アントリン・ビジャヌエバが紹介する最初に拝まれた聖フェリーペ像 Villanueva, Antolín P., *Vida del protomártir mexicano San Felipe de Jesús natural y patrón de México, Con motivo del quincuagésimo aniversario de su*

図版一覧

第Ⅰ部

〈第一章〉

〈第二章〉

た

な

は

事項索引

や

ら

ま

さ

た

人名索引

著者紹介

川田　玲子（かわた　れいこ）

1990年メキシコ国立自治大学歴史学研究科修士課程、2007年同大学ラテンアメリカ研究科博士課程修了。現在、滋賀大学他非常勤講師。専門は、征服期以降現在に至るまでのメキシコの聖人聖母崇拝史及び図像研究。

共著「メキシコ史と図像――グアダルーペの聖母と聖フェリーペ・デ・ヘススを中心に」『ヨーロッパの生と死の図像学』（共同研究・野田隆、東洋書林）、「フリーダ・カーロ　苦悩の女流画家」『ラテンアメリカの女性群像　その生の軌跡』（共同研究・野田隆、行路社）、「1959年発見のメキシコ・クエルナバカの壁画〈長崎26聖人殉教図〉への問いかけ」『交差する眼差し』（行路社、近刊）

メキシコにおける聖フェリーペ・デ・ヘスス崇拝の変遷史

――神の沈黙をこえて

二〇一九年二月二八日　初版第一刷発行

著　者――川田玲子
発行者――大江道雅
発行所――株式会社 明石書店
一〇一―〇〇二一　東京都千代田区外神田六―九―五
電　話　〇三―五八一八―一一七一
ＦＡＸ　〇三―五八一八―一一七四
振　替　〇〇一〇〇―七―二四五〇五
http://www.akashi.co.jp
装　幀――明石書店デザイン室
印　刷――モリモト印刷株式会社
製　本――モリモト印刷株式会社

（定価はカバーに表示してあります）
ISBN 978-4-7503-4785-1

教皇フランシスコ キリストとともに燃えて

偉大なる改革者の人と思想

オースティン・アイヴァリー 著
宮崎修二 訳

四六判／上製／632頁
◎2800円

2013年3月、南米大陸およびイエズス会出身で史上初の教皇に選出されたフランシスコは、生涯を教会改革に捧げてきた。教皇がめざす「貧しき者のための貧しい教会」とは？　その思想の形成過程と半生を詳細なインタビューと調査に基づいて描く本格的評伝。

——● 内容構成 ●——

プロローグ
第1章　遙か遠く、遙か昔に　1936－1957
第2章　使命　1958－1966
第3章　嵐の中のパイロット　1967－1974
第4章　対立の坩堝　1975－1979
第5章　追放された指導者　1980－1992
第6章　羊の匂いがする司教　1993－2000
第7章　ガウチョ枢機卿　2001－2007
第8章　他の人のための人　2008－2012
第9章　コンクラーベ　2013
エピローグ　大いなる改革

教皇フランシスコ いつくしみの教会

共に喜び、分かち合うために

教皇フランシスコ 著　栗栖徳雄 訳

四六判／並製／244頁
◎2000円

教皇就任以来、果敢に教会改革を行い、キリスト者の本来あるべき姿を鋭く問い続ける偉大な改革者・教皇フランシスコ。その教義、信仰の源泉を説教、講演などからたどる。

——● 内容構成 ●——

第1章　キリストの福音
第2章　貧しい人たちのための貧しい教会
第3章　聖霊の声を聴く
第4章　告げることとあかしすること
第5章　フルタイムのキリスト者
第6章　羊のにおいのする牧者
第7章　最も恵まれていない人びとのために
第8章　偶像を破壊して
第9章　善を選ぶ自由
第10章　聖母マリア、福音を説く聖母

〈価格は本体価格です〉